洛江年鉴

洛江年鑑

2022

中共泉州市洛江区委党史和地方志研究室 编

方志出版社
Publishing House of Local Records

图书在版编目（CIP）数据

洛江年鉴. 2022 / 中共泉州市洛江区委党史和地方志研究室编. —北京 : 方志出版社, 2022.12
ISBN 978-7-5144-5610-3

Ⅰ. ①洛… Ⅱ. ①中… Ⅲ. ①区(城市)－泉州－2022－年鉴 Ⅳ. ①Z526.54

中国版本图书馆CIP数据核字(2022)第252538号

责任编辑：王娜
责任校对：刘玉霞
责任印制：梅中英
出 版 者：方志出版社
地　　址：北京市朝阳区潘家园东里 9 号（国家方志馆4层）
邮　　编：100021
网　　址：http://www.zgfzcb.cn
发　　行：方志出版社图书营销中心（010-67110500）
印　　刷：福州大坤彩色印刷有限公司
开　　本：889毫米×1194毫米　1/16
印　　张：24.25
字　　数：628千字
版　　次：2022年12月第1版
印　　次：2022年12月第1次印刷
定　　价：220.00元

洛江区地方志编纂委员会

《洛江年鉴》总编室

编辑说明

一、《洛江年鉴》是由中共泉州市洛江区委员会、泉州市洛江区人民政府主办，中共泉州市洛江区委党史和地方志研究室负责编纂的综合性年鉴。旨在全面记载洛江区上年度自然、政治、经济、文化、社会等方面基本情况，为各级领导实施科学决策提供资料支持，为广大读者了解、认识、研究洛江提供信息服务。

二、《洛江年鉴（2022）》（简称本年鉴）以马克思列宁主义、毛泽东思想、邓小平理论、“三个代表”重要思想、科学发展观、习近平新时代中国特色社会主义思想为指导，坚持辩证唯物主义和历史唯物主义的立场、观点和方法，实事求是记述2021年洛江区经济、社会改革与发展进程，体现地方特色和年度特色。本年鉴记载的时限为2021年1月1日至2021年12月31日。

三、本年鉴采编文字资料主要由洛江区各党政机关、群众团体、企事业单位、乡镇（街道）和省、市驻洛江单位、驻洛江部队提供，并由各参编单位领导审定；某些类目内容，编者酌用报刊、洛江新闻网上有关资料编纂成文。采用的主要统计数据以区统计部门资料为准，不属于区统计局统计的部门性资料由各承编单位提供。

四、本年鉴采用小编结构分类编辑，主体内容分为类目、分目、条目3个层次，以条目为记述的基本形式。全书设大事要闻、专记、大事记、区情概览、中共泉州市洛江区委员会、泉州市洛江区人民代表大会、泉州市洛江区人民政府、政协泉州市洛江区委员会、纪检监察、民主党派、群众团体、法治、军事、应急管理、外事 侨务 台港澳事务、经济管理、财政 税务、金融、洛江经济开发区、农业与农村、工业、商贸旅游、生态环境、自然资源与规划管理、城乡建设管理、交通 邮政 通信、教育、科技 文化体育、卫生健康、社会民生、乡镇（街道）、人物 荣誉、附录、索引。卷首设置彩页专辑以凸显洛江年度特色和地方特色。类目下根据内容需要设1～2层次的分（子）目，条目为内容的基本载体形式。本年鉴对各分目、条目间的交叉重复现象，在分清主次和互相协调的基础上，采取此详彼略、区别视角（不同角度）等记述方法。

五、本年鉴以现代语体文记述。一律用第三人称书写，洛江区一般简称为“区”。文字、标点符号、计量单位均依国家现行规范。

洛江区地图

比例尺 1:170 000

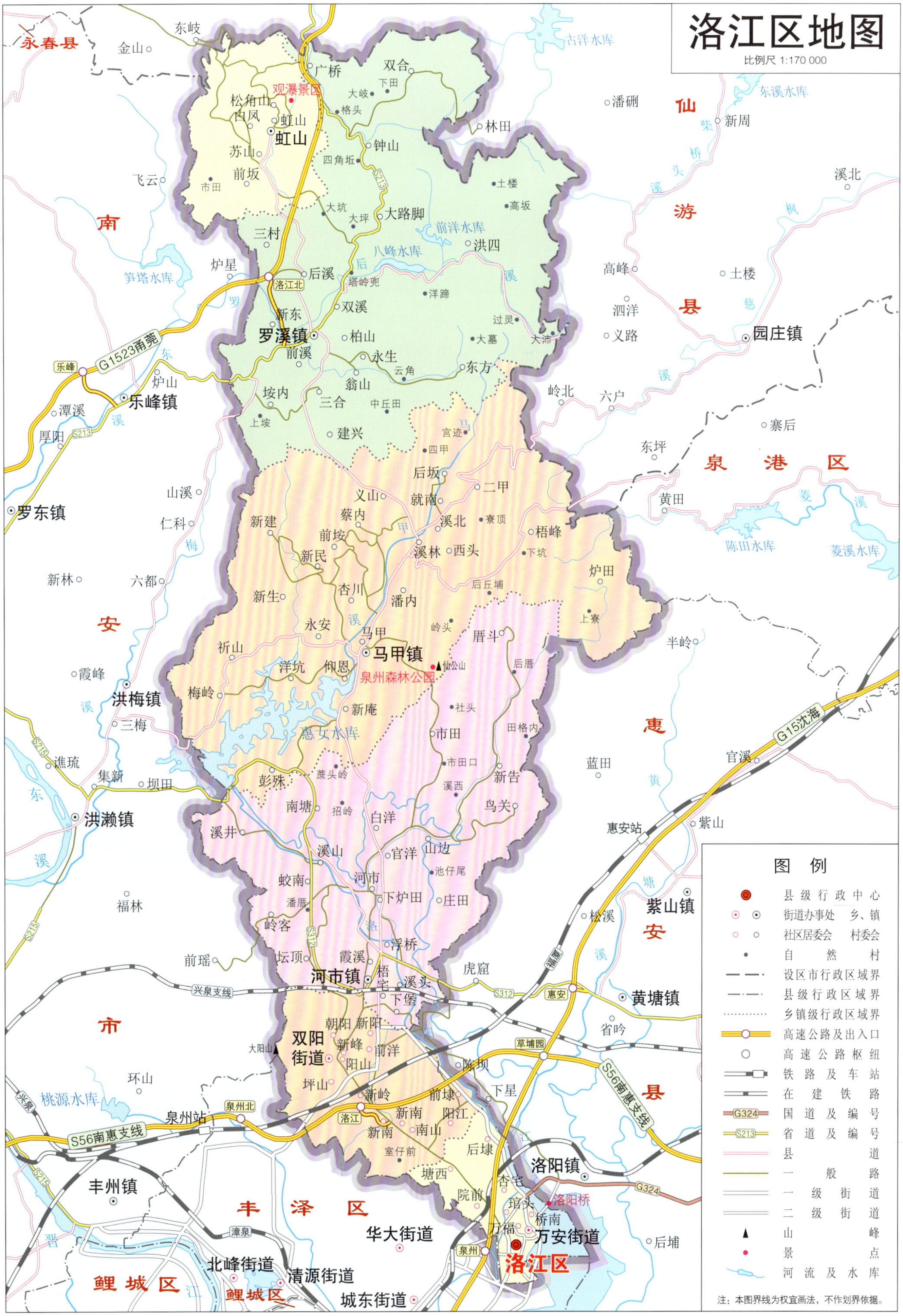

编制单位：福建省地图出版社　审图号：泉S〔2022〕10号　资料截至：2021年12月

工业机器人（2021年）　　（图/区委报道组）

铁拓机械股份有限公司市场部（2021年）　　（图/区委报道组）

新源重工有限公司生产车间（2021年）　　（图/区委报道组）

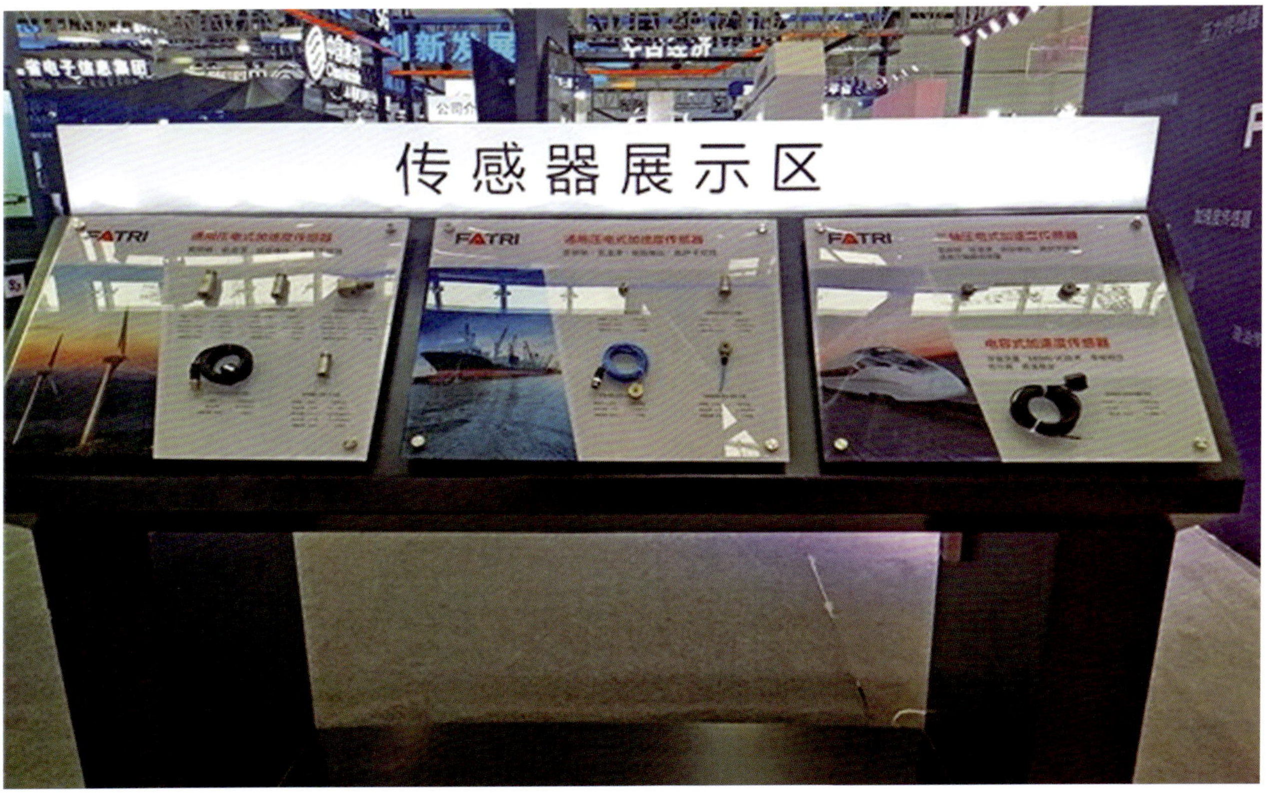

西人马联合测控（泉州）科技有限公司传感器（2021年）　　（图/区委报道组）

虹山乡全景图（2021年） （图/杨小玲）

洛阳江红树林（2021年）　　（图/苏德辉）

泉州海丝野生动物世界园熊猫家园（2021年摄）　　（图/区文体旅游局）

红色荣耀旅游基地（洪四村）（2021年摄）
（图/区文体旅游局）

①② 乡韵鹿境文化旅游度假区

（2021年摄）

（图/区文体旅游局）

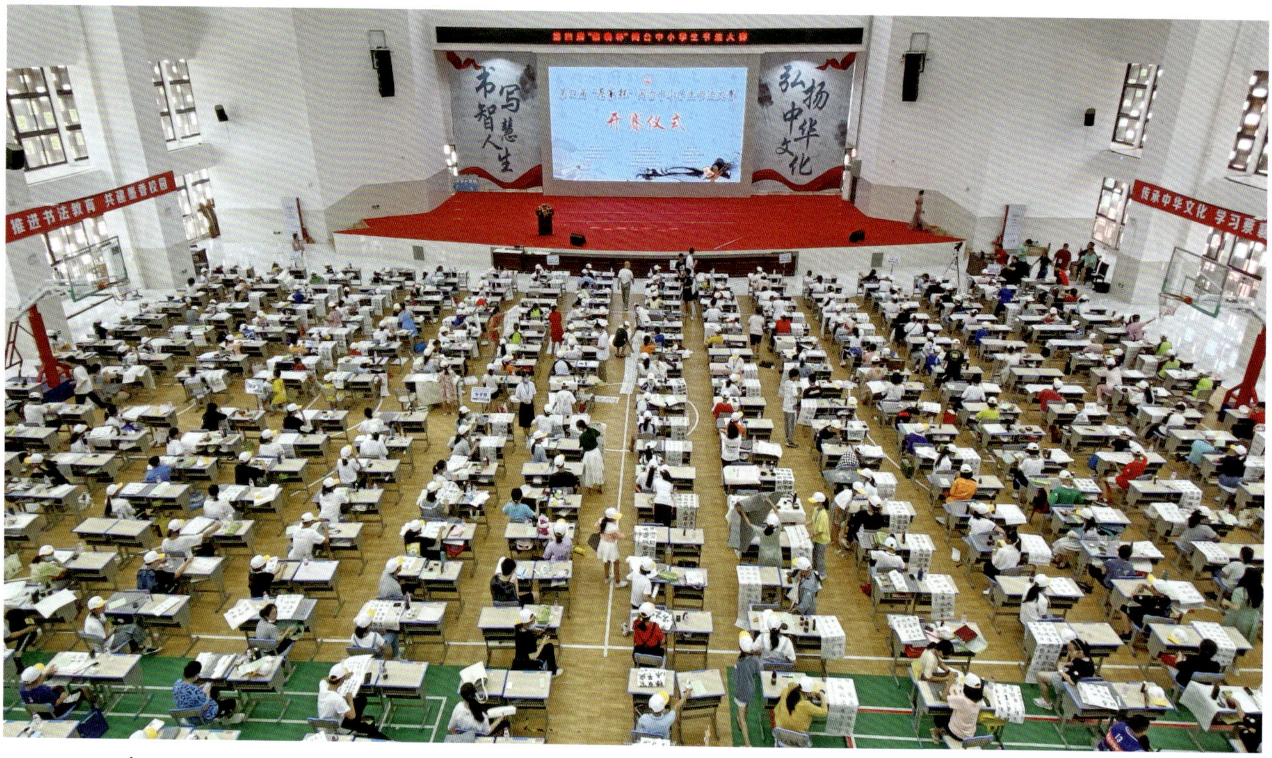

2021年7月18日，洛江区承办第四届“蔡襄杯”闽台中小学生书法大赛　（图/区文联）

2021年10月14日，洛江区第十四个民族团结进步宣传月主题系列活动在万安街道岩山公园举行（图/区委报道组）

2021年6—7月，洛江区举行庆祝中国共产党成立100周年系列活动　　（图/区委报道组）

河市镇新告村（2021年摄）（图/区文体旅游局）

马甲炉田村（2021年摄）　　（图/区文体旅游局）

罗溪洪四村（2021年摄）　　（图/区文体旅游局）

九品莲花生态园（2021年摄）

马甲厝斗村生态茶园（2021年摄）

2021年10月14日，马甲镇永安村举办第十二届“九九重阳节，浓浓敬老情”重阳联欢活动（图/区妇联）

2021年12月25日，洛江区“关爱留守儿童·乡村守望计划”——虹山乡彩虹公益课堂正式启动（图/区妇联）

2021年8月20日，洛江区举行2021年"生育关怀·奖学助学"奖（助）学金发放仪式

（图/区计生协会）

2021年4月23日，全国第六届"万步有约"健走激励大赛福建省暨洛江赛区启动仪式在泉州植物园（河市镇）举行

（图/区委报道组）

目录

大事要闻

专 记

大事记

区情概览

中共泉州市洛江区委员会

泉州市洛江区人民代表大会

泉州市洛江区人民政府

政协泉州市洛江区委员会

纪检监察

民主党派

群众团体

法 治

军 事

应急管理

外事 侨务 台港澳事务

经济管理

财政 税务

金 融

洛江经济开发区

农业与农村

工 业

商贸旅游

城乡建设管理

交通 邮政 通信

教 育

科技 文化 体育

卫生健康

社会民生

乡镇（街道）

人物 荣誉

附 录

索 引

洛江建立全省首个区级河长制智慧指挥中心

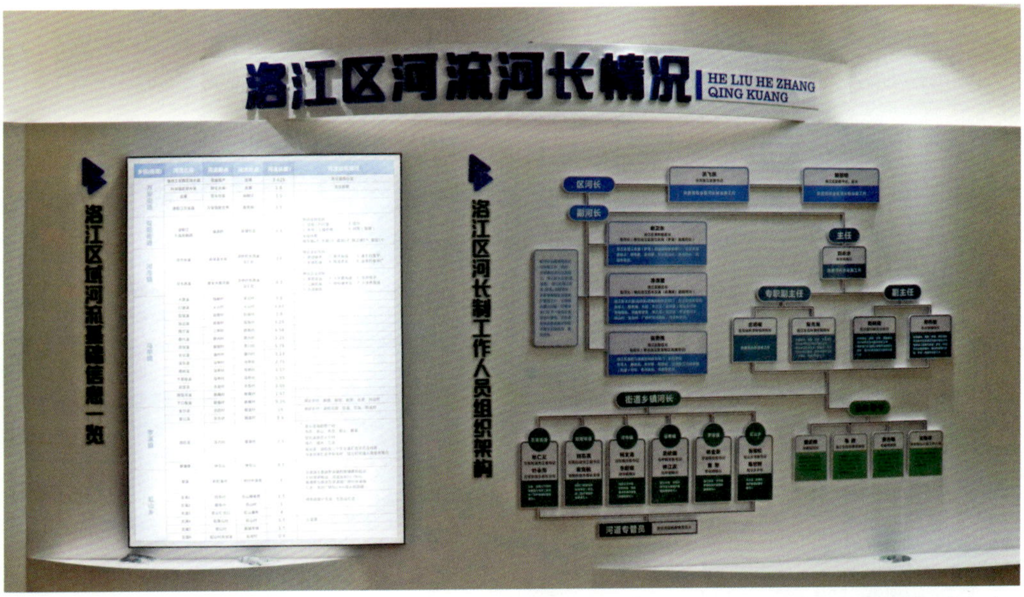

洛江区河长制智慧指挥中心（摄于2021年4月6日） （图/区委报道组）

2021年1月，洛江区级河长制智慧指挥中心建成并投入使用，通过“互联网+河长制”模式，定制化开发建设“洛江智慧河长”管理平台、洛江河道管护防洪监控信息化系统工程，罗溪镇河长制工作标准化建设。其中，“洛江智慧河长”管理平台融合举报受理、管理、监督、考核功能，不仅可以静态展现水环境质量、重点项目进展、污染减排、河道等专题情况，还可通过360度旋转监控摄像头，直观地在三维GIS可视化地图上展现污染源分布、事件分布等情况，也可对建设项目、目标、河道巡查、公众参与、业务受理等实现动态管理，提升河道治理效率，实现河道日常管理、考核管理、现场喊话、协调指挥等常态跟踪功能。系统还通过连接辖区三条主要河流重要河道设立的12个“电子眼”监测点、6座小（1）型水库监控点、8处水质氨氮指标自动监测点以及罗溪镇17个河道监控点，做到24小时不间断监测并实时反馈，实现河道“四乱”、水质异常等河道问题“即知即改”，大大促进河道长效治理。

泉州第十一中学晋升一级达标学校

泉州第十一中学校区占地约为9.8万平方米，2021年在校师生约3000人。校区包含丰富的绿化景观建设、体育馆、篮球场，还建有藏书124489册的数字图书馆、设施齐全的学生公寓和宽敞明亮的校园餐厅。创建省一级达标高中除了硬件建设之外，在提升教育质量方面，学校全面贯彻党的教育方针，秉承“敦品 励学 求真 创新”的校训，坚持“德慧并进，知行合一”的办学理念，确立“立德树人、启慧兴校”的办学思路；逐渐形成“团结 勤奋 创新 进取”的校风，“敬业 博爱 奉献 奋进”的教风和“立志 文明 善学 向上”的学风。作为泉州市高中课程改革实验市级样本校，学校大力推进课程建设与课堂改革，形成国家课程、地方课程与校本课程相互融合的“德慧”课程体系，并积极推进学校与南开公共教育管理有限公司合作办学项目的开展。认真开好必修课、选修课、活动课，举办各种兴趣小组和社会实践活动，丰富校园文化生活。注重学生的全面发展，狠抓教育教学质量，鼓励学生“合格+特长”。2021年3月19日，福建省教育厅下文，确认泉州第十一中学为“福建省一级达标高中”。

泉州第十一中学（2021年摄） （图/区教育局）

洛江区完成乡镇党委换届选举

2021年5月30日，洛江区完成乡镇党委换届工作　　（图/区委报道组）

2021年，洛江区早部署、早准备、早安排、早酝酿，在全市率先启动、完成换届考察，结合“两优一先”人选推荐、村级议班子议干部等工作，扎实做好人选摸排和人事调配工作。同时，贯彻落实全面从严治党要求，区委组织部会同区纪委组建2个督导组，持续传导正风肃纪的责任压力，营造风清气正的换届选举环境，5月30日平稳完成换届工作。洛江区乡镇党委换届选举产生37名党委委员（其中挂职5名），20名纪委委员，90名乡镇赴区党代表均实现高票当选。各乡镇党委领导班子成员平均年龄38.5岁，35周岁以下占比38.6%，均有30周岁以下年轻干部和女干部，领导班子结构功能进一步优化提升。党代表中专技人员、农民和生产一线党员占比超50%。

《泉州市洛江区志》出版发行

2021年6月，《泉州市洛江区志》出版发行。《泉州市洛江区志》为洛江区首部志书，上溯不限，下限至2007年，共设32篇，全书约150万字，全面系统记述断限内洛江区自然、政治、经济、文化和社会的历史与现状，着重记述洛江建区十年间的发展变化情况，记述历届洛江区委、区政府团结带领全区人民艰苦奋斗、砥砺前行，在改革开放和经济社会建设等方面取得的成就，突出时代特征和地方特色，融思想性、科学性、资料性于一体。

2021年6月9日，《泉州市洛江区志》正式出版发行　（图/区委党史和地方志研究室）

洛江区首个 5G 智能制造产业园签约

2021 年 6 月 15 日，福建省铁拓机械股份有限公司与中国电信泉州分公司签订 5G 智能制造产业园合作协议，洛江区首个 5G 智能制造产业园签约落地。

2021 年 5 月底，洛江区已完成 8 座地面铁塔、超 100 个 5G 站点，累计完成近 500 个 5G 站点建设，实现辖区内主城区、各乡镇镇区、智能装备产业园等重要区域的 5G 信号覆盖；累计对接 24 个项目纳入省数字经济重点项目库，已完成投资超 20 亿元；组织推荐西人马联合测控（泉州）科技有限公司获评省数字经济“未来独角兽”称号、福建省铁拓机械股份有限公司获评省级工业互联网应用标杆企业以及福建省绿能环保科技有限公司等 3 家企业获评省数字经济“瞪羚”企业称号。

根据协议 5G 智能制造产业园项目充分融合 5G、云计算、AI、大数据等先进技术，通过 5G 内网改造、绿色能源管理、产线智能升级、智慧物流等信息化应用，解决制造业降能耗、提效率等实际，实现生产柔性化、车间无纸化、交互智能化。

2021年6月15日，福建省铁拓机械股份有限公司与中国电信泉州分公司5G智能制造产业园合作签约仪式举行
（图/区委报道组）

庆祝中国共产党建党 100 周年系列活动

2021年6月18日，洛江区举办“红心向党 翰墨华章”书画摄影作品展　　（图/区委报道组）

2021年6月28日，洛江区举办“百年交响”庆祝中国共产党建党100周年　　（图/区委报道组）

2021 年，中共洛江区委、洛江区政府及各级单位、组织开展系列活动庆祝中国共产党建党 100 周年。6 月 3 日，洛江区老年大学承办老党员“百年辉煌颂党恩・洛江银龄展风采”庆祝建党 100 周年文艺演出。6 月 4 日，区委组织部、宣传部、区直机关工委、党史和地方志研究室联合主办洛江区“喜迎建党 100 周年建设美丽新洛江”党史知识竞答赛。6 月 18 日，区委宣传部、区文联联合主办，区政协办、区融媒体中心、区文化馆、区书法家协会、区美术家协会、区摄影家协会共同承办“红心向党 翰墨华章”书画摄影作品展。同日，市文联、区委宣传部、区委文明办、区教育局、区文体旅游局、区总工会、区团委、区文联主办，区文化馆、区音舞协承办“红心向党 乐启华章”合唱音乐会庆祝中国共产党建党 100 周年。6 月 24 日，区委宣传部、区委文明办、区文体旅游局、区文联主办，马甲镇党委、区融媒体中心、区书协协办洛江区庆祝中国共产党成立 100 周年“翰墨献盛世・楹联颂党恩”活动。6 月 25 日，区委文明办、区委党史和地方志研究室、区总工会、区民政局、区妇联主办；马甲镇党委、政府，马甲镇新时代文明实践所，马甲镇新民村承办“千家同颂・百年党恩”——洛江区庆祝中国共产党成立 100 周年广场文艺活动。6 月 27 日，市委宣传部、市文联主办，市南音艺术家协会、区文联、区南音协会承办“我们的中国梦・文化进万家”庆祝中国共产党成立 100 周年活动。6 月 28 日，中共洛江区委、洛江区政府主办，中共洛江区委组织部、中共洛江区委宣传部、洛江区文体旅游局、洛江区总工会承办“百年交响”庆祝中国共产党成立 100 周年歌舞盛会。6 月 30 日，洛江区马甲镇永安村举办“奋斗百年路 启航新征程”庆祝中国共产党成立 100 周年主题活动。同日，洛江区统战系统举办“学党史知党恩・跟党同心同行”庆祝中国共产党成立 100 周年红色经典诗词朗诵比赛。

中国共产党泉州市洛江区第六次代表大会召开

2021 年 7 月 25—27 日，中国共产党泉州市洛江区第六次代表大会召开。大会批准颜丽明代表中共泉州市洛江区第五届委员会所作的题为《乘势而上谋发展，勇担使命开新局，奋力谱写全面建设社会主义现代化国家洛江篇章》的报告；同意并批准中共泉州市洛江区纪律检查委员会的工作报告。大会选举产生中共泉州市洛江区第六届区委委员 29 名、候补委员 5 名、区纪委委员 15 名和出席市第十三次党代会代表 27 名。

2021年7月25日，中国共产党泉州市洛江区第六次代表大会召开　（图/区委报道组）

万虹路汽车走廊文化节

2021 年 12 月 18 日，首届洛江区万虹路汽车走廊文化节启动仪式举行。文化节采用“政府搭台—商家唱戏—用户参与”模式，带动民众汽车消费、惠及更多购车群众。

2021 年 12 月 18 日，首届洛江区万虹路汽车走廊文化节启动仪式举行。

洛江区万虹路基于便捷的交通条件和优越的地理位置，吸引众多汽车品牌入驻集聚经营，形成洛江区万虹路汽车走廊，汽车服务企业 30 家，其中一级经销商 4S 店 18 家，覆盖高、中、低各层次的品牌。2021 年，比亚迪、极狐、广汽合创、哪吒等品牌汽车相继入驻，新能源车品牌日益丰富。

2021年12月18日，首届洛江区万虹路汽车走廊文化节启动仪式举行　　（图/区委报道组）

洛江区选举产生
新一届区政协常委会、区人大常委会、区人民政府领导班子

2021年12月21日，政协泉州洛江区第六届委员会第一次会议选举大会召开　（图/区委报道组）

2021年12月22日，洛江区第六届人民代表大会一次会议举行　（图/区委报道组）

2021 年 12 月 19—21 日，政协洛江区第六届委员会第一次会议选举大会召开，会议听取政协洛江区第五届委员会常务委员会工作报告和政协洛江区第五届委员会常务委员会关于提案工作情况的报告会议选举李奉恒为政协洛江区第六届委员会主席、金玲珊等 4 人为副主席、许坤芳等 26 人为常务委员。

2021 年 12 月 20—22 日，洛江区第六届人大一次会议举行，大会共收到代表 10 人以上联名提出的议案 7 件，建议、批评和意见 103 件，共 110 件。会议选举陈逢生为洛江区第六届人大常委会主任，杨文格等 4 人为副主任，王国兴等 20 人为常委委员，表决通过洛江区第六届人民代表大会财政与经济委员会、社会建设委员会、监察和司法委员会组成人员；选举郭宁为洛江区政府区长，选举王昭昭等 8 人为副区长；选举蔡崇达为泉州市洛江区监察委员会主任；选举苏益铮为泉州市洛江区人民法院院长；选举王声典为泉州市洛江区人民检察院检察长。

洛江区党史学习教育

3月5日，洛江区召开全区党史学习教育动员大会。全区各级党组织和广大党员干部深入学习贯彻习近平总书记关于党史学习教育的重要讲话精神，牢牢把握“学党史、悟思想、办实事、开新局”要求，紧密结合“再学习、再调研、再落实”活动，精心组织实施，科学统筹协调，全区党史学习教育扎实推进、有声有色，为建设更高水平的智造洛江、生态新城，奋力谱写全面建设社会主义现代化国家洛江篇章凝聚力量。

一、扎实深入学党史，知史爱党、知史爱国成为自觉

紧扣“学史明理”这一重要前提，丰富载体，守正创新，全区上下掀起学习热潮。全区广大党员干部更加深刻感悟中国共产党为什么能、马克思主义为什么行、中国特色社会主义为什么好，增强对马克思主义、共产主义的信仰，对中国特色社会主义的信念，对实现中华民族伟大复兴的信心。

基层宣讲有声势 打造“洛地有声”全省首届十佳基层特色宣讲团，组织拍摄“洛地有声”理论微视频11期，制作分发微宣讲视频400余套，拓展线上“有声”宣讲渠道。面向机关干部、农村群众、校园青少年、非公企业等群体，创新送课上门、线上推党史、线下践初心等多种方式，依托“罗溪讲古”平台、“洛江周五晚”讲堂、新时代文明实践中心（所、站、公园）、学习教育参观点等载体开展宣讲540余场次，听众超5万人次，宣讲宣传成为党史学习教育第一课堂。

文艺宣传促活力 精心组织庆祝中国共产党成立100周年系列活动，深入开展“永远跟党走”群众性主题宣传教育和四史学习教育，大力营造“党史周周学”全民热。推出合唱音乐会、书画摄影展、党史邮票展、广场舞比赛等红色艺术党课186场。创作《掌中木偶讲党史》、闽南语快板《十谢共产党》等一批主题文艺精品，率先在86个基层党支部贴“颂党恩践初心”主题楹联，让党史学习教育更接地气、入人心。

指尖传动全覆盖 设计推出党建系列表情包，为全区8110名党员开通视频彩铃，让学习教育进入干部群众“朋友圈”。吸引7万人次参与网上阅读竞答，打造《党旗下我成长》《洛江区献礼中国共产党成立100周年MV》等融媒体作品，相关经验在新华社、人民日报以及中组部相关网站刊登展播，浏览量超1500万人次。党史学习教育在“指尖”凝聚正能量。

二、入脑入心悟思想，感悟伟力、汲取力量氛围浓厚

紧扣学习习近平新时代中国特色社会主义思想这一根本任务。全区上下统一步调，学思践悟促提升。广大党员干部增强用党的创新理论武装头脑、指导实践、推动工作的自觉性和坚定性，从百年非

凡历程中汲取营养、强筋健骨、筑牢定力，厚植爱党爱国爱社会主义的真挚情怀。

以上率下 发挥“关键少数”头雁效应，区四套班子领导带头开展中心组学习、辅导报告、专题研讨、座谈交流，先后举办专题读书班、专题研讨班、示范培训班和“四史”教育班等，示范带动全区各级党委（党组）理论学习中心组围绕各主题开展学习、研讨500多场，举办专题报告会40多场。组织编发《党史学习教育简报》42期，推动全区形成学习热潮。

突出重点 持把学习新思想与学习习近平总书记对福建工作的重要讲话重要指示精神结合起来，与学习习近平总书记在闽期间的重要理念重大实践结合起来，准确把握习近平总书记来闽考察提出的“四个更大”新要求和四项重点任务，拎出29个具体项目，逐项对照研究细化，边研究边推动边落实。把“三个再”活动作为“悟思想”的特色载体，具体梳理12个重点调研课题和18个重点专项，推动“三个再”活动落深落实。

实地浸染 区四套班子领导带头开展现场学习，深入泉州华侨革命历史博物馆和叶飞将军故居，重温党的革命历史，感悟革命人物事迹。探索建成“学习强国”研学体验综合体，推出洪四红耀基地、虹山红色记忆馆等一批党史学习教育“红色地图”，全区上下就近参加现场学习100余场次，传承红色基因、赓续红色血脉成为集体共识。

三、用心用情办实事，“不忘初心、牢记使命”持续巩固

坚持把学习党史同总结经验、观照现实和推动工作紧密结合起来。全区广大党员干部更加深刻感悟到党的百年历史，就是一部践行党的初心使命的历史，就是一部党和人民心连心、同呼吸、共命运的历史，进一步强化公仆意识和为民情怀，密切党群关系，巩固执政基础。

我为群众办实事 突出百姓“点题”、党政“答题”，对接落实市委民生XIN行动和化解民生热难点“五期”机制，扎实推进“我为群众办实事”，46个区级实践活动项目100%完成，推动解决一批老旧小区改造、公交线路扩增、白内障阳光复明等群众急难愁盼问题。区领导带头深入基层一线开展调研、问需解难，带动各级各部门广泛开展实地走访、集体座谈、民意调查、问题解决。

我为企业解难题 开展“进百企、走百商、访百才”活动，聚焦企业发展全要素、全链条，实施优化营商环境三年行动计划，出台《提升营商环境十条措施》，创新开展“五级十五同”服务事项标准化、审批服务“反向提示”等一批便民利企措施，智谷万洋高新技术产业园项目“四证齐发”，成为工程建设“拿地即开工”新样板。2021年，全区新增开办企业1573家，个体户9256家。兑现各级惠企资金1.7亿元，减免税费1.8亿元。

我为社会做好事 开展“党旗在基层一线高高飘扬”，落实党员干部“双报到双服务”制度，全区党员干部作出公开承诺2.4万项，有序推进百场党员“微志愿”服务。广泛组织志愿力量，开展文明旅游志愿服务、门前三包、烟头不落地等活动300多场次，惠及民众4万多人次。

科技助力创新发展

2021年，洛江区实施“抓创新促应用专项行动”，坚持把推进企业加大研发投入作为提升企业自主创新能力的重要抓手，把做好研发投入统计工作作为贯穿全年的一项全局性工作，推动全区科技创新各项指标持续提升。

双阳街道的福建北峰通信科技股份有限公司，是国内首批集硬件、射频、软件于一体的无线通信设备研发企业，在行业内耕耘30年。企业已掌握行业内关键的数字无线集群通信技术，可同时提供PDT、DMR、DPMR等系列标准产品，例如数字集群系统、自组网系统、调度管理平台等，被广泛应用于政府公共安全部门、公用事业（能源、交通等）以及工

商业用户的应急通信、智慧调度和日常工作通信等领域。该公司近3年一直以技术创新为核心，研发投入占年收入10%以上。企业主要在融合通信领域进行开发跟投入，结合无线自组网、卫星通信、物联网、云计算、大数据技术等，构建从常规到集群、从窄带到宽带、从终端到系统的立体通信网络，实现语音、数据、视频、定位、业务管理的融合。

为助推科技创新各项工作做实做细做成，洛江区靠前服务，精准靶向发力，聚焦产学研深度融合，促进科技成果转化。区科技局等有关部门对福建北峰通信科技股份有限公司进行科技惠企政策解读、信息宣传，以及各级各类科研项目申报指导等，该公司在区科技项目、高新技术企业以及研发费用分段补助等方面都得到扶持、奖励。此外，区科技局牵线搭桥，帮助企业与华侨大学建立产学研协同创新合作关系，使企业在技术研发等方面得到更好的资源和帮助。企业已获得发明专利3项、实用新型专利 32项，软件著作权证书32项，并获得国家级高新技术企业、省“专精特新”中小企业、省科技“小巨人”企业、省知识产权优势企业、省科技型中小企业以及市级企业工程技术研究中心等称号。

泉州市绿普森生物科技有限公司通过科技赋能，实现转型升级发展，并于2021年入选省科技“小巨人”企业名单。该公司在创立初期，主要以生产诱虫板等产品为主，技术含量低、利润薄。为提升企业效益，提高产品附加值，企业于2016年开始探索科技创新之路，通过寻求技术合作、加大研发经费投入等方式，逐步实现转型升级。区科技局、区科协等有关部门介入引导、牵线搭桥，与福建省农业科学院植物保护研究所科研处处长魏辉达成合作，组建专家工作站。专家工作站极大推动该公司核心技术打造和产品研发。在专家工作站基础上，企业又陆续与福建农林大学、武夷学院及福建省农业科学院等高等院校、科研究所建立起长期战略合作关系，不断推进产品研发生产，提升产品附加，落后产能逐步淘汰。

洛江区聚焦省、市、区重大需求，围绕智能装备、新材料等重点领域，推动企业持续开展科研攻关。2021年洛江区持续加强企业创新研发指导，在关键技术、重大装备等方面，取得原创性成果和自主知识产权，切实为建设智造洛江、生态新城多尽职责、多作贡献。

洛阳桥申遗成功

2021年7月25日17：38，“泉州：宋元中国的世界海洋商贸中心”顺利通过联合国教科文组织第44届世界遗产委员会会议审议，成功列入《世界遗产名录》。泉州进入世界遗产时代，正式成为世界遗产城市，泉州的遗产是全世界文化保护与传承的最高等级，成为全人类共同的宝贵财富。申遗成功，举市欢庆，举世瞩目，功在当代，利在千秋，意义重大而深远。申遗工作开展以来，洛阳桥遗产点文化遗产保护管理和利用工作如下：

加强规划统筹　根据市申遗办部署的重点任务安排，及时调整加强申遗工作队伍，较好落实各项工作任务；完成洛阳桥遗产点业态策划，加强商业业态管控，提出业态负面清单；委托中国建筑设计研究院编制洛阳桥桥南社区遗产保护利用规划，现已完成初稿；洛阳桥桥南堤后路道路硬化设计方案按照国家文物局批复意见，正组织万投集团对方案进行修改完善，争取尽快报批组织实施。

强化管理保护　制定出台《加强洛阳桥遗产区管理工作暂行规定》，修订完善文物保护管理、游客管理及村规民约等规章制度，实行常态化巡查制度，完善落实应急处置预案、安全生产机制等，及时消除安全隐患，保证文物安全；聘请专门安保人员值守，强化交通秩序管控，协调公安、城管、市场监管、消防等部门，定期联合开展常态化执法行动，对巡查发现的消防、景观控制、占道经营等方面存在的不足进行强力整治。

实施环境整治　按照全市统一部署，对洛阳桥

周边环境进行整治，完成5幢建筑传统方式修缮、20幢建筑立面整治、2幢房屋改造、9处房屋拆除或降层，对桥南街道路进行改造，建设3个广场、丰海路落客区、丰海路停车场；实施洛阳桥清淤3.75万方，迁移洛阳桥两侧红树林2500株；对沿丰海路—洛滨路—国道324段线路及其周边环境进行整治提升，对堤后路324国道至桥南花苑环江地段进行绿化整治，铺设临时路面，打通洛阳桥南端与丰海路方向连接通道。

强化项目建设　通过对增设道路交通指引牌、申遗点点位标识牌，提升桥头、社区公共厕所保洁等措施，不断提供公共服务水平。完成桥南古街游客中心改造提升，在游客中心设立主题邮局，委托泉州邮政洛江分公司开展日常运营，更好地为广大游客提供咨询、指引等服务。实施古街灯带、路灯、花灯建设项目，亮化、美化古街景象。

开展多样活动　联合泉州晚报社开展“寻访洛阳桥文物，助力海丝申遗”系列活动，包括洛阳桥文物史料征集、“古桥韵”海丝申遗书画征文活动、“空中看洛阳桥”全景展示等，举办“十月诗会”采风、“洛水雅集”、洛阳桥文明旅游志愿服务活动。指导桥南社区开展南音会唱、“洛阳桥歌友会”等多彩文化活动；在洛江新闻网、“大美洛江”微信公众号等平台发布工作情况，提升洛阳桥认知度和影响力。

征迁交净地百日攻坚

2021年8月底，洛江区政府启动“抓征迁交净地百日攻坚”专项行动，按照时间节点完成征迁工作。完成美标康盛华南地区动力系统配套及试验基地、德邦物流东南基地、万虹路（河市中学至马甲新庵岭）拓改工程、洛江区西环路（朋虹街—经九路）等4个项目征迁扫尾清零工作，共征收房屋23宗0.93万平方米，土地5.37万平方米；完成阳江新城（一期）集中征迁工作，共征收房屋17宗0.68万平方米。征迁攻坚整理出2个工业出让地块（美标康盛华南地区动力系统配套及试验基地和德邦物流东南基地），新拓展16.67公顷以上城市发展新空间。项目征迁清零，为下一步片区整体开发和基础设施建设打下基础。

实施产业链招商季行动

2021年9月，泉州市委、市政府组织实施产业链招商季行动，洛江区委、区政府同步跟进推动招商工作，结合洛江产业发展特点，制定《2021年洛江区产业链招商季行动方案》，加强项目对接洽谈，推动项目签约落地，促进产业链上下游联动发展，培育发展新动能。

一、招商工作开展情况

2021年招商季，洛江区新增签约项目71个，合计总投资287.4亿元，其中45个项目已开工建设，9个项目投产。

二、产业链招商工作措施

（一）立足产业基础，实施精准招商。围绕纺织鞋服、工艺制品、机械制造、卫生用品等现有支柱产业，以及传感智能制造、数字经济、生态旅游等引导发展产业，深入开展产业调研分析，找准产业链条缺失环节和薄弱环节，加大招商力度，针对性开展以商引商、精准招商，引进一批具备强链、补链、延链作用的优质产业项目，补齐产业链短板，培育壮大产业集群。

（二）开展产业链招商季行动，加大攻坚力度。制定《2021年洛江区产业链招商季行动方案》，瞄准京津冀、长三角、珠三角、中西部等重点区域和重点客商，开展传感智造、机械装备、数字经济、新材料、文化旅游、商贸服务等产业链招商活动，加大项目对接洽谈频次和力度。招商季期间，引进华为产业数字化创新孵化中心、希尔顿欢朋酒店、捷兴智造装备工业园、富利智造装备工业园、舟基集团产业基地、洛江城乡供水一体化等一批项目。

（三）积极“走出去、引进来”，加强项目对接。坚持一把手招商，招商季期间，区领导带队赴洛阳、长沙、温州、舟山、厦门、深圳等地开展招商考察活动，对接洽谈沃尔玛山姆会员店、瑞荣科技孵化园、洛阳轴承研究院、舟基集团产业基地、天心天思数字产业园、华为产业数字化创新孵化中心、百度云城市大脑等10多个项目；邀请邀请雄江集团、蓝城集团、华为公司、清洛基地、石简科技、北京航天光新、中建六局、宝龙集团、新城控股、爱琴海商业集团、中国旅游集团、省建工集团、中核集团、阿里云、唯一网络、九牧集团、馥稷生物科技、神旅科技、中科汇金、省投集团等企业客商近40批次到洛江考察洽谈。

（四）开展招商专场活动，推动项目落地。10月18日，组织参加泉州市招商大会并举行洛江分会场项目签约仪式，洛江区被列入市招商大会的签约项目共43个、合计总投资253亿元。举办深圳洛江商会返乡投资恳谈会招商专场活动，通过播放招商宣传片、招商推介、座谈交流等方式详细介绍洛江区情、招商政策、招商载体，鼓励商会企业家返乡创业并介绍身边的企业家朋友到洛江投资兴业。组织商会企业家前往智谷(泉州)万洋高新技术产业园、福建省铁拓机械股份有限公司、洛阳桥及桥南古街等地开展投资考察，深入探讨项目合作空间。组织参加泉州市粤港澳招商推介会，洛江区征集粤港澳招商签约项目9个、总投资额84亿元，洛江希尔顿欢朋酒店项目（总投资10亿元）在会上现场签约。

（五）加强招商宣传推介，营造浓厚氛围。强化“投资泉州”招商数字化平台应用，推广招商小程序，更新本区闲置楼宇厂房、土地资源信息、招商政策等，及时发布招商活动信息和招商动态资讯，借助招商数字化平台宣传推介洛江。制作洛江区招商宣传片片、投资指南、招商项目简介、传感智能制造产业基地招商简介、政策汇编等招商宣传材料，宣传推介洛江重点招商载体、营商环境和优惠政策。通过大美洛江公众号、洛江新闻网、泉州网、东南网、《人民日报》、新华网等各级媒体，宣传报道洛江区招商推介会及其他招商签约活动、区领导外出招商对接和接洽来访客商、重大项目动态、工作经验亮点、阶段成效等等招商工作信息30多条。

“安全生产标准化提升”行动

2021年8月，洛江区认真贯彻落实市委市政府有关安全生产标准化提升专项行动部署要求，以落实企业安全生产主体责任为主线，以提升企业安全管理为目标，统一认识，加强领导，精心组织，推动标准化提升工作扎实有序开展。

抓组织领导，周密部署提升工作。洛江区将开展安全生产标准化提升行动作为落实企业安全生产主体责任、提高企业本质安全水平的重要抓手，纳入当前安全生产重点工作进行安排部署，要求各级各部门主要领导要亲自部署、亲自抓，分管领导要具体抓、全程抓。成立由区政府主要领导任组长的工作领导小组，结合实际，及时制定《洛江区开展企事业单位安全生产标准化建设三年行动方案》，进一步明确目标，细化任务，强化要求，落实责任。区政府主要领导、分管领导先后5次在专题会、工作会、季度会上对安全生产标准化提升工作进行强调。区委办、区府办要求区安办定期汇总上报标准化进展情况。

抓责任落实，认真细化工作举措。 健全规章制度，制定专项宣贯和专题培训文件，建立安全生产标准化提升专项行动工作制度，保障安全生产标准化提升专项行动工作能更好、更快、更有效地推进和落实；成立工作专班，每周开展碰头会，协调、分析和推动工作落实，并建立洛江区标准化提升专班工作群和洛江区安全生产标准化提升工作群两个工作群，及时在线沟通解决碰到的问题；全面落实函告，由各乡镇（街道）和区直有关部门逐家企业送达《关于自主创建安全生产标准化函告书》、签订《自主创建安全生产标准化承诺书》，明确创建工作时限，确保工作落到实处；加强业务指导，深入学习钻研上级文件，整理洛江区安全生产标准化提升专项行动工作进展情况统计表、洛江区安全生产标准化提升专项行动工作清单及工作完成情况表和洛江区企业安全生产标准化创建流程图（参考版）等表格图片，解决做什么和怎么做问题；注重技术支撑，同1家安全服务中介机构达成合作协议，邀请该公司指派高水平专家参与指导洛江区安全生产标准化创建工作，从现场管理、应急演练、安全培训、隐患排查整改和经验推广等方面，提供技术支撑和智力支持；强化检查推动，结合中秋国庆节前安全检查，区分管领导先后2次深入标准化创建试点企业开展业务督导指导；区安办组织开展标准化提升动员宣传、专题培训、标杆企业筛选等情况督查1次；乡镇（街道）和区行业主管部门共开展相关检查39家次，发现并督促解决问题54个，推动企业落实主体责任，引导企业提升安全管理水平。

抓典型示范，精心培植试点单位。洛江区按照“重点先行、试点先行”的原则要求，结合全区实际，突出以危险化学品、轻工、机械、商贸、建筑施工为重点，组织乡镇（街道）和区直有关单位开展摸排，筛选本辖区和本部门主管（监管）安全生产基础条件较好的企业，在市下达10家创建任务的基础上，自加压力，确定典型示范企业培育对象至25家，进行先行先试，打造典型示范标杆单位。组织试点企业召开动员培训会，制定洛江区企业安全生产标准化创建工作流程图，成立由区、镇和专家组成的服务组，对试点单位开展针对性指导，倒排进度，确保按期完成试点创建，组织专家到试点单位开展辅导11次。

抓宣传培训，着力提升社会氛围。强化业务培训，9月6日全市安全生产标准化提升专项行动业务培训会后，洛江区紧接着召开洛江区标准化提升动员培训会，对安全生产标准化提升专项行动工作进行部署要求，并对《洛江区安全生产标准化提升专项行动方案》进行解读；10月11日，洛江区召集辖区安全生产标准化试点单位负责人和安全生产管理人员召开试点工作动员培训会，会上安全生产专家讲授安全生产标准化提升专项行动相关业务知识，区安办就为什么要开展安全生产标准化提升和该如何去开展安全生产标准化提升两个方面同与会人员进行交流，要求企业做到认识、投入、排查、培训和宣传“五到位”；10月26日，洛江区召开全区安全生产标准化提升专项行动推动会，对全区安全生产标准化提升工作进行再动员再部署再培训，要求各单位要按照时间节点推进标准化提升的各项工作，尤其要抓实标杆企业的培植。截至2021年11月，全区组织培训10次，培训企事业495家次，培训人员650多人次。广泛宣传发动，通过悬挂宣传标语、LED屏滚动播放宣传标语、重要场所的电子大屏幕播放宣传图等形式，加大安全生产标准化提升专项行动目的意义、政策规定、标准规范、主要内容等宣传力度，增强社会各界对安全生产标准化提升的重视和关注力度；充分发挥新闻媒体作用，积极在“洛江新闻网”网站和“大美洛江”微信公众号针对安全生产标准化提升专项行动进行宣传报道，将《安全生产标准化——企业行稳致远的通行证》分发到每一家生产经营单位，据统计，全区分发宣传材料1010份，设立宣传栏228个，悬挂宣传横幅138条，LED滚动播放171条，并制作宣传图3幅在繁华地段的LED大型公益广告屏幕滚动播放，为全区标准化提升行动营造良好的舆论环境。

城乡品质提升年

2021年，洛江区制定出台《2021年全区城乡品质提升实施方案》（泉洛政办〔2021〕18号），成立由区政府主要领导任组长、区政府相关分管领导任副组长、区直相关部门为成员单位的城乡建设品质提升领导小组，领导小组下设城市建设和农村建设品质提升两个工作组，分别挂靠在区住建局和区农水局。2022 年洛江区实施城乡品质提升项目 121 个，计划总投资 97.41 亿元，年度计划投资 29.91 亿元。已开工项目 95 个，已完工项目 57 个，完成投资 23.12 亿元。其中市级项目 59 个，计划总投资 70.16 亿元，年度计划投资 21.67 亿元，完成投资 25.45 亿元，完成年度投资比例 117.43%。

平安惠民工程

——洛江区“厝边守望”工程打通“雪亮工程”盲区

2021 年，洛江区聚焦平安乡村、邻里纠纷、环境卫生整治等难点、堵点、烦点问题，在全市率先探索建设“厝边守望”平安惠民工程。完成第一批 5000 路“看家护院”监控探头建设，接入村（社区）、乡镇街道及派出所视频监控综合平台，有效解决农村地区治安巡防力量不足问题，推动在一线信息掌握到位、矛盾化解到位、治安防控到位、便民服务到位，深化平安智慧乡村建设。相关经验做法在《侨乡快讯》《八闽快讯》刊载，获全国人大常委会原副委员长王汉斌、省政协副主席许维泽批示肯定；在《福建法治报》、《泉州晚报》、泉州电视台作专题深度报道。

“赋力”打通智慧治安防控“最后一米”。降低建设门槛。依托现有条件资源，降低项目启动门槛，快速规模化推广。通过现有网线供电，解决安全接电问题；将村民宽带网复用为视频专网，解决网络接入问题；通过资金拼盘，采取乡镇（街道）出一点、居民群众掏一点、区级财政“兜底”的办法筹集经费，解决资金问题。广泛发动群众。以“解决群众急、难、愁、盼问题，让群众得到实惠”为主题，在全区开展夜访夜谈活动，上门入户面对面宣传，广泛发动群众主动参与监控探头建设，签订自愿共享协议，共享率超 98%。有条件的乡镇（街道），对“看家护院”监控探头主动接入综合监控平台的家庭，免缴全年云监控业务服务费，进一步提高广大群众参与的积极性。延伸联防空间。在建成高清视频监控及在辖区各村（社区）内各主次干道及主要路口安装村级视频监控探头的基础上，“厝边守望”项目将“雪亮工程”覆盖面从主干道、重要场所延伸至每家每户。同时，与“警官兼村官”、一村一警务助理、村级自治治安巡逻联防调解、城乡社区网格化服务管理等相结合，实现“线上＋线下”同步，“技防＋人防”双管齐下，筑牢立体化、信息化的乡村治安防控“天网”。

“赋智”提升基层乡村治理“智能平台”。整合部门资源。结合景区和非景区景点安全管理，组织各乡镇（街道）全面排查公共领域、重点区域、危险区域的监控“空白点”，推动住建、国土、农水、文体旅游等职能部门抓紧牵头布点、建设视频监控探头，逐步接入村（社区）和乡镇街道及派出所视频监控平台，打破部门智能化建设“壁垒”，聚合力量，进一步提高监控平台的综合治理效能。主动安全预警。在地质灾害点、水库、河岸、三围塘、临水临崖区域、危房、高陡边坡、景区景点、人员密集场所等重点部位加密监控探头 30 个，依托村（社区）和乡镇街道及派出所视频监控平台语音通话、视频汇聚和回放功能，增加 AI 算法，利用“电子围栏”等多种智能感知分析技术，自动进行区域告警、边界告警、安全预警等，有力推动从“事后问题处置”向“事前主动预警”“事中监管”转变。拓展服务功能。在视频巡视掌控乡村治安情况的基础上，拓展可视报警定位、治安防控队伍精准调度、人居环境整治、消防安全监控、垃圾围管理、河道管理、移风易俗、疫情防控、企业排污口监控等应用。与村级广播“村村响”实时联动，常态开展平安建设、普法、反诈骗、拒绝毒品、拒绝邪教、拒绝赌博等语音宣传 100 多场次，助力美丽乡村建设。

“赋情”推进建设和谐幸福“平安家园”。护民安民解近忧。在乡村家家户户布置海量的视频监控探头，依托全天候运转的视频监控平台，“点对点”实时清晰掌握背街小巷、村道小路、房前屋后等角落的车辆、人流状况，有力防控直接影响群众安全感的偷盗抢劫、聚众闹事、打架斗殴等行为，让广大群众的获得感、安全感、满意度更加充实、更可持续。联防联守护平安。通过“厝边守望”工程，形成“家家联防、警民联守”，实实在在为群众办实事。2021 年，公安机关共排查各类矛盾纠纷 3021 起，调处 3012 起，调处率达 99.7%，防止民转刑案件 68 起。通过家家联防，推进“人人知电诈、人人防电诈、人人反电诈”，2021 年阻止群众被骗 8010 人次，挽回经济损失 901 万元。守护亲情慰乡愁。居民群众可以通过手机端、PC 端软件分别进行管理、语音对讲等，实现在外务工人员随时随地与家中空巢老人、留守儿童进行亲情互动。通过设备远程操作，数据云存储等方式提供安全监控服务，实时关注家乡实况，查看回看家乡动态，满足“村里人”和“村外人”的“看家心愿”“想家乡愁”，让出门在外打拼的人更安心、更放心。

洛江“强基促稳”显成效

2021 年，洛江区深入贯彻落实市委部署要求，聚焦抓“强基促稳”、解“急难愁盼”、提生活品质主线，系统谋划、集成推进，扎实开展“13+2”个专项行动，解决热难点问题，及时化解风险隐患，完善推广特色亮点，区域治理体系和治理能力现代化水平不断提升。

坚持党建引领 提升基层组织力

党的基层组织是确保党的路线方针政策和决策部署贯彻落实的基础。洛江树牢大抓基层鲜明导向，通过持续深化推广“同心圆”区域化党建工作，整合红色乡贤参事会、村民小组长等治理力量，健全落实党员积分管理、村级民主议事等制度，不断增强基层党组织政治功能和组织力。

同时，推行“1+3+N”近邻党建工作模式，实现小区党组织覆盖率 100%；建立社区、小区党群联席会议制度，成立 1 个区级物业纠纷调委会和 6 个小区物业纠纷调委会，成功化解小区物业管理服务问题 356 个，有效提升小区居民和谐幸福指数。

此外，洛江采取“老带新、强带弱”方式，开展“乡村导师帮带制”试点工作，根据帮带对象意愿和差异化需求，聚焦带政治建设、带产业发展等“六个帮带内容”，组建 19 组师徒团队，建立“一对一档”帮带对象成长档案，为年轻干部“墩苗”“培土”。在推行村主干实绩晾晒工作中，涌现出一批优秀村级组织带头人，营造争先创优的良好氛围。选派新一批驻村干部，实现省、市、区乡村振兴试点村驻村干部全覆盖，并全面推行党员楼长制、党员街巷长制，为党的基层组织注入源源不断的生命力。

拓展治理抓手 守护百姓“小幸福”

社会平安是最大的民生工程。2021 年，洛江聚焦群众反映的平安乡村、邻里纠纷、环境卫生整治等难点问题，以“一导（党委政府主导）一治（村民自治）三共建（电信移动联通共建）”为思路，探索建设“厝边守望”平安惠民工程，建成居家探头 3440 户，并依托“互联网 + 云视频 + 综治 + 公安”模式，将居家探头接入到村委监控平台、乡镇综治中心、公安派出所勤务指挥中心，实现对村居重点目标、重要部位“广覆盖、全联网”，织密出一张疏而不漏的智慧天网，大大减少偷盗抢等各类违法犯罪行为的发生，守护着人民群众的生命财产安全。全区刑事案件同比下降 14.1%，传统“盗抢骗”案件同比下降 31.3%。

洛江创新“22335”家事矛盾纠纷排查化解新模式，在全省率先全面打造“村（社区）家事调解室和镇、区妇女援助中心”自下而上的互联互通三级阵地，抓好宣传、调解、回访三个环节，推进平安家庭微治理，实现服务不缺位、纠纷不激化、矛盾不上交的目标。2021 年，全区共组建“平安妈妈网格员”队伍 695 人，采集录入民意信息近 900 条，化解矛盾纠纷 60 多件。该经验做法在《中国妇女报》等媒体相继推广，获省妇联主席现场调研。

补齐民生短板 增强群众获得感

“强基促稳”重在源头治理、标本兼治，关键是要把民生、民忧解决好。从推进城区学校课后服务扩面提质，到提升物业管理服务能力，再到保障老百姓“菜篮子”“米袋子”“钱袋子”……洛江认真落实化解民生热难点问题“五期”工作机制，结合“我为群众办实事”实践活动，滚动摸排解决2批41个民生热难点问题。同时，充分发挥12345平台民意入口功能，及时回应民生诉求，加强诉求件的全流程、全链条跟踪督促，建立不满意诉求件跟踪销号制度，2021年受理群众诉求2547件，及时回复率、及时查阅率均达100%，群众满意率达99.5%。

针对全区现有特困供养机构供养和护理能力不足、优质教育医疗资源短缺、工贸企业安全生产隐患日益凸显等问题，洛江找准切入点、着力点，解民忧、帮民困，切实提高群众获得感。

洛江创新探索政府购买民办养老机构服务方式，保障特困人员“有得住”“住得起”“住得好”，实现全区有意愿集中供养的服务对象集中供养率100%；阳江学园（小学校区）、塘西学园加快建设，南开公能集团与泉州十一中深化合作办学；泉州第一医院与区医院医联体紧密合作，区医院新院区、宝璋肿瘤医院等项目加快推进；创新动态式工贸企业应急管理服务模式，让安全隐患排查专业性、实用性明显增强，应急救援效果更加显著。

家事国事天下事，关乎民生无小事。洛江按照市委部署要求，不断巩固“强基促稳”工作实效，力争化解突出隐患和难题积案，解决民生热难点问题，培育善治典型，持续提升基层组织力、治理能力、风险防控能力、矛盾纠纷化解能力和群众获得感，营造安全稳定和谐的发展环境。

罗溪镇洪四村探索党建助推乡村振兴新模式

罗溪镇洪四村地处洛江区偏远山区，与莆田市仙游县、泉州市惠安县交界，全村辖6个自然村、21个村民小组，人口1265户5039人，60%以上人口外出，党员数67人。地域面积28.48平方千米，耕地面积97.33公顷，林地面积1800公顷。洪四村环境优美，空气清新，辖区内泉州八峰水库、前洋水库、车戽水库连接环绕，山清水秀，人杰地灵。洪四村获省、市级生态村称号、区级文明村（居）、洛江区首届“醉美乡村行”称号、泉州市新农村建设试点示范村、洛江区美丽乡村建设示范村、省“千村整治·百村示范”美丽乡村建设、省、市农村社区建设示范单位、省级卫生村、省级“乡村旅游特色村”、泉州市先进党组织、泉州市文明村、泉州市旅游村、省级乡村治理示范村、省级绿盈乡村（高级版）、泉州市移风易俗典型村、省级乡村振兴试点村、全国乡村治理示范村等荣誉称号。

为深入贯彻习近平总书记“用好红色资源，传承好红色基因，把红色江山世世代代传下去”的重要论述，努力探索偏远地区农村党建助推乡村振兴的红色之路，罗溪镇洪四村针对党支部与群众沟通不畅、动力不足，特别是缺少凝聚力等难题，从2018年起率先探索实施“1+1+S”党建同心圆模式，即坚持以人民为中心，树立问题导向，聚焦乡村治理和发展难题，以党群圆桌会为抓手，最大化发挥支部和党员作用，广泛凝聚党员干部群众力量，形成1个党支部+1个党群圆桌会处事制度+多种社会力量的“1+1+S”同心圆模式，实现“自己的事情自己办，自己的权利自己使，自己的利益自己享”。至今，洪四村通过每季度一次的党群圆桌会，党员和乡贤共谋洪四发展，结合党史党情与洪四历史实际，2019年创建红色荣耀教育旅游基地，建设洪岩烈士纪念园（市级第三批党史教育基地、围剿海匪战斗旧址）、洪四影剧院（洛江区爱国主义教育基地、区级“三会一课”实践点）、中国共产党历史展览馆、党建同心圆展馆、军装发展史馆等现场教学参观点，成为党建团建旅游的热门景点。该模式实施后，共解决党群问题48件，筹集意向发展资金700余万元，建设项目12个，提高村集体经营性收入20万元。

1月

4日，洛江区医院与北京大学人民医院心血管研究所胡大一教授团队签约暨"胡大一名医工作室"揭牌仪式举行。

5日，市委政法委常务副书记曾焕楷带队到洛江开展"酒驾"专项整治工作调研。

同日，洛江区举行2021年第一季度招商项目集中签约仪式。

同日，洛江区举行"关爱老人从心出发"老年人心理关爱项目（试点）启动仪式。

6日，市政府副市长肖汉辉到洛江区调研进口冷链食品集中监管仓建设情况。

同日，市统计局执法检查组到洛江开展统计数据质量"双随机"检查工作。

同日，全区实施乡村振兴战略现场推进会召开。

同日，洛江区接受创建省级慢性病综合防控示范工作考评。

同日，洛江区虹山乡木兰溪支流安全生态水系建设项目通过市级验收复核并获评优良工程。

7日，洛江区2021年第一季度招商项目集中签约仪式活动举行，区委书记洪飞跃、区政府区长颜丽明参加。

同日，洛江区出台《洛江区应对疫情支持省外高层次人才留洛过年七条措施》。

同日，洛江区组织召开城市管理和渣土车安全整治三年行动专项会商会。

8日，洛江区举行中小学生民族管弦乐团培育基地授牌仪式。

9日，洛江区举办首个"中国人民警察节"暨全国第35个"110宣传日"主题活动。

12日，洛江区举办书法家春联送万家暨新时代文明实践文艺服务进乡村活动。

同日，洛江区组织收看"泉民开讲"2021年度首场宣讲网络直播。

同日，洛江区开展教育系统疫情防控工作专项督导。

13日，区委洪飞跃书记带队督导新冠疫情常态化防控落实情况。

同日，省红十字会到洛江开展基层工作队伍和服务平台建设情况调研。

同日，洛江区开展大型商超消防安全专项检查。

同日，洛江区举办"政治引领·筑梦洛江"高层次人才主题活动。

15日，洛江区首届"蔡襄杯"书法临帖展在洛江图书馆举办。

21日，洛江区举办俞大猷文化保护传承系列活动。

26日，洛江区开展新冠肺炎疫情防控健康教育宣传和工作指导。

27日，区政府副区长董俊凯主持召开"两节"

前后消防安保工作部署会。

同日，市工信局林曙铭副局长带队到三一筑工、北峰通信、铁拓机械、嘉泰数控、西人马走访调研。

28日，洛江区召开全区春运道路安全工作现场会。

29日，全区税务工作会议召开。

2月

3日，洛江区举办新时代文明实践“零事故零违章”表彰大会。

同日，区总工会开展“我在洛江过大年”欢乐新春活动——暖心年夜饭，为春节坚守岗位的167名环卫工及快递员，送去新春的问候和祝福。

4日，泉州市委网信办、洛江区委宣传部组织泉州市新媒体联盟单位到洛江开展“新春走基层”主题采访活动。

6日，市委常委、组织部部长，市总工会主席孔繁军到洛江开展慰问活动。

8日，洛江区疫情防控指挥部举行应对新冠肺炎社区聚集性疫情应急处置桌面推演。

14日，洛江区委、区政府主要领导分别带队开展“进百企、走百商、访百才”活动。

16日，区政府副区长庄怀璇走访看望节日期间坚守在一线的区卫健系统工作人员。

18日，市委常委、统战部部长林万明带队到洛江走访高层次人才和龙头企业。

19日，洛江区开展年度首次柴油货车尾气路检路查。

24日，洛江区消防救援大队与洛江图书馆举行消防主题空间合作共建仪式，建成全市首个消防主题空间。

25日，洛江区召开企业工作会议，12个项目签约。

26日，洛江举办“共画洛水仙山 同颂百年华诞”2021元宵美术作品展。

3月

4日，省委统战部副部长、工商联党组书记李家荣带队到洛江调研民营企业科技创新及回归工程开展情况。

同日，区检察院举行首批涉企案件合规监督员聘任仪式暨初任培训活动。

同日，洛江区开展“三八”妇女维权月宣传活动。

5日，全区党史学习教育动员大会召开，区委书记洪飞跃作动员讲话。

同日，洛江区开展爱国卫生志愿服务活动。

同日，洛江区举办杰出女性红色故事分享会。

8日，区委书记洪飞跃带队开展“再学习、再调研、再落实”生态经济专题调研活动。

同日，区政府区长颜丽明带队调研洛江区智能制造产业发展情况，并召开座谈会。

同日，洛江区女企业家联谊会举办“巾帼心向党，建功新时代，女企业花正红”主题活动。

9日，市数字办主任施国宾带队到洛江区调研并召开座谈会。

同日，区委书记洪飞跃带队开展“再学习、再调研、再落实”活动，调研辖区“生态＋农业”发展情况。

同日，洛江区召开2021年度春季定兵会。

10日，区委副书记杨凤翔带队开展“推动城乡融合发展打造都市型乡村振兴样板”课题调研。

同日，区领导带队开展聚侨力建设“双循环”经贸合作主题调研。

同日，洛江区与湖南怀化市签订劳务合作协议。

同日，洛江区消防救援大队、洛江交警大队开展消防车通道专项整治联合行动。

11日，省生态环境厅党组成员、副厅长洪平，省生态环境厅自然处处长黄建宏一行到洛江调研自然生态保护和生态示范创建工作。

同日，市委常委、统战部部长林万明带队到洛江开展重大安全生产问题整治情况督促检查。

12日，省妇联党组书记、主席林叶萍带队到洛调研社区“互联网+维权”工作。

15日，洛江区开展消防文化广场界牌暨“3·15”消防产品打假行动。

17日，洛江区开展“携手绿化美化，共建美丽洛江”区直机关义务植树活动，全区近300名干部职工参加。

18日，区人大常委会组织开展少数民族区域经济社会建设工作情况调研。

同日，区科技局、人才办引进的赖志超建筑装配整体式空腔组合专家团队高分通过市级高层次人才团队评审。

19日，区志愿者协会召开第二届会员代表会议，完成换届并表彰2020年度最佳志愿者、优秀志愿者。

22日，智慧洛江人工智能应用发展战略合作签约仪式暨福建云知声智能科技有限公司成立大会举行。

23日，2021年全区教育工作会议召开。

同日，泉州第十一中学获评“福建省一级达标高中”。

同日，洛江区铁拓机械、嘉泰数控、凹凸精密机械、伍氏美食4家企业入选福建省工业龙头培育企业名单。

24日，全区政法队伍教育整顿廉政教育报告会召开。

同日，洛江区举办企业合规法治大讲堂启动仪式暨专家咨询委员聘任活动。

同日，区科技局开展全区科技特派员科技创新创业培训，并部署星创天地平台建设推进工作。

25日，洛江区召开城市和农村建设工作暨创城创卫工作会议。

26日，区政府与区总工会第十四次联席会议召开。

同日，洛江区启动创城创卫复审迎检联合执法队。

同日，洛江区举办“爱鸟周”宣传活动。

同日，马甲镇新民村获评福建省第二批“文明乡风联系点”。

27日。洛江区绿能环保、天智合金材料、宇诺机械等5家企业入选福建省2021年第二批入库科技型企业名单。

29日，洛江区佛教协会第一次代表会议召开。

30日，区委书记洪飞跃带队到区公安分局调研政法队伍教育整顿工作，并督导全区电信诈骗防范打击相关工作情况。

同日，区委副书记杨凤翔带队开展创城“八大专项行动”专题调研督导。

同日，2021年全区卫生健康工作会议召开。

4月

1日，洛江区通过创建国家生态文明建设示范县省级预审。

2日，洛江区组织收听收看党史学习教育省委宣讲团报告会。

同日，区政府区长颜丽明带队调研指导洛阳桥申遗迎检工作，督导创城创卫工作落实情况。

同日，洛江区在全区非公有制企业党组织中试点推行“红色生产力”车间党建工作。

6日，区委书记洪飞跃召开“再学习、再调研、再落实”工作推进会。

同日，洛江区各中小学校组织开展“我们的节日·清明”系列活动。

8日，全区“项目攻坚2021”征迁项目暨固投入库工作推进会召开。

同日，区检察院发布《企业合规建设指引》蓝皮书。

9日，洛江区启动“文明创城 志愿同行”主题活动月志愿服务。

同日，洛江区充实完善区级“三会一课”实践点。

10日，洛江区河市镇“不忘初心跟党走，民族团结谱新篇”“三月三”厝斗畲族文化节活动在河市镇厝斗村举行。

13日，全区政法队伍教育整顿工作推进会召开。

同日，洛江区开展废品回收专项整治行动。

14日，第二期“企业合规法治大讲堂”暨惠企政策金融服务交流会举行。

同日，各乡镇(街道)开展“爱国卫生 清洁家园”集中行动。

同日，洛江区开展危险化学品联合执法检查。

同日，重庆长安汽车集团到信和、西人马、嘉泰等科技企业开展商务合作调研考察。

16日，市创城调研组到洛江开展实地调研。

同日，洛江区举办宗教界学习中共党史专题宣讲报告会。

19日，洛江区举办2021年青少年机器人竞赛。

21日，区委书记洪飞跃带队督导重点项目建设情况，并开展巡河活动。

同日，省人大常委会副主任袁毅一行到洛江调研。

同日，洛江区开展关爱老人进社区活动。

22日，华侨大学校长科技处副处长江瑞忠、研究生院副院长侯志强带队到洛江座谈并举行华侨大学研究生工作站授牌（揭牌）仪式。

同日，合肥工业大学材料科学与工程学院、华侨大学化工学院到洛江设立产学研究地。

23日，区政府区长颜丽明带领招商考察组到海南开展招商考察活动。

24日，全国第六届“万步有约”健走激励大赛福建省暨洛江赛区启动仪式举行。

同日，河北省人大常委会党组书记、常务副主任范照兵一行到洛江区调研。

同日，省级“两纲”终期评估验收第四组到洛开展《中国妇女发展纲要（2011—2020年）》《中国儿童发展纲要（2011—2020年）》终期评估验收。

同日，洛江区举行生活不能自理特困人员入住金秋家园启动仪式。

25日，洛江区落实首例生态环境损害赔偿。

26日，区政府区长颜丽明主持召开区政府廉政工作会议。

同日，泉州市焊接技能人才培养交流会在洛江区人才之家举办。

同日，洛江区开展洛阳桥遗产区综合检查并召开工作推进会。

27日，洛江区获评2018—2020年度省级文明城区，马甲镇、虹山乡获评省级文明镇，永安村、新告村、白凤村获评省级文明村，区市场监管局等10个单位，泉州第十一中学等3所学校获评省级文明校园，仙公山获评省级文明风景旅游区，罗溪镇黄挹芳家庭获评省级文明家庭。

同日，泉州市邮政分公司与虹山乡政府签署“乡村振兴政邮共建”战略合作协议。

28日，区委书记洪飞跃带队开展工业、企业、道路、在建工地及旅游行业节前安全生产检查。

29日，区委书记洪飞跃带队调研政法队伍教育整顿工作情况。

同日，区政府区长颜丽明带队开展创城创卫、安全生产督导检查。

同日，洛江区部署传达贯彻国家省市“五一”假期疫情防控工作视频会议精神。

同日，洛江区举办庆祝中国共产党成立100周年系列活动之“学史力行”“学习强国”定向赛。

同日，全区基层党建工作重点任务推进会召开。

同日，区领导带队开展节前道路交通安全工作督导。

30日，市委常委、统战部部长林万明到河市镇走访调研企业，宣讲习近平总书记到福建考察重要讲话精神。

同日，庆祝中国共产党成立100周年系列活动之洛江双阳首届美食文化旅游节活动举办。

5月

1日，区政府区长颜丽明主持召开创卫专题会议，以“四不两直”形式督导检查创卫工作，并到万虹路海丝野生动物园路段指导节日交通安保工作。

同日，马甲镇商会举行第一次会议代表大会暨理监事就职典礼。

6日，区委书记洪飞跃带队实地督导创城创卫工作落实情况。

8日，市、区两级纪念第74个“世界红十字日暨红十字博爱周”活动在罗溪镇举办。

同日，洛江区开展《中华人民共和国退役军人保障法》普法进军营活动。

同日，洛江区3名工艺美术大师在第十一届省工艺美术精品“争艳杯”大赛中获奖。

10日，市区两级工会联合开展残疾职工慰问活动。

11日，区政府区长颜丽明到河市镇一线督导创城工作。

同日，区委书记洪飞跃主持召开深化文明城市（区）创建工作会议。

同日，洛江区举行庆祝“国际护士节”活动。

12日，区人大常委会组织开展“营商环境提升年、民营经济发展年”专题调研活动。

13日，省人大常委会党组书记、副主任雷春美带队到洛江开展固体废物污染环境防治法执法检查。

14日，湖南云箭集团MEMS（微机电系统）惯性导航产业发展战略研讨会在洛江区召开。

同日，洛江区医卫界政协委员基层联系点举行揭牌仪式。

17日，党史学习教育市委第二巡回指导组到洛江区开展巡回指导，召开座谈会并展开深入调研。

同日，区政府区长颜丽明主持召开疫情防控工作会议。

18日，洛江区政法队伍教育整顿查纠整改环节座谈会召开。

同日，华侨大学法律援助中心协会模拟法庭系列活动之防范校园霸凌情景剧走进河市中学。

19日，洛江区收听收看省管领导干部学校贯彻习近平总书记到闽考察重要讲话精神专题研讨班暨省级领导班子党史学习教育专题读书班，区四套班子领导等参加。

同日，洛江区开展“我为群众办实事”服务进基层活动。

同日，洛江区举办“关爱环卫工人助力文明创城——我为社会做好事”主题活动。

同日，洛江区举办《保障农民工工资支付条例》专题宣传日活动。

20日，国家发改委国防司司长刘明带队到洛江开展国防动员和人民防空等经济动员力量建设情况专题调研。

同日，市农业农村局局长、市委乡村振兴办主任蔡龙群一行到洛江调研乡村振兴整镇推进工作。

21日，洛江区举办“学党史、跟党走、凝聚力、办实事、做好事”主题活动启动仪式。

24日，全区乡村振兴项目签约仪式举行。

同日，区离退休党工委举办“红歌基层行，献礼心向党”银领红歌基层行活动。

25日，党史学习教育泉州市第二巡回指导组到洛江开展调研指导工作。

同日，洛江区聘任首批文明城市巡防员。

同日，洛江区举办天猫母婴亲子产业招商推介会。

同日，洛江区首届中小学足球联赛暨青少年足球队选拔赛。

26日，洛江区举办乡镇（街道）消防委托执法工作签约暨消防监督检查工作站授牌成立仪式。

27日，泉州市实验小学、泉州市实验小学洛江校区第二校区合作办学签约仪式举行。

28日，市人大常委会委员、侨台民宗工委主任许振煌一行到河市镇厝斗村开展进一步壮大民族乡村集体经济专题调研。

同日，宁夏盐池县考察团到洛江考察。

同日，洛江区开展突发环境事件应急演练。

30日，洛江区率先完成乡镇党委换届工作，选举产生党委委员37名、纪委委员20名和乡镇赴区党代表90名。

31日，区总工会多形式开展“六一”国际儿童节关爱活动。

6月

1日，洛江区开展“法护未来·守望成长”知识竞赛。

同日，洛江区开展乡村振兴“六一”国际儿童节图书认捐公益活动。

同日，洛江区组织收听收看2021年全国、全市“安全生产月”活动启动视频会议，随后部署全区“安全生产月”活动工作暨“控事故、保安全、迎建党百年”安全生产集中攻坚专项行动工作。

2日，全区新冠肺炎疫情防控专题会议召开。

3日，洛江区举行优秀离退休党支部和优秀老党员志愿者表彰大会暨庆祝中国共产党成立100周年文艺演出。

同日，洛江区开展2021年粮食科技宣传周活动。

4日，区委书记洪飞跃带队到万安街道督导调研。

同日，区政府区长颜丽明带队检查高考准备和校园疫情防控工作。

7日，《泉州市洛江区志》正式出版发行。

8日，洛江区组织驻洛江、驻华大市政协委员赴南安市党员教育基地开展党史学习教育。

同日，洛江区首例造血干细胞捐献者顺利完成造血干细胞捐献。

9日，洛江区开展“优化营商环境 送法进企业”活动。

同日，洛江区组织开展“永远跟党走 用心办实事”2021年洛江区“安全生产月”宣传活动。

10日，洛江区举办2021年中小学生“童心向党”歌咏会演。

11日，洛江区开展“学党史·强信念 青春奋进‘十四五’”主题徒步闯关暨党史读书分享会。

同日，洛江区开展我为群众办实事“远亲不如近邻”主题宣传活动。

同日，洛江区举办“建党百年共奋进，洛江人才谱新篇”高层次人才献礼建党百年主题活动。

15日，洛江区首个5G智能制造产业园正式签约。

同日，市政协副主席王春金带队到洛江开展专题调研。

16日，2021年洛江区举办“安全生产月”进企业宣传活动。

17日，市领导孔繁军到洛江指导推进全国文明城市创建工作。

同日，市人大常委会到洛江开展实施乡村建设行动工作情况和农村人居环境整治情况专题调研。

18日，洛江区举办庆祝中国共产党建党100周年系列活动。

19日，成都洛江商会举行庆祝中国共产党成立100周年暨第一届理监事就职典礼。

22日，洛江区开展学校安全整治工作督导检查。

同日，洛江区开展道路安全综合整治专项督查，并召开全区道安工作会议。

同日，洛江区在全市率先完成退休人员基本养老金调整发放工作。

23日，洛江区举办“光荣在党50年”纪念章颁发仪式暨老党员座谈会。

同日，洛江区开展燃气安全生产工作专项检查，并召开燃气安全管理培训及警示教育会议。

同日，洛江区举办2021年度挥发性有机物重点行业企业污染防治培训会。

同日，洛江区举办“祭十班杯”2021年中小学、幼儿园教师书法大赛。

24日，洛江区组织收听收看全区疫情防控工作视频培训会议。

同日，洛江区举办庆祝中国共产党成立100周年“翰墨献盛世·楹联颂党恩”活动。

同日，洛江区获批第三批泉州市党史教育基地5处。

25日，中共福建省委、泉州市委决定，颜丽明任中共泉州市洛江区委书记；郭宁任中共泉州市洛江区委委员、常委副书记。

同日，洛江区开展危险化学品事故应急演练。

26日，“6·26”国际禁毒日暨仰恩大学禁毒宣传教育基地揭牌仪式活动在仰恩大学举办。

28日，洛江区举办“我们的中国梦·文化进万家”庆祝中国共产党成立100周年活动。

同日，中共洛江区新阶联兼合式支部授牌仪式暨2021年第一次会长（扩大）会召开。

同日，洛江区举办“百年交响”庆祝中国共产党成立100周年歌舞盛会。

同日，洛江区举办国家禁毒宣传教育基地揭牌仪式活动。

同日，省市县“种子工程”洛江花卉栽培技术培训班在马甲镇永安村举办。

29日，区人大常委会主任蔡永生主持召开洛江区五届人大常委会第四十六、四十七次会议，任命郭宁为洛江区政府副区长，并代理洛江区人民政府区长职务。

同日，市委常委、统战部部长林万明带队到洛江开展“七一”慰问活动。

30日，洛江区举办“烟头不落地 停车要有序”志愿服务活动启动仪式。

7月

1日，洛江区组织集中收听收看庆祝中国共产党成立100周年大会。

同日，洛江区召开“两优一先”表彰大会。

2日，洛江区召开“看红色电影、学百年党史”进社区、进小区等“八进”活动。

同日，洛江区5处市级党史教育基地授牌。

5日，区委书记颜丽明主持召开区委学习贯彻习近平总书记在庆祝中国共产党成立100周年大会上的重要讲话精神会议。

7日，洛江区罗溪镇翁山村和新东村、马甲镇炉田村、虹山乡虹山村被列入福建省第四批省传统村落名录。

8日，全区创城工作部署会召开。

同日，区委副书记、代理区长郭宁带队开展洛江区新增空气自动监测点位、部分水质点位及巡河工作调研。

同日，泉州市人才创新共享联盟总部落户洛江区机器人中心人才之家。

12日，“全闽共舞·欢庆建党百年”福建省第四届广场舞大赛泉州洛江分赛区比赛举办。

13日，区委副书记、区政府代理区长郭宁带队到洛江区部分工业企业调研。

同日，全区驻村工作党员部署会召开。

同日，区领导带队前往河市西片区项目群现场调研，并开展安全生产检查。

14日，洛江区组织收听收看全省新冠病毒疫苗接种工作视频会议，并召开工作会议，对新冠病毒疫苗接种工作进行再动员、再部署、再落实。

同日，洛江区5个职工子女暑托班陆续开班，服务职工子女130余人。

15日，区委副书记、代理区长郭宁带队调研洛江区文化遗产保护情况。

18日，第四届“蔡襄杯”闽台中小学生书法大赛在泉州市第十一中学举行，320名福建选手参与现场书写决赛，40名台湾入围选手通过寄送作品、视频直播的形式参赛。

20日，洛江组织收看2021年全国医改工作电视电话会议。

同日，全区19个选举单位全部完成赴区党代表选举。

22日，九三学社洛江支社“社员之家”揭牌。

同日，“全闽乐购洛江乐购生活节”启动仪式举办。

23日，全区深化全国文明城市创建工作推进会召开。

同日，2021年洛江区信访基础业务培训班开班。

同日，市委常委、统战部部长林万明带队到洛江开展同心安居工程调研。

同日，市总工会学习宣传贯彻习近平总书记“七一”重要讲话精神送文化进基层慰问演出走进洛江。

同日，全区新冠病毒疫苗接种工作会议召开。

24 日，洛江区全面推进自然灾害综合风险普查数据清查工作。

25 日，中国共产党泉州市洛江区第六次代表大会举行开幕会。

同日，“大美洛江 泉民拾遗”非遗文化快闪节目表演在洛阳桥上演。

同日，2021 年洛江区全民健身篮球赛开赛。

27 日，中国共产党泉州市洛江区第六次代表大会结束。

同日，中共泉州市洛江区第六届纪律检查委员会召开第一次全体会议。

28 日，洛江区组织机关党员全力投入全国文明城市创建行动。

29 日，区委副书记、代理区长郭宁带队调研农村在建自建房清查整治工作推进情况，并召开疫情防控和农村在建安全清查整治等近期重点工作会议。

同日，洛江区 21 家企业通过 2021 年度省级科技“小巨人”企业评审认定。

30 日，洛江区社会科学界联合会第一届委员会第七次全体会议召开。

同日，区领导带队调研洛江区重点商贸流通企业。

同日，洛江区开展“法律政策落实年”系列活动。

同日，全区共青团组织学习贯彻区第六次党代会精神暨乡镇（街道）团（工）委换届工作部署会召开。

31 日，洛江区成立非法违法“小化工”等专项整治集中攻坚行动工作专班。

8 月

1 日，全区创城和疫情防控工作会议召开，区委书记颜丽明作强调讲话，区委副书记、代理区长郭宁主持会议，区领导陈逢生、陈政实参加。

2 日，区委书记颜丽明现场督导深化全国文明城市创建工作。

同日，洛江区“门前三包”联合执法队前往河市镇开展专项整治行动。

同日，洛江区启动 12 ～ 14 周岁人群疫苗接种工作。

3 日，区防控疫情应急指挥部外事组召开工作会议。

同日，市科协到洛江检查指导专家工作站建站申报工作。

同日，区防指启动防台风Ⅳ级应急响应，同时维持防暴雨Ⅳ级应急响应。

4 日，洛江区组织收听收看全市防御第 9 号台风“卢碧”工作视频会议，区委副书记、代理区长郭宁作相关防御部署。

同日，洛江区强化地质灾害防范工作，组织业务骨干、省 197 地质大队人员赴雨情较重的乡镇进行技术指导。

5 日，区委书记颜丽明带队检查防汛及地质灾害防范工作。

同日，洛江区开展“敬老医路仁心暖行”主题敬老慰问系列活动。

7 日，区委书记颜丽明主持召开全区深化文明城市创建工作推进会。

9 日，全区农村在建房屋安全清查整治工作会议召开。

同日，区委副书记、代理区长郭宁带队调研农村在建房屋安全清查整治工作推进情况及辖区企业生产经营情况。

同日，区直机关开展“强党建、创模范，提士气、创佳绩”行动。

10 日，区领导带队到宗教活动场所开展疫情常态化防控督导和安全检查。

同日，区消防救援大队开展“三合一”（住宿与生产、仓储、经营一种成多种混合设置）场所消防安全错时夜查行动。

11日，洛江区召开上半年经济运行分析会暨工作务虚会议。

同日，市生态环境局局长李国坤带队到洛江调研生态环境保护工作。

同日，“全民乐购·洛江乐购生活节”收官，共发放消费券3719张、优惠430余万元，有效带动消费约3400万元。

12日，省民政厅社会救助处处长魏金鲜带队到洛江开展“漏保”“漏救”问题点题整治工作调研。

同日，区委副书记陈政实主持召开创城实地督查工作座谈会。

13日，市长蔡战胜一行到福建省铁拓机械股份有限公司进行实地调研并召开座谈会。

16日，洛江区10人获泉州市总工会命名“好师傅”。

17日，区委书记颜丽明带队调研辖区企业生产经营情况。

同日，丰泽区青商会到洛江开展交流活动。

18日，全区村（社区）“两委”换届工作会议召开。

同日，洛江区开展“先锋家园”主题志愿服务活动暨学党史主题党课。

同日，洛江区开展校外培训机构专项检查行动。

19日，洛江区召开优化营商环境推进会暨巡察反馈会。

同日，洛江区召开新增农村乱占耕地建房问题专项整治工作推进会。

同日，洛江区召开深化新时代文明时间暨移风易俗工作推进会。

同日，洛江区举办政银企对接会暨外汇衍生交易产品推介会。

23日，“福建筑可丽智能创客工场”被省科技厅认定为省级众创空间。

24日，清华大学天津高端装备研究院洛阳先进制造产业研发基地相关负责人到洛江考察。

同日，泉州市“同心工程”捐赠仪式洛江分会场活动举办。

25日，省政协书画院到洛江调研人民政协书画工作。

同日，区委副书记、代理区长郭宁带队调研新增农村乱占耕地建房清查整治情况。

同日，洛江区开展2021年全国低碳日宣传活动。

同日，市关工委主任宋长青带队到洛江区走访慰问。

26日，洛江区开展中心市区大规模人群核酸检测应急演练。

同日，洛江区组织开展危险化学品企业“三违”行为和特殊作业安全专项整治行动。

27日，泉州军分区领导到洛江考察指导役前教育训练工作。

同日，洛江区举办《中华人民共和国安全生产法》专题培训会。

30日，全区重点项目五大专项攻坚行动推进调度会召开。

同日，省疫情防控督导组到洛开展新冠肺炎疫情防控督导“回头看”工作。

同日，全区安全生产工作会议召开。

同日，市委党史学习教育办到洛江开展党史学习教育专题调研。

同日，洛江区完成乡镇团委换届工作。

31日，区政府办党支部召开党史学习教育专题组织生活会。

同日，洛江区召开党史学习教育推进会暨巡回指导工作座谈会。

同日，市科协到洛江实地考察学会服务站建站情况。

9月

1日，洛江区各小学举办“高举队旗 学‘四史’，红色基因我传承”主题活动。

同日，“开学第一课学消防”主题活动暨消防安全漫画读本首发仪式在福建泉州外国语学校洛江校区举行。

同日，洛江区“一站式”服务迎接退役士兵返乡。

2日，区人大常委会开展区文化综合体（文创园）建设发展情况调研活动。

同日，区禁毒委员会成员单位、各乡镇（街道）相关负责人到市禁毒教育基地参加学习。

同日，洛江区“汇聚青春力量·助力乡村振兴”主题系列活动启动仪式暨定向挑战赛在虹山乡举办。

3日，区委书记颜丽明带队调研村（社区）两委换届、景区安全管理等相关工作情况。

同日，区委副书记、代理区长郭宁带队调研洛江区部分企业生产经营情况。

同日，洛江区直机关工委组织机关单位干部集体参观“百年恰是风华正茂”主题档案文献展。

5日，2021年泉州市“全民健身日”活动启动仪式在洛江举行。

6日，洛江区召开第一次全区自然灾害综合风险普查工作推进会议。

同日，市人大常委会副主任许文贵带队到洛江现场调研重点项目建设情况。

7日，洛江区开展科技特派员创新创业政策解读暨现代农业科技金融服务银企对接活动。

同日，洛江区召开2021年度秋季征兵定兵工作会议。

同日，市政协领导骆沙鸣带领市政协委员丰泽活动组到洛江开展乡村振兴调研视察活动。

8日，市委副书记宿利南带队到洛江开展产业项目调研。

同日，市委常委刘文儒到洛江开展文明城市创建实地调研。

同日，市委常委、宣传部部长陈辉总带队到洛江调研世界遗产保护情况。

同日，区委副书记、代理区长郭宁带队到厦门参加第二十一届中国国际投资贸易洽谈会泉州侨资专场招商推进会。

同日，洛江区9项职工饭创新项目获省百万职工“五小”创新大赛奖项。

9日，区委副书记、代理区长郭宁带队检查省疫情防控督导检查存在问题整改落实情况，并到区实验小学调研。

同日，2021年泉州市“质量月”现场宣传主题活动在洛江区举行。

10日，全区庆祝2021年教师节表扬会召开，区委书记颜丽明、区委副书记、代理区长郭宁参加。

同日，泉州市深化第七届全国文明城市创建专项志愿服务再动员大会在洛江区举办。

同日，洛江区部署城乡居民养老保险和城乡居民医疗保险参保征缴推进工作。

11日，西藏自治区昌都市副市长、洛隆县委书记解文光一行，实地考察福建铁拓机械股份有限公司。

12日，洛江区召开疫情防控工作会。

同日，区委副书记、代理区长郭宁带队检查疫情防控工作落实情况。

13日，洛江区组织收听收看全省、全市疫情防控工作电视电话会议，随后召开疫情防控工作会议，就当前疫情防控工作进行再部署、再强调。

同日，区委书记颜丽明带队督导部分重点项目建设推进情况。

同日，全区危险化学品和烟花爆竹安全监管工作暨安全生产警示教育会召开。

14日，全区新冠肺炎疫情防控工作部署会议召开。

同日，市人大常委会副主任吴汉宗带队到洛江开展《中华人民共和国消防法》《福建省消防条例》执法检查。

15日，区委书记颜丽明带队督导指导疫情防控工作情况。

同日，区委副书记、代理区长郭宁带队督导检查基层疫情防控工作和村（社区）“两委”换届工作。

同日，市政协副主席陈益带队到洛江区督导指导疫情防控工作。

同日，区人大常委会党组书记陈逢生带队到河市镇调研区镇两级人大换届选举前期工作。

同日，区委副书记陈政实带队督导校园疫情防控、核酸检测情况。

同日，区领导带队到河市镇指导疫情防控工作“两委”换届工作。

同日，洛江区青年志愿者到区医院慰问一线医务工作者。

16日，市领导陈辉宗、刘林霜到洛江督导疫情防控工作。

同日，区直机关工委向机关各级党组织和广大党员发出“同心疫情使命有我”倡议。

同日，区委副书记、代理区长郭宁主持召开全区全员核酸检测工作部署会议。

同日，区委常委、区政府常务副区长王昭昭主持召开洛江区景区和非景区景点安全专项整治工作联席会。

17日，区委书记颜丽明带队深入一线以“四不两直”的方式督导各地核酸检测工作，并到马甲镇现场协调推进民生问题解决。

同日，区政府与区政协围绕“进一步提升营商环境”议题开展专题协商。

18日，区委副书记、代理区长郭宁带队调研部分重点项目并以“四不两直”（不发通知，不打招呼，不听汇报，不用陪同接待，直奔基层，直播现场）方式督导核酸检测工作。

同日，福建省智善航公益服务中心、致公党泉州社会服务委员会、区青商会分别向洛江区捐赠疫情防控和后勤保障物资。

19日，市委常委、宣传部部长陈辉宗到洛江开展疫情防控督促指导工作。

同日，洛江区组织开展“汇聚文明力量、拓展文明实践、携手防控疫情”行动。

20日，洛江区完成第一轮大规模核酸检测、检验结果全部阴性。

21日，区委副书记、代理区长郭宁带队检查指导核酸检测工作。

同日，团市委到洛江慰问青年志愿者和青年突击队员。

同日，洛江区开展“我们的节日·中秋”关怀活动，组织慰问道德模范等群体中的困难对象。

23日，洛江区区、乡两级人大换届选举工作会议召开。

同日，洛江区不动产登记资料自助查询服务系统上线试运行。

24日，区委书记颜丽明带队督导检查疫情防控工作并调研洛江区企业生产经营情况。

同日，区委副书记、代理区长郭宁带队调研粮食安全工作和“我为群众办实事”实践活动项目。

同日，洛江区召开农村建设品质提升工作推进会。

26日，区委书记颜丽明带队到双阳街道、河市镇调研重大项目建设并开展巡河工作。

27日，区委书记颜丽明带队到罗溪镇调研项目建设暨河道整治工作。

同日，市总工会到洛江调研工会工作。

29日，市人大常委会党组书记李建辉到洛江调研“两委”换届工作。

同日，泉州市洛江区森林消防马甲大队揭牌。

30日，区领导颜丽明、郭宁、陈逢生、李奉恒参加向市烈士纪念碑敬献花篮仪式。

同日，区政协召开重点提案办理情况汇报会，区政协党组书记李奉恒参加。

同日，区领导带队开展国庆假期旅游行业疫情防控和安全生产工作检查督导。

同日，洛江区南山社区入选福建省首批社区青春行动试点社区。

同日，洛江区虹山线入选泉州市首批乡村振兴精品示范线路。

10月

1日，洛江区举行庆祝中华人民共和国成立72周年暨洛江建区24周年升国旗仪式。

8日，据统计，国庆期间全区接待旅客3.78万人次，实现旅游收入2344.59万元。

9日，洛江区开展首届“最美公交驾驶员”推选活动。

11日，洛江区启动新冠疫苗第三针加强免疫接种。

13日，民建福建省委会、思源·闽善公益基金向洛江区医院捐赠监护型救护车1辆，民建中央常委、民建福建省委主委吴志明，市领导林万明、带仲川参加捐赠仪式。

同日，全区第一次扫黑除恶常态化暨四大行业领域政治推进会召开。

同日，洛江区组织开展2021年“我们的节日·重阳”新时代文明实践帮扶关怀主题活动。

14日，洛江区开展2021年重阳节离退休干部考察重点项目暨祝寿慰问活动。

同日，洛江区举办第十四个民族团结进步宣传月主题系列活动。

15日，区委副书记、代理区长郭宁带队调研洛江区重点项目五大攻坚专项行动情况。

同日，区委副书记陈政实带队到万安街道桥南社区“洛阳桥近邻评理室”调研评理室运行工作情况。

同日，区法院与区住建局联合成立全市首个房地产纠纷联调联执工作室。

同日，洛江区援莆应急检测队2名队员平安凯旋。

18日，洛江通过视频连线组织参加全市招商大会暨分会场签约活动。

同日，区委副书记陈政实主持召开全区“强基促稳”工作推进会。

同日，党史学习教育市委第二巡回指导组到洛江开展党史学习教育专题调研。

同日，全区医保信息贯标工作及国家平台上线运行工作攻坚推进会召开。

19日，洛江区开展2021年国家网络安全宣传周活动。

同日，洛江区开展“学党史·跟党走·促发展”暨青商会惠企政策宣讲活动。

同日，市委常委、宣传部部长陈辉宗带队到洛江调研创城工作。

同日，市政府副市长汪志红、副秘书长张文卫到洛江调研工业（产业）园区标准化建设工作情况。

20日，洛江区举办“洛影新风”文明洛江主题摄影展及颁奖仪式。

21日，省侨联主持陈式海、名誉主席王亚君一行到洛江调研指导侨联工作。

同日，全区信访工作联席会议召开。

同日，洛江区召开“八五”普法规划专题会。

同日，洛江区创城办组织相关执法部门开展“门前三包”联合执法。

22日，洛江区组织归侨侨眷少先队员开展“红领巾打卡泉州侨批馆”研学活动。

25日，洛江区委党校举办2021年秋季学期开学典礼，第20期科级干部和第18期中青年干部培训班学员参加。

26日，区委书记颜丽明调研贯彻落实市第十三次党代会精神情况。

同日，洛江区组织召开乡村振兴项目、发展壮大村集体经济工作推进会。

同日，全区首例户口迁移“跨省通办”业务办结。

27日，“祖国在我心中”中华经典朗诵活动洛江区专场举办。

28日，市政协副主席陈益率市政协委员永春活动组到洛江调研洛江区智能装备产业发展情况。

同日，营商环境进园区暨泉州市洛江区智能装备产业金融政策推介会举行。

29日，洛江区组织收听收看全市乡村振兴现场视频会，会后对全区乡村振兴工作进行强调部署。

30日，第三届“蔡襄杯”泉州市少年儿童书法大赛决赛在泉州市实验小学洛江校区举行。

11月

1日，洛江区组织开展集中式饮用水水源地突发环境事件应急演练。

2日，区委副书记、代理区长郭宁带队到区行政服务中心开展优化营商环境工作调研，并召开座谈会。

同日，洛江区全面启动3～11岁人群新冠疫苗接种服务。

3日，全区“诉非联动”暨矛盾纠纷多元化解工作联席会议召开。

4日，洛江区新民村、洪四村、炉田村、桥南社区4个“乡村记忆文化”试点项目，获市档案馆、市委党史和地方志研究室授牌“泉州市‘乡村记忆文化’示范点”。

同日，洛江区举办深圳洛江商会返乡投资恳谈会，并组织商会企业家开展投资考察。

同日，洛江区举办2021年“119”消防宣传月启动仪式暨消防安全专项整治三年行动推进会。

5日，洛江区组织收看新冠肺炎疫情防控工作视频会议并部署相关工作。

9日，区委副书记、代理区长郭宁带领园区建设工作组成员到福州市仓山区开展考察学习活动。

同日，共青团洛江区第六次代表大会召开。

同日，洛江区开展2021年残疾人文化进家庭“五个一”活动。

10日，洛江区开展重点项目、乡村振兴拉练比拼观摩活动，召开深化作风建设工作推进会。

同日，洛江区开展安全生产标准化提升专项行动工作督查。

同日，洛江区召开整治“窗口腐败”优化营商环境工作动员部署会。

11日，泉州洛江希尔顿欢朋酒店项目签约仪式举行。

同日，洛江区第二十二届中小学生田径运动会开赛。

同日，洛江区组织开展惠企政策线上兑现平台业务操作培训。

12日，“双十一”网购节期间电商企业销售额达8.47亿元，比上年增长39%。

13日，全区新冠肺炎疫情防控工作会议召开。

16日，区委宣传部召开全区思想文化系列学习宣传贯彻中共十九届六中全会精神专题会议。

17日，市委常委、市政府党组书记陈逢生带队调研指导区、乡两级人大换届、村级换届工作。

同日，市应急管理局组织专家组到洛开展危险化学品市级标杆企业安全生产标准化提升现场指导服务工作。

同日，洛江区召开“扫黄打非”成员单位联席工作会议。

18日，洛江区召开安全生产工作专题会议暨安全生产三年行动第四季度会商会。

同日，区创城办开展企业“门前三包”工作实地督导。

19日，洛江区举办“洛地有声”道德模范巡回宣讲。

同日，洛江区首届机器人焊接技能竞赛开赛。

21日，洛江区2021年文旅消费季系列活动启动。

22日，洛江区组织收听收看省委领导干部学习贯彻党的十九届六中全会精神中央宣讲团视频报告会。

23日，洛江区成立首个红领巾电视台。

24日，洛江区开展区、乡两级人大代表换届选举投票工作。

同日，洛江区举办新《中华人民共和国安全生产法》进企业暨2021年安全生产集中教育培训会。

25日，洛江区召开“万企兴万村”行动启动大会。

同日，洛江区召开进一步提升营商环境调研座谈会。

同日，洛江区全面完成村（社区）“两委”换届工作。

同日，上海市政协到洛江区考察政协委员参与社会基层治理，推动政协协商与基层协商有效衔接的工作经验和做法。

26日，洛江区开展新时代文明实践志愿服务培训。

28日，区委副书记、代理区长郭宁带队督导检查安全生产工作。

同日，洛江区举办首届老年人健康运动大会。

29日，市人大常委会副主任许文贵带队到洛江调研检查“五个一批”重点项目推进情况。

同日，洛江区未成年人心理拓展系列活动在外国语中学举行。

30日，洛江区国投集团、万投集团分别揭牌。

12月

2日，洛江区组织收听收看学习贯彻党的十九届六中全会精神省委宣讲团报告会。

同日，洛江区举办2021年“12·2”全国交通安全日主题活动。

同日，中科院宁波所——天智合金公司共建非晶纳米磁性材料工程中心在洛江成立。

同日，区侨联组织开展“学党史·聚侨心·感党恩·跟党走”联谊活动。

同日，洛江区开展“青春有担当·‘苹’安进万家”骑行送平安活动。

3日，洛江区举办“争当生力军、洛江在行动”微讲堂启动仪式暨第一期“学习宣传贯彻省、市党代会精神”专场。

同日，共青团洛江区教育工作委员会成立大会召开。

4日，市、区两级联合组织开展2021年全市“12·4”国家宪法日法治宣传活动。

同日，2021年洛江区社会科学普及宣传周启动。

同日，洛江区组织参加市《国家体育锻炼标准》达标赛并夺得团体总分第一名。

5日，2021年福建省青少年武术散打锦标赛在洛江闭幕。

6日，洛江区开展环保设施公众开放日活动。

7日，洛江区组织开展道路交通安全“减量控大”专题应急处置演练。

同日，洛江区白洋小学被教育部确定为第二批乡村温馨校园建设典型案例学校。

8日，市委宣讲团到洛江宣讲中共十九届六中全会精神。

同日，全区村（社区）党组织书记培训班开班。

9日，洛江区第18期中青年干部培训班结业。

同日，党史学习教育市委第二巡回指导组到洛开展调研指导工作。

10日，市领导刘文儒带队到洛江调研创城工作并召开座谈会。

11日，2021年首届洛江区乡村振兴线路营销季暨第四届虹山地瓜文化旅游节开幕式、洛江区乡村振兴研究院虹山乡公有制企业挂牌仪式举行。

13日，洛江区召开深化文化城市创建工作推进会。

同日，洛江区举办中共十九届六中全会精神区委宣讲团动员培训会。

14日，第六届洛江区第一轮巡察动员部署会召开，区委书记、区委巡察工作领导小组组长颜丽明参加会议并作动员讲话。

同日，区委副书记陈政实带队开展退役军人事务工作专题调研。

16日，洛江区举办“文明创城·志愿同行”——持续深化“我为社会做好事”主题志愿服务系列活动。

17日，洛江区举办“争当生力军、洛江在行动”微讲堂第二期“学习宣传贯彻党的十九届六中全会和省、市党代会精神”专场。

同日，洛江区举办学习宣传党的十九届六中全会精神新时代文明实践活动暨罗溪镇新时代文明实践公园揭牌仪式。

18日，2021年首届洛江万虹路汽车走廊文化节启动。

同日，2021年洛江区第二届少儿武术锦标赛暨两岸青少年武术文化交流活动节开幕。

19日，政协洛江区第六届委员会第一次会议开幕，区委书记颜丽明参加并作讲话，委员听取并审议政协常委会工作报告和提案工作报告。

20日，洛江区第六届人民代表大会第一次会议开幕，听取并审议区政府工作及计划、财政等报告。

21日，洛江区召开文明城市创建工作推进会。

同日，政协洛江区第六届委员会第一次会议完成各项议程闭幕，李奉恒当选政协洛区第六届委员会主席。

22日，洛江区第六届人民代表大会第一次会议闭幕，选举产生区六届人大常委会班子、新一届区政府班子及区法院院长、区检察院检察长，陈逢生当选区人大常委会主任，郭宁当选区政府区长。

23日，洛江区举办首届“最美公交驾驶员”发布仪式暨《爱上你洛江》文明城市主题MV首映式活动。

24日，洛江区组织开展中小学校园周边环境和校外培训机构综合整治。

同日，洛江区马甲镇新时代文明实践所获2021年度全省学雷锋志愿服务最美志愿服务文明实践所。

25日，区农水局开展泉州湾河口湿地洛江海域违规渔具及养殖专项清理行动。

26日至28日，区长郭宁带队赴深圳开展粤港澳招商活动。

27日，洛江区樱梅园、山边乡韵农场2家休闲农业点入选市2021年度十佳休闲农业示范点称号名单。

同日，洛江区出台生态环境保护责任清单。

29日，洛江区举行重点项目集中开工仪式，三一筑工（泉州）建筑科技产业园等4个项目集中开工。

同日，全区“八五”普法动员部署会议召开。

30日，洛江区举办“争当生力军、洛江在行动”微讲堂第三期“学习宣传贯彻中共十九届六中全会和省、市党代会精神”专场，聚焦“强化党建引领，加快乡村振兴”主题。

31日，洛江区召开区管干部学习贯彻中共十九届六中全会精神专题研讨班开班式、区委经济工作会议暨重点项目五大专项攻坚行动调度推进会，学习贯彻中共十九届六中全会、中央经济工作会议精神，总结2021年全区经济工作和全区重点项目推进情况，部署2022年经济工作。

同日，学习贯彻省第十一次党代会精神，市委宣讲团到洛江举行报告会。

同日，全区警示教育大会召开，区委书记颜丽明、区长郭宁参加。

区情概览

建置区划

【地理位置】 洛江区位于福建省东南沿海闽南金三角地带、泉州中心市区东北部，介于北纬24°56′～25°19′、东经118°33′～118°42′。因辖区内有国内外著名的洛阳古桥，且境内有泉州市第二大河流——洛阳江，故取名“洛江区”。洛江区东北毗邻惠安、仙游两县，西连南安市，南接丰泽区。区人民政府暂驻万荣街。辖区东西最大距离17千米，南北最大距离42千米，总面积374.81平方千米。其中陆地363.49平方千米，占96.98%；水域11.32平方千米，占3.02%。

【行政区划】 2021年，洛江区辖万安、双阳2个街道办事处，河市、马甲、罗溪3个镇，虹山1个乡，19个社区居委会，67个村委会。

2021年洛江区行政区划一览表

表1

名称	下辖
万安街道	万福社区、万盛社区、塘西社区、杏宅社区、琯头社区、院前社区、后埭社区、桥南社区
双阳街道	阳山社区、坪山社区、南山社区、阳江社区、朝阳社区、新阳社区、新峰社区、新岭社区、新南社区、前埭社区、前洋社区
河市镇	厝斗村、新告村、乌关村、市田村、白洋村、山边村、官洋村、炉田村、庄田村、河市村、南塘村、溪井村、溪山村、蛟南村、岭客村、坛顶村、浮桥村、霞溪村、梧宅村、下堡村、溪头村
马甲镇	炉田村、梧峰村、二甲村、后坂村、就南村、溪北村、溪林村、潘内村、马甲村、杏川村、永安村、仰恩村、洋坑村、新庵村、彭殊村、梅岭村、祈山村、新生村、新建村、新民村、前垵村、蔡内村、义山村、西头村
罗溪镇	双溪村、后溪村、三村村、前溪村、新东村、柏山村、三合村、建兴村、垵内村、翁山村、永生村、东方村、大路脚村、钟山村、广桥村、双合村、洪四村
虹山乡	白凤村、苏山村、虹山村、松角山村、前坂村

人文历史

【建置沿革】 唐久视元年（700），武荣州第三次建州，州治由前废治丰州迁往东南十五里的晋江下游平原地区，即泉州市区所在地。唐景云二年（711），武荣州改名泉州，并于唐开元年间（713—741）开始修筑泉州城。1950年11月1日，政务院批准设立泉州市（县级），隶属晋江区专员公署。1951年1月，泉州市人民政府正式成立，以晋江县城区及城郊8个乡为行政区域。1971年1月，晋江县北部的河市、马甲、罗溪3个公社及国营双阳华侨农场划归泉州市管辖。1985年5月14日，国务院批准撤销晋江地区行政公署，设立泉州市（省辖地级市），实行市带县体制，原泉州市的建制改设为区的建制，因泉州古城状若鲤鱼，故取名为“鲤城区”。1985年12月31日，鲤城区人民政府成立，归属泉州市，并为泉州市政府驻地。1997年6月3日，根据“大泉州”发展规划的需要，国务院批准原泉州市鲤城区行政区域调整为3个市辖区（鲤城、丰泽、洛江）。同年9月29日，泉州市洛江区人民政府正式挂牌办公。

【洛江名产】

罗溪铜乐器和十音铜锣 罗溪铜乐器制作至今已有近400年的历史。十音铜锣由10个内径8厘米、外径11厘米、厚度约1毫米的帽形铜锣组成，它们按一定的要求排列，用琵琶线穿挂在一个特制的架子上。演奏时，将特制的十音铜锣架平靠腰身，然后用绳子系好挂在脖子上，左手扶住铜锣架，右手拿着由橄榄核制作而成的锤子敲打。每个铜锣可分别敲出一个音，10个铜锣分别敲出6、7、1、2、3、4、5、6、7、1十个音节。因此，在十音铜锣锻制技艺上，具有较高的历史、科学、文化价值。历经明代、清代、民国的兴盛时期，虽然近几年遭遇冷落，但是十音铜锣锻制技艺仍然是民俗民间文化的研究范畴。铜乐器的生产工艺一般都大同小异，但是十音铜锣制作工艺却是独一无二的，在全国也是绝无仅有的，主要是制作时的“刨、削、调音”工艺技术堪称独特。十音铜锣是闽南音乐所特有的一种乐器，主要配合南音“下四管”器乐，“下四管”声音铿锵，十音铜锣声音柔和，是南音演奏不可缺少的一种打击铜乐器，是铜乐器里的一朵艺术奇葩。十音铜锣制作工艺已被列入省级非物质文化遗产保护名录。

河市槟榔芋 河市槟榔芋俗称“过岭芋”（因河市镇在泉州城以北泉榕古道之侧，中隔一座朋山岭，故名），由于独特的气候、土壤等自然条件以及独特的管理方法，而成为芋中佳品。据明万历《泉州府志》记载，河市槟榔芋在明朝时就颇负盛名。正宗河市槟榔芋母芋呈圆柱形，长度30～40厘米，直径12～15厘米，形似炮弹；表皮棕黄色，芋肉乳白色，带紫红色槟榔花纹，芋肉花纹明显，有黏性。易煮熟，熟食肉质细、松、酥，松脆适中，风味独特，食后口齿留香，营养丰富。河市槟榔芋一直严格按国家无公害标准种植，山边村的槟榔芋种植基地于2004年获得福建省农业厅颁发的无公害农产品产地证书，其产品在2005年即通过农业部无公害农产品认证。为防止发生假冒或者混淆，河市槟榔芋注册为“河兴”商标。河市槟榔芋以质优、珍贵、稀有及其特有的外形、品质、口感备受消费者青睐，历年来都被评为市级名优蔬菜。

洛阳江子鱼 洛阳江子鱼，俗名紫鱼，形同乌鱼，但头小，有鳍，是鲻鱼的一种，分类学为硬骨鱼纲，鲻形目，鲻亚目，为广盐、广温性鱼类。子鱼的烹制方法很多，可油煎、粉炸，也可清蒸、炖汤，肉质细腻，其味道鲜美，特别是初秋后，子鱼又肥又美，实为海味之珍馐。“洛阳江子鱼”之美，自古至今为人们所称赞。据传，清康熙年间（1662—1722），李光地赴省乡试，曾住宿于洛阳江边，在这里品尝洛阳江子鱼后，对洛阳江子鱼的肥嫩鲜美印象极深。后来由大学士入相，时常向康熙皇帝说起洛阳江子鱼的美味，说得康熙皇帝不由得也来了品尝的兴头。结果品尝后啧啧称道，赞不绝口。因此，洛阳江子鱼也就鱼跃龙门，被列为贡品。有诗人吟赞洛阳江子鱼曰：“锦鳞细口肥子鱼，不是洛江总不宜。”

洛阳江八叶大牡蛎 洛阳江八叶大牡蛎是褶牡蛎的一种，亦称近江牡蛎。体态呈圆卵形，为多年生品种，成熟期一般为3年。褶牡蛎腮叶通常为6褶，对称分布，起滤食呼吸作用。唯有洛阳江的牡蛎是8褶。当地人说，洛阳江处于海水与淡水交汇处，饵料丰富，地理环境适宜牡蛎生长。因此这里的牡蛎发生变异，长得硕大无比，肥腴味美。在洛江桥附近，几乎每家餐馆都会烹制牡蛎这一压轴名菜。其烹调方法有炖、焖、煎、炸等，不管哪一种烹调方法，牡蛎都香气扑鼻，使人品尝后流连忘返。

虹山红心地瓜 虹山红心地瓜，种植始于明万历年间（1573—1620），至今已有400多年历史，品质优良、香甜可口。其最大的品质特性是煮熟冷后不变硬，食时无根感，甜度较高，口感甘甜细腻且香。《蕃藷杂咏》中诗曰“三日冷薯尚可餐”“旁人笑比红萝卜”“嫩如柿果色深红”“熟晒生晒两相好”，此诗给予虹山红心地瓜品质极高的评价。2011年，虹山红心地瓜成功申报国家地理标志证明商标。2012年，虹山红心地瓜通过泉州市知名商标认定。

【人口】 2021年，洛江区年末户籍总人口211049人，年末总户数59451户。其中城镇人口70075人，城镇化率33.2%，乡村人口140974人；男性109203人，女性101846人，性别比107.22（女=100）。年内出生人口2156人，出生率10.2‰，其中男婴1193人、女婴963人。年内死亡人口480人，死亡率2.3‰。迁入5878人，迁出4959人。0～17岁人口51852人，18～34岁人口46720人，35～59岁人口83840人，60岁及以上人口28637人，60岁以上人口占总人口比重达13.57%。

【民族】 2021年，洛江区少数民族户籍人口9875人，流动人口6224人，其中人口相对较多的少数民族有回族、畲族等。外来少数民族在洛江区就业以在区内各企业务工和开办个体烧烤店为主。截至2021年12月底，洛江区新疆籍外来少数民族务工人员456人，主要在双阳街道的福建省和诚鞋业有限公司务工。

【宗教】 2021年，洛江区依法登记的宗教活动场所15处，其中已登记开放的佛教活动场所4处：西龙寺、圆觉寺、慈恩寺、广济寺；基督教场所4处：琯头教堂、河市教堂、新告教堂、锦凤教堂；基督教聚会点3处：桥南聚会点、双阳聚会点、罗溪聚会点；道教场所4处：仙公观、龟峰殿、玉虚观、康济庙。洛江区无天主教、伊斯兰教聚会场所。民间信仰活动场所较多，各级民间信仰活动场所联系点8个，其中省级联系点3个：飞炉庙、聚峰宫、四十七都植福堂；市级联系点4个，分别是法鼓寺、五台寺、半山观音寺、华岩妙宝寺；区级联系点1个：镇海宫。此外有一般民间信仰活动场所310处。

经济社会发展

【综合】 2021年，洛江区实现地区生产总值（GDP）333.13亿元，按可比价格计算，增长13.9%。其中，第一产业增加值5.20亿元，增长8.2%；第二产业增加值207.47亿元，增长9.8%；第三产业增加值120.46亿元，增长21.7%。三次产业比例为1.56∶62.28∶36.16。按常住人口计算，人均地区生产总值130640元。

【农业】 2021年，洛江区农业总产值10.77亿元，增长10.5%。其中，夏粮产量3671吨，下降8.3%；秋粮产量7605吨，增长5.3%。稻谷产量5335吨，下降3.4%；玉米产量1535吨，增长6.4%；薯类4694吨，增长2.6%；大豆产量139吨，增长6.1%。肉产量

11618.79吨，增长20.3%；奶产量122吨，下降31.5%；禽蛋产量3301.41吨，下降0.8%。2021年末，生猪、能繁母猪存栏比上年末分别增长34.1%、54.7%。

【工业和建筑业】 2021年，洛江区规模以上工业增加值增长13.5%；规模以上工业产值750.54亿元，增长16.2%。机械装备、纺织鞋服、工艺制品规模以上工业产值分别为176.26亿元、159.18亿元、152.61亿元，分别增长5.1%、14.7%、17.9%，对规模以上工业产值增长贡献率达49.8%。产值超亿元企业达106家，比2020年增加24家，亿元企业产值占规模以上工业产值比重达94.8%。

全年建筑业实现增加值28.08亿元，下降0.3%。全区资质等级以上的建筑企业有99家，完成建筑业总产值230.32亿元，增长6.6%。全区建筑房屋施工面积860.7万平方米，下降6.1%。房屋竣工面积271.63万平方米，下降9%。

【固定资产投资】 2021年，洛江区固定资产投资（不含农户）增长4.3%。制造业投资增长34.4%，建安投资增长9.2%，房地产开发投资增长15.8%，基础设施投资下降65.3%。民间投资占全部投资的86.5%，增长14.1%，比全区固定资产投资增速高9.8个百分点，拉动全区固定资产投资增长11.2个百分点。全区商品房销售面积62.12万平方米，增长77.0%；商品房销售额59.86亿元，增长89.6%。

【国内贸易】 2021年，洛江区社会消费品零售总额85.45亿元，增长25.2%。按消费类型分，商品零售78.73亿元，增长26.6%；餐饮收入6.72亿元，增长10.7%。按企业规模分，限额以上单位消费品零售额45.43亿元，增长42.7%；限额以下消费品零售额40.02亿元，增长9.9%。

【对外经济】 2021年，洛江区有外贸进出口型企业237家，进出口总额56.24亿元，比上年增长30.21%，其中出口54.02亿元，比上年增长30.28%；进口2.22亿元，比上年增长28.48%。推动市场采购贸易和跨境电商新业态发展，2021年共有8家企业通过市场采购贸易方式出口14.7亿元，通过跨境电商出口预计超10亿元。

【金融】 2021年，洛江区金融机构本外币各项存款余额2149970万元，比上年末增长11.6%，其中，人民币各项存款余额2116778万元，比上年末增长11.1%。人民币存款中住户存款余额1202438万元，比上年末增长12.4%。全区金融机构本外币各项贷款余额2259441万元，比上年末增长15.7%，其中，人民币各项贷款余额2257608万元，比上年末增长15.6%。

【人民生活与社会保障】 2021年，洛江区居民人均可支配收入36481元，增长9%；人均生活消费支出23238元，增长12.6%；人均住房建筑面积79.9平方米。按常住地分，城镇居民人均可支配收入48199元，增长7.8%；城镇居民人均生活消费支出29047元，增长10.5%；城镇居民人均住房居住面积80.9平方米。农村居民人均可支配收入22329元，增长12%；农村居民人均生活消费支出16358元，增长18.4%。农村居民人均住房居住面积79.3平方米。

资源环境

【气候】 洛江区属亚热带海洋性季风气候，年平均气温17.5～20.7℃，北部山区罗溪、虹山无霜期285天，年降水量1200～1550毫米，3—9月为湿季，降水量占全年的80%，10月至翌年2月为干季，降水量不足全年的20%。季风气候明显，夏季盛行东南风，多热带台风；冬季以东北风居多，海风大。

【地质地貌】 洛江区属福建东部沿海花岗岩丘陵与平原地貌区的一部分，地势由西北向东南倾斜。北部和中部低山群中的丘陵交错；南部丘陵从大小阳山经清源山至桃花山呈带状分布，构成为低山向丘陵和平原、台地递降的多层状地形地貌。境内大磨山799.6米，双髻山（仙公山）758.5米，白石格717.4米，苏山647米，玉叶山670.6米，大阳山614.9米，大岭头634米。洛江平原的狭义地域仅是万安街道办事处公路两旁的小平原，表层为河流沉积层，以细沙为主，夹杂黏土，厚约4米，下层为海淤泥层。海堤位于洛江区洛阳江南岸，集雨面积33.5平方千米。

【水源水质】 2021年，惠女水库监测频率为逢单月监测一次，按照《地表水环境质量标准》（GB 3838—2002）Ⅲ类标准评价（参考指标总氮不参与评价），7月份pH值超标，达标率为83.3%。

【环境质量】 2021年，洛江区空气环境质量优良天数比例为97.8%（优良天数357天，轻微污染8天），优良率同比提升0.8个百分点，全年超标天气首要污染物主要为臭氧8小时。全区水环境质量总体良好，2021年省重点考核小流域洛阳江河市镇西埭桥断面、河市镇后深溪口断面水期（双月月初监测）水质达标。北渠杏宅水闸断面因受上游来水水质不达标影响，水质未能达到Ⅱ类标准。2021年，洛江区2类、3类、4类声功能区每季度昼间噪声监测结果均达标，4类声功能区监测点位的夜间噪声无法稳定达标。

【土地资源】 2021年，洛江区土地总面积374.8平方千米，有农用地面积311.4平方千米（其中耕地面积30.07平方千米、园地面积38.73平方千米、林业用地面积225.13平方千米、其他农用地面积17.47平方千米），建设用地面积52.33平方千米，未利用地面积11.07平方千米。

【矿产资源】 至2021年末，洛江区已发现各类矿产15种，占全市的32.6%。包括钨、钼、金、银、硫铁矿、叶蜡石、高岭土、陶瓷土、耐火用黏土、砖瓦用黏土、建筑用花岗岩（凝灰岩）、饰面用及雕刻用辉长岩、冶金用脉石英、建筑用砂、矿泉水等。全区已发现矿点50余处，通过普查地质工作的矿区有8处，其规模均为小型。2016年1月1日起，洛江区所有有证矿山均已关闭。

【林业资源】 2021年，洛江区林业用地面积2.25万公顷，其中商品林面积1.8万公顷。年末洛江区森林覆盖率为64.39%，森林蓄积量为134.84万立方米。

【旅游资源】

洛阳桥 又名万安桥，位于洛江区万安街道与台商投资区洛阳镇交界的洛阳江入海口，距市区10千米。桥始建于北宋皇祐五年（1053），嘉祐四年（1059）竣工，由泉州知州蔡襄主持建造。1988年，国务院公布洛阳桥为第三批全国重点文物保护单位。洛阳桥是中国四大古桥之一，也是中国现存的最早跨海梁式大石桥，首次采用“筏形基础”、“种蛎固基”和“浮运架梁”等先进的建桥技术。现桥长731米、宽4.5米，桥墩45座。桥上有4尊宋刻石将军、6座宋代石塔及众多的石碑、摩崖石刻。桥南蔡襄祠中蔡襄书写的《万安桥记》碑刻被誉为文、书、刻俱佳的“三绝碑”，是极为珍贵的书法艺术作品。

金威假日酒店 金威假日酒店为四星级旅游酒店，位于洛江区洛阳江畔，毗邻洛阳桥古桥，距离泉厦高速出口2千米、泉州动车站12千米、泉州机场20千米，交通便利。酒店占地面积3533.4平方米，建筑面积30000平方米，拥有各种舒适豪华的房间266间（套），床位503张，内设单人房、豪华套房、豪华单人房、行政标准房、行政单人房、总统套房、独立花园别墅客房。酒店拥有风格各异的宴会场所、宴会厅、会议室（大、中、小）、会议厅（大、中、小）、西餐厅、中餐厅、包厢、健身房和游泳池等会议休闲娱乐设施，是旅游度假、商务洽谈的理想场所。

地址：洛江区航空旅游城。

南山社区 南山社区挖掘印度尼西亚特色风情文化资源，打造“一场一园一馆一街”归侨文化基础设施，包括双阳侨乡广场、峇厘民俗文化园、双阳华侨农场文化展示馆和印度尼西亚特色一条街。其中华侨农场文化展示馆收集展示归侨自愿捐赠的货币、邮票、证书、玉器等物品，印度尼西亚风情一条街经营印度尼西亚美食、服饰，峇厘民俗文化园内建造别具巴厘风格的凉亭，种植棕榈树、槟榔树等东南亚植物。

地址：双阳街道南山社区。

特色项目：品印度尼西亚美食、穿印度尼西亚服饰、赏印度尼西亚歌舞。

特色餐饮：糯米条、太阳糕、肉串、咖喱牛肉、咖喱鸡、薯饼、黄姜饭、炒咖喱饭。

俞大猷公园　俞大猷公园位于俞大猷故里河市镇，为纪念抗倭民族英雄俞大猷而建，为泉州首批爱国主义教育基地，占地53万多平方米。俞大猷为明代著名的抗倭民族英雄、军事家、武术家，其带领的“俞家军”与戚继光带领的“戚家军”并称“俞龙戚虎”。公园有10.5米高的俞大猷立像、古城靖国门、陈列馆、国术馆、啸卧亭、弹亭、田螺姑娘雕像、石碑坊、正气堂等。其中俞大猷纪念馆对俞大猷生平事迹及功绩进行宣传介绍。

地址：河市镇市田村。

特色项目：展馆参观、园林观光、爱国主义教育。

乡韵农场　乡韵鹿境文化旅游度假区位于泉州生态规划保护区，有泉州后花园之称的河市镇，背靠宗教圣地仙公山脉，相邻俞大猷公园与泉州植物园，地理位置优越，占地1000多亩，是福建省首家梅花鹿亲子主题乐园，不用出国就可以感受奈良小鹿，园区内还有网红玩乐打卡、亲子游乐项目、萌宠乐园、拓展团建一站式体验。

地址：洛江区河市镇山边村。

特色项目：小鹿森林、萌宠乐园、网红打卡、亲子游乐、拓展研学。

紫榅山庄　紫榅山庄位于洛江区河市镇白洋村，“紫榅”意取“滋阴”，倡导石斛的滋阴益阳的养生文化。山庄内有百亩土地种植铁皮石斛、鼓槌石斛等30多种石斛，上百种的中草药及20多种芳香植物。园区内有石斛文化长廊、石斛科普长廊、药膳食疗养生馆。获评2018年省级养生旅游休闲基地、2020年泉州市中小学生研学实践基地。

特色项目：观赏石斛苗圃、游石斛文化长廊、尝石斛药膳、体验石斛种植、制作石斛药膳。

和园九品莲花生态园　九品莲花生态园是泉州市唯一一家莲花观光生态园，园内拥有5种顶级的观音莲和九大色系的香水莲。游客到园内可品尝养生的莲花茶，也可以享受到天然的莲花美食，还有亲子漂流、划船、泼水狂欢。每年4—11月，莲花大面积盛开，是爱花之人必去之处。

地址：河市镇新告村。

特色项目：赏莲、品莲花茶、自助烧烤、莲花宴。

特色餐饮：莲花果、观音莲果、香莲梗。

伴手礼：九品香水莲花、九品香水莲花茶。

彩蝶谷　彩蝶谷创建于2016年，是福建省唯一一个蝴蝶昆虫养殖基地，年产蝴蝶昆虫100万只，是集科研、科普、研学于一体的昆虫园。谷内建有昆虫科普馆（内有科普展板60平方米，昆虫标本500多种，影像介绍、幼虫展区）、活体馆（内有昆虫交配区、觅食区、产卵区、羽化区）、石斛园、萌宠园、小鸟园，其中蝴蝶馆是福建最大的自动温控球形活体馆，是国内蝴蝶品种、数量最多的蝴蝶活体馆。

地址：河市镇新告村田格内。

特色项目：观花赏蝶、捕蝶、萌宠喂养、蝴蝶昆虫标本制作、听鸟语闻花香。

伴手礼：蝴蝶昆虫标本，蝴蝶昆虫饲养礼包、盆栽。

后深溪　后深溪位于洛江区河市镇后深溪水库，是集漂流、梦幻玻璃桥、玻璃旱滑、丛林穿越、儿童乐园、露营烧烤、重走长征路、水上运动、攀登、溯溪于一体的度假山庄，四周空气清新，风光旖旎，群峰耸立，沟壑纵横，是健康运动旅游、体验交流学习、品茗休闲娱乐的最佳场所，获评2016年度十佳文明景区。

地址：河市镇新告村。

特色项目：漂流、梦幻玻璃

桥、玻璃旱滑道、丛林穿越、露营烧烤、重走长征路、粉色沙滩。

特色餐饮：土鸡汤、焖水库鱼、白水猪脚、水库鱼头汤、萝卜丝焖肉、四物鸭汤、煎河市豆腐、河市山边槟榔芋。

伴手礼：水库鱼、农家地瓜、萝卜丝、河市山边槟榔芋、河市香肠。

新告村 河市镇新告村位于洛江区河市镇北部，东邻惠安兰田村，西靠马甲仙公山，南接泉州（海西）植物园，北连厝斗畲族村，是河市东溪的源头，依山傍水，风景秀丽。近年来，新告村紧紧围绕“水韵游谷·浪漫新告”主题打造美丽新告，现有彩蝶谷、后深溪、九品莲花生态园等多个景点。

仙公山 仙公山为国家AAA级旅游景区，省级风景名胜区，2016年度十佳文明景区。又名“双髻山”“丰山”，因祀“何氏九仙”而得名，祈梦文化驰名中外。仙公山山体硕大巍峨，其主峰海拔758.5米，岩崖陡立，山间径曲林幽，山巅云雾缭绕，宗教、民俗文化历史悠久，儒、道、释三教并存，有丰山洞、白水岩、朝天阁、仙灵桥、仙井、仙足迹、仙棋盘、仙茶树、仙排阁、贵妇双髻、荷塘印月、仙公蓬莱等胜景，宋代朱熹、王十朋、明代张端图等历代文人骚客留下的摩崖石刻。

地址：马甲镇。

特色项目：登高览胜、观赏摩崖石刻、祈福朝拜、观云海赏日落、仙山祈梦。

特色餐饮：斋面。

泉州海丝野生动物世界 泉州海丝野生动物世界园区占地约33万平方米，是一家以珍稀野生动物种群展、科研繁育救护、休闲娱乐体验、科普宣传教育为主的综合性主题公园，获评泉州市中小学生研学实践教育基地、泉州市科普教育基地、泉州市“我最喜爱的十佳科普教育基地”。园区有大熊猫、白犀牛、长颈鹿、黑白疣猴、环尾狐猴、白狮、东北虎等珍稀野生动物100余种2000多头（只）。

地址：泉州市洛江区万虹路501号。

特色项目：动物观赏、动物科普、海洋世界、综合演艺欣赏、小型游乐体验。

溪北文旅山庄 溪北文旅山庄总面积规模约100万平方米，山庄依山傍水，风景秀丽，空气清新，植被茂盛，拥有四季宜人的气候条件，其后期将发展为集生态休闲旅游、观光、娱乐、度假、养老、餐饮、住宿于一体的多功能山庄。

地址：马甲镇溪北村。

特色项目：农耕体验、七彩溶洞、登山观瀑。

炉田村 马甲镇炉田村山清水秀、风景宜人。村庄分布着马顶九仙天、小天池、虎空宫、天宫大殿、乌缸潭、神山鹅脚寨、明清古村落群、全省最大情侣榕树、卧龙谷等18处天然景观。近年来，炉田村依托精彩纷呈的历史文化底蕴，凭借生态之美、绿色之美做足宣传、整治村庄环境卫生，改善村容村貌，吸引众多文人墨客、旅游爱好者到村落写生、摄影、徒步观光，是泉州市有名的画家村、旅游村。

龙潭溪 龙潭溪位于罗溪镇广桥村，福诏高速旁，景区集漂流、水上拓展运动、登山观日宿营、康养休闲度假于一体。现有河道漂流，高空挑战桥，丛林穿越等体验项目，更有小黄果树瀑布、风动石、龙潭古桥、古榕树、疆理肇端交界宫、圆通寺等景观。后期将打造成为“绿水青山环古迹、林深听潺有人家”的康养休闲度假小镇。

特色项目：森林漫步、观瀑漂流、天然游泳池、露营攀岩。

伴手礼：藤草编织品、酸茶。

红色荣耀旅游基地 红色荣耀旅游基地通过对红色资源的前期挖掘、设计及打造，形成一条以洪四影剧院、游客中心、人民英雄纪念碑、党员文化公园、党群同心馆、军装发展史馆、党建馆等为主要景点的红色旅游线路。游客在参观体验的过程中可以感知上一辈艰苦年代生活，激发爱国情怀。

地址：罗溪镇洪四村。

特色项目：穿军装、游展馆、剧院观影、瞻仰烈士纪念碑、赏樱花。

特色餐饮：洪四白水猪蹄，

洪四特色菜丸子、红烧洪四豆腐、蒜香焗百合、炒后溪米粉、白水猪脚、草药龙骨汤、炒芋圆。

广桥村　广桥村在龙潭溪景区建设基础上，将乡村旅游定为经济发展的首位产业，坚持“首位产业，首位支持”，投入旅游发展资金5500多万元，逐步打造闽南风情度假、户外运动探险、现代农业休闲、自然与人文景观完美融合的天然休闲康养胜地，形成亮点突出、品牌突出，连片发展的乡村全域旅游格局，2019年入选省级美丽乡村。

洪四村　罗溪镇洪四村环境优美，空气清新，辖区内泉州八峰水库、前洋水库、车戽水库连接环绕，山清水秀，依山傍水，风景秀丽，人杰地灵，是晋江和洛阳江两江流域的源头。洪四村拥有洪四村影剧院、昭灵宫、九龙禅寺、兴灵宫、三界亭、添怀家庙、花溪碗窑旧址、八峰、前洋、车戽3个水库、党员文化公园、德孝广场宣传阵地及红色根据地（1951年围歼入窜敌人战斗点）等一系列优秀旅游资源，获评省级红色旅游基地。

后溪村　罗溪镇后溪村是一个依山傍水的美丽村落，周围山峦叠翠，风光秀丽，金谿溪萦绕其中，构成一幅山川水美的天然画卷。村里有后溪水上慢生活体验区、乡村夜景生态步道、后溪鱼鳞坝、闽南古大厝、吴觐古大寨、黄奕聪故居、休闲农业观光园等景点，绿豆汤、酸米粉、杏田甘蔗等农特产品种类丰富多样。在建旅游景点有生态健身步道（二期）、社檀体育乐园、“河长制文化公园”及后溪桥头美食广场等。

虹山乡全域旅游　虹山乡位于洛江区最北端，因境内有一瀑布水流似彩虹而得名，传说旧时常有凤凰在此栖息，又名“凤山”。境内山峦起伏，风景秀丽，温度适宜，空气氧负离子高达22万个每立方厘米，拥有数百年历史的原始森林、170多年历史的水尾护林碑、100多座清代古民居、落差百米的彩虹瀑布。每年三四月间，百亩油菜花盛开，加之古厝松林环绕，犹如世外桃源。石龙谷、樱梅园、虹桥飞渡景区为集旅游观光、养生休闲、拓展体验为主的成熟景区，还有大磨山、白凤梯田、彭氏家庙、生态茶园、聚峰宫、土楼等景点也值得游玩。

苏山村　虹山乡苏山村村域面积3.2平方千米，平均海拔500米，常年气候温和，森林覆盖率高达75%，是个天然氧吧。近年来，苏山村依据“城乡统筹、整体规划、整村推进、合理布局、分步实施”的建设思路，努力建设农村城镇化、经济多元化、农业休闲观光化、环境优美化、管理民主化的绿色宜居美丽乡村。通过实施房屋立面整治、“平改坡”及乡村内道路“白改黑”等项目，如今来到苏山村，可以看到整洁明亮的民房、焕然一新的道路与浪漫田园、红砖古厝相得益彰，山水隐村落，村落连山水，犹如一幅幅精美绝伦的画卷。

虹山村　虹山乡虹山村是虹山乡中心行政村，山中有垂瀑如虹，故山名虹山。村以山名，亦称虹山，曾获“福建省旅游特色名村”“泉州市十佳美丽乡村”“2015年洛江区醉美乡村”“泉州休闲农业示范点”“洛江交通示范村”称号。村里风景秀丽，现留有清代古民建筑多座，古民居“三雕”（石雕、木雕、砖雕）景观资源尤其丰富。虹桥飞瀑已建成观瀑景区；祭溪水尾自然保护小区保存完好的具有数百年历史的原始森林，拥有180多个树木品种；同时还有泉州面积最大的油菜花基地。

石龙谷　石龙谷占地面积200多万平方千米，是个集旅游观光、养生休闲、拓展体验于一体的探险乐园，现建有森林氧吧、花海梯田、大峡谷观光体验区、卧龙索桥、旱滑道、丛林穿越、空中滑索、石龙谷餐馆、农耕体验区、荡秋千＆射箭、高空漂流、红色教育基地、宿营基地、奇幻世界游乐园、飞龙悬岛、半山美庐别墅、RTV酒楼、观光回程休闲步道、网红秋千园、石龙溶洞等项目。

地址：虹山乡苏山村。

特色项目：农事体验、拓展训练、民俗体验、水上活动、烧烤、露营、森林游乐。

特色餐饮：乡土农家菜、民族风味菜、海河鲜、山野菜、养生药膳。

樱梅园 樱梅园景区位于虹山乡进口大门处，景区拥有200万平方米山地，景区田园观光、农耕科普、研学基地、采摘天地、彭祖雕像广场、彭祖生态长城、高空快车、高空玻璃桥、高空秋千、高空自行车、步步惊心桥、彩虹滑道、八卦迷宫、镜子迷宫、海盗船、水弹射击、喊泉等项目投入营业中，配套设施有农家乐餐厅、栖心小筑等独幢特色民宿。

地址：虹山乡前坂村。

特色项目：彭祖阁生态长城、悬空玻璃桥、高空快车、研学基地。

特色餐饮：乡土农家菜、养生药膳汤、芥菜饭、虹山红心地瓜。

虹桥飞瀑 虹桥飞瀑是集避暑、康养、休闲、亲子体验于一体的新型旅游胜地。景区内有落差108米的彩虹瀑布，有树龄300年、多人方可合抱的苍劲挺拔的古松树、古樟树，有立于清道光甲辰年的虹山水尾护林碑和明代史学家何乔远的真迹崖刻等古迹。配套有超吉尼斯纪录8.4米的虹桥悬廊和华东跨度最大的飞渡太空船等项目。

地址：虹山乡虹山村。

特色餐饮：芥菜饭、红心地瓜。

特色项目：观瀑、玻璃悬廊、林间漫步。

油菜花基地 虹山油菜花基地是泉州地区面积最大的油菜花观赏基地。每年春天，连绵不断的一百多亩油菜花就像一张金色的大地毯，金灿灿的花海把小山村点缀得格外美丽，吸引众多游客、驴友、摄影爱好者、画家。游客可体验虹山长桌宴，品尝当地美食，如虾皮芥菜饭、土鸭汤、鼠曲龟等。举办油菜花节以来，基地最高峰游客日接待量超过1万人。

中共泉州市洛江区委员会

综 述

【概况】 2021年，中共泉州市洛江区委员会（简称洛江区委）坚持以习近平新时代中国特色社会主义思想为指导，学习贯彻习近平总书记来闽考察重要讲话和中共十九届六中全会精神，落实省第十一次党代会和市第十三次党代会部署要求，突出抓好思想政治建设，推动党史学习教育走深走实，高质量开展“再学习、再调研、再落实”活动，坚持创新驱动发展，谋划实施22个数字经济项目，4家企业获评2021年福建省数字经济领域“未来独角兽”“瞪羚”企业。推进脱贫攻坚成果同乡村振兴有效衔接，洛江区作为2个代表之一，在全市乡村振兴现场推进会上作典型发言。巩固拓展疫情防控和经济社会发展成果，全方位推进洛江区高质量发展，实现“十四五”的良好开局。

【思想政治建设】 2021年，洛江区委落实第一议题制度，认真组织学习习近平总书记重要讲话重要指示批示精神，并结合洛江实际提出具体贯彻意见。特别把学习宣传贯彻习近平总书记来闽考察重要讲话精神作为重中之重，围绕“四个更大”重要要求和当前四项重点任务，整理出29个具体项目，实行月跟踪、季分析、定期“回头看”，推动有效落实。洛江区委学习宣传贯彻中共十九届六中全会精神，以区委常委会（扩大）会议、聆听宣讲团报告会等方式持续学深悟透精神实质。举办区管干部专题研讨班，开展分专题、系列化、靶向式宣讲，推动全会精神全覆盖、入人心，“洛地有声”宣讲团获评全省首届十佳特色宣讲团。区委常委带头围绕中共十九届六中全会精神等重点开展学习研讨、一线宣讲，示范带动全区各级中心组开展学习研讨300多场，教育引导广大党员干部坚定捍卫“两个确立”、忠诚践行“两个维护”。坚持用党的创新理论指导工作，高质量开好区第六次党代会，突出“智造基石”和“生态元素”两个关键，明确建设智造洛江、生态新城的发展方向；洛江区委围绕新目标新方略，对建设智造洛江、生态新城的目标、措施、要求等拓展提升，进一步凝聚全区思想共识和智慧。

【党史学习教育】 2021年，洛江区委组建区委党史学习教育领导小组，制定印发党史学习教育实施方案，明确14项规定动作、29项自选动作。创新构建“三队两翼一线”（“三队”：着力打造发展型的领导班子和干部队伍，着力打造发展型的党员队伍，着力打造发展型的人才队伍；“两翼”：强化组织保障，强化制度保障；“一线”：以服务科学发展为主线）宣讲体系，组织“永远跟党走”群众性主题宣传教育活动186场，举办“四史”（党史、新中国史、改革开放史和社会主义发展史）教育班，创新推出“党史微课”等，把学习教育引向深入。开展“跨联百年”“跨阅百年”“跨映百年”系列活动，在全市率先探索“学习强国”定向赛，获批市级党史教育基地5处，引导党员干部群众学史、知史、悟史。梳理推进2批46个“我为群众办实事”项目，有效解决一批群众身边小事和烦心事。

【“再学习、再调研、再落实”活动】 2021年，洛江区委常委会安排4个学习班次、12个重点调研课题、18个重点专项任务，实施“产业提升、项目提速、城市提档、民生提质、干部提效”5大攻坚行动。先后召开动员会、推进会等，建立“1+2+N”组织架构和区领导挂钩推动机制，逐个专项成立工作专班。区领导下沉一线学习调研、破解难题、协调落实，围绕发展壮大智能制造、生态经济、提升城区品位等分别形成高质量调研报告。实行“跟踪通报、阶段总结”运作机制，每月定期汇总、分析研判、通报情况，推动各项任务加快落实。

【创新驱动发展】 2021年，洛江区落实“四个倍增”（全社会研发倍增、高新技术企业倍增、高水平科研平台数量倍增、高层次人才团队数量倍增）科技赋能计划，新认定国家高新技术企业33家、省科技“小巨人”企业19家、科技型中小企业36家，规模以上工业企业研发经费增长58.9%，增速连续两年位居全市第一。推进产业数字化、数字产业化，13个省市重点技改项目完成投资5.6亿元，工业技改投资增长30%；开展平台经济“五十百千”（围绕工业互联网平台、电商物流平台、文创文旅平台、新兴细分互联网平台、基础资源平台等5个重点领域，聚焦纺织服装、鞋业、建材家居、机械装备、食品饮料、工艺制品、纸业印刷、商贸、物流、文旅等10个主要行业，筛选培育扶持100个具有行业性、区域性影响力的平台，每年推广应用100条（个）以上数字化、智能化生产线或应用场景，每年新增1000家以上企业“上云上平台”。力争到2023年，平台交易额达百亿元以上平台10个以上）三年行动，万安、塘西、河市西片区等6个成规模园区加快提质增效。谋划实施22个数字经济项目，完成投资26.2亿元，4家企业获评2021年福建省数字经济领域“未来独角兽”“瞪羚”企业。深入实施人才“港湾计划”，新增市级高层次人才145人，实现市级高层次人才团队零的突破。

【改革开放】 2021年，洛江区委定期召开区委深改委会议，推进10个领域53项改革突破事项；实施营商环境提升专项行动，建立涉企服务“四个机制”，出台《提升营商环境十条措施》，创新上线“i洛江”程序平台、洛江区“政企直通车”平台，63项高频服务项目实现“掌上办”，新增市场主体近1.1万家。开展“进百企、走百商、访百才”活动，精准服务企业用电、资金、订单、产能等事项，兑现各级惠企资金1.7亿元，减免税费1.8亿元。出台鼓励利用外资促进外贸发展若干措施，全年完成外贸出口70亿元、增长10%。

【城区建设】 2021年，洛江区主动融入“一湾两江四岸”格局和中心市区一体化开发建设，阳江新城片区12个公共服务和基础设施项目完成投资11.5亿元。落实全市“城乡品质提升年”活动要求，121个城乡建设品质提升项目完成投资23亿元。对接全市“聚城畅通”工程，万虹路拓改、西环路双阳段加快推进，打通学府路、经五路等一批断头路。实施绿化美化亮化净化智化“五化”工程，统筹策划实施智慧停车、道路景观、排水排污、老旧小区改造等项目，城区整体功能进一步改善。

【生态环境保护】 2021年，洛江区一体推进两轮中央生态环境保护督察整改，抓24个区域突出生态环境问题。研究推进碳达峰、碳中和工作，深入打好污染防治攻坚战，实施12个“碧水清源”项目，2个省重点考核小流域监测断面双月水期Ⅲ类水质达标率100%。2021年，全区空气优良率98.08%。全面推行林长制，完成植树造林及森林经营410多公顷。

【乡村振兴】 2021年，洛江区巩固脱贫攻坚成果，实施巩固拓展脱贫成果项目49个，19个村集体经济收入超50万元。将脱贫攻坚成果同乡村振兴有效衔接，整镇推进乡村振兴，滚动实施121个乡村振兴重点项目，分主题建好试点村、示范线、试点镇。实施乡村建设“1+6+2”（泉州市乡村建设行动实施方案，村庄规划、基础设施、公共服务、人居环境、风貌管控、污水治理六项行动，宅基地管理、农房管理两个关键环节）系列行动，完成26个村庄规划，抓好人居环境整治、建筑风貌管控、“绿盈乡村”建设等，推动乡村更加美丽、绿色、宜居。

【民生事业】 2021年，洛江区把稳就业摆在重要位置，城镇新增就业4500人，城镇登记失业率控制在较低水平。优先发展教育事业，投入1.5亿元建设阳江学园小学校区等13个教育项目，深化与泉州市实验小学、南开公能教育集团、北京四中网校合作办学，泉州十一中晋升省一级达标高中，奕聪中学通过省一级达标高中专家组现场考察。推动医疗资源扩容提质，纵深推进区医院与泉州第一医院紧密型医联体建设，区医院新院区前期工作有序推进，泉州宝璋肿瘤医院加快建设。健全养老服务体系，新建1个区域性养老服务中心、8个农村居家养老服务站。强化社会救助兜底保障，城乡低保标准稳步提高，创新探索特困人员集中供养服务，生活不能自理特困人员集中供养率达85.5%。

【文化惠民落实】 2021年，洛江区隆重开展庆祝建党百年系列活动，推出“红色艺术党课”等主题文艺精品，切实讲好党的故事、洛江故事。加大文化遗产保护力度，洛阳桥纳入“泉州：宋元中国的世界海洋商贸中心”遗产点申遗成功，城市IP“洛水仙珊”知名度、影响力不断提升。文体基础设施逐步完善，新建健身路径、多功能运动场和全民健身驿站，获评首届福建省示范农家书屋1个。建立常态化创城机制，顺利通过全国文明城市、省级文明城区实地检查，创新实施新时代文明实践“一镇一园”乡村小康综合体项目，培育“长者食堂”移风易俗典型。

【社会稳定】 2021年，洛江区推深做实“强基促稳”，组织开展年度15个专项行动，其中“厝边守望”平安惠民工程获肯定，“22335”家事调解服务模式被《中国妇女报》报道。完善提升城市安全信息系统，健全矛盾纠纷多元化解体系，常态化推进扫黑除恶专项斗争，开展信息网络、自然资源、交通运输、工程建设四大行业领域专项整治，2021年全区刑事案件同比下降26.2%，传统“盗抢骗”案件同比下降33.5%。稳步推进依法治区工作，完成“七五”普法验收，启动实施“八五”普法规划；高标准建成区公共法律服务中心，法律援助服务质量不断提升。严格落实安全生产责任制，深入开展全区安全生产专项整治三年行动，全区安全生产形势稳中向好。

【区委常委会会议】 2021年，洛江区委常委会召开常委会会议32次。

2021年洛江区委五届常委会会议情况表

表2

时间	议题内容	参会成员
1月12日	学习贯彻省委书记尹力、省长王宁到泉调研座谈讲话和市委常委会（扩大）会议精神，传达贯彻全省、全市近邻党建工作推进会议精神	区委书记洪飞跃主持 区委常委参加会议，区人大常委会党组、区政协党组主要负责人列席会议

续表 2

时间	议题内容	参会成员
1 月 26 日	学习贯彻习近平总书记在省部级主要领导干部学习贯彻党的十九届五中全会精神专题研讨班开班式上的重要讲话、致首届全国职业技能大赛的贺信精神和省委常委会（扩大）会议、市委常委会会议精神，十九届中央纪委五次全会精神	区委书记洪飞跃主持 区委常委参加会议，区人大常委会党组、区政协党组主要负责同志列席会议
2 月 5 日	传达学习省、市“两会”精神，省纪委十届六次全会、市纪委十二届六次全会精神，研究召开区纪委五届七次全会有关事宜	区委书记洪飞跃主持 区委常委参加会议
2 月 22 日	学习贯彻习近平总书记在中央政治局第二十七次集体学习时的重要讲话重要指示批示精神和省委、市委“再学习、再调研、再落实”有关会议精神，部署区委“再学习、再调研、再落实”活动	区委书记洪飞跃主持 区委常委参加会议
3 月 5 日	学习贯彻习近平总书记在中央政治局第二十八次集体学习时的重要讲话精神和省委常委会会议精神，中央和省市党史学习教育动员大会会议精神和《中共中央关于在全党开展党史学习教育的通知》文件精神及全国、全省政法队伍教育整顿动员部署会议精神等，部署安排全区党史学习教育工作	区委书记洪飞跃主持 区委常委参加会议
3 月 27 日	进一步深入学习习近平总书记来闽考察重要讲话精神，并作宣传和贯彻落实工作部署	区委书记洪飞跃主持 区委常委参加会议
3 月 29 日	学习贯彻全省市县乡换届工作会议、全市换届工作会议精神以及省、市关于严肃换届纪律加强换届风气监督文件精神，听取全区安全生产专项整治三年行动进展情况汇报，部署下阶段工作	区委书记洪飞跃主持 区委常委参加会议，区人大常委会党组、区政协党组主要负责同志列席会议
4 月 12 日	学习贯彻 2021 年 4 月 1 日市创城办专题会议精神，通报 2020 年度中央、省文明城市测评组对洛江区实地暗访反馈问题，部署下阶段工作	区委书记洪飞跃主持 区委常委参加会议，区人大常委会党组、区政协党组主要负责同志列席会议
4 月 21 日	传达第一季度全市经济运行分析视频会议精神，听取 2021 年第一季度全区经济运行情况汇报，部署下阶段经济工作。传达市委书记康涛创城实地调研有关精神及市创城办到双阳、河市调研检查督查反馈问题和工作要求，对创建全国文明城市和迎接国家卫生城市复审工作进行再部署、再推进、再落实	区委书记洪飞跃主持 颜丽明、蔡永生、王伊景等区领导参加
4 月 29 日	学习贯彻习近平总书记对深化东西部协作和定点帮扶工作、职业教育工作、革命文物工作、打击治理电信网络诈骗犯罪工作作出的重要指示精神、全省季度经济会议精神和省委主要领导到泉调研指导有关精神，研究部署当前重点工作	区委书记洪飞跃主持 区委常委参加会议，区人大常委会党组、区政协党组主要负责人列席会议
5 月 24 日	学习贯彻习近平总书记在 4 月 30 日中共中央政治局会议上的重要讲话精神及全省脱贫攻坚总结表彰大会精神，学习贯彻《中共中央关于加强对“一把手”和领导班子监督的意见》，传达贯彻全省、全市民营经济统战工作视频会议精神等	区委书记洪飞跃主持 区委常委参加会议

续表 2

时间	议题内容	参会成员
6 月 7 日	学习贯彻 5 月 31 日中央政治局会议等精神，研究《洛江区“强基促稳”三年行动 2021 年实施方案》《中共泉州市洛江区委全面深化改革委员会 2021 年工作要点》和《中共泉州市洛江区委财经委员会 2021 年工作要点》，传达全省政法队伍教育整顿查纠整改工作推进会精神，研究部署下阶段工作	区委书记洪飞跃主持 区委常委参加会议
6 月 18 日	传达学习省委十届十二次全会精神，部署洛江区贯彻落实工作	区委书记洪飞跃主持
6 月 29 日	学习贯彻习近平总书记在青海考察时的重要讲话精神、关于向袁隆平同志学习的重要指示精神、致中国日报创刊 40 周年、世界环境司法大会、世界马克思主义政党理论研讨会的贺信和给廖俊波同志母亲季平英同志的回信精神以及《中国共产党组织工作条例》	区委书记颜丽明主持 区委常委参加会议，区人大常委会党组、区政协党组主要负责同志列席会议
7 月 5 日	学习贯彻习近平总书记在庆祝中国共产党成立 100 周年大会上的重要讲话精神	区委书记颜丽明主持 区委常委参加会议
7 月 12 日	学习贯彻习近平总书记在中共中央政治局第三十一次集体学习上的重要讲话精神和重要文章《用好红色资源，传承好红色基因，把红色江山世世代代传下去》	区委书记颜丽明主持 区委常委参加会议
7 月 28 日	部署重点工作	区委书记颜丽明主持 区委常委参加会议，区人大常委会党组书记、区政协党组书记等领导列席会议
8 月 12 日	学习贯彻习近平总书记在中央政治局常委会会议听取中国共产党成立 100 周年庆祝活动总结报告、在西藏考察时等的重要讲话精神，传达贯彻省委十届十三次全会精神，传达学习全省村（社区）“两委”换届工作视频会议主要精神，部署洛江区村级换届工作	区委书记颜丽明主持 区委常委参加会议
8 月 24 日	学习贯彻习近平总书记在中央政治局第三十二次集体学习上的重要讲话精神等，传达贯彻全省下半年工作推进会和市委常委会（扩大）会议主要精神，部署下阶段工作	区委书记颜丽明主持 区委常委参加会议
9 月 9 日	学习贯彻习近平总书记在中央财经委员会第十次会议、中央党校（国家行政学院）中青年干部培训班开班式上的重要讲话和省委书记尹力在 2021 年秋季学期省委党校（福建行政学院）开学典礼上的讲话及省委常委会、市委常委会有关会议精神	区委书记颜丽明主持 区委常委参加会议，区人大常委会党组、区政协党组主要负责人列席会议
9 月 15 日	召开区委常委会（扩大）会议暨区防控疫情应急指挥部会议	区委书记颜丽明主持 区领导郭宁、陈逢生、李奉恒、陈政实等参加
9 月 22 日	学习贯彻习近平总书记在 8 月 31 日中央政治局会议上的重要讲话及省委常委会、市委常委会有关会议精神，传达贯彻国务院副总理孙春兰来闽来泉调研等重要讲话及全国、全省、全市第一次扫黑除恶常态化暨四大行业领域整治推进会精神	区委书记颜丽明主持 区委常委参加会议

续表 2

时间	议题内容	参会成员
9 月 29 日	调度推进全区重点项目五大专项攻坚行动	区委书记颜丽明主持 区委常委、区四套班子领导、区直及省市驻洛有关单位主要负责同志、乡镇（街道）党政主要领导参加
10 月 12 日	传达学习贯彻市第十三次党代会精神	区委书记颜丽明主持 区委常委、区四套班子领导参加
10 月 20 日	学习贯彻习近平总书记在中央人才工作会议时的重要讲话和对老龄工作的重要指示以及第 130 届中国进出口商品交易会（广交会）致贺信精神，省委常委会、市委常委会有关会议精神，传达贯彻十三届市委常委会第一次会议精神	区委书记颜丽明主持 区委常委参加会议
11 月 5 日	学习贯彻习近平总书记在 10 月 18 日中共中央政治局会议、中共中央政治局第三十四次集体学习、深入推动黄河流域生态保护和高质量发展座谈会、中华人民共和国恢复联合国合法席位 50 周年纪念会议、参观国家“十三五”科技创新成就展时的重要讲话和致仰韶文化发现和中国现代考古学诞生 100 周年的贺信以及省委常委会、市委常委会有关会议精神	区委书记颜丽明主持 区委常委参加会议，区人大常委会党组书记、区政协党组书记列席会议
11 月 16 日	学习贯彻党的十九届六中全会精神，传达贯彻习近平总书记关于禁毒工作系列重要指示批示、全国电信网络诈骗犯罪重点地区党政领导集中约谈会和省市有关会议精神	区委书记颜丽明主持 区委常委参加会议
11 月 23 日	调度推进全区重点项目五大专项攻坚行动，区委书记颜丽明作强调讲话，区委副书记、代理区长郭宁作工作部署	区委书记颜丽明主持
11 月 30 日	传达贯彻省第十一次党代会、省委十一届一次全会及市委常委会（扩大）会议精神，研究洛江区贯彻意见	区委书记颜丽明主持 区委常委参加会议
12 月 8 日	学习习近平总书记在 11 月 18 日中央政治局会议、第三次“一带一路”建设座谈会和亚太经合组织第二十八次领导人非正式会议上的重要讲话、在亚太经合组织工商领导人峰会和第四届中国国际进口博览会开幕式上的主旨演讲精神以及省委常委会、市委常委会会议精神，研究洛江区贯彻落实措施；传达中宣部、全省、全市宣传文化系统学习宣传贯彻党的十九届六中全会精神电视电话会议精神和中宣部学习贯彻党的十九届六中全会精神研讨班、全省理论骨干学习贯彻党的十九届六中全会精神培训班精神，研究洛江区贯彻意见	区委书记颜丽明主持 区委常委参加会议，区人大常委会党组书记、区政协党组书记列席会议
12 月 14 日	学习贯彻习近平总书记在全国宗教工作会议上、在中共中央政治局第三十五次集体学习时的重要讲话精神以及省委、市委常委会会议精神；传达贯彻全国、全省拓展新时代文明实践中心建设工作电视电话会议精神，研究洛江区新时代文明实践工作责任清单；听取 2021 年度食品安全工作情况汇报；听取区法院党组、检察院党组、公安分局党委、司法局党组工作情况汇报	区委书记颜丽明主持 区委常委参加会议
12 月 31 日	学习贯彻党的十九届六中全会、中央经济工作会议和省委、市委经济工作会议精神，总结 2021 年全区经济工作和全区重点项目推进情况，部署 2022 年经济工作	区领导颜丽明、郭宁、陈逢生、李奉恒、陈政实等参加

【重要决策和工作部署】

1月13日，洛江区召开全区城乡环境整治工作推进会。区政府副区长涂德望，各乡镇(街道)、区委乡村振兴办、区城管局、区卫健局、区生态环境局有关领导参加。

1月20日，全区新冠肺炎疫情防控工作部署视频会议召开，区委书记洪飞跃，区政府区长颜丽明，副区长庄怀璇，区政协副主席、区委办主任彭朝顺参加。

1月26日，区委农村工作会议召开，区委书记洪飞跃作部署讲话，区委副书记、区长颜丽明主持会议。

2月26日，区委工作会议召开，部署2021年洛江区组织、宣传、统战、政法和生态环保工作，洪飞跃、颜丽明、蔡永生、王伊景、杨凤翔等区四套班子领导参加。

3月2日，洛江区召开深化创建全国文明城市和省级文明城区工作推进会，研究部署推进创城相关工作。区委书记、区创城指挥部总指挥洪飞跃，区政府区长、区创城指挥部第一副总指挥颜丽明，区委常委、宣传部部长、区创城指挥部常务副总指挥陈逢生，区委常委陈倩，区政府副区长涂德望、庄怀璇、董俊凯，区政协副主席、区委办主任彭朝顺参加。

3月5日，全区党史学习教育动员大会召开，区委书记洪飞跃作动员讲话，区政府区长颜丽明主持会议。

3月15日，全区政法队伍教育整顿动员部署会召开。区委书记、区政法队伍教育整顿领导小组组长洪飞跃作动员部署讲话。区委常委、政法委书记黄清凯主持会议。区领导郑进锡、陈逢生、王志宏，区法院院长洪志强等参加。

3月22日，洛江区组织收听收看全国新冠病毒疫苗接种工作电视电话会议，区委书记洪飞跃就洛江区下阶段疫苗接种作出部署。

4月6日，区委书记洪飞跃主持召开“再学习、再调研、再落实”工作推进会，区委常委、区人大常委会主任、区政协主席、区政府副区长参加会议。

4月7日，全区文明城市创建工作专题会召开，区委副书记杨凤翔，区委常委、宣传部部长陈逢生参加。

4月13日，全区政法队伍教育整顿工作推进会召开，总结学习教育工作，研究部署下一阶段重点工作。区委书记、区政法队伍教育整顿领导小组组长洪飞跃讲话。

5月11日，区委书记洪飞跃主持召开深化文明城市（区）创建工作会议，区委副书记杨凤翔参加。

5月18日，洛江区政法队伍教育整顿查纠整改环节座谈会召开，区委书记洪飞跃参加。

6月7日，区委书记、区委政法队伍教育整顿领导小组组长洪飞跃主持召开区政法队伍教育整顿领导小组会议，学习贯彻全省政法队伍教育整顿查纠整改工作推进会精神，研究部署下阶段工作。区委常委参加会议，区人大常委会党组、区政协党组主要负责人列席会议。

7月2日，洛江区召开专题会，部署疫情防控、安全生产、创城创卫、信访等重点工作，区委书记颜丽明，区委副书记、代理区长郭宁参加。

7月8日，洛江区召开深化创建全国文明城市工作部署会。区委书记颜丽明，区委副书记、代理区长郭宁，区领导陈政实、王昭昭、张荣伟、何雄峰、陈清平、杜仁义、林联华、陈其昌、王泽勇参加。

7月23日，全区深化全国文明城市创建工作推进会召开，传达泉州市深化全国文明城市创建工作推进会会议精神，研究部署洛江当前创城工作。区委书记颜丽明，区委副书记、代理区长郭宁，区委副书记陈政实，区委常委、宣传部部长张荣伟，区政府党组成员陈清平、林联华、陈其昌、王泽勇参加。

8月9日，全区农村在建房屋安全清查整治工作会议召开，区委书记颜丽明，区委副书记、代理区长郭宁参加。

8月11日，上半年全区经济运行分析会暨工作务虚会议召开，区委书记颜丽明主持会议并讲话，区委副书记、代理区长郭宁部署工作，区四套班子领导参加。

8月18日，全区村（社区）“两委”换届工作会议召开，部署换届选举工作。区委书记颜丽明讲话，区委副书记陈政实主持会议，区委常委、组织部部长王志宏部署换届具体工作。

8月23日，区委书记颜丽明主持召开全区景区和非景区景点安全管理会议并部署相关工作，区委副书记、代理区长郭宁参加。

8月30日，全区重点项目五大专项攻坚行动推进调度会召开，区委书记颜丽明主持并讲话，区委副书记、区政府代理区长郭宁部署工作，区四套班子领导参加。

9月14日，全区新冠肺炎疫情防控工作部署会议召开，区委书记颜丽明参加并作强调讲话，区委副书记、代理区长郭宁部署当前新冠肺炎疫情防控工作。

9月23日，全区区乡两级人大换届选举工作会议召开。区委书记颜丽明出席并讲话。区委副书记、代理区长郭宁，区人大常委会党组书记陈逢生出席会议。区人大常委会主任蔡永生主持会议。

10月14日，全区创城工作推进会召开，区委副书记、代理区长郭宁，区委副书记陈政实参加。

10月19日，区委、区政府召开2021年第三季度全区经济运行分析会，区委书记颜丽明主持会议并讲话，区委副书记、代理区长郭宁作具体部署。

10月29日，洛江区对全区乡村振兴工作进行强调部署，区委书记颜丽明，区委副书记、代理区长郭宁，区委副书记陈政实在分会场参会。

11月13日，全区新冠肺炎疫情防控工作会议召开，区委副书记、代理区长郭宁参加会议并作工作部署。

11月23日，区委常委会（扩大）会议暨全区重点项目五大专项攻坚行动调度推进会召开。区委书记颜丽明主持会议并讲话，区委副书记、区政府代理区长郭宁作工作部署。

12月14日，六届洛江区委第一轮巡察动员部署会召开，区委书记、区委巡察工作领导小组组长颜丽明参加会议并作动员讲话。

同日，区委书记颜丽明主持召开重点项目协调推进会。区委常委、政法委书记涂德望，区政府副区长杜仁义参加。

12月21日，洛江区召开文明城市创建工作推进会，区委书记颜丽明，区委副书记、代理区长郭宁，区委副书记陈政实等参加。

12月29日，在组织收听收看全省、全市“两节”期间新冠肺炎疫情防控工作会议后，洛江区紧接着召开专题部署会议，区委书记颜丽明参加并讲话，区委副书记、区政府区长郭宁布置相关工作。

【公务活动】

1月4日，洛江区医院与北京大学人民医院心血管研究所胡大一教授团队签约暨“胡大一名医工作室”揭牌仪式举行。北京大学人民医院心血管研究所所长胡大一，市政协副主席、市科协主席骆沙鸣，区政协主席王伊景，区委常委、宣传部部长陈逢生，区政府副区长庄怀璇，泉州市第一医院院长苏智军参加。

2月19日，市政协副主席洪川夫带队到洛江走访高层次人才及客商，听取意见建议，并致新春祝福。区政协主席王伊景参加。

3月11日，市委常委、统战部部长林万明带队到洛江开展重大安全生产问题整治情况督促检查。区政府副区长涂德望参加。

同日，省生态环境厅党组成员、副厅长洪平，省生态环境厅自然处处长黄建宏等一行到洛江调研自然生态保护和生态示范创建工作相关情况。市生态环境局局长李国坤、区政府副区长李奉恒参加。

3月12日，省妇联党组书记、主席林叶萍带队到洛江调研社区“互联网+维权”工作，市委常委、组织部部长孔繁军，区政府区长颜丽明参加。

3月22日，“洛地有声　智领未来”智慧洛江人工智能应用发展战略合作签约仪式暨福建云知声智能科技有限公司成立大会在洛江区举行。市政府副市长肖汉辉，区政府区长颜丽明，市科技局局长杨昌文，云知声创始人、首席执行官黄伟，云知声联合创始人、副总裁李霄寒，区政府副区长李奉恒、董俊凯，市科技局副局长潘华培，福建云知声智能科技有限公司董事长、省人工智能协会会长陆阳等参加。

4月21日，省人大常委会党组成员、副主任袁毅带队到洛江开展调研，实地考察西人马联合测控（泉州）科技有限公司、福建省特种机器人产品质量检验中心。市人大常委会主任陈灿辉，省人大常委会人事代表工作室主任陈元邦、副主任林端宇，市人大常委会副主任黄阳春，区委书记洪飞跃、区人大常委会主任蔡永生，市人大常委会人事代表工委主任谢丽华，省人大常委会人事代表工作室选举任免处处长黄颖、代表联络议案处二级调研员熊明根、选举任免处二级调研员刘能，区人大常委会副主任林坤聚参加。

4月24日，河北省人大常委会党组书记、常务副主任范照兵一行到洛江调研。福建省人大常委会副主任檀云坤，福建省人大常委会党组成员、秘书长刘道崎，河北省各市人大常委会主任、河北省人大常委会办公厅相关领导，泉州市人大常委会主任陈灿辉，洛江区人大常委会主任蔡永生，洛江区政府副区长董俊凯参加。

5月13日，省人大常委会党组书记、副主任雷春美带队到洛江开展固体废物污染环境防治法执法检查，详细了解城市建筑垃圾废弃物处置利用情况。省人大常委会秘书长刘道崎，省人大常委会环城工委主任朱华，省人大常委会委员王少元，省生态环境厅副厅长陈明义，全国人大代表张玉珍、曾云英，市人大常委会主任陈灿辉，市人大常委会副主任吴汉宗，市政府副市长朱启平，区委书记洪飞跃，区人大常委会主任蔡永生，区政府副区长李奉恒参加。

5月29日，宁夏盐池县委书记龚雪飞带领盐池县党政考察团到洛江考察。区政府区长颜丽明，副区长李奉恒、刘永辉等参加。

7月22日，九三学社洛江支社“社员之家”举行揭牌仪式。泉州市政协副主席、九三学社泉州市委主委王祖耀，洛江区委常委、统战部部长曾国家，九三学社泉州市委副主委李长江，洛江区政协副主席、九三学社泉州市委副主委王诗榕参加。

8月25日，省政协书画院组织部分成员到洛江调研人民政协书画工作。省政协原副主席、书画院院长陈荣凯，省政协原副主席、书画院顾问李红；市政协副主席王春金；区委书记颜丽明，区政协党组书记李奉恒参加。

9月6日，市人大常委会副主任许文贵带队到洛江开展重点项目调研。区人大常委会党组书记陈逢生，区委常委、常务副区长王昭昭参加。

9月15日，市政协副主席陈益带队到洛江区督导疫情防控工作。区委副书记、代理区长郭宁，区政府副区长杜仁义参加。

9月16日，市委常委、宣传部部长陈辉宗，市政府党组成员刘林霜带队到洛江督导疫情防控工作。区委书记颜丽明，区委副书记、代理区长郭宁等参加督导。

9月18日，市委常委、宣传部部长陈辉宗到洛江区督导疫情防控工作。区委书记颜丽明，区委常委、宣传部部长张荣伟参加。

9月29日，市人大常委会党组书记李建辉到洛江调研村“两委”换届工作。区委书记颜丽明，区人大常委会主任蔡永生、党组书记陈逢生，区委常委、组织部部长王志宏参加。

10月21日，省侨联主席陈式海、名誉主席王亚君一行到洛江区调研指导侨联工作。市侨联党组书记、主席温锦辉，区委书记颜丽明，区委常委、常务副区长王昭昭，区委常委、统战部部长曾国家参加。

10月28日，市政协副主席陈益率市政协委员永春活动组到洛江视察智能装备产业发展情况。永春县政协党组书记王文杨，洛江区政协党组书记李奉恒，市政协港澳台侨和外事委主任林鸿扬及市政协相关人员参加。

11月17日，市委常委、市政府党组副书记黄景春带队到洛江调研企业。区委常委、常务副区长王昭昭参加。

11月19日，市政府党组成员、副市长汪志红率市委第十六检查组到洛江开展洛江区2021年全面从严治党主体责任落实情况检查集体约谈，区委书记颜丽明汇报工作并作表态发言，郭宁、陈逢生、李奉恒、陈政实等区领导参加。

11月29日，市人大常委会副主任许文贵带队到洛江调研检查“五个一批”（发展生产脱贫一批、异地搬迁脱贫一批，生态补偿脱贫一批、发展教育脱贫一批、社会保障兜底一批）重点项目推进情况。

区委办公室工作

【信息服务】 2021年，洛江区委办结合“再学习、再调研、再落实”工作，精准组织调查研究，推动形成22篇高质量调研报告。精细提供文稿服务，全年高质量完成领导讲话、会议材料、汇报材料等各类综合文稿180多篇，编发区委常委会会议纪要40期，“智造洛江、生态新城”发展设想被确定为洛江一段时期发展目标。出台《洛江区全面深化改革领导小组2021年工作要点》，明确10个改革主题，分解细化53项重点改革突破事项。先后组织5次区委深改委会议，审议出台改革文件2份，对改革热点开展督查检查。定期向市委报送改革信息，全年报送信息15条，被市委改革办采用5条。精确掌握信息动态，发挥党委信息主渠道作用，编发《洛江快讯》77期，上报信息1031条，被采用372条，得到领导批示72篇，全市信息排名位于前列，荣获“泉州市信息报送优秀单位”“泉州市信息工作先进单位”等称号。

【督查工作】 2021年，洛江区委办牵头制定《洛江区委常委会2021年工作要点》，细化为14方面38项目标任务，逐一分解到责任单位、责任人，推动区委重要决策部署落地落实。加强督查统筹，制定《2021年洛江区督查检查考核计划》，规范开展17项计划内督查检查考核事项。以书面督查、实地督查等方式，对市区为民办实事项目、重点建设项目进行督促检查，并对综治平安建设、精神文明建设、农村人居环境整治、生态环境保护等重要工作、重点事项开展专项督查，并定期通报。全年组织开展督查检查考核25次，编发各类督查通报6期，办理区委主要领导有关信访批示18件，化解难点、痛点、堵点。完善督查机制，注重整合督查力量，研究出台《关于进一步加强和改进督查工作的通知》，建立正负面事项清单，进一步完善督查制度，规范督查流程，提升督查实效。对督查事项实行月跟踪、季分析，定期开展“回头看”，确保各类督查项目实现闭环管理。

【“强基促稳”三年行动实施方案专项行动】 2021年，洛江区委办牵头起草2021年洛江区“强基促稳”三年行动实施方案，组织实施15个专项行动，筹办3场动员会、推进会。建立工作台账，及时跟踪协调解决专项行动、市对区年终考评反馈问题。牵头群众急难愁盼问题源头化解和机制建设专项行动，梳理263个民生热难点问题，先后推出2批46个“我为群众办实事”实践活动项目。坚持典型引路，“近邻评理+”新模式、“厝边守望”平安惠民工程、特困人员集中供养服务、“1+3”应急管理服务模式等4篇案例在市“强基促稳”信息专报刊载，其中“近邻评理+”入选全市“强基促稳”十佳示范案例，“厝边守望”等3篇入选专项优秀创新案例。

【廉政监督】 2021年，洛江区委办综合运用政治监督谈话、组织生活会、述责述廉会、年度考核、日常了解等方式，监督发现干部苗头性、倾向性问题，及时帮助提醒、批评教育，使咬耳扯袖、红脸出汗成常态。修订《中共泉州市洛江区委办公室“三重一大”事项集体决策制度》《中共泉州市洛江区委办公室议事制度》《中共泉州市洛江区委办公室财产、财务管理制度》，通过完善权力运行和工作运行的制度约束机制，做到监督常在、形成常态。

巡察工作

2021年12月14日，洛江区召开六届区委第一轮巡察工作动员部署会 （图/区委巡察办）

【概况】 2021年，洛江区委巡察工作以习近平新时代中国特色社会主义思想为指导，深入学习中共十九大精神、十九届历次全会精神以及习近平总书记关于巡视巡察工作的重要论述，全面贯彻巡视工作方针，按照党中央决策部署和省委、市委、区委工作要求，承前启后，守正创新，深化政治巡察。2021年开展4次巡察、1次巡察和对全区6个乡镇(街道）的巡察“回头看”，发现问题422个，移交问题线索39条，立案1起，给予党纪政务处分1人，批评教育10人。

【巡察主体责任落实】 2021年，洛江区委巡察办紧扣“两个维护”根本任务，始终用党的政治建设统领巡察工作各环节、全过程，保持战略定力、政治定力，将巡察工作与中心工作统筹谋划，一体推进。先后召开区委常委会会议2次、区委书记专题会1次、巡察工作领导小组会议2次、巡察工作动员部署会议1次，学习贯彻习近平总书记关于粮食安全工作的重要指示批示精神以及福建省委、省委巡视工作领导小组主要领导批示精神等，研究审议巡察工作方案、综合情况汇报，督促落实重大问题。区委书记切实履行第一责任人职责，带头点人点事点问题，指出重点问题32个，点出具体干部5人，提出具体处置意见。按照省、市指导意见和区委书记颜丽明的批示，区委巡察办研究制定六届区委巡察工作规划，从总体要求、精准落实政治巡察要求、高质量全覆盖任务、融入巡视巡察工作格局、强化巡察整改和成果运用、加强巡察队伍建设等6个方面，提出新一届巡察工作的目标任务和思路举措。统筹运用常规巡察、专项巡察、配合市县联动或县级交叉巡察和巡察“回头看”等多种方式，持续围绕“三个聚焦”监督重点，全面准确查找、推动纠正政治偏差；同时，推进86个村级党组织的巡察，力争2025年底前完成巡察全覆盖任务。自觉主动接受市委对洛江区开展的涉粮问题专项巡察。区委书记高度重视，亲自部署安排，及时成立工作联络组，分管领导靠前指挥，各相关责任单位严格对标对表，逐一落实整改工作任务，切实提高洛江区粮食安全工作的科学化、规范化和高效化水平。区委书记、区委巡察工作领导小组组长颜丽明亲自主持召开六届区委首轮巡察动员部署会，作出具体安排，推动第一批对区工信局党组、民政局党组的常规巡察，巡察组下沉一线检查专项经费使用、低保审核及惠企补贴落实情况等，着力发现被巡察单位在落实惠民惠企政策、强化民生保障等方面存在的问题。区委常委、纪委书记、监委主任、区委巡察工作领导小组常务副组长蔡崇达及时听取中期汇报，指导巡察组从政治高度全面梳理、归纳巡察发现的问题，明确工作方向。

【巡察联动】 2021年，洛江

区委巡察办立足"十四五"时期的新特征新要求，主动融入上下联动监督网。开展优化营商环境市县联动专项巡察，对区行政服务中心管委会、市场监督管理局、商务局等17个单位开展监督检查，通过调研走访、开展谈话、受理信访件等方式，发现"放管服"不到位、推动政策落实不力、不作为慢作为等问题，督促边巡边改、提出意见建议、形成专题报告。开展对洛江区生态环境局的延伸巡察，采用"一周一清单"、实地核查等方式，收集汇总关键信息，把脉会诊重点难点问题，发现洛江区生态环境局存在的对环境污染防治的监督管理不够有力、行政执法存在薄弱环节等问题，提出意见建议。聚焦洛江区公安分局党委、法院党组、检察院党组、司法局党组等政法队伍开展专项巡察，围绕班子建设、队伍管理、廉洁执法、纪律作风4个方面内容，通过"一听二谈三查"（听取汇报，开展个别谈话和集体约谈，调阅巡察相关材料、检查教育整顿工作相关台账、抽查自查事项报告表以及党组（党委）会议记录、民主生活会记录等相关资料）方式，查找政法队伍普遍存在党内政治生活不严、延伸基层程度不够、干部选拔任用机制落实不到位、干部日常监督不到位等问题69个，提出意见建议24条。

【巡察整改】 2021年，洛江区委巡察办进一步健全工作机制，压实被巡察党组织巡察整改主体责任，强化纪检监察机关和组织部门整改日常监督的"分内之责"，实行巡察发现问题"双反馈"、整改情况"双公开"制度，向五届区委第十一轮12个被巡察党组织反馈问题434个，同时将反馈意见抄报分管联系被巡察党组织的区领导，督促五届区委第九轮、第十轮被巡察党组织整改情况报告在党内公开、向社会公开，倒逼整改落实。建立巡察反馈问题整改情况、巡察移交问题线索管理、书记讲话点人点事情况管理"三台账"，实施挂账管理、定期督办。建立完善区委巡察办、巡察组、区纪委监委相关纪检监察室"三方联审"工作机制，在巡察整改各阶段主动监督、靠前监督，如三方联合审核十一轮巡察整改方案、整改进展情况报告等整改材料，提出审核意见48条。优化制作巡察整改相关材料模板，并根据整改时间节点要求，向被巡察党组织发出提醒函12份，督促各党组（党委）逐条逐项落实整改事项。推动被巡察单位党组织完成整改问题618个，整改完成率96.6%，建章立制143个，挽回经济损失162.01万元。

【巡察成果运用】 2021年，洛江区委巡察办立足五届区委巡察工作基础，建立"共性+个性"标准化清单，以10个党委部门、24个政府部门、12个群团组织及6个乡镇（街道）4个大系列为单位，围绕"三个聚焦"，对巡察中发现的共性问题进行梳理、分类、归纳，形成党委部门、政府部门、群团组织、乡镇（街道）4大系列的共性问题清单。在梳理共性问题的同时，又针对各单位的职能职责和廉政风险点，查摆出单位个性清单，为新一届巡察工作开展提供重要抓手。

【巡察队伍建设】 2021年，洛江区委巡察办结合党史学习教育和"再学习、再调研、再落实"活动，组织专职巡察干部深入学习领会十九届六中全会精神和省第十一次、市第十三次、区第六次党代会精神，以及《关于加强巡视巡察上下联动的意见》等上级关于巡视巡察的新精神、新部署，提高干部的党性修养和业务能力。开设巡察干部"微讲堂"，干部轮流上台交流工作心得、传授工作经验、探讨疑难点；建立巡察干部跟班学习机制，先后有4名干部到市委巡察办、区纪委监察机关跟班学习，全面提升巡察干部的综合素质。坚持专兼结合、骨干稳定、数量充足、结构合理的原则，会同区纪委监委、区委组织部从纪检监察、组织、财政、审计等部门选拔优秀干部，更新完善区委巡察工作人才库196人。建立常态化、滚动式轮训机制，2021年选拔1人参加省委巡视、13人参加市委巡察、54人次参加区级巡察，充分发挥巡视巡察“熔炉”作用。严格落实区委作风建设三年行动的部署，多次通过会议强调与干部谈心谈话，了解干部思想动态，及时纠正偏差，关心鼓励，提振干部精气神。每轮巡察前召开业务培训会，强调巡察纪律要求，时刻敲响警钟，依规依纪依法开展巡察。严格落实组长负责制，切实加强对巡察组人员的教育监督管理，筑牢纪律底线，坚决防止“灯下黑”，严禁居高临下、口大气粗等不良习气，带头落实中央八项规定精神，力戒形式主义、官僚主义，树立新时代巡察干部可亲可信可敬的良好形象。

（陈含朴　孙国群）

组织工作

【概况】　2021年，中共泉州市洛江区委组织部（简称洛江区委组织部）坚持以学习贯彻习近平新时代中国特色社会主义思想和中共十九大、十九届历次全会精神为主线，深入贯彻省、市、区党代会精神，高质量完成区乡村三级换届工作，持续抓好换届后领导班子政治建设和干部队伍作风建设，实现全区市级高层次人才团队引进零的突破，并有2篇调研文章获得2021年度全市党建重点课题优秀调研成果三等奖，基层党建、人才工作相关经验做法在《八闽快讯》等刊发。

【“两新”党建提质增效】2021年，洛江区委组织部动态掌握“两新”组织发展变化情况，推动“两新”组织党组织应建尽建，实施常态化管理，推动组织覆盖落细落实，全区“两新”组织党组织覆盖率稳中有升，党组织和工作覆盖率分别达95.44%和100%。

【城市基层党建】　2021年，洛江区委组织部立足强化小区党组织的战斗堡垒作用，推行“支部建在小区上”，分类实行“单独组建”“联合组建”“兼合式”小区党组织组建模式，全区建成小区党组织69个，党组织覆盖率100%。推行“一核多元”的“近邻”党建模式，建设小区党群活动中心，坚持“一馆多用”，配套人大代表联络站、红色邻里议事厅、便民服务站，营造“邻里一家亲，幸福你我他”的氛围，做实家门口党建。强化互联共建，按照“一区域一中心”的要求，引导51个小区党组织与67家机关、学校、医院、企业等党组织结对共建，融入“同心圆”区域化党建工作。结合党史学习教育“我为群众办实事”实践活动，开展“学党史、跟党走、邻聚力、办实事、做好事”主题活动，以党组织为引领开展一次集中志愿服务，为小区居民提供多样化需求服务，2021年开展共建活动190余次。推行“1+3+N”党建引领近邻基层治理模式，区委组织部联合政法委、民政局、住建局等多部门，引领推动业主委员会和物业企业服务管理规范化、科学化。成立1个区级物业纠纷调委会和6个小区物业纠纷调委会，建立小区党群联席会议制度，不断完善党支部、业委会、物业、调委会等多方参与的联动分析、联动处置工作机制，并建立共建项目和联席议定事项工作台账，指定专人跟踪了解，实行定期沟通、销号管理。召开联席会议87场次、共商活动258场次，解决老旧小区改造、市容环境、消防安全等多项民生热点问题。

【支部规范化建设】　2021年，洛江区委组织部贯彻落实《中国共产党支部工作条例（试行）》，持续开展党支部规范化建设专项行动，落实好“三会一课”、组织生活会、民主评议党员、谈心谈话、“三诺”等制度。采取定人员、定事项、定目标、定责任、定时限“五定工作法”，落实党员“承诺、践诺、评诺”制度，建立“三诺”动态台账，对党员践诺情况实行全程跟踪、销号管理，2021年全区党员作出承诺2.8万多项，基本完成践诺。整合区内红色资源、传统文化、廉政教育、创新智造、户外拓展等特色资源，调整充实11个区级“三会一课”实践点，覆盖机关、农村、社区、学校、企业等各个领域，不断丰富学习方式和内容。如马甲镇新民村红色氧吧“三会一课”实践点，增设法治文化广场、家风家训文化公园、“清风茶室”等，将党的文化与家风家训文化有机融合；罗溪镇洪四村“红色立方”实践点延伸打造党员文化公园、中国人民解放军军装发展史馆、烈士墓旧址等；虹山乡石龙谷“红色户外课堂”实践点打造“长征故事”馆，展示红军长征历史，引导党员牢记历史、不忘初心。

【干部履职提升】 2021年，洛江区委组织部持续深化理论武装，举办区管干部学习贯彻中共十九届五中、六中全会精神专题研讨班，同步推进分层次延伸培训，实现全会精神培训全覆盖。注重能力素质提升，印发《洛江区新时代基层干部主题培训行动计划》，举办第20期科级干部和第18期中青年干部培训班。推动区直有关部门举办依法行政、信访基础业务、安全生产、疫情防控等专题培训，有效提升干部专业化水平。根据各阶段重点工作任务，抽调120多人次干部参与换届考察、党史学习教育、巡察、创城、疫情防控等工作，有针对性选派干部到上级部门跟班和区外挂职。

【干部监督管理】 2021年，洛江区委组织部印发《关于进一步加强换届后干部队伍管理的通知》，修订完善股级干部选拔任用办法，研究制定平时考核实施方案。突出政治表现和工作实绩，组织开展项目专项考核、创城专项考核调研、试用期满考核等。加强年轻干部梯次储备。年度集中更新区管优秀年轻干部135名，招考公务员16名，接收选调生1名、军转干部2名。有序推进干部人事档案数字化项目。强化干部日常管理监督，扎实抓好换届纪律宣传教育，做好干部思想教育工作，进行个别谈心谈话400多人次。

【党员管理】 2021年，洛江区委组织部采取“三级建档、两级管理”的方法，区、镇、村逐级建立入党申请人、积极分子和重点发展对象信息库，实行乡镇党委和党支部两级动态管理，建立连续两年以上未发展党员村（社区）党支部工作台账，实行实时提醒、“对账销号”，2021年全区发展新党员155名，确定入党积极分子285名。突出疫情防控中党员作用发挥，在核酸采样点、检查口、隔离点等组建临时党支部89个、党员先锋队124支，设立党员责任区、先锋岗1500余个。建立重点项目指挥部临时党支部以及党员攻坚队、服务队，党员亮身份、担重任。推出“喜迎建党100周年·建设美丽新洛江”党史知识比拼，开展线上、线下知识竞答，1.1万人次参加。拍摄展播《党旗下我成长——洛江区党龄“逢五、逢十”党员初心故事》7部微视频，引导全区各级党组织和广大党员向榜样汲取精神力量，7部微视频均在“学习强国”学习平台上转载。

【基层组织建设】 2021年，洛江区委组织部主抓基层党组织书记、村（社区）干部、非公有制企业和社会组织党务干部三支骨干建设。2021年新选聘22名非公有制企业和社会组织“双选聘”党务干部，出台《洛江区非公有制企业和社会组织“双选聘”党务干部管理规定（试行）》，落实工作补贴，采取期内跟进、期满考核的方式。贯彻落实党员教育管理工作条例，分领域分层级抓好党员干部轮训，先后组织全区村（社区）主干、小区党组织书记、非公有制企业和社会组织党务工作者、城市基层党建专职工作者开展学习。

【非公企业和社会组织党建】 2021年，洛江区整合全区智能装备企业资源优势，加快推进智能装备产业党建联盟建设，推动洛江区智能装备产业健康发展，落实联盟轮值单位轮值制度，举办“学党史、强信念、聚合力、促发展”“党史长征课·智领新时代”等主题党日活动，点燃红色引擎助推企业发展。持续开展红心暖企促企业高质量发展专项行动，联合涉企部门靠前服务，政企联动，群策群力，根据“党企新时空·政企直通车”平台的有关部署要求，梳理完善暖心服务包，组建志愿服务队伍17支。开展“1533”工作机制拓面提质增

2021年4月22日，华侨大学化工学院、研究生院在泉美生物科技设立产学研基地、研究生工作站　（图/区科技局）

效行动，非公有制企业“党建入章”率提升到94.9%，持续深化信和新材料等5家非公有制企业“党建入章”示范点建设，其中铁拓工作做法入选“1533”工作机制案例汇编。新培育华大超硬党支部“四超五硬”党建品牌，打造集聚党建展厅、红色书吧、党员职工运动室等多功能区域的党群服务活动中心，成为企业党员职工的主要活动阵地。推行“红色生产力”车间党建，将党的建设直接延伸到车间、项目、生产流水线等，开展有党建标识、有学习阵地、有活动场所、有宣传阵地、有管理载体、有作用发挥平台的“六有”“红色生产力”车间创建，开设车间微党课，让企业党员能学便学乐学，相关经验做法在“学习强国”学习平台上刊载。

【人才引育工作】　2021年，洛江区委组织部强化载体搭建，结合“走百商”、“访百才”及“再学习、再调研、再落实”活动，开展人才政策专项调研，协同相关部门出台《洛江区进一步强化民营经济发展人才支持的若干措施（试行）》《洛江区企业一次性吸纳就业补贴及实习实训补助申报细则》，优化完善人才政策。

2021年，洛江区举办“‘就’在金秋　‘职’面未来”仰恩大学2022届毕业生校园招聘会及“港湾计划”政策推介会，加大高水平高校毕业生招引力度，2021年引进高水平高校毕业生112名。依托机器人中心人才之家打造泉州市人才创新共享联盟展厅及多个专家工作室，推动泉州市人才创新共享联盟总部落户洛江。开发设计及上线“洛江智连”小程序，通过收集发布企业及科研院所合作供求信息进行“专家问诊”，开展联合技术攻关、技术分享交流和实验室及仪器设备等创新资源共享，助力科技成果转化及人才价值实现。支持众志金刚石工具有限公司与合肥工业大学、泉美生物科技有限公司和华侨大学等共建产学研合作基地、研究生实习实训基地，助力实现企业得才、学生提智的双赢目标；指导信和新材料股份有限公司、天智合金材料科技有限公司分别与中国科学院宁波材料技术与工程研究所建立“新型环保防腐涂料工程中心”和“非晶纳米晶磁性材料工程中心”；引进福州大学土木工程学院副院长赖志超装配整体式空腔组合专家团队，并成功申报及入选市级引进高层次人才团队。

2021年，洛江区举办洛江区首届机器人焊接技能大赛，通过授予第一名“洛江区技术能手”，深化以赛促谊、以赛识才；开展“匠心筑梦·劳模引领”科技人才培养交流，充分发挥劳模在技术创新、技能攻关、名师带徒和绝技绝活传承等方面的示范引领作用；完善科技特派员任期目标管理和年度绩效考核机制，开展2期100人次科技特派员创业培训、2期乡村振兴人才培训班，加大农村实用人才培养力度。

【人才服务保障】　2021年，洛江区强化综合保障，开展“安心工程”强化人才认同感。开展“弘扬爱国奋斗精神、建功立业新时代”活动，组织人才拍摄MV《我的祖国》，“人才港湾”宣传片，举办“政治引领·筑梦洛江”“建党百年共奋进·洛江人才谱新篇”高层次人才主题活动，推选政治素养高、工作能力强的市级高层次人才36名作为“两代表一委员”，共同参与政策制定、项目论证等，提升人才政治意识、党性意识。建立重点服务企业人才工作特派员制度，确定企业人才工作联络员21名，为重点智能制造企业提供有针对性、个性化的“一对一”保姆式服务。制定《洛江区高层次人才多元化解商事纠纷工作站实施方案》，选聘建筑业、制造业、教文卫等领域17名高层次人才作为调解员，以人才价值实现助力营商环境优化。整合市、区两级人才之家，打造“五大空间”，推动人才服务阵地建网连片工作。充分发挥高层次人才“一站式”服务窗口作用，推行“不见面审批”“容缺受理”，采取帮办、代办、预约等方式，为企业提供人才申报、项目审批、社保返还等“零跑腿”服务，实现“即来、即审、即办”。2021年在线服务受理人才相关业务100多件，发放高层次人才工作生活津贴、企业招收毕业生社保补贴、人才购房补助、高校毕业生安居补助资金488.33万元，解决高层次人才子女入学、中考加分、住房补贴等问题近20件。

【区、乡、村三级换届推进】2021年，洛江区委组织部成立区级换届工作领导小组和区第六次党代会筹备领导小组及6个工作小组，全盘谋划推进换届工作。召开中共泉州市洛江区第六次代表大会，顺利选举产生新一届区委班子、纪委班子和27名洛江区出席中共泉州市第十三次代表大会。同时，严把人大代表、政协委员资格条件和提名推荐、考察审查关，提高代表、委员质量，推动“两会”顺利召开，高质量完成各项换届选举任务。结合“两优一先”人选推荐、更新优秀年轻干部建议人选等工作，扎实做好乡镇（街道）换届考察、人选摸排和人事调配工作。坚持先定原则候选人，注重通盘考虑，在全市率先完成乡镇（街道）换届（调整）工作，换届后，乡镇（街道）领导班子平均年龄下降2.72岁，各项结构指标均达到或超过上级要求，领导班子整体功能进一步优化提升。成立由区委书记任组长的区委换届工作领导小组，全面领导乡镇（街道）的村（社区）“两委”换届工作。编印《党组织换届选举工作一册通》，提高村级党组织换届选举工作的针对性和操作性。全面开展三轮议班子、摸人选和谈心谈话工作，结合“一肩挑”选情动态码，对摸排出的“难点村”，落实“四个一”举措。建立选前预审机制，审查790余名竞选人员。联合妇联、团委推荐优秀女性24名、优秀青年人选15名进入村（社区）“两委”班子。10月底前完成各村（社区）党组织换届选举工作任务，11月底前完成村（居）委会换届选举工作任务，实现“三个100%”（“一肩挑”实行率100%，一次选举成功率100%，足额当选率100%），新一届班子成员结构实现年龄、学历“一降一升”。严肃换届纪律，组建2个换届风气巡回督查组对全区换届风气情况进行监督检查。举办乡镇换届风气监督业务培训会，印制换届宣传单1200多份，发送换届风气宣传短信900多条，深入宣传换届纪律“十严禁”要求。组织开展分层级谈心谈话工作，及时了解掌握干部思想动态。落实“12380”举报电话24小时专人值守要求，确保及时受理反映换届纪律问题的举报。同时，创新换届宣传，采用掌中木偶的形式宣传村（社区）换届纪律“十严禁”要求。

【党建促乡村振兴】2021年，洛江区创新基层治理，持续深化推广“同心圆”区域化党建工作，整合红色乡贤参事会、村民小组长等治理力量，打通基层治理“最后100米”。探索打造“红色微网格”，以“乡镇（街道）党（工）委—村（社区）党支部—党建微网格”为组织体系，有效整合红色驿站、四点半课堂等网格治理小阵地，构建“三级网格长+网格党员+志愿服务队”的党建工作网格化综合服务管理平台。采取“老带新、强带弱”的方式开展乡村振兴“导师帮带制”试点工作，强化带头人队伍建设，初步组建19支师徒团队，建立“一对一档”帮带对象成长档案，实行全程纪实。如把党史学习教育融入乡村“导师帮带制”试点工作，各乡镇党员领导干部师徒组团成立党史学习小组、习近平新时代中国特色社会主义思想学习小组与乡村振兴小组，通过“喜迎建党100周年·建设美丽新洛江”党史知识竞赛等活动，“定期PK谁”小组出的亮点特色活动多、工作成效好。推进重点乡村选派新一批驻村干部，实现省、市、区12个乡村振兴试点村驻村干部全覆盖。持续强化“党建+”模式在改善农村金融服务、助力乡村振兴、发展壮大集体经济的作用。组织举办泉州市首个乡村振兴整镇推进项目集中签约仪式，签约项目13个、协议总投资6500万元。探索把支部建在产业上，推广“支部+合作社+基地+农户”模式，引导村干部和党员创办、联办各类合作社45家，切实壮大村集体经济，村集体经济20万元以上的乡村达100%，50万元以上的乡村达28.36%。

（张瑞琲　黄杜英）

宣传工作

【概况】　2021年，中共泉州市洛江区委宣传部（简称洛江区委宣传部）发挥举旗帜、聚民心、育新人、兴文化、展形象作用，把握意识形态工作主动权，加强社会主义核心价值观建设，巩固壮大主流舆论阵地。围绕党史学习教育主线，持续深化理论学习，开展理论宣讲，推动学习成果转化。主动融入新发展格局，强化重大主题宣传，媒体融合与社会宣传进阶升级，为洛江生动实践立言塑形。2021年结合庆祝中国共产党成立100周年重大主题主线，推动文化事业和文化产业跨越性发展，加速文化资源优势转化为城市竞争优势。

【思想建设】　2021年，洛江区委宣传部进一步完善党委（党组）理论学习中心组制度，区委理论学习中心组示范开展集中学习、研讨等30余场。开展全区性巡听旁听49场，有效规范学习方式。构建“课前预习、课中学习、课后温习”学习闭环，编发《学习参考资料》10期，赠阅理论热点书籍1000余册，不断提升“增值服务”水平。制订年度学习计划，印发学习重点，各级党委（党组）理论学习中心组步调一致开展学习800余场，推动“大学习”有方向、成热潮。围绕党史学习教育“学习教育和实践活动”明确14项规定动作、创新推出20余个特色自选动作，2个重要维度，扎实推动党史学习教育高标准开局、高质量推进。创新构建“三队两翼一线”基层宣讲体系，开展基层宣讲540余场。强化学习成果转化，推动并完成2批46个“我为群众办实事”实践活动重点项目，选树培育典型案例26个。《福建泉州洛江区推动党史学习教育走深走实》等报道在党史学习教育网、《中国组织人事报》发表。

【理论宣传】　2021年，洛江区委宣传部围绕学习贯彻习近平总书记“七一”重要讲话精神、中共十九届六中全会精神、省市区党代会精神、党史学习教育及疫情防控等重大主题，策划推出“奋斗百年路　启航新征程”“洛江丨这五年”等40余个专题专栏，开设“党旗下我成长”“洛言丨夜读”“大美洛江小剧场”等特色栏目；先后在中央、省市区等官方主流媒体刊发新闻8000余篇次；深化与上级10余个媒体合作，实现借船出海，其中，新华社App推送稿件500余篇，点击量超4500万次，为洛江生动实践提供坚强的舆论保障。

【新闻宣传】　2021年，洛江区委宣传部聚焦世遗热点，对接中央电视台，7月26日洛阳桥与“陈三五娘”传说、掌中木偶等非遗文化在央视《新闻直播间》栏目亮相，时长超过7分钟；《古桥之谜》专题片在央视《地理·中国》栏目播出，时长超30分钟，提升洛江文化知名度、美誉度。区融媒体中心发挥媒体资源和渠道优势，主动服务百年歌舞盛会等活动，引流超100万人次，30余个视频浏览量超10万人次，其中“大美洛江”城市宣传片、IP

动画片网络点击量破300万人次，红歌快闪视频在新华社全媒体平台点击量破140万次。结合疫情防控，发布布袋戏情景剧《抗疫》《宅中秋 齐抗疫》等融媒体产品近1200篇次，让正能量在指尖传递，实现小融媒大作为。

【文化宣传】

文化惠民 2021年，洛江区委宣传部开展庆祝建党百年系列活动，组织“永远跟党走”群众性主题宣传教育活动186场，大力营造“党史周周学”全民热。加大文化遗产保护力度，洛阳桥纳入“泉州：宋元中国的世界海洋商贸中心”遗产点申遗成功。推动传统文化传承保护，第四届“蔡襄杯”闽台中小学生书法大赛被列为国台办2021年对外文化交流重点项目，闽南师范大学洛江附属小学（妆糕人项目）入选第三批全国中小学中华传统文化传承学校名单。丰富文化供给，在景区举办10余场街头文化活动，传统文化更具“亲和力”。推动基层文化设施建设，改造提升2个村（社区）综合文化服务中心，增强文化场馆服务效能，永安村农家书屋获评全省首届示范农家书屋。

文艺创作 2021年，洛江区委宣传部创新推出“红色艺术党课”，用歌舞等形式展现中国共产党百年奋斗历程和辉煌成就。创作《灯火里的中国》MV、《看得见的中国》歌曲、新编闽南语快板《十谢共产党》等一批主题文艺精品。率先推出在86个基层党支部贴“颂党恩 践初心”主题楹联，营造浓厚节庆氛围，其中，《灯火里的中国》在中组部“大国人才”公众号刊播。制作推出首部城市IP动画片，串联洛阳桥、蔡襄“三绝碑”、俞大猷抗倭等文化“土特产”，视频点击量超10万人次，以文化繁荣为建党百年献礼。

文化产业 2021年，洛江区委宣传部编制洛江区“十四五”文体旅游专项规划，研究文旅产业扶持政策、民宿规范发展促进办法。组织开展文旅融合调研，推动文化进景区活动10余场次，推出“主持人带你游洛江”文旅宣介视频4个，有效为文化找到舞台，为舞台注入文化。立足洛江区“名山、名桥、名人、名传说”，实施文旅融合“四名”工程，开展桥南古街文旅业态规划，推动仙公山旅游景区、俞大猷纪念馆提级等，打造洛江人看得见、摸得着的“诗和远方”。深入推进“清风”“正道”集中行动和“护苗”“清源”等五大专项行动。推动优秀文化创造性转化、创新性发展，城市IP“洛水仙珊”知名度、影响力不断提升。

【时代新风创建】

2021年，洛江区委宣传部实施“9+N”立体式宣传，通过宣传彩车、流动广播、快件投递、微信朋友圈等渠道进行饱和宣传。制作发布文明城市创建主题MV《爱上你洛江》，公开招募特聘40名文明城市巡访员，开展文明城市巡访活动，发动2万余人次志愿者参与文明引导，用行动形成文明势能。顺利通过全国文明城市、省级文明城区实地检查，城乡面貌更添文明气质。强化典型培育，1人入选中国好人榜，1人入选福建省道德模范。全区3个村获评第六届全国文明村，19个单位（家庭）获评2018—2020年度省级文明村镇（单

2021年6月24日，洛江区组织“翰墨献盛世·楹联颂党恩”活动
（图/区委宣传部）

位、校园、家庭）。扎实推进未成年人思想道德建设，评选区第二届“新时代好少年”15 名，1 名被评为市级“新时代好少年”。倡导时代新风，建设刘氏家庙市级家风家训馆，培育“长者食堂”孝老敬亲典型。开展道德模范事迹宣讲、未成年人思想道德教育、“我们的节日”等主题活动 70 余场。高标准建设实践所 3 个，村（社区）实践站 6 个，马甲新时代文明实践所获评全省最美新时代文明实践所。开发并发布洛江区新时代文明实践小程序 2.0 版本，开放志愿点单系统。兑现志愿者服务时长礼遇办法，礼遇星级志愿者 30 人。整合河市、马甲等 4 个乡镇资源，在全市率先建成新时代文明实践“一镇一园”乡村振兴综合体，以开放式学习、互动式参与等方式，辐射周边 4 个乡镇 67 个村 10 余万人，打通群众思想政治工作“最后一公里”。其中，马甲镇与仰恩大学实施新时代文明实践“校地合作”，相关活动信息在新华社、中国网、海博 TV、东南网等中央、省市主流媒体刊发，阅读量超100万人次。

（萧桂英　余信梅）

统一战线

【概况】　2021 年，洛江区委统战部以学习宣传贯彻《中国共产党统一战线工作条例》为重点，以进一步发挥新时代统一战线法宝作用为目标，以庆祝中国共产党成立 100 周年为契机，立足新发展阶段、贯彻新发展理念、构建新发展格局，推动新时代洛江统战工作高质量发展，努力为建设智造先行区、幸福生态城贡献统战力量。

【统一战线思想理论巩固】

思想政治根基夯实　2021 年，洛江区委统战部引导广大统战干部和统战成员深入学习贯彻中共十九届五中、六中全会精神和习近平总书记对福建工作的重要讲话重要指示批示等重要会议、文件、讲话精神，进一步增强“四个意识”、坚定“四个自信”、做到“两个维护”。以区委的名义召开全区统战工作会议，学习贯彻习近平总书记关于加强和改进新时代统一战线工作的重要思想及传达贯彻全国、全省、全市统战部长会议精神。抓好《中国共产党统一战线工作条例》的学习宣传和贯彻落实，举办全区《中国共产党统一战线工作条例》宣讲人员培训会议。

庆祝中国共产党百年　2021 年，洛江区委统战部成立党史学习教育领导小组，制定完善实施方案，把党史学习作为党性教育的必学内容，并纳入机关党支部“三会一课”。统战各领域开展形式多样的庆祝活动。成功举办洛江区统一战线“学党史知党恩·跟党同心同行”红色经典诗词朗诵比赛；在宗教界举办全区宗教界学习中共党史专题宣讲报告会、洛江区佛教协会颂党百年华诞暨创会庆典仪式；在少数民族村厝斗村举办庆祝建党 100 周年的“三月三”畲族文化节；在民营经济统战领域，举办庆祝中国共产党成立 100 周年暨成都洛江商会第一届理监事会就职典礼；在新的社会阶层人士中开展《从中共党史解读党的初心和使命》党史学习教育专题讲座及“庆党生日·与党同心同行”、“学党史、守初心、做表率、担使命”等主题教育活动；在归侨侨眷中开展“侨心向党·永远跟党走”庆祝中国共产党成立 100 周年系列活动。区委统战部（工商联、侨联）结合工作实际开展“我为群众办实事”实践活动，针对性列出“我为群众办实事”项目，并确保件件落到实处。

【多党合作】　2021 年，洛江区委统战部拓宽多党合作新渠道，协助区委制定并落实《洛江区 2021 年政党协商计划》，支持各民主党派围绕区重点项目开展考察调研，支持各民主党派积极参政议政，反映社情民意。贯彻落实《民主党派代表人士队伍建设规划（2018—2027 年）》精神，掌握一批民主党派代表人士，进一步优化队伍结构，建立洛江区民主党派代表人士数据库，并推荐民主党派市委代表人士数据库代表人士，支持各民主党派建设。

2021年7月6日，洛江区委统战部党支部与各民主党派洛江区（总）支部委员会共同开展“不忘合作初心 继续携手前进”主题教育（图/区委统战部）

支持各民主党派开展法律援助、社区宣讲、义诊、公益健康体检、贫困帮扶等社会服务活动。在政协委员换届中，加强同民主党派、工商联、无党派人士以及有关方面的协商，广泛听取各方面意见，牵头做好民主党派提名人选的考察工作。加大党外代表人士的培养力度，及时更新党外干部和无党派人士数据，规范无党派代表人士认证流程，开展党外干部培养工作。

【非公领域统战工作】 2021年，洛江区委统战部扎实推进“进百企、走百商、访百才”活动，部领导带队走访看望、慰问洛江籍在外企业家和客商，助力招商引资，汇总梳理走访期间反馈的问题和建议意见。推动“亲清护企”及企业合规大讲堂。与区检察院开展“亲清护企”联合走访活动，听取企业营商环境建设建议。与区检察院联合举办以“党建引领 亲清护企”为主题的企业合规法治大讲堂活动5场；与区检察院、区司法局、区财政局等部门联合制定《关于建立泉州市洛江区涉案企业合规第三方监督评估机制的实施细则（试行）》，在全市率先建立涉案企业合规第三方监督评估机制。指导异地商会、基层商会建设，成立成都洛江商会、洛江马甲商会。联合区工商联牵头召开“万企兴万村”行动启动仪式暨村企共建座谈会。在首届洛江区乡村振兴路线营销季暨虹山地瓜文化旅游节上，泉岩茶叶、美标优信、燕煌医药、嘉华卫生用品等公司分别与马甲镇、罗溪镇和虹山乡的乡村振兴示范村签署“企村结对·兴村合作”框架协议。成立新阶联兼合式党支部，并召开洛江区新阶联兼合式党支部授牌仪式暨2021年第一次会长（扩大）会；建立洛江区网络人士数据库，并推荐泉州市新的社会阶层人士联谊会网络人士分会代表理事。

【民族团结进步】 2021年，洛江区委统战部全面推进民族乡村经济社会，下达各级民族补助款71万元，落实扶持项目5个。推动河市镇厝斗畲族村福建省第四批少数民族特色村寨试点建设，河市镇厝斗畲族村民委员会获“福建省第九次民族团结进步模范集体”表彰。加强乡村振兴配套文化项目建设，支持民族村道路及饮水工程建设，持续完善民族村基础设施。协同河市镇，指导做好区委党建工作重点项目——厝斗村“‘党建+畲族文化’传承少数民族文化，打造洛江区少数民族乡村振兴样板”调研工作。以万安十班公妈爱国教育基地为载体，继承和发扬英烈的爱国精神，指导建设区级民族团结进步教育基地；举办“不忘初心跟党走，民族团结谱新篇”、“三月三”畲族文化节活动；指导举办和诚民族服务中心举办“听党话 跟党走 感党恩”文艺演出；举办“铸牢中华民族共同体意识·永远跟党走”第十四个民族团结进步宣传月活动暨民族团结进步教育基地揭牌仪式。创新开展外来少数民族务工人员服务管理。召开民族工作联席会议2次，强化沟通协调，帮忙解决实际问题和困难。

【宗教工作】 2021年，洛江区委统战部不断提升宗教工作法治化水平，配套新修订《宗教事务条例》《福建省宗教事务条例》，结合党史学习教育和“爱党爱国爱社会主义”主题教育，全面加强学习宣传和贯彻。指导宗教活动场所修改完善相关规章制度，抓好学习宣传贯彻工作；联合有关部门举办洛江区全民国家安全教育日宣传活动；举办民族宗教领域党史学习教育专题宣讲报告会；举办全区民族宗教专题培训班，提高民族宗教队伍的理论素养；指导做好洛江区佛教教职人员教职证登记工作；指导区佛协举办“不忘初心 与党同行”书画展。逐步治理宗教领域热难点问题，召开全区宗教活动场所安全生产工作暨“四进”工作推进会，印发《洛江区2021年宗教活动场所安全工作要点》，邀请区消防大队、区交警大队就消防安全、交通安全进行授课培训，开展消防安全应急演练。召开全区宗教活动场所安全标准化提升专题培训，邀请第三方机构中安质环公司的专业人员就如何做好安全标准化专项提升行动进行专题培训，进一步提升宗教活动场所安全标准化水平。建立洛江区首个爱国宗教团体——洛江区佛教协会，并举行洛江区佛教协会第一次代表会议，选举产生第一届理监事领导班子。发扬宗教界慈悲济世精神，投身慈善公益事业，2021年，宗教界开展助学助医济困活动，有力支援全区疫情防控工作，向社会各界捐款捐物达200多万元。从严从紧抓好疫情防控工作，督促全区宗教界严格落实各级疫情防控要求，指导做好核酸检测和疫苗接种工作。切实强化贯彻执行，做好严格管控，维护宗教界和顺稳定。

【海外统战及侨务工作】 2021年，洛江区委统战部持续关注境外疫情动态，加大宣传，对外公布洛江区侨办24小时海外服务热线电话，持续开展人文关怀活动，让海内外的乡亲切实感受到家乡的温暖。开展新春慰问走访活动，慰问洛江区海外侨胞。开展贫困归侨春节慰问、大病大灾临时补助等侨务送温暖活动，慰问贫困归侨侨眷39人、大病大灾贫困归侨3户，发放慰问金、补助金3.15万元。

（江敏 林康前）

【新的社会阶层人士统战工作】 2021年，洛江区新阶联以习近平新时代中国特色社会主义思想为指导，学习《中国共产党统一战线工作条例》，贯彻习近平总书记关于加强和改进新时代党的统一战线工作的重要思想，按照全省、全市统战部长工作会议部署要求，在经济发展、社会服务、文化交流等方面持续发力，着力通过平台创建，深入拓展，主动作为，为智造生态新城区建设贡献力量。

党建基础夯实 2021年，洛江区新阶联以庆祝中国共产党成立100周年为契机，开展“庆党生日·与党同心同行”“学党史、守初心、做表率、担使命”等主题教育5场，通过实地调研考察、活动举办、专题讲座等形式，不断壮大党员人才队伍、丰富党建活动形式、拓宽党建宣传载体，多途径、多手段推动新阶联党建工作的开展，打造“新阶联·党

2021年6月27日，中共洛江区新阶联兼合式党支部授牌仪式暨2021年第一次会长（扩大）会召开 （图/区委统战部）

旗红”特色党建品牌。

关注重点人群 2021年，洛江区新阶联重视网络统战工作，进一步完成洛江区网络人士情况摸底工作，完善洛江区网络人士数据库，协助泉州市委统战部完成泉州市新的社会阶层人士联谊会网络人士分会代表人士推荐工作；开展党外知识分子和无党派人士统战工作，认定无党派代表人士7人，挖掘待发展对象10人，并推荐2名党外知识分子代表人士参加2021年市社会主义学院培训班，进一步加强对党外分子的思想引领，坚定政治方向。

社会品牌打造 2021年，洛江区新阶联进一步加强新阶联作用发挥，引导新阶联人士自觉履行社会责任，回报社会，服务大局。开展五个“同心100”等社会公益服务活动，完成同心助医助学助困活动700多人次、提供同心律师法律援助9件、开展同心志愿者活动9场次、提供同心就业岗位10个、开展同心网上献智8件次等，团结新阶联各方人士力量，打造新阶联特色社会服务品牌。

（江敏 林康前）

精神文明建设

【概况】 2021年，中共泉州市洛江区委精神文明建设办公室（简称洛江区委文明办）贯彻落实习近平总书记关于社会主义精神文明建设的重要论述，坚持守正创新，坚持常态长效，培育和践行社会主义核心价值观，推动全区文明程度更加提升，创建成果更加丰硕，获“2018—2020年度省级文明城区”洛江区委文明办称号，为建设更高水平的“智造洛江、生态新城”提供强大精神文明动力。

【公民思想道德建设】 2021年，洛江区委文明办贯彻落实《新时代公民道德建设实施纲要》，入选中国好人榜1人，入选福建省道德模范1人。组织乡风文明特色宣讲小分队，举行“洛地有声”道德模范事迹宣讲，在各乡镇（街道）巡讲五位道德模范故事。举办洛江区“我为群众办实事”文明礼仪公益讲座，强化干部职工文明礼仪意识。举行“全闽共舞·欢庆建党百年”福建省第四届广场舞大赛洛江分赛区比赛，进一步丰富基层群众精神文化生活。举办洛江区首届“最美公交驾驶员”评选活动，提高全区城市公共交通运输行业精神文明创建水平。推进未成年人思想道德建设，组织开展“新时代好少年”评选发布和学习宣传，确定15名洛江区第二届“新时代好少年”，其中1名被评为第三届泉州市“新时代好少年”。组织“党的光辉照我心”新时代好少年党史研学实践活动，45名好少年参加古田研学之旅。举办“童心向党”歌咏活动、“听党话、跟党走”红色经典诵读活动和青少年宫展演。落实全区中小学、公办幼儿园100%参与文明校园创建活动，建设一批复兴少年宫。广泛开展未成年人心理健康教育进校园、进社区和线上讲座活动，举办红树林家庭教育社区巡回讲座。

【移风易俗】 2021年，洛江区委文明办深化家风建设，开展“文明家庭倡新风 爱国卫生共传承”等“我们的节日”主题活动，建设刘氏家庙市级家风家训展馆，培育“长者食堂”移风易俗工作典型。抓好疫情常态化工作中的移风易俗工作，印发《关于2021年春节期间厉行移风易俗助力疫情防控的通知》。深化移风易俗宣传工作，设计制作“厉行移风易俗 助力疫情防控”主题的城市IP公益海报通稿，做好刊播和张贴宣传，通过手机推送“绿色清明文明祭扫”短信20万条。充分发挥移风易俗“三百”典型示范带头作用，广泛宣传典型事迹。举办公民道德日村规民约主题宣传活动，进一步引导群众争做文明新风的倡导者和自觉实践者，全力营造“除陋习、树新风”的浓厚氛围。常态化督导移风易俗工作，及时通报做法成效、存在问题并提出整改措施。

【新时代文明实践】 2021年，洛江区委文明办把新时代文明实践试点建设被纳入区为民办实事项目，投入经费188万元，高标准建设实践所3座，村（社区）实践站6座，马甲新时代文明实践所获市级推荐参评全省最美新时代文明实践所。推进基层所站全覆盖建设，统一组织架构、工作流程、点位分布、工作制度、馆室标牌等标准，全面整合各类基层活动阵地。继续推进区新时代文明实践中心建设，接入省级文明实践“云平台”系统，增设中心志愿服务站，完善七大平台对应活动阵地，形成“一中心、全所站、多活动点”的工作体系。开发并发布洛江区新时代文明实践小程序2.0版本，开放志愿点单系统，配套形成平台制单、群众点单、志愿接单、所站派单、活动晒单、群众评单的工作闭环。召开新时代文明实践工作推进会，部署清单式推进、集群式响应、挂钩式共建三个工作法，成立新时代文明实践中心常备“8+N”（理论政策宣讲、文化服务、助学支教、医疗健身、科学普及、法律服务、卫生环保、扶贫帮困等）志愿服务队伍，并在全市创城专项志愿服务再动员大会上集体亮相。兑现志愿者服务时长礼遇办法，礼遇星级志愿者30人。印发《2021年建设新时代文明实践中心重点工作安排》，出台《文明单位挂钩联系小区党支部工作方案》，建立“益呼百应”的工作机制。加强新时代文明实践培训工作，组织全区各乡镇（街道）、各试点村（社区）有关负责人前往全国试点城市石狮市开展现场学习，举办2021年洛江区新时代文明实践志愿服务培训，提升文明实践志愿服务工作水平。组织运用新时代文明实践中心（所、站）开展党史学习教育，开展示范宣讲活动6场。创新建设新时代文明实践“一镇一园”乡村小康综合体项目，纳入市委领导“我为群众办实事”项目。项目包括研学乐园、湖畔花园、体育公园、乡村美园四大阵地，实现爱国主义教育、校地合作攻坚、乡村体育健康、乡村全域旅游四个融入，探索校地合作“六单六化”志愿服务矩阵、新时代文明实践网格“六大员”等机制创新，做到一镇一特色，为全区学习贯彻中共十九届六中全会精神文明实践活动、市级“三下乡”服务等提供直面群众的工作载体。召开全区志愿者协会第二次会员代表大会，支持社会公益力量规范化发展。深入开展关爱环卫工人、文明旅游、文明劝导、助力中考、“烟头不落地”等一批“我为社会做好事”志愿服务活动，连续3年在全省志愿服务项目大赛获奖，1名志愿者获评第七届福建省道德模范。全区志愿服务力量持续壮大，注册志愿者数量达34430人，占全区常住人口的13%以上，志愿服务活跃度达51.9%。

【文明创城】 2021年，洛江区委文明办坚持全民创建、全民参与、全民共享，组织“整治环境、扮靓家园”专题报道、文明校园系列报道，集中展示文明创建成效。建立公益广告每周巡察机制，制作点位创城标准一张卡，印发致市民的一封信，对城区沿街配电箱结合城市IP进行公益彩绘，强化文明宣传展示。公开招募文明城市巡访团成员20名，特聘人大代表10名、政协委员10名，并为巡访团成员落实志愿者礼遇

2021年9月10日，泉州市“四全”创建接续发力·“十城”目标再创佳绩——深化第七届全国文明城市创建专项志愿服务再动员大会在洛江举办（图/区委文明办）

办法，开展常态化的文明城市巡访活动。开展“学党史、跟党走、邻聚力、办实事、做好事”主题活动，发动志愿者参与文明引导近2万人次，全面铺开、全面动手，在城区处处做好文明实践、文明示范，用行动形成文明势能。

基础设施整修 2021年，洛江区委文明办协调推动提升人居环境，区级投入1343万元对侨福花苑、首富商城、汉唐小区等9个老旧小区水电、通信、燃气、消防等进行提升改造，建设一批电动车集中停放集中充电场所。研究制定《老旧（弃管）小区物业服务实施方案》，规范老旧小区管理。实施小区楼道革命，对所有小区线缆由政府兜底进行整治，完成中心城区主次干道、背街小巷等路面修复1.2万平方米，打通经十路、金庄街等断头路。开展背街小巷专项整治，配套建设雨水管线，硬化整治背街小巷路面2万平方米以上；开展非机动车道改造工程，做到坡道平顺、引导标识齐全。

环境卫生提升 2021年，洛江区委文明办统筹推进实施全域市场化保洁运作，强化“门前三包”管理，完善城市文明创建网格化管理，投入230多万元对万虹路修缮。反复发动清洁家园集中行动。加强垃圾收集容器管理，修复未密闭、破损等问题152处；整改公厕保洁不及时、设施破损等问题63个；推进垃圾分类，完善万安8个社区、双阳11个社区配套设施，开展小区垃圾分类考评。

交通管理优化 2021年，洛江区委文明办统筹协调挖掘停车资源，2021年全区新增机动车停车泊位1274个，城区路面泊位总量达到4688个，两年来增长200%。投入2100万元实施中心市区首个路面智慧停车项目，对1000个智慧车位进行改造，通过“停车诱导—智慧服务—智慧收费—智慧监管”重塑区域停车管理模式。投入建设一批发光斑马线、路口语音提示、电动车违章抓拍等技防设施，提高智慧交通管理水平。加大力度整治乱停车、非机动车逆向行驶、行人闯红灯、横穿马路等交通违法行为，处罚违停车辆4900多辆次、非机动车违规行为1200多起。排查校园周边路段交通设施情况，完善各中小学、幼儿园减速带、交通指示标志、斑马线159处。实施校园交通安全一校一策，为外国语中学安排接送专用停车场，为区第三实验小学完成进出道路改造。

便民摊点规范 2021年，洛江区委文明办指导辖区两个街道所属农贸市场均完成农改超，并分别组建由市场监管、商务、农业、属地街道组成的工作专班，高标准做好市场日常管理。反复组织联合执法和联合督导，对照创建标准逐个摊位过细，拆搭盖、清破旧，强化周边值守，维护良好的经营和道路交通秩序。出台城区流动小餐车专项整治方案，坚持疏堵结合，禁止万安农贸市场、医高专周边夜市摆摊，利用光大食品厂区、五金机电城杂地等邻近空地，新设2个集中便民夜摊市场，并实施统一管理。对乡镇农贸市场进行跟进整改，市村临时过渡市场、马甲溪东菜市场分别投入70万元和40万元，对摊位、下水、立面等进行全面提升。成立联合执法队伍，组织新《市容和环境卫生管理条例》专题培训，开展占道经营、户外广告等7个专项整治，联合执法队出动9次，纠正占道经营325处，规范废品收购站（点）30家。

（周倩倩 谢世谊）

机构编制

【概况】 2021年，洛江委区编办围绕工作大局，稳步推进党政和事业单位机构改革，扎实乡镇（街道）机构改革，优化机构编制及职能配置，强化机构编制管理，提升事业单位登记管理工作，加强监督检查工作，推进落实简政放权工作。2021年，洛江区开展乡镇（街道）机构改革“回头看”调研评估，针对问题提出整改建议并抓好落实；开展“乡镇（街道）一支队伍管执法”改革调研，拟制初步方案，为乡镇综合执法做好准备；进一步梳理区乡（镇、街道）职责边界，明晰规范管理事权，梳理公布乡镇（街道）法定权责事项1039项、同步梳理区直部门派驻乡镇（街道）权责事项122项、“属地管理”权责事项27项、区直部门委托权责事项3项。

【机构改革】 2021年，洛江区深化纪检监察体制改革“最后一公里”，落实区纪委监委派驻区法院、检察院的机构设置、人员编制划转；组织9家群团机构实施方案、“三定”规定的审核、修改工作；夯实完善政府权责清单管理，梳理公布全区28个政府部门及挂牌机构的权责清单事项3424项；按要求设立“洛江经济开发区管委会”，推进开发区体制机制创新；落实乡村振兴局、互联网信息办公室等机构挂牌和职能调整工作；开展事业单位领导职数、人员配备、编制结构排查摸底，为事业单位改革做好准备；厘清现有事业单位的机构设置、编制配备、职能界定、服务能力等情况；优化科级事业单位布局，重新确定26家科级事业单位名称、机构规格和领导职数；配合42家参公事业单位、参公群团单位的重新确认和继续申报工作。

【编制及职能配置优化】 2021年，洛江区调整设置区社会治安综合治理中心、区社区矫正管理局；进一步理顺党史和地方志研究室人员编制调整和工作关系；为加强文物保护，在区博物馆加挂区文物保护中心牌子，及时招聘专业人员；为提升国资国企改革成效，设置区国资运营保障中心（加挂区融资服务中心牌子）；加强协调解决部门间职责问题，理顺区数字办职能归口事宜，明确区农村宅基地等违法行为执法主体职责，调整国防动员委员会支援前线办公室工作职责的承担主体，明确企业内设加油站点、玻璃滑道等监管职责分工，进一步细化土地征收、高龄津贴发放等职能分工及工作协调机制。

【机构编制管理】 2021年，洛江区坚持统筹调剂、重点保障、优化配置编制机制，落实专人负责机构编制实名制管理。落实乡村振兴人才科技支撑行动任务，建立全区“人才编制池”，专项用于引进高层次人才或紧缺专业人才；重点保障教育发展，做好中小学校（园）升格更名工作，通过市、区两级统筹调剂中小学校周转使用编制，解决洛江区教育系统用编问题；定期梳理统计全区行政编制、事业编制、领导职数使用情况，办理招聘招考公务员（参公）16名、事业单位招聘15名、卫生院专项招聘4名、援藏就业1名、选调生1名、军转安置2名、村主干招考1名。对机构编制事项及时预警，充分发挥机构编制管理“总闸门”作用。

【单位登记管理服务】 2021年，洛江区贯彻落实《事业单位登记管理暂行条例》等相关法规，办理事业单位法人设立登记5件、变更登记21件、注销登记6件；受理、审核全区已登记的179个事业单位在“机关赋码和事业单位登记管理网”提交的申请材料，按时完成年度报告公示。根据国家政务和公益机构域名注册中心的要求按时续费，确保全区338个中文域名正常有效。推进社会信用代码工作“常态化”，2021年办理机关群团单位统一社会信用代码变更14件。开展2021年度“双随机、一公开”信息抽查，按比例随机抽查洛江区医院等6家事业法人单位，进一步推动事业单位规范运行。落实“互联网+监管”工作，加强与上级沟通，完成部门监管事项认领和监管行为录入工作。

【机构编制监督检查】 2021年，洛江区贯彻《机构编制监督检查工作办法》，围绕全区机关事业单位机构编制核查、选人用人专项检查、超审批权限设置机构等机构编制专项检查工作，结合开展事业单位“双随机”抽查、机构编制实名制管理，抓好“12310”举报电话、信访等受理工作，健全举报受理机制，落实机构编制常态监管。健全完善机构编制部门同纪检监察、巡察机构和组织人事、审计等部门的协作配合，探索推进将机构编制工作情况和纪律要求执行情况纳入巡视巡察、党委督查检查、选人用人专项检查、党政主要领导干部经济责任审计等，形成监督合力，不断夯实监督检查成果。

（庄婷婷 叶菁）

老干部工作

【概况】 2021年，中共泉州市洛江区委老干部局（简称洛江区委老干局）贯彻习近平总书记“七一”重要讲话、到闽考察重要讲话和关于老干部工作的重要论述，围绕“我看建党百年新成就”主线，着力在政治建设、主题活动、精细化服务和优势发挥等方面，鼓励和引导离退休干部为洛江智造生态新城区建设贡献智慧和力量。筹备庆祝中国共产党成立100周年，举办“壮丽一百年·既往开新篇”献礼建党100周年书画展，收集摄影作品77张，书法作品30幅，美术作品4幅。

【老干部庆祝建党百年活动】 2021年3月，洛江区委老干部局动员部署，组织建党百年庆祝活动，扩大“我看建党百年新成就”主题宣传教育活动的覆盖面和影响力，推动庆祝活动和党史学习教育相互融合、一体推进。开展“重温党史，颂党辉煌”线上党史竞答活动，引导老干部学党史知党情，常悟常新。举办党史竞答4期，参与人数达6000人；通过分发党史学习材料，开展“百堂思政精品课”等形式，线上线下相结合，以收听收看党史学习教育系列专题报告会为主，以学习党史相关书籍、报刊等为辅，高质量高标准开展好党史学习教育，开展党史专题学习61场。举办“百年辉煌颂党恩·洛江银龄展风采”文艺演出，295名老干部、老党员参加，展现洛江区老年人新面貌、新风采。开展“重阳节离退休干部考察重点项目暨祝寿慰问活动”，组织引导离退休干部点赞建党百年洛江新变化，助力建设更高水平的智造先行区、幸福生态城。开展“百场银领红歌基层行”活动，在吉源小区，洛江区公共文化中心，罗溪镇等，开展8场以“红歌基层行，献礼心向党”为主题的唱红歌活动，营造庆祝建党百年的浓厚氛围。

【老干部政治思想建设】 2021年，洛江区委老干局着力加强离退休干部思想政治建设，扎实推进党史学习教育，结合“三会一课”、主题党日活动，通过通报会、座谈会等形式，组织离退休干部开展各类学习活动，掀起学习中共十九届五中全会精神、党史知识、“四史”教育、学习习近平总书记“七一”重要讲话、来闽考察重要讲话精神等的学习热潮。组织老干部仔细研读《习近平给上海市新四军历史研究会

2021年6月3日，洛江区组织老年人在公共文化中心开展“百年辉煌颂党恩 洛江银龄展风采”活动

（图/区委老干局）

百岁老战士们的回信》《习近平给廖俊波同志母亲季平英同志回信》《习近平谈治国理政》《习近平在福建》等系列采访实录和内容，开展心得交流会，退休干部撰写心得体会 100 余篇。通过灵活应用离退休干部微信公众号、“福建老干部”App 等应用程序，持续为离退休老干部订阅《泉州晚报》《福建老年报》等老年刊物与学习材料，鼓励离退休干部自我学、经常学。

【离退休干部党建】 2021 年，洛江区委老干局健全完善离退休干部党工委运行机制和基本制度，构建区—镇—村三级“银领乐活驿站”网络，组织各党（工）委梳理汇总离退休干部党员名册，摸清居住、组织关系隶属等，全面掌握离退休干部党员分布情况。新增虹山离退休干部党支部，进一步巩固和加强党的基层组织，着力扩大覆盖面、增强生机活力。采取集中学习与座谈会相结合的方式，开展离退休干部党支部书记和骨干培训 3 次，进一步提升老干部党建骨干队伍水平。

注重树立典型，开展全区老党员“三优”表彰活动。表彰河市镇离退休支部、罗溪镇离退休支部 2 个优秀离退休党支部；表彰双阳镇、河市镇、马甲镇、罗溪镇、虹山乡 5 支优秀志愿服务队；表彰吴继泉等 12 名优秀老党员志愿者。推选蔡何番被评为“八闽银发先锋”，陈德树等 7 名干部被推荐为“最美关工人”候选人，其中马甲镇关工委常务副主任杜成元在《东南早报》中刊登典型先进事迹，区关工委常务副主任潘文国代表洛江区参评“全国青少年普法教育先进个人”，进一步营造树典立范、崇尚先进的浓厚氛围。

培育河市镇离退休党支部和罗溪镇离退休党支部为省级离退休干部示范党支部；永安村青少年社会教育活动中心被市关工委列为 2021 年“基层建设提升年”示范基地；永安村还代表泉州市参评“福建省农村青年致富‘种子工程’示范基地”。洛江区被列为第八批全国老年远程教育实验区，进一步推动老年教育事业的发展。

【老干部管理和服务】 2021 年，洛江区委老干局组织区领导班子走访慰问挂钩的老干部，组织老干部参加新春通报会、全区领导干部大会，集中学习中共十九届五中、六中全会精神等；坚持“六必访”，持续开展好春节慰问、夏季“送清凉”、生日“送祝福”、重阳“祝寿会”等活动；健全完善离退休干部和遗属信息台账，定期更新信息，关心关爱离休干部遗属，为遗属黄茉莉争取省困难帮扶，特殊困难离休干部遗属补助经费。顺应疫情防控需求，组织老干部接种新冠病毒疫苗。

【老干部文化阵地建设】 2021 年，洛江区坚持以离退休党支部、老年学校、老干部活动中心为主要阵地，丰富老干部的精神健康生活，确保他们老有所乐。根据疫情防控要求，老年大学做好制定疫情防控预案、工作流程、扫绿码、测体温、签订承诺书等复课准备，在统筹有序中错峰开学。新学期开设摄影、舞蹈、书法等课程，并新增党史思政课、养生知识班，近百名学员参加，进一步满足老同志的精神文化需求。落实为民办实事项目，争取市、区两级财政资金 15 万元，持续推动马甲镇永安村老年学校、双阳街道朝阳社区老年学校、万安街道琯头回族社区老年学校 3 个老年远程教育提升工程示范点建设。协助各乡镇（街道）老校陆续以老年趣味运动会、健康知识讲座、义诊体检等形式举办庆祝中国共产党成立 100 周年、重阳节等系列活动。受市老年大学邀请，选派两个节目参加第十四届老年文化艺术节闭幕式录制。新增 2 个老干部活动中心，分别位于市区经典名门桑莲居和洛江区吉源小区四号楼，并购置办公、健身等器材，为凝聚老干部发挥正能量提供平台。

【老干部优势发挥】 2021 年，洛江区委老干局引导老干部在社会主义政治文明、物质文明和精神文明建设中发挥余热作贡献。组建志愿者队伍，弘扬“绿水青山就是金山银山”发展理念，践行文明公约，在洛江的大街小巷，维护秩序、捡拾烟头、倡导规范停车、制止乱堆乱放、乱搭乱挂等行为，倡导广大居民遵守公共文明行为规范，为城区环境贡献“银发力量”。2021年，老干部通过走访40家企业、开展社会调研等形式为该区人才申报、子女入学等相关问题出谋划策、建言献计，帮忙解决7个相关问题。洛江区老党员、老干部充分发挥威望优势，树立引领模范，主动担任村（社区）换届选举工作的宣传员、调解员、指导员和观察员，深入了解掌握各村（社区）换届情况，助推乡镇街道做好换届选举工作。在疫情防控工作中，主动走上防疫一线，做好正面防疫宣传教育引导，动员广大居民群众接种疫苗，以实际行动助力疫情防控阻击战，凝聚战“疫”正能量。

【“再学习、再调研、再落实”活动】 2021年，洛江区委老干局聚力开展老干部“再学习、再调研、再落实”活动。结合老干部工作实际制订学习计划，专题开展集中学习研讨。要求党员领导干部带头，全员参与。通过再学习，对标对表，提升工作水平。结合老干部工作重点任务，围绕制约老干部工作发展的重点难点热点问题，深入老干部中，面对面摸实情，摆问题，查原因，找对策。形成调研报告《组织引导离退休干部在社区小区发挥作用研究》《落实党建带关工委建设机制研究》《“我看建党百年新成就”专题调研报告》，并将调研成果转化为解决问题的具体措施。结合区委巡查整改后续工作、调研发现的问题、老干部反映强烈的问题，坚持问题导向，持续抓好离退休干部各项工作。

（陈白静 郭宏戎）

区直机关党建

【概况】 2021年，中共泉州市洛江区区直机关工作委员会（简称洛江区直机关党工委）立足“围绕中心、建设队伍、服务群众”，聚焦中心任务，落实主体责任，注重强基固本，探索创新，持续深化“模范机关”创建工作，推动机关党组织和党员干部参与“六稳”“六保”（稳就业，稳金融，稳外贸，稳外资，稳投资，稳预期，保居民就业，保基本民生，保市场主体，保粮食能源安全，保产业链供应稳定，保基层运转）、疫情防控、优化营商环境等中心工作。2021年，机关工委下辖9个系统党委和1个单位党委，6个党总支，103个党支部（其中机关事业单位含医院党支部62个、学校党支部33个、国有企业党支部4个、离退休干部党支部1个、社会组织党支部3个），有1894名党员。新设区财政局总支部，下辖财政局机关党支部、国投集团党支部、万投集团党支部。区直机关发展新党员18名，预备党员按期转正13名。

【政治建设】 2021年，洛江区直机关工委践行“旗帜鲜明讲政治，理直气壮抓党建”理念，把讲政治的要求落实到机关工作各领域和业务全过程，引导党员干部进一步增强“四个意识”、坚定“四个自信”、做到“两个维护”，提高政治判断力、政治领悟力、政治执行力。贯彻习近平总书记关于落实全面从严治党主体责任、加强机关党的建设等重要指示批示精神，不定期召开机关工委工作会议，及时传达学习贯彻上级党委政府和机关工委有关部署和要求，研究、督导机关党建和“再学习、再调研、再落实”活动、党史学习教育等工作，传导党建工作压力。按规定开展系统党委书记抓基层党建述职评议考核，定期下发机关党建工作提示，组织开展机关党建工作常态化督查，重点对“三会一课”、组织生活会、主题党日、党费收缴管理等党内基本制度执行情况进行检查，2021年抽查机关党支部20个，查摆问题44个，并发出检查通报，督促抓好整改落实。同时，也发现党员积分制、党员继续教育、税务党建书屋、“党员政治生日”贺卡等一批机关党建特色亮点。

【思想建设】 2021年，洛江区直机关工委发挥“学习强国”“福建干部网络学院”“洛江新闻网”等平台作用，持续深入学习贯彻习近平新时代中国特色社会主义思想，学好用好《习近平谈治国理政》《习近平在福建》等系列采访实录，学习弘扬“晋江经验”，筑牢党员干部践行初心使命的思想根基。中共十九届六中全会和省市区党代会召开后，及时下发通知，指导督促区直各系统（单位）党委、党（总）支部组织开展学习，引导机关党员干部始终牢记“两个确立”、坚决做到“两个维护”，自觉把思想和行动凝聚到全会和各级党代会精神上来。

洛江区直机关工委深入开展“再学习、再调研、再落实”活动，区直机关工委牵头组织评选、推荐5篇调研论文参加2021年度全省全市机关党建课题调研活动全部获奖，获奖篇数占各县（市、区）获奖论文总数近三分之一，其中：区直机关工委课题组《关于提升新时代机关党的建设质量问题研究》获全省二等奖、全市二等奖，区委组织部课题组《推动“1+3+N”近邻工作机制的实践与思考——以泉州市洛江区为例》获全省三等奖、全市三等奖，区委政法委课题组《关于探索“楼宇枫桥”洛江模式的实践与思考》获全市二等奖，区委组织部课题组《关于提振干部精气神的探讨与思考》、区纪委监委课题组《突出见人见事见效建立健全政治监督长效机制》获全市三等奖。组织党员干部学习革命先辈事迹，学习孙丽美、潘向东等先进典型，汲取榜样力量，增强担当奉献意识。引导机关党组织用好政治生活体验馆、红色教育基地、红色电影等资源，开展“沉浸式”现场体验教学，传承红色基因，弘扬红色文化。与区委组织部、宣传部联合开展主题党日优秀案例评选活动，区直机关16个支部16个精品党课获选参加网络投票PK赛。

洛江区直机关工委落实区意识形态“235”机制，坚持把贯彻《中国共产党宣传工作条例》和抓意识形态工作纳入年度党建工作要点、党建工作责任制、目标考评、绩效考评和抓基层党建述职评议考核的重要内容，坚持每半年召开一次专门分析研判意识形态领域情况的专题会，并书面向区委专题汇报。全年开展专题学习研讨12场，意识形态工作专题研究活动3场，对下级党组织专项检查2次。

【组织建设】 2021年，洛江区直机关工委以提升组织力为重点，突出政治功能，持续加强机关基层组织建设。建立机关党组织按期换届工作台账并落实提醒督促制度，全区102个机关党支部均能按期完成换届选举。根据工作需要，及时调整设立财政局党总支，优化党组织设置，切实加强对国有企业党的全面领导。开展机关党支部达标创星常态化督促检查活动，机关党组织星级占比有所提升。制订2021年区直机关发展党员指导性计划，坚持政治标准，协助做好机关发展党员预审工作，督促指导各系统（单位）党委做好发展党员工作，确保发展党员质量。牵头举办机关党务干部培训班2期、专题辅导讲座2场、组织开展学习交流4场次，受训机关党务干部和党员近800人次。根据区委统一安排，指导区直机关各系统（单位）党委按要求及时有序完成新一届区党代会代表、区人大代表、政协委员选举工作。

【庆祝建党百年活动】 2021年，洛江区直机关工委组织开展“强组织、增活力、当模范”庆祝中国共产党成立100周年“十个一”系列活动，联合区委宣传部举办区直机关“学‘四史’、守初心，争先锋、担使命”主题演讲比赛，增强“四个意识”、坚定“四个自信”、做到“两个维护”。2021年慰问困难党员28人次和“光荣在党50年”老党员11人，推荐赴省市区委表彰的机关先进基层党组织10个、优秀共产党员16名、优秀党务工作者10名，组织评选表彰区直机关先进基层党组织4个、优秀共产党员24名、优秀党务工作者13名。

【党史学习教育】 2021年，洛江区直机关工委成立区直机关工委党史学习教育领导小组，制定党史学习教育实施方案，推进党史学习教育。学习贯彻习近平总书记在党史学习教育动员大会上的重要讲话、在庆祝中国共产党成立100周年大会上的重要讲话精神，学习《中国共产党简史》

《毛泽东邓小平江泽民胡锦涛关于中国共产党历史论述摘编》《论中国共产党历史》等党中央指定学习材料以及省、市特色教材，组织赴鲤城区龙岭等爱国主义教育基地，集中学习中国共产党历史、泉州地区党的活动史，实地参观红色记忆展馆，并重温入党誓词；开展党史学习理论研讨、感悟交流，召开党史学习教育专题民主生活会、组织生活会，把学习成效切实转化为引领机关党建的强大动力。营造学习党史的浓厚氛围，利用洛江周五晚讲堂举办学党史主题党课，组织机关党务干部到泉州市党内政治生活体验馆开展党史学习教育现场教学、集体参观泉州市“百年恰是风华正茂”主题档案文献展，与区有关单位联合举办学习贯彻习近平总书记“七一”重要讲话精神专题讲座、洛江区“喜迎建党100周年 建设美丽新洛江”党史知识竞答赛、区直机关党员干部“学‘四史’、守初心，争先锋、担使命”主题演讲比赛。按照党中央和省委、市委、区委有关工作部署，扎实开展党史学习教育，深入学习党史、新中国史、改革开放史、社会主义发展史，开展专题学习、专题党课、专题民主生活会、专题培训，教育引导党员、干部做到学史明理、学史增信、学史崇德、学史力行，巩固深化“两学一做”“不忘初心、牢记使命”主题教育成果。

【模范机关创建】 2021年，洛江区直机关工委推动区直机关党组织和广大党员大力弘扬伟大建党精神，持续开展“让党中央放心、让人民群众满意的模范机关”创建活动，通过开展“三亮三比”活动、党员“三诺”、创设微讲堂等举措，发挥机关党建引领作用。开设“争当生力军、洛江在行动”微讲堂，并成功举办3期专场，泉州电视台、《泉州晚报》、无线泉州、新华社App、央视频、今日头条、福建省机关党建网等各级媒体给予宣传报道。及时发出“同心抗疫 使命有我”倡议，引导机关党组织和广大党员发挥示范表率作用，带头落实疫情防控规定，全力保障群众生命安全和身体健康。下发《关于组织党员全力投入全国文明城市创建攻坚行动的通知》，倡导区直机关各党组织和全体党员发挥“第一方阵”先锋模范作用，争当创城标兵尖兵，推动全国文明城市创建工作提质增效。督促指导区直各单位结合党史学习教育专题组织生活会，深入查摆本单位在执行与落实、汇报与反馈、效能与效率等方面存在的突出问题，并着手抓好整改落实，助推机关作风建设三年行动。

【特色品牌培育】 2021年，洛江区直机关工委深化党建工作项目化管理，开展组织推荐机关党组织参评第四届“推进机制活、建设新福建”全省全市机关体制机制创新优秀案例评选，其中区法院《亲清助企、司法护航》获评全省机关体制机制创新优秀案例优秀奖，区委组织部《“1+3+N”推进城市基层党建、打造邻里相亲“先锋家园”》、区民政局《探索创新农村特困人员集中供养服务》获评全市机关体制机制创新优秀案例三等奖。选送3个项目参加2021年度全市机关特色党建项目评展初赛。区烟草局支部《党

2021年12月3日，“争当生力军 洛江在行动”微讲堂启动仪式暨第一期“学习宣传贯彻省、市党代会精神”专场在区图书馆举办

（图/区直机关工委）

员积分管理，亮出党员本色》入选福建烟草商业系统党建业务融合优秀案例汇编。

【工青妇工作】 2021年，洛江区直机关工委坚持“党建带群建、群建服务党建”，发挥区直机关工会、共青团和妇联的职能作用，为群团组织服务中心、发挥作用创造条件、提供平台。指导区直机关团工委完成换届，做好共青团员推优入党工作。督促指导区直机关8个单位工会完成换届、4个单位工会补选工会委员及主席。推荐选树各级劳动模范、三八红旗手（标兵）、三八红旗集体，构建文明和谐机关，2021年3月区直机关4名妇女干部被评为泉州市“三八红旗手”，3个单位被评为泉州市“三八红旗集体”。2021年4月，机关工委与区卫健局、文体旅游局、总工会、河市镇政府等单位，以“相约万步，筑梦健康”为主题，联合承办全国第六届“万步有约”健走激励大赛洛江赛区比赛活动。2021年11月，与区政府办、文明办、团委、垃圾分类办联合开展“文明创建青助力·垃圾分类我践行”主题活动。

（林章作　曾志宏）

党校工作

【概况】 2021年，中共泉州市洛江区委党校（简称洛江区委党校）全面贯彻落实《中国共产党党校（行政学院）工作条例》《中共中央关于加强和改进新形势下党校工作的意见》，以及中央、省、市党校工作会议精神，坚持党校姓党根本原则，增强政治意识、大局意识、核心意识、看齐意识，全面提升党校办学质量和办学水平，充分发挥“三个阵地、一个熔炉”的重要作用。全年举办培训班次9期，培训1551人次。

【干部教育培训】 2021年，举办洛江区委党校区管干部学习贯彻中共十九届五中全会精神专题研讨班，培训学员415人；举办区管干部学习贯彻中共十九届六中全会精神专题研讨班，培训学员350人；举办第20期科级干部培训班，培训学员33人；举办第18期中青年干部培训班，培训学员38人；举办2021年小区党组织书记培训班，培训学员50人；举办党史学习教育专题培训班，培训学员70人；举办2021年度区直机关党务干部培训班，培训学员150人；举办“四史”学习教育培训班，培训学员400人；举办2021年民族宗教工作人员和宗教教职人员培训班，培训学员45人。

【科研咨政】 2021年，洛江区委党校开展“抓党建促乡村振兴问题研究”课题调查研究，撰写《关于抓党建促乡村振兴问题研究》调研文章1篇；组织主体班学员开展社会调研，收集到调研文章8篇。

【教学服务】 2021年，洛江区委党校为服务部门需求，向区直各部门发放征求意见表58份；提高学员课堂满意度，向主体班学员发放课程评价表994份；优化外聘教师师资库，新增外聘师资1人；邀请名师授课，聘请省委党校刘大可副校长为主体班学员授课。

【基层党校建设】 2021年，洛江区委党校指导罗溪镇洪四村成

2021年12月9日，洛江区第十八期中青年干部培训班结业合影

（图/区委党校）

立洛江区首个村级党校。联合区委党史和地方志研究室、洪四村党支部建成中国共产党历史展览馆1个。开设“洛江党校”微信公众号。

（王萍萍　黄秀山）

党史和地方志

【概况】　2021年，中共泉州市洛江区委党史和地方志研究室（简称洛江区委党史和地方志研究室）贯彻落实《地方志工作条例》《泉州市“十三五”地方志事业发展规划》和全省、全市党史方志工作会议精神，出版发行《泉州市洛江区志》，完成《洛江年鉴（2020）》编纂出版和省、市年鉴供稿任务，推进《洛江史志》期刊编辑工作，参加党史、方志业务培训，提高史志编研能力。协同组织对2批5个“乡村记忆文化”示范村进行“回头看”，督促指导示范村落实市级验收整改意见情况，推动项目提升建设。

【党史编研】　2021年，洛江区委党史和地方志研究室联合区委党校设立区委党史学习教育展览馆，推动史志征编、研究、红色教育进展。充分挖掘洛江红色史迹、红色故事、红色人物、红色文物资源，大力开展党史、新中国史、改革开放史、社会主义发展史学习教育，策划中国共产党成立100周年宣传庆祝活动，激发干部群众爱党爱国爱乡热情，完成“泉州市党史教育基地”的6处党史革命遗址遗迹点授牌仪式。通过组织在世熟知详情的老干部以口述等形式，收集解放前党组织活动的革命事迹。收集整理《洛江区早期党组织及主要活动》和《建区前洛江区域经济社会发展概况》，完成《全面建成小康社会大事记》整理，开展《脱贫攻坚口述史》征编，书面材料选编完成。

【党史学习教育多样化开展】　2021年，洛江区委党史和地方志研究室主要领导结合党史学习教育推进会开展专题宣讲，研究室其他领导分别到镇、村开展党史学习教育专题宣讲，推动党史学习教育向基层延伸，切实营造良好氛围。同时，区委党史和地方志研究室组织到洪四村现场教学基地开展党史学习教育，举行集体参观党史学习教育馆、观看党史教育片、集体瞻仰烈士和宣誓活动，激发干部爱党爱国爱乡热情。

2021年，洛江区委党史和地方志研究室协同区委组织部、宣传部、机关工委开展线上党史知识竞答和线下党史知识竞赛，讴歌党的光辉历程，传承弘扬党的优良传统，提振干事创业精气神；配合区委宣传部、洛江邮政分局开展泉州市主题巡回邮展洛江分场活动，以“邮品展示＋党史宣讲＋趣味互动”形式，生动呈现中国共产党百年峥嵘岁月。组织全体党员收听收看大会直播，聆听习近平总书记重要讲话；为庆祝中国共产党成立100周年，举行“泉州市党史教育基地”授牌仪式。参与筹备并如期举行庆祝中国共产党成立100周年歌舞盛会。

【志鉴编纂】　2021年6月，《泉州市洛江区志》出版，区委史志室以赠阅方式开展读志用志各项工作。加快镇村志、学校志编纂

2021年10月28日，洛江区委党史和地方志研究室到泉州市博物馆开展党史学习教育　（图/区委党史和地方志研究室）

进度，桥南社区志进入评审阶段，洪四村志进入修改提升阶段，炉田村志进入总纂阶段，1所百年名校（小学）与专家团队开展对接，启动编纂前期工作。加快推进《洛江年鉴》编纂，树立“精品年鉴”意识，突出地方特色，大力提升编纂和印刷质量，基本完成总纂。

【史志服务社会】 2021年，洛江区委党史和地方志研究室继续推进《洛江史志》期刊编辑工作，严格执行编辑工作制度，按照可学性和可读性兼备的原则，在办刊内容、主题、装帧等方面加以创新，提高办刊质量。办刊至今出版42期，其史料性、可读性深受广大读者和方志界同仁好评。探索“洛江史志”公众号信息编辑新技术，加大文章投入量，扩展信息发布空间，讲好洛江故事，做到每周更新一次以上，编辑投入文章400余篇，阅读量突破2万次；深入开展史志文化“八进”活动，加强地情资料挖掘征集管理工作，推进史志书库（室）建设，发挥史志服务社会功能。协助区图书馆丰富党史地方志藏书，促进史志文化传播。

为群众办实事 2021年，洛江区委党史和地方志研究室围绕党史学习教育主题，立足史志机构职能，盯紧群众关心关注、涉及群众切身利益领域和急难愁盼问题，联合医保部门，协同3个县区，开展两市三地（泉州市、莆田市，泉港、洛江、仙游）镇村“医保护佑老区”活动，提升老区群众医疗保障水平，进一步增强老区群众的获得感、幸福感。

为企业解难题 2021年，洛江区委党史和地方志研究室落实挂钩联系企业制度，及时深入挂钩的恒雪卫生用品公司，宣传、解读支持民营企业发展的相关政策，并邀请工信部门业务骨干一同前往企业答疑解惑，帮助协调解决具体困难问题，推动“九奖八补七服务”等惠企政策落地。

为社会做好事 2021年，洛江区委党史和地方志研究室以“小切口”惠及“大民生”，重点结合创城创卫工作，深入挂钩联系的小区和乡村，开展“我为社会做好事”志愿服务活动，督促问题整改。落实党员“微志愿”服务，发动党员为身边群众至少办1件好事，主动沟通协调，帮助将挂钩村困难家庭纳入低保，切实把学习成效转化为务实作风和为民行动。

（陈小吟 吴文守）

档案工作

【概况】 2021年，洛江区档案馆履行“为党管档、为国守史、为民服务”职责，加强档案收集整理，推动档案资源建设、档案信息化建设、档案法治宣传、档案安全及档案利用服务，馆藏总量突破5万卷，传统载体馆藏数字化率保持100%，馆藏体系进一步优化。

【档案业务指导】 2021年，洛江区档案馆联合区住建局举办“物业服务档案”培训会，洛江区各小区物业公司负责人80余人参加培训会，撰写决策参考信息《基层关于进一步规范小区物业档案工作的建议》被《泉州信息》采用。该举措是全省率先开展的规范小区物业档案工作，进一步提高洛江区物业企业档案工作管理水平。同年，区档案馆联合区委党史和地方志研究室到“乡村记忆文化”试点村（社区）开展调研，督促指导各示范村（社区）落实市级验收组提出的整改建议，进一步巩固提升洛江区“乡村记忆文化”项目建设成果。制作马甲镇新民村等4个项目展板参加泉州市“乡村记忆文化”项目建设总结会成果展，各试点均获泉州市档案馆、泉州市委党史和地方志研究室授牌“泉州市‘乡村记忆文化’示范点”。

【档案馆功能建设】 2021年，洛江区档案馆新馆建设项目是洛江区2021年重点项目，总投资5500多万元，总建筑面积7400多平方米，按照县级一类档案馆标准筹建。2021年，区档案馆与代建单位沟通协调，切实落实安全生产、疫情防控等工作，完成设计概算批复、施工图设计及审

2021年4月15日，洛江区档案馆建筑功能设计专家评审会议召开

（图/区档案馆）

查、工规证、标底审核、土地价款缴纳和施工标、监理标招标等前期工作，计划动工建设。

【档案宣传】　2021 年，洛江区档案馆充分利用“6・9”国际档案日，采用横幅、LED 显示屏、宣传展板等形式开展主题宣传，结合宣传新修订《中华人民共和国档案法》，邀请泉州市档案局到洛江区开展专题讲座，全区 50 多名档案人员参加，进一步普及档案法制知识，提升依法治档水平。同年，到双阳街道“力标・新时代”小区开展档案法治暨侨批家风文化主题展活动，现场分发《中华人民共和国档案法》《家庭建档倡议书》等材料，引导广大群众树立档案意识，增强档案法治观念。全年开展实物档案征集工作，为 13 个单位（个人）颁发捐赠证书。

【档案服务】　2021 年，洛江区档案馆拓展查档渠道、简化查档流程、减少查档手续，努力为人民群众提供更加优质、高效、便捷的查档服务，着力提升查档群众的满意度和获得感。2021 年接待群众查档利用 450 人次，调档 1393 卷次，复印档案资料 4233 页。同年 4 月，为马甲镇马甲村、杏川村办理农村失地保险调阅档案开设查档“绿色通道”，复印二轮承包地档案 1050 份。

（林朗　黄权兴）

综 述

【概况】 2021年，洛江区人民代表大会常务委员会（简称洛江区人大常委会）学习贯彻习近平总书记关于坚持和完善人民代表大会制度的重要思想，把握人大工作正确政治方向，坚持以人民为中心，依法监督，高效履职，全年召开常委会会议14次、主任会议18次、联席会议1次，听取和审议包括《关于提请审议2020年区本级财政预算调整方案的议案》等“一府两院”专项工作报告13个，作出决议和提出审议意见7项；将72件代表建议交由区政府及其有关部门办理，接群众信访15件次，登记办理15件；按照规范性文件备案审查办法严格审查，完成8件区政府规范性文件的备案审查工作。

【视察调研】 2021年，洛江区人大常委会开展视察调研活动15次，涉及少数民族区域经济社会建设工作、区智能制造产业园人大代表联系群众活动室建设和运行情况、实地考察西人马联合测控（泉州）科技有限公司、福建省特种机器人产品质量检验中心、“营商环境提升年 民营经济发展年”专题调研、固体废物污染环境防治法执法检查、镇区规划建设调研、重点关注重点项目建设及消防“一法一例”贯彻实施情况、村“两委”换届工作、“五个一批”重点项目推进情况及其他重点项目调研。

【宣传工作】 2021年，洛江区人大通过电视、广播、报纸、网络等多种形式，加大宣传力度，创新宣传形式。先后在省人大新闻网、《人民政坛》、泉州人大、《泉州晚报》等宣传媒介上发表信息宣传报道150多篇。做好“洛江人大”微信公众号、《洛江人大》等的编发工作，定期更新人大宣传专栏，鼓励干部参与人大制度理论研讨，多渠道、多角度宣传报道人民代表大会制度成果和洛江区人大工作动态。组织参与各项宣传报道活动，《洛江区河市镇人大组织视察河长制实施及入河排污口治理工作情况》《洛江区五届人大常委会五年工作回眸》等宣传报道被新华网、闽南网、《人民政坛》、《泉州晚报》、泉州人大等新闻媒体登载，其中《洛江区人大常委会组织开展少数民族区域经济社会建设工作情况调研》获泉州市第15届“宣传人大制度好新闻”奖。

【建议督办】 2021年，洛江区人大常委会收到区五届人大五次会议代表建议72件（含闭会期间2件），区人大常委会召开主任会议确定其中4件为常委会重点督办建议件（分别是第10号、第48号、第58号、第67号）。常委会加大刚性督办力度，综合走访座谈、视察调研、听取报告、通报进度、开展回头看等多种举措，跟踪办理进度，压实承办单位办理责任。并在区五届人大常委会第五十四次会议上对区政府研究处理第10号代表建议重点办理件《关于加快完善河市西片区基础配套设施的建议》和第58号代表建议重点办理件《关于“规范安息堂，杜绝二重葬”的建议》情况进行满意度测评。区五届人大五次会议代表建议整体办理情况较好，解决或基本解决28件，占38.9%；正在解决或被列入计划逐步解决的有22件，占30.5%；因资金、政策等客观条件限制暂时不能解决的12件，占16.7%；列入参考的10件，占13.9%。代表反馈不满意的建议1件，经督促有关承办单位重新办理，代表表示满意。

【优秀代表建议评选】 2021年，洛江区人大常委会收到区五届人大一次会议召开后代表建议469件，其中法治方面8件，农业农村方面58件，财政经济方面24件，教科文卫方面153件，环境与城乡建设方面177件，社会建设方面31件，综合方面18件。区五届人大常委会第四十七次会议经审议表决，决定将《关于做好江滨路畅通工程的建议》等16件建议评为优秀人大代表建议，并对提出这16件建议的有关代表予以通报表彰。

重要会议

【洛江区第六届人民代表大会第一次会议】 2021年12月20—22日召开，洛江区六届人大一次会议应到会代表171名，出席会议代表171名。会议听取区委副书记、区政府代理区长郭宁代表洛江区人民政府向大会作工作报告，逐一表决通过《关于泉州市洛江区人民政府工作报告的决议》《关于泉州市洛江区2021年国民经济和社会发展计划执行情况及2022年计划的决议》《关于泉州市洛江区2021年财政预算执行情况及2022年财政预算的决议》《关于泉州市洛江区人民代表大会常务委员会工作报告的决议》《关于泉州市洛江区人民法院工作报告的决议》《关于泉州市洛江区人民检察院工作报告的决议》《关于实施“五化”工程建设品质洛江的决议》。会议期间收到代表10人以上联名提出的议案7件，连同对各方面工作提出的建议、批评和意见103件，合计110件。

【常委会会议】 2021年，洛江区第五届人大常委会召开常委会会议14次。会议主要审议通过市人大代表辞职及补选事项、区人大、区政府、区法院、区检察院、区监察委有关人事任免事项。会议传达省十三届人大五次会议和市十六届人大六次会议精神；听取和审议关于2020年规范性文件备案审查工作情况报告。听取和审议区政府、区法院等机关及人大各委工作情况。

2021年12月20日，洛江区第六届人民代表大会第一次会议开幕
（图/区委报道组）

2021年洛江区第五届人民代表大会常委会会议情况表

表3

会议	召开时间	主要内容
洛江区五届人大常委会第四十三次会议	1月8日	审议表决通过有关人事免职事项；补选泉州市第十六届人民代表大会代表
洛江区五届人大常委会第四十四次会议	2月25日	表决通过区检察院有关人事任职事项；传达省十三届人大五次会议和市十六届人大六次会议精神；听取和审议关于2020年规范性文件备案审查工作情况报告
洛江区五届人大常委会第四十五次会议	4月29日	审议并表决通过区法院、区检察院有关人事任免事项；书面开展市十六届人大代表履职报告工作；开展评选区五届人大代表优秀建议活动，评选出人大代表优秀建议16件
洛江区五届人大常委会第四十六次会议	6月29日	审议并表决通过区人大、区政府有关人事任免事项，并报洛江区第六届人民代表大会第一次会议备案；听取和审议区法院《关于诉非联动工作开展情况的报告》，以及区人大常委会内司工委初审意见；听取和审议区住建局《关于镇区规划建设工作情况的报告》，以及区人大常委会环城工委初审意见
洛江区五届人大常委会第四十七次会议	6月29日	审议决定任命代理区长
洛江区五届人大常委会第四十八次会议	7月23日	审议并表决通过区政府、区监察委、区法院有关人事任免事项，并报洛江区第六届人民代表大会第一次会议备案；依法补选泉州市第十六届人民代表大会代表；审议并表决通过重新确定各乡镇人民代表大会代表名额
洛江区五届人大常委会第四十九次会议	7月23日	审议决定有关人事任免事项
洛江区五届人大常委会第五十次会议	8月6日	审议并表决通过有关人事任免
洛江区五届人大常委会第五十一次会议	8月26日	审议并表决通过有关人事任免；听取和审议区财政局、区审计局《泉州市洛江区人民政府关于提请审议洛江区2020年财政收支决算草案的议案》和《关于2020年度洛江区本级预算执行和其他财政收支情况的审计工作报告》《关于2020年度审计查出问题整改情况的报告》，听取区人大常委会财经工委初审报告，会议通过《关于洛江区2020年财政收支决算的审议意见》，表决批准《洛江区2020年财政决算的决议》；听取和审议区发改局《2021年上半年洛江区国民经济和社会发展计划执行情况报告》，以及区人大常委会财经工委初审报告；会议听取和审议区财政局《洛江区2021年上半年财政预算执行情况报告》，以及区人大常委会财经工委初审报告；会议听取和审议区财政局《泉州市洛江区人民政府关于提请审议2021年洛江区政府债券转贷收支调整区财政预算方案的议案》，听取区人大常委会财经工委初审报告，通过《关于批准〈泉州市洛江区人民政府关于提请审议2021年洛江区政府债券转贷收支调整区财政预算方案的议案〉的决议》
洛江区五届人大常委会第五十二次会议	9月2日	审议并表决通过区政府有关人事任免事项

续表 3

会议	召开时间	主要内容
洛江区五届人大常委会第五十三次会议	9 月 28 日	审议通过《泉州市洛江区人大常委会关于洛江区区乡两级人民代表大会换届选举时间的决定》《泉州市洛江区人大常委会关于设立泉州市洛江区选举委员会的决定》《泉州市洛江区第六届人民代表大会换届选举工作实施方案》《泉州市洛江区人大常委会关于设立乡镇选举委员会的决定》；审议、表决通过有关人事任免事项
洛江区五届人大常委会第五十四次会议	10 月 29 日	审议并表决通过区法院有关人事任职事项；听取和审议区政府《关于区五届人大五次会议代表建议办理情况的报告》；会议对区政府研究处理 2021 年重点办理件 10 号代表建议《关于加快完善河市西片区基础配套设施的建议》进行满意度测评，测评结果为基本满意；听取和审议区住建局《关于安置房建设管理的情况报告》以及区人大常委会财经工委初审报告；听取和审议区教育局《关于公办幼儿园建设工作情况的报告》以及区人大常委会教科文卫工委初审报告
洛江区五届人大常委会第五十五次会议	11 月 22 日	审议并表决通过区人大常委会有关人事任免事项；听取和审议区司法局关于“七五”普法工作情况和“八五”普法规划情况的报告，听取区人大常委会内司工委关于《洛江区人大常委会关于开展第八个五年法治宣传教育的决议（草案）》的说明；表决通过《关于召开泉州市洛江区第六届人民代表大会第一次会议的决定》，定于 2021 年 12 月 8 日至 10 日在洛江区召开区第六届人民代表大会第一次会议
洛江区五届人大常委会第五十六次会议	12 月 15 日	听取和审议区环境保护委员会办公室《洛江区 2021 年环境状况和环保目标完成情况汇报》，听取区人大常委会环城工委初审意见；听取和审议并表决通过《泉州市洛江区人大常委会代表资格审查委员会关于洛江区第六届人民代表大会代表资格审查报告》，并决定予以公告；审议区选举办《关于 2021 年区乡两级人大代表换届选举工作情况的报告》；讨论确定区六届人大一次会议主席团和秘书长建议名单等事项，同意将建议名单和有关材料提交区委六届一次会议预备会议或主席团会议通过；讨论并确定 2021 年区人大常委会工作报告稿，决定委托何雄峰代表区人大常委会向区六届人大一次会议报告工作；书面报告区五届人大五次会议代表建议办理情况；表决通过有关人事任免事项

【主任会议】 2021 年，洛江区第五届人大常委会召开主任会议 18 次。会议讨论市人大代表辞职、补选事项，传达贯彻省市人民代表大会精神；讨论确定区五届人大五次会议代表建议意见重点办理件及督办分工；听取区政府、区检察院工作情况报告；听取有关人事任职事项汇报等。

2021 年洛江区第五届人民代表大会常委会主任会议情况表

表 4

会议	召开时间	主要内容
洛江区五届人大常委会第六十四次主任会议	1 月 8 日	讨论市人大代表辞职、补选事项，决定提交区五届人大常委会第四十三次会议审议；讨论确定区五届人大常委会第四十三次会议召开的时间和建议议题

续表 4

会议	召开时间	主要内容
洛江区五届人大常委会第六十五次主任会议	2 月 19 日	听取有关人事任职事项汇报，决定提交区五届人大常委会第四十四次会议审议；传达贯彻省市人民代表大会精神；讨论确定区五届人大五次会议代表建议意见重点办理件及督办分工；听取内司工委对常委会议题（听取 2020 年度规范性文件备案审查情况报告）的准备情况汇报；讨论确定区五届人大常委会第四十四次会议召开的时间和建议议题
洛江区五届人大常委会第六十六次主任会议	3 月 25 日	听取区检察院关于民事检察工作情况的报告；听取区政府关于推进区域少数民族经济社会建设工作情况的报告；会议研究通过《关于进一步加强和改进人大代表联系群众活动室建设的通知》；研究通过《关于开展区五届人大代表优秀建议评选活动的通知》；研究讨论区人大常委会 2021 年课题调研相关事宜
洛江区五届人大常委会第六十七次主任会议	4 月 23 日	听取区法院、区检察院有关人事任免事项汇报，决定提交区五届人大常委会第四十五次会议审议；听取区政府关于建筑垃圾和大件生活垃圾处理情况的报告；听取人事代表工委对常委会议题（听取市十六届人大代表履职情况报告）准备情况汇报；听取人事代表工委对常委会议题（开展评选区五届优秀人大代表建议活动）准备情况汇报；讨论确定区五届人大常委会第四十五次会议召开的时间和建议议题
洛江区五届人大常委会第六十八次主任会议	5 月 26 日	听取区政府关于近三年招商引资工作情况的报告；听取区政府关于基层医药卫生体制改革工作情况的报告
洛江区五届人大常委会第六十九次主任会议	6 月 23 日	听取区委组织部、区人大办有关人事任免事项汇报，决定提交区五届人大常委会第四十六次会议审议；研究并任命吴长沙同志为区人大常委会办公室副主任；听取内司工委对常委会议题（听取和审议区法院关于诉非联动工作情况的报告）准备情况汇报；听取环城工委对常委会议题（听取和审议区政府关于镇区规划建设情况的报告）准备情况汇报；讨论确定区五届人大常委会第四十六次会议召开的时间和建议议题
洛江区五届人大常委会第七十次主任会议	6 月 28 日	听取区委组织部有关人事任职事项汇报，决定提交区五届人大常委会第四十六次会议审议；讨论研究颜丽明辞去区长职务事项
洛江区五届人大常委会第七十一次主任会议	6 月 29 日	听取有关人事任职事项汇报，决定提交区五届人大常委会第四十七次会议审议；讨论确定区五届人大常委会第四十七次会议召开的时间和建议议题
洛江区五届人大常委会第七十二次主任会议	7 月 21 日	听取有关人事相关事项汇报，决定提交区五届人大常委会第四十八次会议审议；讨论市人大代表补选事宜，决定提交区五届人大常委会第四十八次会议审议；讨论提请审议重新确定各乡镇的人民代表大会代表名额事项，决定提交区五届人大常委会第四十八次会议审议；讨论确定区五届人大常委会第四十八次会议召开的时间和建议议题
洛江区五届人大常委会第七十三次主任会议	7 月 23 日	听取有关人事任职事项汇报，决定提交区五届人大常委会第四十九次会议审议；讨论确定区五届人大常委会第四十九次会议召开的时间和建议议题
洛江区五届人大常委会第七十四次主任会议	8 月 2 日	听取有关人事任免事项汇报，决定提交区五届人大常委会第五十次会议审议；讨论有关人员辞去人大常委会组成人员事宜，决定提交区五届人大常委会第五十次会议审议；讨论确定区五届人大常委会第五十次会议召开的时间和建议议题

续表 4

会议	召开时间	主要内容
洛江区五届人大常委会第七十五次主任会议	8 月 20 日	听取有关人事任免事项汇报，决定提交区五届人大常委会第五十一次会议审议；听取区民政局局长林伯强受区政府委托所作的《关于 2021 年村（居）委会换届选举前期工作情况的汇报》；听取财经工委对常委会议题［审查和批准区政府关于 2020 年财政决算报告（包含财政决算报告、预算执行审计报告、区政府关于 2020 年审计查出问题的整改报告）］的准备情况汇报；听取财经工委对常委会议题（听取和审议区政府关于 2021 年上半年国民经济和社会发展计划执行情况报告）的准备情况汇报；听取财经工委对常委会议题（听取和审议区政府关于 2021 年上半年财政预算执行情况报告）的准备情况汇报；讨论《泉州市洛江区人民政府关于提请审议 2021 年地方政府债券转贷收支调整区财政预算方案的议案》，决定提交区五届人大常委会第五十一次会议审议；讨论确定区五届人大常委会第五十一次会议召开的时间和建议议题
洛江区五届人大常委会第七十六次主任会议	8 月 30 日	听取有关人事任免事项汇报，决定提交区五届人大常委会第五十二次会议审议；讨论确定区五届人大常委会第五十二次会议召开的时间和建议议题
洛江区五届人大常委会第七十七次主任会议	9 月 24 日	听取区政府关于平安校园建设工作情况的报告；讨论研究区乡两级人大换届选举工作相关事宜，对《泉州市洛江区人大常委会关于洛江区区乡两级人民代表大会换届选举时间的决定》和《泉州市洛江区人大常委会关于设立泉州市洛江区选举委员会的决定》及《泉州市洛江区第六届人民代表大会换届选举工作实施方案》《泉州市洛江区人大常委会关于设立乡镇选举委员会的决定》等有关草案作修改，并决定将有关草案提交区五届人大常委会第五十三次会议审议；讨论确定区五届人大常委会第五十三次会议召开的时间和建议议题
洛江区五届人大常委会第七十八次主任会议	9 月 28 日	讨论个别市人大代表辞职事项，决定提交区五届人大常委会第五十三次会议审议；讨论确定增加区五届人大常委会第五十三次会议的建议议题：个别市人大代表辞职事项
洛江区五届人大常委会第七十九次主任会议	10 月 22 日	听取区法院有关人事任职事项汇报，决定提交区五届人大常委会第五十四次会议审议；听取人事代表工委对常委会议题（听取和审议区政府关于区五届人大五次会议代表建议办理情况报告，并对代表建议重点件办理情况进行满意度测评）准备情况汇报；听取财经工委对常委会议题（听取和审议区政府关于安置房建设管理情况的报告）准备情况汇报；听取教科文卫工委对常委会议题（听取和审议区政府关于公办幼儿园建设工作情况的报告）准备情况汇报；讨论确定区五届人大常委会第五十四次会议召开的时间和建议议题
洛江区五届人大常委会第八十次主任会议	11 月 19 日	听取区委组织部有关人事任免事项汇报，决定提交区五届人大常委会第五十五次会议审议；讨论关于陈朝阳等同志任免事宜；听取区政府关于区国投集团资产清查情况的报告；听取内司工委对常委会议题（听取和审议区政府“八五”普法规划）准备情况汇报；讨论研究关于召开区第六届人民代表大会第一次会议的决定（草案），决定提交区五届人大常委会第五十五次会议审议；讨论决定区选举委员会关于陈政实等 21 人要求辞去区、镇（乡）选举委员会职务事宜；讨论确定区五届人大常委会第五十五次会议召开的时间和建议议题

续表 4

会议	召开时间	主要内容
洛江区五届人大常委会第八十一次主任会议	12 月 15 日	讨论研究通过关于召开区第六届人民代表大会第一次会议的决定；听取环城工委对常委会议题《听取和审议区政府关于 2021 年度环境状况和环保目标完成情况的报告》准备情况汇报；听取和讨论代表资格审查报告，决定提交区五届人大常委会第五十六次会议审议；听取人事代表工委对常委会议题《听取和审议 2021 年区乡两级人大代表换届选举工作情况的报告》准备情况汇报；听取和讨论筹备区六届人大一次会议相关事项，决定提交区五届人大常委会第五十六次会议审议；讨论区六届人大一次会议人大常委会工作报告稿，决定提交区五届人大常委会第五十六次会议审议；书面报告区五届人大五次会议代表建议办理情况；讨论研究蔡永生同志辞去区人大常委会主任职务事项，决定提交区五届人大常委会第五十六次会议审议；讨论确定区五届人大常委会第五十六次会议召开的时间和建议议题

人大职权行使

【决议决定】 2021 年，洛江区第五届人大常委会作出决定决议 17 项，决定决议事项涉及人事变动、人大代表换届选举、财政收支及普法发展等，其中人事变动 10 项、人大代表换届选举 4 项、财政收支 2 项、普法发展 1 项。

【人事任免】 2021 年，洛江区第五届人大常委会任免国家机关工作人员 68 人次，其中任命 45 人次、免职 23 人次。

2021 年洛江区第五届人大常委会决定决议事项情况表

表 5

会议	时间	决定决议内容
区第五届人大常委会第四十三次会议	1 月 8 日	决定接受黄碧煌辞去泉州市第十六届人民代表大会代表职务的请求
区第五届人大常委会第四十六次会议	6 月 29 日	决定接受颜丽明辞去区人民政府区长职务的请求
区第五届人大常委会第四十七次会议	6 月 29 日	决定泉州市洛江区人民政府副区长郭宁代理泉州市洛江区人民政府区长职务
区第五届人大常委会第四十八次会议	7 月 23 日	决定接受郑进锡辞去泉州市洛江区监察委员会主任职务的请求
区第五届人大常委会第四十八次会议	7 月 23 日	决定接受洪志强辞去区人民法院院长、审委会委员、审判员职务请求
区第五届人大常委会第四十八次会议	7 月 23 日	决定蔡崇达代理洛江区监察委员会主任职务
区第五届人大常委会第四十九次会议	7 月 23 日	决定苏益铮代理洛江区人民法院院长职务
区第五届人大常委会第五十次会议	8 月 6 日	决定接受洪仰行辞去区五届人大常委会委员职务的请求

续表 5

会议	时间	决定决议内容
区第五届人大常委会第五十一次会议	8 月 26 日	批准洛江区 2020 年财政收支决算的决议
区第五届人大常委会第五十一次会议	8 月 26 日	批准 2021 年区本级财政预算调整方案的决议
区第五届人大常委会第五十三次会议	9 月 28 日	决定洛江区区乡两级人民代表大会代表换届选举时间
		决定设立泉州市洛江区选举委员会
		决定设立乡镇选举委员会
区第五届人大常委会第五十五次会议	11 月 22 日	决定洛江区第六届人民代表大会第一次会议召开时间
		通过第八个五年法制宣传教育的决议
区第五届人大常委会第五十六次会议	12 月 15 日	决定接受蔡永生辞去区人大常委会主任职务的请求

2021 年洛江区第五届人民代表大会常委会人事任免情况表

表 6

会议	召开时间	主要内容
洛江区五届人大常委会第四十五次会议	4 月 29 日	任命周伟灵为泉州市洛江区人民法院审判员；任命蔡亮为泉州市洛江区人民检察院检察员、检察委员会委员、副检察长；任命黄思雄为泉州市洛江区人民检察院检察员；免去王永忠泉州市洛江区人民法院人民陪审员职务；免去陈巧芬泉州市洛江区人民法院人民陪审员职务；免去朱娟娟泉州市洛江区人民法院人民陪审员职务；免去汪秀琴泉州市洛江区人民法院立案庭（诉讼服务中心）副庭长、审判员职务
洛江区五届人大常委会第四十六次会议	6 月 29 日	任命郭宁为泉州市洛江区人民政府副区长；任命黄永宜为泉州市洛江区人大常委会双阳街道工作委员会主任；免去杜宝国泉州市洛江区人大常委会双阳街道工作委员会主任职务；任命黄擎为泉州市洛江区人民政府办公室主任；免去刘鹏志泉州市洛江区人民政府办公室主任职务；任命杜宝国为泉州市洛江区退役军人事务局局长；免去吴建聪泉州市洛江区退役军人事务局局长职务
洛江区五届人大常委会第四十七次会议	6 月 29 日	审议决定泉州市洛江区人民政府副区长郭宁代理泉州市洛江区人民政府区长职务
洛江区五届人大常委会第四十八次会议	7 月 23 日	任命蔡崇达为泉州市洛江区监察委员会副主任；任命沈艺程为泉州市洛江区人民政府副区长；任命杜仁义为泉州市洛江区人民政府副区长；免去董俊凯泉州市洛江区人民政府副区长职务；免去刘永辉泉州市洛江区人民政府副区长职务；任命苏益铮为泉州市洛江区人民法院审判员、审判委员会委员、副院长
洛江区五届人大常委会第四十九次会议	7 月 23 日	任命泉州市洛江区监察委员会副主任蔡崇达代理泉州市洛江区监察委员会主任职务；泉州市洛江区人民法院副院长苏益铮代理泉州市洛江区人民法院院长职务

续表 6

会议	召开时间	主要内容
洛江区五届人大常委会第五十次会议	8 月 6 日	任命林联华为泉州市洛江区人民政府副区长；任命陈其昌为泉州市洛江区人民政府副区长；任命洪天配为泉州市洛江区统计局局长；任命杜金基为泉州市洛江区监察委员会副主任；任命黄彩莲为泉州市洛江区监察委员会委员；任命施永安为泉州市洛江区监察委员会委员；免去庄怀璇泉州市洛江区人民政府副区长职务；免去张荣伟泉州市洛江区人民政府副区长职务；免去黄杜英泉州市洛江区统计局局长职务；免去林碧海泉州市洛江区监察委员会副主任职务；免去阮烘煌泉州市洛江区监察委员会委员职务；免去姚秋惠泉州市洛江区监察委员会委员职务
洛江区五届人大常委会第五十一次会议	8 月 26 日	任命王昭昭为泉州市洛江区人民政府副区长；任命王泽勇为泉州市洛江区人民政府副区长；免去杨文格泉州市洛江区人民政府副区长职务；免去涂德望泉州市洛江区人民政府副区长职务
洛江区五届人大常委会第五十二次会议	9 月 2 日	任命陈清平为泉州市洛江区人民政府副区长；免去李奉恒泉州市洛江区人民政府副区长职务；免去谢卫东泉州市洛江区人民政府副区长职务
洛江区五届人大常委会第五十四次会议	10 月 29 日	任命郑亚彬、宋家峰、肖发兴等 18 人为泉州市洛江区人民法院人民陪审员
洛江区五届人大常委会第五十五次会议	11 月 22 日	任命林海飞为泉州市洛江区人大常委会人事代表工作委员会主任，王国兴为泉州市洛江区人大常委会财经工作委员会主任，黄文坤为泉州市洛江区人大常委会教科文卫工作委员会主任，涂添丁为泉州市洛江区人大常委会环境与城乡建设工作委员会主任。免去陈少卿泉州市洛江区人大常委会人事代表工作委员会主任职务，免去涂添丁泉州市洛江区人大常委会财经工作委员会主任职务，免去王国兴泉州市洛江区人大常委会教科文卫工作委员会主任职务，免去吴强耀泉州市洛江区人大常委会环境与城乡建设工作委员会主任职务

【监督工作】 2021 年，洛江区人大及其常委会听取和审议区政府关于 2021 年上半年洛江区国民经济和社会发展计划执行情况报告、财政预算执行情况报告、2020 年度洛江区本级预算执行和其他财政收支情况的审计工作报告；审查批准区政府关于 2020 年财政收支决算报告及 2020 年度审计查出问题整改情况的报告、关于 2020 年区本级财政预算调整方案、关于提请审议 2021 年地方政府债券转贷收支调整区财政预算方案的议案。

2021 年，洛江区人大及其常委会听取和审议区政府常务副区长王昭昭所作的《关于区五届人大五次会议代表建议办理情况的报告》、区政府研究处理 2021 年重点办理件 10 号代表建议《关于加快完善河市西片区基础配套设施的建议》进行满意度测评，测评结果为基本满意、区政府研究处理 2021 年重点办理件 58 号代表建议《关于“规范安息堂，杜绝二重葬”的建议》进行满意度测评，测评结果为满意。听取和审议 2020 年规范性文件备案审查工作情况报告、区法院院长洪志强所作的关于诉非联动工作开展情况的报告、区住建局局长林忠阳受区政府委托所作的关于镇区规划建设工作情况的报告、区住建局局长林忠阳受区政府委托所作的《关于安置房建设管理的情况报告》、区教育局局长黄文坤受区政府委托所作的《关于公办幼儿园建设工作情况的报告》、区司法局局长卢恩水受区人民政府委托所作的关于“七五”普法工作情况和“八五”普法规划情况的报告。

2021 年，洛江区人大及其常委会表决通过《泉州市洛江区人大常委会代表资格审查委员会关于洛江区第六届人民代表大会代表资格审查报告》，并决定予以公告、区选举办副主任陈少卿所作的《关于 2021 年区乡两级人大代表换届选举工作情况的报告》。2021 年接到群众来信来访 15 件次，其中登记办理 15 件，及时转交有关部门予以处理，化解各种社会矛盾，维护人民群众合法利益。接收区政府报来规范性文件 8 件，按照《区人大常委会规范性文件备案审查办法》规定完成备案审查工作。听取内司工委关于对 2020 年规范性文件备案审查工作情况报告。

代表工作

【概况】 2021 年，洛江区人大常委会贯彻中央和各级人大工作会议精神，依法组织开展区乡两级人大代表换届选举工作，加强代表队伍建设和管理，开展闭会期间代表活动，尊重代表主体地位，支持和保障代表依法履职。2021 年，洛江区第六届人民代表大会核定代表名额 181 名，至区六届人大一次会议召开时，实有代表 171 名。区人大常委会组成人员核定名额 27 人，现有 23 人，其中主任 1 人、副主任 4 人、党组成员 2 人。专职常委 13 名，兼职常委 10 名。

【代表换届选举】 2021 年，洛江区人大根据宪法、选举法、地方组织法的有关规定和省、市两级党委、人大的统一部署和要求，2021 年 9 月起区人大常委会部署指导全面开展区、乡两级人大代表换届选举工作，依法设立 92 个区级选区和 192 个乡级选区，11 月 24 日为区、乡两级人大代表换届选举日，选出洛江区第六届人民代表大会代表 171 名、乡镇人大代表 282 名。其中，公务员代表 54 名，占 31.6%；国有和集体企业负责人代表 8 名，占 4.7%，非公有制经济人士代表 11 名，占 6.4%；事业单位负责人代表 4 名，占 2.3%；工人代表 4 名，占 2.3%；农民（居民）代表 58 名，占 33.9%；专业技术人员代表 25 名，占 14.6%；解放军和武警代表 1 名，占 0.6%；其他代表 6 名，占 3.5%。全体代表中，妇女代表 48 名，占 28.1%；非中共党员代表 59 名，占 34.5%；少数民族代表 3 名，占 1.8%；归侨侨眷 2 名，占 1.2%，体现出较好的代表性和广泛性。乡级人大代表中非中共党员代表 121 名，占 42.9%；妇女代表 81 名，占 28.7%；连任代表 99 名，占 35.1%，符合中央文件要求。

【代表活动】 2021 年，洛江区人大常委会协助市人大常委会组成人员开展“双联”活动，及时将群众反映的意见交付有关部门处理。组织市人大代表开展集中视察活动，邀请区人大代表列席常委会会议、参加常委会的各项视察、检查、座谈活动，扩大代表对常委会工作的参与力度。组织代表参加政府和“两院”等开展的创建文明城区巡访团、旁听法院庭审、检察院主题开放日等各项活动，保障代表知情知政权，发挥代表履职监督作用。区五届人大常委会第四十五次会议听取熊志强、颜丽明、洪飞跃、陈云毅等 4 名市人大代表的履职工作情况汇报，各乡镇、街道组织区人大代表开展履职工作。2021 年 12 月组织新一届区人大代表开展初任学习培训，提高人大代表履职能力，促进代表依法正确履职。对新一届区人大代表进行编组，建立人大代表网上履职档案和书面履职档案。

【代表工作平台建设】 2021 年，洛江区人大常委会制定关于加强和改进“人大代表联系群众活动室”建设方案，指导“智能制造代表活动室”、“休闲旅游代表活动室”和“三盛社区代表活动室”的建设工作，指导基层规范组织代表开展代表接待群众来访、开展学习、视察检查等活动，拓展代表履职空间，丰富代表履职内涵，提升代表活动实效性。拨付代表活动室建设专项经费和代表活动经费 40 余万元，支持乡镇、街道做好活动室的提升建设工作和代表活动的组织工作。

泉州市洛江区人民政府

综 述

【概况】 2021年，洛江区人民政府（简称洛江区政府）以开展党史学习教育和“再学习、再调研、再落实”活动为契机，统筹“五促一保一防一控”（促生产、促消费、促项目建设、促外经贸、促旅游以及保基本、防风险、控疫情）。9月福建本土疫情发生后，洛江区人民政府坚持人民至上、生命至上，迅速激活区、镇、村三级防控指挥体系，精准开展流调溯源，严防输入风险，三日内完成25.9万人次全员核酸检测，守住不发生本土确诊病例的底线，为经济社会健康平稳发展提供保障。

【经济社会发展】 2021年，洛江区全年完成地区生产总值333.13亿元，增长13.9%，其中：第一产业增加值5.2亿元，增长8.2%；第二产业增加值207.47亿元，增长9.8%；工业增加值179.39亿元，增长11.5%；第三产业增加值120.46亿元，增长21.7%。人均地区生产总值132458元，增长21.7%。规模以上工业总产值750.54亿元，增长16.2%。农林牧渔业总产值10.38亿元，增长10.2%。固定资产投资增长4.3%。社会消费品零售总额85.45亿元，增长25.21%。实际利用外资1.55亿元，下降70.8%。一般公共预算总收入26.01亿元，增长20.9%，其中地方一般公共预算收入15.40亿元，增长20.2%。城镇居民人均可支配收入48199元，增长7.8%；农村居民人均可支配收入22329元，增长12%。

【城市发展】 2021年，洛江区落实泉州市“城乡品质提升年”活动，城建项目完成投资22亿元。加快阳江新城片区开发，12个公共服务和基础设施项目完成投资11.5亿元。优化交通路网体系，万虹路河市中学至马甲新庵岭拓改工程加快建设，启动省道213线、万虹路马甲至罗溪段提升改造，打通新城路、学府路、经五路等一批断头路，完善杏星路、金庄街、安达路等支路路网。以全国文明城市、国家卫生城市复审及创建省级文明城区为契机，修复、硬化主次干道、背街小巷1.6万平方米，投入1310万元改造一批老旧小区，实施万安县政道路改造提升，新建社区微光能路灯亮化、双阳高速出口匝道路灯工程；完成智慧停车项目，升级城区停车位1027个；投入4200万元实施万贤街、万盛街等市政道路绿化景观项目；新建改造绿化面积19.5万平方米、口袋公园5个。强化“两违”整治，治理“两违”面积超7万平方米。

【乡村振兴】 2021年，洛江区滚动实施121个乡村振兴重点项目，完成投资9552.5万元。强化示范带动引领，串点成线建成一批省市乡村振兴示范村、示范线路，罗溪镇洪泗村党建助推乡村振兴新模式入选省级典型案例，虹山乡乡村振兴示范线入选泉州市首批精品示范线。推进脱贫攻坚成果同乡村振兴有效衔接，实施巩固拓展脱贫攻坚成果项目 49 个，12 个村集体经济收入超 50 万元。启动 19 个村庄规划编制，提升乡村建筑风貌，整治农村裸房 984 栋。

【社会民生】 2021 年，洛江区扩大就业，城镇新增就业 4500 人，失业人员再就业 1250 人，城镇登记失业率降至 1.9%。城乡居民基本养老保险参保 9.2 万人，发放养老金 5795.1 万元。基本医疗保险参保 16.7 万人，基金支出 1.12 亿元。新建 1 个区域性养老服务中心、8 个农村居家养老服务站，探索创新特困人员集中供养服务方式走在全市前列，生活不能自理特困人员集中供养率达 85.5%；投入 202 万元为特殊老年人提供居家养老服务。落实“我为群众办实事”实践活动、全市“惠民生补短板”专项行动，投入 1.5 亿元建设 13 个教育项目，深化与泉州市实验小学、南开公能教育集团、北京四中合作办学，泉州十一中晋升省一级达标高中，奕聪中学通过省一级达标高中专家组现场考察。泉州宝璋肿瘤医院加快建设，区医院新院区前期工作有序开展，启动国家级慢性非传染性疾病综合防控示范区创建工作；抓紧抓实抓细常态化疫情防控，新冠疫苗应接尽接，接种 46 万剂次，区级核酸日检测能力达 5 万人次。开展庆祝建党百年和文化惠民系列活动，新建一批多功能运动场和全民健身驿站，“蔡襄杯”闽台中小学书法大赛被纳入国台办 2021 年对台文化交流重点项目，获批市级党史教育基地 5 处，率先在市辖区中完成地方志出版。

【为民办实事】 2021 年，洛江区围绕教育惠民工程、乡村振兴工程、养老服务和关心关爱特殊群体、夯实基层基础、平安安全工程、文化惠民工程、医疗健康和“菜篮子”工程、市政设施工程 8 个方面，安排区为民办实事项目 63 个，预算总投入约 7.1 亿元，实际完成投资 6.34 亿元。

重要会议

【区政府全体会议】 2021 年 1 月 21 日，洛江区政府召开 2021 年第一次全体会议。区长颜丽明要求，要奋发有为抓开局，提高站位、找准定位，对接落实上级部署，谋划各自五年规划和“愿景图”。对区政府年度目标任务实行清单化、项目化管理，建立完善工作机制，推进任务落实。开展科技创新，实施研发投入、高新企业、高端研发平台、高层次人才“四个倍增”行动、二产增产增效行动、三产提质扩量行动，保障粮食安全和市场供应，力争一季度实现“开门红”。要全力以赴推进项目，盯紧 121 个省市区重点项目、63 个为民办实事项目，抢抓冬春施工黄金期，加快项目建设进度。开展精准招商，力争早落地、早开工、早投产；强化融资、用工、用电等要素保障，帮助企业解决困难和问题，稳定企业生产。强化责任担当，弘扬“马上就办、真抓实干”优良作风，持续整治形式主义、官僚主义，严格督促检查，推进法治政府、廉洁政府建设，以更高标准、更高要求做好政府工作。

【区政府常务会议】 2021 年，洛江区政府召开常务会议 9 次，即区政府第 53 次常务会议至第 61 次常务会议。

2021年1月21日，洛江区政府召开第一次全体会议（图/区政府办）

2021 年洛江区政府常务会议情况表

表 7

会议	召开时间	主要内容
区政府第五十三次常务会议	2 月 24 日	研究《洛江区提升营商环境的十条措施（送审稿）》《关于进一步支持企业科技创新促进高质量发展的实施意见（送审稿）》《洛江区进一步支持制造业高质量发展、加强金融服务实体经济的若干措施（送审稿）》《洛江区进一步强化民营经济发展人才支持的若干措施（试行）（送审稿）》《关于促进建筑业发展壮大的六条措施（送审稿）》《2021—2022 年洛江区加快推进电子商务发展若干措施（送审稿）》《关于鼓励利用外资促进外贸发展若干措施（送审稿）》
区政府第五十四次常务会议	4 月 20 日	传达全国、全省审计工作会议精神，研究区政府贯彻意见，听取 2020 年洛江区审计工作情况汇报，研究 2021 年洛江区审计项目计划方案、《洛江区乡镇（街道）消防委托执法工作方案（送审稿）》、《全方位推动住房和城乡建设高质量发展超越行动计划（送审稿）》、《2021 年全区城乡建设品质提升实施方案（送审稿）》、《泉州市教育局 洛江区人民政府关于开展泉州市实验小学洛江校区及第二校区合作办学协议书（送审稿）》，洛江区工业（仓储）用地规划指标调整、万虹路（国道 324—河市中学）道路改造提升工程和洛江区医院建设模式、双阳前洋安置小区二期 B 区保留 5# 楼建设、国投集团申请延长借款期限等有关事项
区政府第五十五次常务会议	5 月 21 日	研究关于划转原洛江区吉源花苑和万源花苑办公场所有关事项、《关于进一步调整和完善养老服务机构建设和运营有关财政支持政策的通知(送审稿)》、《洛江区 2019 年度城镇基准地价更新应用方案（送审稿）》
区政府第五十六次常务会议	8 月 12 日	听取行政执法专题讲座，研究部署洛江区禁毒工作，研究万投公司借款、马甲镇申请返还部分土地出让金支持小城镇建设有关事项、《洛江区全面推行林长制实施方案》
区政府第五十七次常务会议	9 月 2 日	研究《洛江区深化消防执法改革若干措施（送审稿）》及成立洛江区消防安全委员会有关事项、《洛江区零基预算改革实施方案（送审稿）》，听取全区突出环境问题整改情况汇报
区政府第五十八次常务会议	9 月 23 日	研究《洛江区乡村建筑风貌提升行动实施方案（送审稿）》《洛江区既有裸房（含平改坡）整治示范段实施方案（送审稿）》
区政府第五十九次常务会议	10 月 28 日	研究《关于在全区公民中开展实施法治宣传教育的第八个五年规划（2021—2025 年）（送审稿）》《泉州市洛江区有关部门生态环境保护责任清单（送审稿）》、修订《洛江区新一轮乡镇（街道）财政体制方案（送审稿）》和国企整合重组有关事项
区政府第六十次常务会议	11 月 26 日	听取食品安全工作情况汇报，研究万安中心区商业办公楼烂尾项目续建盘活有关事项
区政府第六十一次常务会议	12 月 13 日	研究 2022 年区《政府工作报告（送审稿）》、《洛江区 2021 年国民经济和社会发展计划执行情况及 2022 年计划（草案）的报告（送审稿）》、《洛江区 2021 年财政预算执行情况（预计）和 2022 年财政预算（草案）的报告（送审稿）》、2022 年区级重点项目、2022 年区委区政府为民办实事项目、农村生活污水治理项目“建、管、运”实施主体有关事项、《泉州市金融控股集团有限公司与泉州市洛江区人民政府战略合作框架协议（送审稿）》、《泉州市洛江区事业单位管理岗位职员等级晋升制度工作实施方案（送审稿）》

【区政府专题会议】 2021年，洛江区政府召开专题会议31次，研究用地规划、教育、公共交通、智能产业项目等内容。

1月7日，泉州军分区战备建设处秦东初处长、保障处杨允芽处长和区委常委、人武部古领华政委、区政府庄怀璇副区长共同召开专题会议，研究推进泉州市民兵训练基地建设项目有关事宜，并作出相应决定。

1月8日，洛江区副区长杨文格主持召开专题会议，研究泉州第十一中学合作办学专项资金管理办法，并作出相应决定。

1月11日，洛江区区长颜丽明主持召开区政府2021年第一次用地联席会议，就8宗项目建设用地问题进行研究，并作出相应决定。

1月20日，洛江区区长颜丽明主持召开专题会议，研究区自然资源局与福建省联兴交通发展有限公司国有建设用地使用权出让合同纠纷一案有关事宜，并作出相应决定。

1月26日，洛江区副区长杨文格主持召开专题会议，研究马甲三新幼儿园改制为公办性质园有关事宜，并作出相应决定。

2月26日，洛江区区长颜丽明主持召开专题会议，研究工业（仓储）用地规划指标调整有关事宜，并作出相应决定。

2月26日，洛江区区长颜丽明主持召开区政府地价委员会2021年第一次成员会议，并作出相应决定。

2月26日，洛江区区长颜丽明主持召开区政府2021年第二次用地联席会议，就2宗项目建设用地问题进行研究，并作出相应决定。

3月10日，洛江区副区长涂德望主持召开专题会议，研究新增支线308路公交线路有关事宜，并作出相应决定。

3月30日，洛江区委常委陈倩，区政府涂德望副区长、庄怀璇副区长召开安全整治项目推进会议，听取区万投公司关于安全整治项目完成情况、存在问题及工作建议的汇报，研究推进项目建设有关事项。

3月26日，洛江区政府与区总工会召开第十四次联席会议，通报2020年工会工作情况，部署2021年工会工作，听取第十三次联席会议议定事项落实情况的汇报，研究相关工作。

5月11日，洛江区政府副区长董俊凯、张荣伟主持召开专题会议，听取福建云知声智能科技有限公司关于洛江区人工智能产业应用展厅（数字洛江展厅）项目设计方案及预算情况汇报，组织对洛江区人工智能产业应用展厅（数字洛江展厅）项目设计方案及预算进行论证、审核，并作出相应决定。

5月12日，洛江区区长颜丽明主持召开区政府地价委员会2021年第二次成员会议，并作出相应决定。

5月20日，洛江区委常委、政法委书记黄清凯，区政府副区长李奉恒主持召开大江盛世信访事项协调会，研究近期大江盛世283名业主到国家信访局登记信访问题，重点部署化解稳控工作。

5月21日，洛江区区长颜丽明主持召开区政府2021年第三次用地联席会议，就20宗项目建设用地问题进行研究，并作出相应决定。

7月12日，洛江区政府党组成员王泽勇主持召开专题会议，研究推进医高专人行天桥建设及周边交通优化改造工程有关事宜，并作出相应决定。

7月27日，洛江区人民政府党组成员王泽勇召集区发改局、财政局、自然资源局、住建局、交警大队、万投集团、罗溪镇政府，邀请市交通运输局、市公路事业发展中心召开专题协商会议，研究洛江区专养公路建设计划安排、资金拼盘、组织实施等问题，并作出相应决定。

8月6日，洛江区副区长区陈其昌主持召开专题会议，研究洛江区环境监测站（含局机关）业务用房事宜，并作出相应决定。

8月13日，洛江区代区长郭宁主持召开区政府地价委员会2021年第三次成员会议，并作出相应决定。

8月17日，洛江区政府与区政协召开2021年度联席会议。区政府郭宁代区长，区政协李奉恒党组书记，区政府副区长，区政协领导班子成员参加会议。会议互相通报2021年各自工作情况及下阶段工作重点，增进沟通交流，发挥区政协政治协商、民主监督、参政议政职能作用，共同推动高质量发展超越。

8月23日，洛江区政府党组成员王泽勇主持召开专题会议，研究跨区域K507路公交线路营运补助有关问题，并作出相应决定。

8月23日，洛江区委常委郑友飞、副区长林联华联合主持召开专题会议，研究泉州第十一中学与天津南开公能教育管理有限公司合作办学工作有关事宜。

9月2日，洛江区副区长王泽勇主持召开甬莞高速联络线丰泽至洛江段（洛江河市至罗溪）项目专题会议，会议听取区住建局关于甬莞高速联络线丰泽至洛江段（洛江河市至罗溪）等有关事项的汇报，并作出相应决定。

9月15日，洛江区代区长郭宁主持召开区政府地价委员会2021年第四次成员会议，并作出相应决定。

9月27日，洛江区副区长王泽勇主持召开专题会议，研究洛江区污水管网配套建设工程PPP项目涉铁建设施工有关事宜，并作出相应决定。

10月11日，洛江区委常委涂德望、副区长王泽勇召开洛江区万虹路（国道324—河市中学）道路改造提升项目推进专题会议，协调项目推进过程中存在的困难，并作出相应决定。

11月1日，洛江区代区长郭宁主持召开专题会议，研究推进洛江区医院项目有关事项，并作出相应决定。

11月8日，洛江区代区长郭宁主持召开区政府2021年第四次用地联席会议，就23宗项目建设用地问题进行研究，并作出相应决定。

11月8日，洛江区代区长郭宁主持召开区政府2021年第四次用地联席会议，就8宗项目建设用地问题进行研究，并作出相应决定。

11月8日，洛江区政府副区长王泽勇主持召开专题会议，研究解决福厦高速噪声影响洛江区第三实验小学教学问题，并作出相应决定。

11月12日，洛江区代区长郭宁主持召开区政府地价委员会2021年第五次成员会议，并作出相应决定。

（林志烽 庄金宝）

行政服务

【概况】 2021年，洛江区行政服务中心持续深化行政审批服务标准化改革，加强推进“互联网+政务服务”一体化平台建设，推进“放管服”改革，创新办件模式，加快办事大厅线上线下融合发展。全年受理各类审批服务事项22609件，其中即办件15500件，即办率68.56%；承诺件7109件，承诺件提前办结率95.32%，按时办结率100%。

【行政审批服务标准化改革】 2021年，洛江区行政服务中心推进“一趟不用跑”和“全流程网办”改革。通过对接各级审改部门关于审批事项要素的调整要求，不断优化审批服务事项的流程、环节，动态调整省网办事大厅上的“一趟不用跑”和“全流程网办”行政审批和服务事项。2021年区直行政审批和服务事项1500项，其中实现“一趟不用跑”1444项，占比96.27%；“全流程网办”事项1038项，占比69.2%。区行政服务中心联合邮政速递物流公司(EMS)推出审批材料和审批办件结果速递派送双向服务，将快递服务功能嵌入审批系统中，让申请人可便捷地寄送申办材料和收取审批完毕的证照材料。

2021年，洛江区推进规范行政审批服务自由裁量权改革，将513项进驻审批服务事项细分为1166项办事项，列入鼓励允许类853项、限制类313项、禁止类0项。推进“五级十五同”改革，进一步规范审批“颗粒度”，完成1468项区级和1019项乡镇（街道）村（社区）级进驻省网上办事大厅的审批服务事项全省统一事项名称、申请材料、办事流程、承诺时限等15项关键要素的绑定。

【工程建设项目审批制度改革】 2021年，洛江区实施工建项目审批五张清单管理，制定洛江区工建项目审批“取消审批事项清单”“豁免办理事项清单”“合并办理事项清单”“保留审批事项清单”“告知承诺事项清单”五张清单，进一步简化程序、减少环节、压缩时限、提高效率。梳理工程建设项目“一件事”集成套餐服务，梳理出18件涉及面广、办件量大的重点领域和高频事项的工程建设项目“一件事”集成套餐服务，完成省网上办事大厅和一体化平台配置工作，并办理113件业务。建立“1+N”会商机制，对项目比较复杂或经询问业主有需要咨询的，召开前期咨询会商会审会，为业主提供前期咨询指导服务；业主有问题涉及多个部门的，及时进行会商会审协调解决。2021年，组织（线上+线下）54个项目会商会审，为业主答疑解惑，保障审批顺利进行。转发《泉州市中心市区工业投资项目“拿地即开工”工程建设许可服务指南》和《社会投资工业项目实施“拿地即开工”审批服务工作方案（试行）》，在洛江区范围内全面推行社会投资工业项目“拿地即开工”服务，为区重点项目智谷万洋高新技术产业园(一期)、三一筑工(泉州)建筑科技产业园推行该服务，实现不动产权证、用地规划许可证、建设工程规划许可证、施工许可证四证同步取得。该做法被“学习强国”学习平台和《人民日报》福建客户端刊载。

【“一窗受理”改革】 2021年，洛江区行政服务中心加大办事大厅窗口整合力度，协调各进驻部门，科学合理安排进驻中心各窗口的位置，将办理同一类型审批事项的窗口整合在一起，形成社会民生、便民服务、市场准入和投资建设等四大区域。同时，按“一事一次办”原则，全面梳理进驻部门审批服务事项，梳理出“企业开办”“工程项目审批”“二手房交易”等50件“一件事”集成套餐服务涉及的多部门联办服务事项，对办事流程、环节、时限等要素进行再优化，精简材料51份，压缩时限109个工作日、减少办理环节55个。

【“互联网+政务服务”平台建设】 2021年，洛江区完成市、区、乡镇（街道）、村（社区）四级“互联网+政务服务”一体化行政服务平台对接工作。组织软件建设方派专人进驻中心，对进驻部门窗口工作人员及乡镇（街道）、村（社区）工作人员进行一体化行政服务平台及工程建设项目审批系统操作培训。2021年已通过平台办理19376件。2021年，区行政服务中心实现办事大厅所有窗口的叫号功能，实行短信无声叫号，并在一、二楼设立叫号显示屏，方便群众办事；实现办事即时评价“好差评”功能，群众在窗口办事完毕，可及时对窗口服务情况进行评价，提升对窗品服务质量的管理。依托建行洛江支行景明ATM自助服务区和区行政服务中心办事大厅开设24小时自助服务区；将“互联网+政务服务”一体化行政服务平台配套终端自助服务一体机部署在区行政服务中心办事大厅，并延伸至6个乡镇（街道）综合便民服务中心和8个居民较为集中的村（社区），以上自助服务一体机涵盖进驻中心的全部审批服务事项，提供咨询、引导、预约、办理、打印等功能，形成区域内的“15分钟便民服务圈”，为满足群众就近办事的需求发挥积极的作用。进一步加强电子证照生成及应用，完善“不再重复受理”证照清单，要求窗口办事人员从电子证照库获取电子证照作为办事材料，让群众在行政审批服务办理过程中可在一定程度上免于提交纸质证照。2021年底生成电子证照（批文）34.4万余件，完整应用电子证照（批文）办件0.3万余件。

【办件模式创新】 2021年，洛江区行政服务中心在全市首创“涉企审批上门服务日”活动，确定15个上门服务的涉企审批职能部门，经三轮梳理，提供43项上门服务内容，企业通过区行政服务中心微信公众号预约，相关审批职能部门指派工作人员在工作日上门提供“一对一”指导、讲解、帮办、代办等服务，做到

2021年4月11日，区行政服务中心市场监管局窗口工作人员为东艺雕刻提供上门服务 （图/区行政服务中心）

“每个工作日都是上门服务日”，为21家企业提供“上门服务”。

洛江区行政服务中心在全市首创窗口审批服务“反向提示”工作机制，由各窗口对本窗口在办理审批服务事项过程中发现的企业、群众比较容易疏忽、遗漏、理解偏差、材料提交错误等具体问题进行深入梳理，形成本窗口审批服务“反向提示”清单，并主动提醒办事企业和群众，提高窗口审批服务事项一次办成率，减少企业、群众跑动次数，让窗口“多办事”、群众“少跑腿”，切实增强办事企业、群众的满意度和获得感。该举措被“学习强国”学习平台、《泉州晚报》、市纪委专班专刊报道。

【项目“绿色通道”服务机制】 2021年，洛江区行政服务中心坚持每年将区重点项目、办实事项目、重点招商项目等纳入区行政服务中心项目“绿色通道”服务机制。2021年有119项区重点项目、19项办实事项目纳入区行政服务中心“绿色通道”办件服务管理范围，实行即收即办、并联审批、限时办结，最大限度压缩审批时限。

（黄 滋 黄子达）

信 访

【概况】 2021年，洛江区信访局贯彻习近平总书记关于加强和改进人民信访工作的重要思想和关于信访工作精神，落实中央、省、市以及区委区政府、上级信访部门有关部署要求，推进“阳光信访、责任信访、法治信访”，及时回应群众关切、解决群众困难。全年受理的信访总量2566件，同比上升6.8%。全部在15日内转有权处理单位办理。2021年网民通过洛江区公共信息网“政民互动”栏目提出咨询或投诉83件，同比下降68.6%。市“12345”便民服务平台中的诉求网上信访事项4242件，同比上升33.1%。所有网上咨询投诉件全部答复办结。

【信访工作责任落实】 2021年，洛江区委区政府主要领导、分管领导对信访工作高度重视和关注，就信访工作作出批示98件次，其中主要领导批示41件次；区信访联席会议总召集人、召集人先后召开4次信访联席会议、7场专题会议，安排部署信访工作，研究推动疑难信访事项化解，并在区委常委会、区政府党组会、接访活动现场等各种不同会议、场合强调矛盾纠纷排查化解、涉疫信访事项办理、积案化解等有关工作，及时协调解决信访工作中存在的困难和问题。结合党史学习教育，开展学习活动12场次；党支部结合“三会一课”制度，运用“学习强国”、福建干部学院等线上学习平台开展支部理论学习35次，提升理论素养，落实责任。

【信访业务规范化建设】 2021年，洛江区信访局全面推行“最多投一次”阳光信访工作机制，2021年受理“最多投一次”事项1087件，纳入率97.5%，一次性办结率96.7%。不定期进行督查抽查、督导整改，着力提升办理质量，提高信访“三率”，2021年信访机构、有权机关及时受理率分别为100%、100%，按期办结

2021年11月22日，洛江区信访联席会议专题研究涉房地产领域信访事项　（图/区信访局）

率100%、99.9%，信访机构群众满意率96.7%，有权机关群众满意率95.8%。发挥“12345”平台民意入口功能，推动一批民生热点难点问题解决。“12345”平台受理洛江区群众诉求4239件，及时回复率、及时查阅率均达到100%，沟通率99.98%，群众满意率99.85%。每月15日区主要领导通过现场接访形式，了解群众诉求，协调推动解决城乡建设、劳动和社会保障等各类信访问题，全年区领导开展定点接访活动118场，接访群众182批366人次，研究解决信访事项38件。

【信访积案化解】 2021年，洛江区信访局推进“治重化积”专项行动，落实区领导包案机制。包案领导深入一线、靠前工作，接待信访群众、研究化解方案、牵头协商会办、督办责任落实、严格审核把关、明确工作时限、倒逼案件化解。59件“治重化积”信访事项全部化解，上报化解率100%。

【信访工作机制创新】 2021年，洛江区信访局创新建立“区领导挂钩督办”“每旬一会商、一见面、一通报”的常态化机制，化解房地产领域信访问题初见成效，2021年房地产领域信访量同比下降20.95%，成功协调解决正荣江滨府、世贸璀璨天城工资拖欠以及美亚芳邻二期、铭基新天地无法办证等“长期挂号”问题。《关于洛江区涉房地产领域信访问题的思考》《大力推进房地产领域信访问题化解攻坚》分别在《福建信访》2021年第1期、第3期被刊发推广。

2021年，洛江区信访局结合新时期信访工作新特点，依托专业心理机构，引进专业的社会工作理论与方法，联合区心理卫生协会，通过在群众来访接待大厅试点设立专家咨询台、邀请专业心理咨询师轮班参与领导接访等方式，在全市创新践行社会心理服务介入信访工作新路径，有效预防化解社会矛盾风险。2021年帮助13名信访人走出心理误区，引导非正常信访积案解决2宗。

【信访矛盾纠纷化解】 2021年，洛江区在全区范围内推广“评理”工作，将评理室建设纳入“为民办实事”项目，严格按照标准推进评理室建设，投入资金50余万元建设评理室93个，实现100%覆盖；突出地域、群体等特点，打造挂牌冠名“老干部”“侨心”“乡贤”“云评理”等亮点品牌近邻评理室4个。全区以224个评理室和调委会为单元，依托137名村域网格员，梳理排查信访苗头162起，开展评理139件，及时化解信访苗头129件，化解率92.81%，信访苗头一次性化解率较往年提高近10个百分点，越级访明显下降。洛江作为泉州市“近邻评理室”建设试点单位，《洛江区搭建信访评理室化解群众烦心事》《洛江区“近邻评理+”新模式解群众烦心事》分别在侨区快讯第32期、第108期被刊发推广，《“探索‘近邻评理+’新模式‘话’解群众烦心事”》入选市委2021年度“强基促稳”十佳示范案例。

（钟燕珑　彭加珩）

政协泉州市洛江区委员会

综述

【概况】2021年，中国人民政治协商会议泉州市洛江区委员会（简称洛江区政协）以习近平新时代中国特色社会主义思想为指导，深入贯彻中央政协工作会议精神，准确把握习近平总书记关于加强和改进人民政协工作重要思想的精神实质和丰富内涵，进一步明确政协履职方向和工作重点，牢牢把握团结和民主两大主题，切实履行政治协商、民主监督、参政议政职能。全年开展协商活动13场，重点民主监督4项，组织委员视察调研28次，编写社情民意6期、协商意见7期，撰写调研文章10多篇。设立2个政协委员基层联系点，建立健全6项工作制度，有力规范和约束委员履职，为建设更高水平的智造洛江、生态新城作出积极贡献。

2021年5月14日，洛江区政协医卫界政协委员基层联系点（万禾医院）揭牌仪式　　（图/区政协办公室）

【政协文史工作】2021年，洛江区政协联合区相关部门举办修身齐家讲堂40期、“洛江周三晚”公益书法讲堂30期、开展第三届“蔡襄杯”泉州市少年儿童书法大赛、儿童经典诵读才艺会演、红色经典诗词朗诵比赛等活动，厚植爱国主义精神，弘扬中华优秀传统文化。2021年，先后编辑3期《洛江政协》，编辑出版《家庙家史家风》专辑文史资料，凸显“存史、资政、团结、育人”成效。

【和谐社会构建】2021年，洛江区政协落实挂钩帮扶、夜访夜谈等制度，帮助基层群众解决实际困难。筹资5万元集中慰问100户困难群众，落实资金32万元帮扶9个村（社区）完善基础设施、发展村集体经济。同时，区政协发动委员、联合社会各界积极行动，开展助学帮扶、医卫帮扶、慰问帮扶等“我为群众办实事”活动，委员捐资近200万元、帮扶群众200多户。关爱未成年人成长，联合有关部门开展“文明交通安全出行”安全教育和“预

2021年5月19日，洛江区政协到双阳街道开展“我为社会做好事”主题志愿服务活动　　（图/区政协办公室）

防校园欺凌”等法治进校园活动，整治校园内外秩序、净化优化成长环境。

重要会议

【全体会议】 2021年12月19—21日，政协洛江区第六届委员会召开第一次全体会议，中共洛江区委书记颜丽明到会并作重要讲话。洛江区政协主席王伊景代表政协洛江区第五届委员会常务委员会向大会作报告，区政协副主席金玲珊向大会作政协洛江区第五届常务委员会关于提案工作情况的报告。

12月21日，大会选举产生政协洛江区第六届委员会主席、副主席、常务委员。全体委员听取《政协洛江区第六届委员会第一次会议提案初审情况的报告》；审议通过《中国人民政治协商会议泉州市洛江区第六届委员会第一次会议决议（草案）》。

【常委会会议】 2021年，洛江区政协五届常委会召开5次常委会会议。会议传达学习习近平总书记在福建考察调研时发表的重要讲话，协商通过区政协常委会2021年工作要点，研究委员增补事宜，围绕“加强基层社会治理”议题开展专题协商，协商决定政协洛江区第六届委员会的参加单位、委员名额和界别设置事宜，研究区政协六届一次会议相关事宜。

【专题会议】 2021年，洛江区政协召开专题会议17次，主要围绕提升医疗供给质量、洛江区非物质文化遗产保护和传承、科技型企业转型升级、校园食品安全管理工作、升级万虹路汽车产业带、进一步提升营商环境等涉及经济、科教文卫、社会民生等领域的议题召开专题会议。

2021年政协洛江区第五届常委会会议情况表

表8

时间	届次	内容	与会人员
3月30日	区政协五届常委会第二十四次会议	传达学习习近平总书记在福建考察调研时发表的重要讲话及全国政协十三届四次会议、省政协十二届四次会议、市政协十二届五次会议精神，协商通过区政协常委会2021年工作要点，研究委员增补事宜	区政协副主席金玲珊、王诗榕、王蔚、彭朝顺参加会议
7月1日	区政协五届常委会第二十五次会议	开展“加强基层社会治理”议题专题协商，传达学习中共福建省委十届十二次全会、中共泉州市委十二届十五次全会精神	区政协副主席金玲珊、王诗榕、王蔚、彭朝顺参加会议

续表 8

时间	届次	内容	与会人员
9 月 17 日	区政协五届常委会第二十六次会议	开展“进一步提升营商环境”议题专题协商；协商通过《政协洛江区委员会关于强化政协委员责任担当的实施意见（草案）》《政协洛江区委员会关于表扬区政协优秀履职委员的决定（草案）》和《政协洛江区委员会关于表扬区政协优秀提案人的决定（草案）》；传达学习区第六次党代会精神	区政协副主席金玲珊、王诗榕、王蔚、彭朝顺参加会议
11 月 19 日	区政协五届常委会第二十七次会议	听取区政府关于 2021 年提案办理工作情况的通报，协商决定政协洛江区第六届委员会的参加单位、委员名额和界别设置事宜	区政协党组书记李奉恒，区政协副主席金玲珊、彭朝顺参加会议
12 月 15 日	区政协五届常委会第二十八次会议	研究区政协六届一次会议相关事宜	区政协党组书记李奉恒，区政协副主席金玲珊、王诗榕、王蔚、彭朝顺参加会议

2021 年洛江区政协专题会议情况表

表 9

时间	内容	与会人员
3 月 10 日	区委、区政府与区政协围绕提升医疗供给质量开展专题调研并召开座谈会	区政协主席王伊景，区委常委、宣传部部长陈逢生，区政府副区长庄怀璇参加
3 月 12 日	围绕“推进洛江区非物质文化遗产保护和传承”开展专题协商，实地查看非物质文化遗产项目的保护和传承情况，现场观看非遗传承人的演示和介绍，并召开对口协商会	区政协教科卫体委委员（文化文史和学习委委员）、区政协副主席彭朝顺参加
4 月 23 日	围绕“科技型企业转型升级”开展对口协商活动，实地查看福建省特种设备检验研究院泉州分院［国家特种机器人产品质量监督检验中心（福建）］、泉州万洋众创城科技有限公司等，并召开座谈会	区政协教科卫体委、部分科技界委员、区政协副主席彭朝顺参加
4 月 27 日	围绕“校园食品安全管理工作”开展民主监督；实地走访河市中学、双阳中学等，了解校园食品安全管理工作情况	区政协经济委（农业和农村委）组织委员、区政协副主席金玲珊参加
5月24—25日	围绕五届五次会议重点提案“升级万虹路汽车产业带的建议”开展督办协商活动，实地查看万安街道海丝新能源汽车城、华奥奥迪，双阳街道广本舒泰等，并与企业开展座谈交流	三胞经济办、提案文史办及提案人、区政协副主席金玲珊参加
5 月 25 日	围绕五届五次会议重点提案“关于提高我区农村幼儿园发展水平的建议”开展督办协商活动。实地查看洛江区奕聪第二中心幼儿园、罗溪中心小学、奕聪中学等，并在奕聪中学召开座谈会	教科卫体委全体委员及提案相关委员、区政协副主席彭朝顺参加
6 月 18 日	围绕“滨江路沈海高速至南惠高速段环境整治”开展对口协商活动，实地查看滨江路沈海高速至南惠高速段环境整治情况并召开协商座谈会	区政协人口资源环境委政协委员、区政协副主席王蔚参加

续表 9

时间	内容	与会人员
7 月 1 日	区委与区政协围绕“加强基层社会治理”议题开展专题协商	区委书记颜丽明，区政协主席王伊景，区政协副主席金玲珊、王蔚、彭朝顺参加
7 月 27 日	围绕五届五次会议重点提案“关于加强城乡污水设施建设管理的建议”开展督办协商活动，实地查看罗溪小型污水处理站和马甲水上仙境污水提升泵站建设管理情况，并召开协商座谈会	区政协提案委委员、区政协副主席王翌炜参加
7 月 28 日	围绕“赋能数字，推动产业数字化”开展对口协商	区政协经济委（农业和农村委）委员、区政协副主席金玲珊参加
8 月 11 日	围绕“疫情防控应急处置能力建设”开展民主监督，实地查看洛江区医院、区疾控中心，现场了解疫情防控应急处置能力建设情况，并到区疾控大楼工地了解工程进展情况	区政协教科卫体委委员、区政协党组成员张小桥参加
8 月 17 日	区政府与区政协联席会议，互相通报 2021 年上半年工作情况并交流、探讨做好下阶段工作的意见和建议	区委副书记、代理区长郭宁，区政协党组书记李奉恒，区领导王昭昭、陈清平、沈艺程、林联华、陈其昌、王泽勇、金玲珊、张小桥、王翌炜参加
8 月 26 日	围绕“推动洛江区生态连绵带建设”开展界别协商，实地查看阳江新城—阳江城市公园、河市镇白洋村土岭坑矿山生态修复点、马甲仰恩湖乡村振兴等项目，并召开协商会	区政协经济委和马甲、河市联络组部分委员、区政协副主席金玲珊参加
8 月 27 日	围绕五届五次会议重点提案“关于农村人居环境整治助推乡村振兴的建议”开展督办协商活动，实地查看河市镇官洋村裸房整治和虹山村生活垃圾整治情况，并召开协商座谈会	区政协提案委和人口资源环境委员会委员、区政协副主席人选王翌炜参加
9 月 17 日	区政府与区政协围绕“进一步提升营商环境”开展专题协商	区委副书记、代理区长郭宁，区政协主席王伊景，区委常委、常务副区长王昭昭，区政协副主席金玲珊、王诗榕、王蔚、彭朝顺参加
10 月 26 日	围绕“全区‘河长制’实施情况”开展民主监督，实地查看罗溪镇后溪村河长制主题公园、河市镇河长制主题公园视察河流整治和河岸建设情况	区政协人口资源环境委委员、区政协副主席人选王翌炜参加
11 月 1 日	围绕“矛盾纠纷多元化解”开展专题协商。实地查看罗溪镇司法所、马甲交警中队调解室、区住建局物业纠纷调解中心，并召开座谈会	区政协社会法制委委员、区政协党组成员张小桥参加

【主席会议】 2021 年，政协洛江区委员会召开 7 次主席会议。内容涉及确定区政协五届五次会议重点提案、确定区政协 2021 年协商监督计划及传达学习省、市政协会议主要精神等内容。

2021 年洛江区政协第五届委员会主席会议情况表

表 10

时间	会议名称	内容	与会人员
1 月 28 日	区政协五届委员会第五十次主席会议	总结 1 月工作，部署 2 月工作，研究确定区政协五届五次会议重点提案	区政协王伊景主席主持，区政协副主席金玲珊、王诗榕、王蔚、彭朝顺参加
2 月 26 日	区政协五届委员会第五十一次主席会议	总结 2 月工作，部署 3 月工作，研究区政协五届常委会第二十四次会议时间和议程、区政协 2021 年协商监督计划，传达学习省、市政协会议主要精神	区政协王伊景主席主持，区政协副主席金玲珊、王诗榕、王蔚、彭朝顺参加
3 月 30 日	区政协五届委员会第五十二次主席会议	总结 3 月工作，部署 4 月工作	区政协主席王伊景主持，区政协副主席金玲珊、王诗榕、王蔚、彭朝顺参加
4 月 30 日	区政协五届委员会第五十三次主席会议	总结 4 月工作，部署 5 月工作及相关经费问题	区政协王伊景主席主持，区政协副主席金玲珊、王蔚、彭朝顺参加
5 月 31 日	区政协五届委员会第五十四次主席会议	总结 5 月工作，部署 6 月工作，研究区政协五届常委会第二十五次会议时间和议程	区政协王伊景主席主持，区政协副主席金玲珊、王诗榕、王蔚、彭朝顺参加会议
6 月 29 日	区政协五届委员会第五十五次主席会议	总结 6 月工作，部署 7 月工作，研究《政协洛江区委员会提案回头看督办工作规程》	区政协王伊景主席主持，区政协副主席金玲珊、王诗榕、王蔚参加会议
12 月 15 日	区政协五届委员会第五十六次主席会议	研究区政协六届一次会议相关事宜	区政协主席王伊景主持，区政协副主席金玲珊、王诗榕、王蔚、彭朝顺参加，区政协党组书记李奉恒，党组成员张小桥，副主席人选王翌炜列席会议

政协职权行使

【协商议政】 2021 年，洛江区政协聚焦主责主业，充分发挥政协作为协商民主重要渠道和专门协商机构的作用。围绕党政中心工作、民生现实需求、改革热点难点问题，有计划、有重点、有针对性地选定协商议题，制定年度协商监督计划。协商前组织委员、专家深入一线调研，收集第一手资料，提高协商建言的针对性和实效性。围绕基层社会治理、提升营商环境、数字经济、环境整治、乡村振兴、教育医疗等议题，与区委、区政府及相关部门有序开展 13 场协商活动。梳理委员提出的针对性、建设性意见建议形成 7 期《协商意见》，呈送区委区政府和相关部门，一批意见建议被吸纳到出台的文件中或转化成项目，有效推进协商民主进程。

【民主监督】 2021 年，洛江区政协充分运用视察调研、政协提案、反映社情民意等方式，围绕区委、区政府重要决策部署的贯彻落实、群众普遍关心的热难点问题的研究解决开展民主监督。围绕校园食品安全管理工作、“河长制”实施情况、全区教育整体评级评估及创建达标、加强疫情防控应急处置能力建设等，组织委员开展重点民主监督，促进相关工作的提升或问题的有效解决。广泛收集社情民意信息，整理报送 6 期社情民意呈送区委、区政府，其中“关于分层次购买特困老人集中供养服务的建议”分别被区委、区政府主要领导批示，推动全区养老服务事业提档升级。

【提案办理】 2021年，洛江区政协五届五次会议期间，收到提案102件，经审查，确定立案100件、内容涉及经济建设17件、政治文化建设23件、社会民生保障52件、生态文明建设8件。在区委、区政府的高度重视下，各承办单位把办理政协提案纳入重要议事日程，紧密结合工作实际，抓好提案办理，按时答复率达100%。出台《政协洛江区委员会提案回头看督办工作规程》，进一步完善提案办理工作机制，解决部分主办单位“重答复、轻落实”“已答复、未落实”现象。召开重点提案办理情况汇报会，通过责任落实推进4件重点提案办理工作，同时带动一般提案的办理，五届五次会议提案办复率、委员满意和基本满意率均达100%。遴选“提升我区生态环境质量”“大力发展洛江区夜经济”等3件提案，开展“回头看”督办活动，组织委员视察调研，与承办单位进行督办协商，督促主办单位主动作为，促进提案办理由“答复型”向“落实型”转变。

（郭漩琳 李 骏）

纪检监察

综述

【概况】 2021年，中共泉州市洛江区纪律检查委员会、泉州市洛江区监察委员会机关（简称洛江区纪委监委）以习近平新时代中国特色社会主义思想为指导，落实十九届中央纪委五次全会、省市区纪委全会部署，深入开展党史学习教育，推进全面从严治党向纵深发展。2021年，洛江区纪委监委探索由2个纪检监察室专职负责监督检查工作，并由区纪委常委挂片联系2个“室组地”联动片区工作，解决日常监督力量统筹困难、专精度不够等问题。开展“周五讲堂”15期，将培训内容拓展至业务沙龙、心理健康辅导等范畴，培训804人次。量化派驻纪检监察组工作，优化对乡镇（街道）纪检监察组织绩效考评方式，6个乡镇（街道）纪（工）委连续5年实现100%有自办案件。

【区纪委五届七次全会】 2021年2月7日，洛江区召开中共泉州市洛江区第五届纪律检查委员会第七次全体会议。会议回顾2020年纪检监察工作，部署2021年任务。会议分4项议程，主要审议区纪委五届七次全会工作报告和区纪委五届七次全会决议（草案）。区领导，各乡镇（街道）党政主要领导，区直及省市驻洛单位主要负责人，全区纪检监察系统各级领导及有关同志参会。

【营商环境保障】 2021年，洛江区纪委监委成立工作专班进驻区行政服务中心，出台《洛江区损害营商环境行为问责办法（试行）》，发现并整改行政审批等方面问题37个，协调解决实际困难24个。推动区委区政府实行涉企服务“四个机制”（前置式服务、预约式服务、践诺式服务、集成式服务），助力万洋产业园、三一筑工产业园实现“拿地即开工”，督促兑现一笔长达2年未落实的惠企资金27万元。在全市

2021年3月22日，洛江区纪委监委优化营商环境调研组到辖区企业“上门问需”，征集意见建议 （图/区纪委监委）

2021年4月26日，区纪检监察干部在辖区内某加油站检查有无“私车公养”等问题　　（图/区纪委监委）

率先推行审批服务“反向提示”工作机制，形成“反向提示”清单54项，一次办成率同比提高48.8%。相关经验做法在《泉州晚报》、泉州电视台等媒体上刊载报道。

纪检监察改革

【监督检查制度规范建设】　2021年，洛江区纪委监委加强对“一把手”和领导班子监督，问责“一把手”5人次，给予党内警告1人次、诫勉谈话2人次、批评教育2人次。对河市镇2宗占用耕地问题2021年4月26日，区纪检监察干部在辖区内某加油站检查有无“私车公养”等问题。进行追责调查，推动第一批16宗顶风违建图斑全部整改完成。问责创城复牌迎检工作中形式主义官僚主义问题2个7人，通报批评2个单位。开展民生重点领域突出问题“点题整治”，查处群众身边腐败和作风问题5个5人，推动健全完善制度49项。

【监督效能提升】　2021年，洛江区纪委监委深化监督专责，释放治理效能突出主动精准监督，督促整改疫情防控问题120个，给予通报批评1人和2个单位。开展社区矫正工作专项监督检查，发现履职不力问题1个，给予1名科级干部党内警告处分。

巡察监督

【政治巡察】　2021年，洛江区纪委监委主动融入上下联动监督网，配合市委巡察派出巡察组3批次，发现问题180个，督促边巡边改问题8个，提出意见建议42条。

【巡察整改】　2021年，洛江区纪委监委在全市率先探索巡察机构对整改问题前置式审核把关机制，出台加强巡察整改日常监督办法，推动制定整改措施1371项，整改问题618个，整改完成率96.6%，督促建章立制143个，挽回经济损失162万元。开展粮食购销领域巡视巡察整改落实情况专题监督，立案2件2人，推动涉粮企业追回欠款及利息360多万元。

【新一届区委巡察启动】　2021年，洛江区纪委监委制定六届区委巡察工作规划，完善巡察工作流程图，启动第一轮第一批对区工信局党组、民政局党组的巡察工作，区委主要领导亲自动员部署。

党风廉政建设

【党风政风监督】　2021年，洛江区纪委监委协助区委出台作风建设三年行动方案，开列正负面清单31条，牵头负责优化营商环境、形式主义官僚主义专项治理、群众身边腐败和不正之风突出问题“点题整治”等3个专项行动，查处作风方面问题7件15人。

【信访举报处理】　2021年，洛江区纪委监委突出巩固“强基促稳”，排查“三多”（多头反映、多年反映、多层反映）信访举报件7件、疑难信访举报件11件，均100%化解。加强换届风气监督，立案并给予党内严重警告处分1人。

【肃纪反腐】 2021年，洛江区纪委监委运用第一、第二种形态处理133人，占比89.9%，“红脸出汗”保持常态。具体化落实“三个区分开来”，依纪依法认定从轻减轻8人。组织全区警示教育大会1场388人次、参观警示教育基地5场161人次、警示教育课49场3097人次、任前廉政测试85人次。将“出米岩”传说以动漫形式，融入仙公山警示教育点优化提升。保持反腐高压态势，全年立案36件，涉及科级干部9件，给予党纪政务处分31人，办理市监委指定管辖案件3件、留置2人，其中，查办的永春县副科级干部陈某案件，涉案金额900多万元，为全市查处的科级干部之最。发出纪检监察建议书12份、工作提示函5份，督促解决罗溪镇违规发放“协税费”等问题27个。

（许伟祥 杜金基 黄淮）

中国国民党革命委员会泉州市洛江支部

【概况】 2021年，中国国民党革命委员会泉州市洛江支部（简称民革洛江总支）按照中共中央总书记习近平对民主党派提出的“四新”“三好”的要求，结合民革作风建设年以及民革中央在全党开展中共党史学习教育的要求，全面加强中国特色社会主义参政党建设，不断提高建言资政和凝聚共识水平。洛江民革党员之家被民革中央评为“优秀民革党员之家”，总支部被评为2017—2021年度民革泉州市“先进基层组织”，4人获市民革表彰。

【组织建设】 2021年，民革洛江总支有党员34人，主要分布在法律、建筑设计以及企业管理等行业。其中副处级1人，科级2人，担任人大代表3人、政协委员7人，高级职称6人。1名党员担任区新阶联会长、1名党员任区新阶联副会长，1名党员任市侨商会副会长、1名党员任区青商会副会长等。选举四名党员作为党代表参加市民革第十六次代表大会。在该次大会上，吴婷婷被评为优秀党务工作者，郑榕、曾串辉、张琪鹏评为优秀党员。

【思想建设】 2021年4月9日，民革洛江总支部召开总支工作会议，组织全体党员学习贯彻习近平总书记视察福建重要讲话、2021年全国两会精神、民革十三届十四次中常会精神，传达学习《中国共产党统一战线工作条例》《中国国民党革命委员会纪律处分办法（试行）》等有关文件精神。并围绕学习中共党史、民革历史，民革作风建设年，党派参政议政，示范支部创建和民革党员之家建设等内容提出要求。6月25日，邀请市委党校曾文权副教授为总

2021年7月23—25日，民革洛江总支党员到龙岩市古田干部学院开展“学党史庆百年”主题教育活动 （图/民革洛江总支）

支全体民革党员上《实事求是思想路线的形成与确立》的中共党史学习教育课。7月23日至25日，组织民革总支党员到龙岩市古田干部学院（龙岩市社会主义学院）民革党员教育基地接受爱国主义和中共党史教育。

【参政议政】 2021年，民革洛江总支部3名区人大代表和7名区政协委员参加区两会，代表和委员审议讨论各项工作报告，通过提案（议案）、大会发言、小组讨论等形式积极建言献策。会议期间，总支提交大会集体提案2件，个人提案13件，内容涉及经济发展、基层治理、法律服务、教育事业、乡村发展、文化建设等诸多方面。黄必良代表民革洛江总支作《关于加快推动洛江区智能制造产业发展的建议》的区政协大会口头发言，陈璇璇代表区政协社会法制委作《关于加强多元解纷机制建设的建议》的大会口头发言。

【民主监督】 2021年，民革洛江总支部党员曾华山担任泉州市司法局“行政执法监督员”和泉州市洛江区监察委员会第一届“特约监察员”。

【社会服务】 2021年春节，民革洛江总支部参加慰问困难群众、抗美援朝志愿老兵和总支老党员活动。响应中共市委统战部“同心安居工程”活动，捐资1万元。充分发挥民革党员律师优势，坚持每周二在洛江区法院“同心法律援助站”开展法律援助工作。大力开展为民办实事工作。杜振祥参与马甲镇“我为群众办实事”服务进小区活动，开展免费法律咨询活动。6月22日，为帮助新一届高考考生、家长了解新高考志愿填报知识，科学地进行志愿填报，党员洪本泰在泉州市十一中作高考志愿填报公益讲座。

【调查研究】 2021年，民革洛江总支部党员吴婷婷撰写调研报告“关于以城乡社区为重点提升基层治理现代化水平的建议”被选送至市民革作为总支年度调研报告。

【庆祝中国共产党成立100周年系列活动】 2021年，民革洛江总支部组织党员郑榕、杜振祥、吴婷婷、蔡静娴组成朗诵小队参加区统战部主办的红色经典诗词朗诵比赛，获三等奖。组织党员（杜振祥、吴婷婷、关自晖）撰写三篇征文参加市民革开展的“庆祝中国共产党成立100周年”征文活动，杜振祥征文获市委统战部评选二等奖。组织党员（郑榕、郑丹璐、张琪鹏）撰写3篇征文参加市民革开展的“纪念辛亥革命110周年”征文活动，郑榕、郑丹璐的征文获三等奖。

（陈璇璇 杨文格）

中国民主建国会洛江区基层委员会

【概况】 2021年，中国民主建国会洛江区基层委员会（简称民建洛江基层委）围绕“塑形象、增素质”总目标，坚持“重数量、更重质量”标准，以经济管理和企业界人士为重点，吸收发展文化程度高、有行业影响力、热心于民建事业的有为之士充实到组织中来，组织工作初步实现制度化、规范化、程序化，会员发展得到长足发展，会员结构进一步优化、会员队伍整体素质进一步提升，基层委现有会员79名，其中有人大代表3人（市级1人、区级2人）、政协委员7人（市级1人、区级6人）。

【参政议政】 2021年，民建洛江区基层委在洛江区两会上提交14件建议、提案（集体2件、个人12件）。基层委还在洛江区政协五届五次大会上作“保障农村居民饮水安全”主题发言，并被大会评为优秀发言。王恩德、高岱乐、童毓哲3名会员被评为洛江区政协优秀提案人，会员胡祖原被评为洛江区政协优秀履职委员。

【民主监督】 2021年，民建洛江基层委参加区党代会报告意见征求会、区政府年度工作报告意见征求会以及提升营商环境调研座谈会等各类专题活动，结合工作实际，提出中肯的意见和建议。

【社会服务】 2021年，民建洛江基层委以“同心行·民建情”为主线，通过“造品牌、促服务”，加大社会服务力度，组织开展爱心服务活动，积极参与助贫扶弱等社会公益和志愿服务活动，增强会员及会员企业的社会责任意识，打造基层委社会服务品牌。走访慰问罗溪镇双合村6户困难群众（每户慰问金1000元）；主动参与市委统战部组织实施的2021年同心安居工程项目，帮助挂钩点罗溪镇2户低收入户建新房，给予每户1万元帮扶资金。

【调查研究】 2021年，民建洛江基层委结合“不忘合作初心，继续携手前进”主题教育活动，开展中共党史、民建会史的学习教育，2021年7月组织会员前往贵州遵义等地开展“学中共党史、记初心使命”专题学习教育活动，传承红色基因、弘扬长征精神。紧扣洛江发展的重点、难点、热点问题，组织会内担任人大代表、政协委员的会员和部分参政议政骨干会员“走出去、沉下去”，深入挂钩乡镇（罗溪镇）开展农村饮用水安全等专题调研，为洛江建设智造先行区、生态幸福城建言献策。

（胡祖原 林少槐）

中国农工民主党洛江支部

【概况】 2021年，中国农工民主党洛江支部（简称农工党洛江总支）坚持以习近平新时代中国特色社会主义思想为指导，加强思想引领、凝聚政治共识，围绕区委、区政府的中心工作履行建言献策、参政议政和民主监督职能。疫情期间，农工党洛江总支党员凝心聚力，主动请战，立足岗位，捐款捐物，创作文艺作品，用各自的方式积极投身于抗疫战线。全年撰写各类报道信息25篇，其中被省委会和市委会分别采纳17篇和19篇。全年发展7名党员，至2021年底共有党员72人。

【思想建设】 2021年，农工党洛江总支通过主委会、全委（扩大）会等形式，组织党员学习中共十九届五中、六中全会和农工党十六届四次中全会精神及《中国共产党统一战线工作条例》，提高班子成员的政治把握能力。农工党洛江总支为每一位党员订阅中央党刊《前进论坛》，及时将省级党刊《农工闽讯》分发到党员手中，将市级党刊《农工党泉讯》的重要内容传达下去，党员们通过三级党刊，学习政治理论、了解政策形势、掌握农工党动态。

【参政议政】 2021年，农工党洛江总支完成洛江区“两会”提案建议工作，以大会发言材料、提案等形式建言献策，向洛江区政协六届一次会议报送大会发言1篇、集体提案7件、委员个人提案6件。2021年，农工党洛江总支提交社情民意信息37条，被市委会采用36条，省委会采用11篇，省政协采用1篇，其中《延迟退休应先破解就业年龄歧视问题》被农工党中央采用，《党外人士反映当前民众接种新冠疫苗意愿不高的现象亟须关注》《当前涉企社团过多过滥应予精简》被中共福建省委办公厅采用。

【民主监督】 2021年，农工党洛江总支陈笃恒作为泉州广播电视台《政风行风热线》栏目社情民意观察员，在2021年12月9日泉州市行政服务中心上线《在线访谈》时，针对社会热点问题和上线单位存在的问题，提出意见和建议。罗雄、施晓娴作为人民陪审员依法参加洛江区法院审判活动。

【社会服务】 2021年1月23日，农工党洛江总支教育支部在罗溪镇双溪村龟峰岩举行“我们的节日 春节 义写赠春联活动”。3月9日，医卫支部在仰恩大学附属幼儿园开展“弘扬雷锋精神 关爱儿童成长”学雷锋志愿服务主题党日活动。5月28日，医卫支部参加在马甲镇杏川村举行的“童心向党 筑梦飞扬”六一中国儿童节活动，为25名小朋友进行儿童健康体检，并送上文具等礼物。6月4日，综合支部参加在万安街道居然之家举办的“人与自然和谐共生”“6·5”世界环境日宣传活动。9月9日，医卫支部参加洛江区医院主办的中医药健康知识宣传活动，为社区居民上了一堂题为《高血压、糖尿病中医预防和食疗知识》的健康讲座。10月14日，农工党洛江总支携手爱心企业到马甲镇祁山村开展重阳助老爱心公益活动，走访20名生活难以自理的困难老人，并送上部分生活用品。同日，医卫支部党员到马甲镇永安村开展“九九重阳节 浓浓敬老情”健康义诊活动。11月13日，总支联合泉州一院基层委员会和泉港总支到泉港区界山镇狮东村开展“同心助医助学”义诊帮扶活动，诊治村民200人次，赠送药品3000余元，慰问贫困学生1000元。12月13—14日，总支党员在洛江龙人伍心·金秋家园颐养院，为洛江区养老护理员技能提升培训班授课。

（史鼎三　罗雄）

中国致公党洛江支部

【概况】　2021年，中国致公党洛江支部（简称致公党洛江支部）坚持以习近平新时代中国特色社会主义思想为指导，围绕洛江工作大局，全面提高参政议政能力和自身建设水平。党员陈权州代表支部作题为《“以养融医 医养一体”推进我区医养结合养老模式》的大会发言，该篇提案获得“优秀提案”称号。6月30日，致公党洛江支部4名党员准备诗朗诵《紧握的拳头》，参加区委统战部主办的“学党史知党恩 跟党同心同行”红色经典诗词朗诵比赛，并获得二等奖。

【思想建设】　2021年，致公党洛江支部结合开展“四史”学习教育活动，加强党员的思想政治学习，提高党员的政治站位。到“晋江经验”馆，观看图片史料和视频讲解，系统学习中共中央总书记习近平在福建工作期间总结形成的“六个始终坚持”“处理好五大关系”的“晋江经验”具体内涵，了解晋江人“敢为天下先，爱拼才会赢”，抢占改革开放先机，谋求特色化发展的拼搏精神；到围头“八二三”战地公园，瞻仰战地烈士纪念碑和将军林，参观围头“战争与和平”纪念馆，重走先烈抗战足迹，让支部党员充分认识开展中共党史学习的重要意义，在理论上得到充实提高，自觉加强对中共党史的学习；在行动上奋发进取，围绕中心任务，在工作岗位上践行好初心使命。

【参政议政】　2021年，致公党洛江支部贯彻落实区政协有关会议精神，自觉履行作为政协参加单位的职责，在建言资政和凝聚共识上双向发力，围绕区委、区政府的中心工作和人民群众关心关注的热点难点问题，围绕洛江“十四五”规划和“五个洛江”建设，牢固树立质量意识和精品意识，集思广益，深入企事业单位、深入基层一线广泛开展调研，征求各方意见建议，注重报送提案质量，力争实现参政参在点子上，议政议在关键处。主委陈云华被评为政协洛江区第五届优秀履职委员，支委许少坚关于“进一步提升政务服务水平的建议”被列为市政协重点提案。支部向区政协六届一次会议提交集体提案4件，就在万虹路建立洛江区特色农产品展示及集散中心、落实中介服务监管助力审批提速、创新农产品营销模式的建议、推进洛江区医养结合养老模式等方面提出务实、可操作的意见建议，既有对民生问题的持续关注，也有对引领区政策制度创新的思考。

【社会服务】　2021年，致公党洛江支部响应致公党中央号召，助力重庆酉阳县巩固拓展脱贫攻坚成果与乡村振兴，向酉阳开展消费帮扶，全体党员踊跃参与扶贫消费，在微信“酉好货”平台上采购各类农特产品；联合致公党市委会到双阳街道开展新春暖侨活动，为困难华侨送去价值约1万元的粮油慰问品，浓浓的问候，贴心的话语，让归侨侨眷们

2021年2月3日，致公党泉州市委会与致公党洛江区支部共同到双阳街道开展慰问困难华侨活动（图/致公党洛江支部）

深切感受到致公党的温情，更进一步营造知侨情、暖侨心、解侨困的良好氛围；开展“同心助学 松柏成才”助学仪式，为3名洛江域内优秀的困难学生提供9000元的助学金，鼓励他们不断磨砺自己的品格，以更加优异的成绩和一颗感恩的心来回馈社会。

【党员之家建设】 2021年，致公党洛江支部创新基层组织形式，增强党员的凝聚力和活力，持续完善“党员之家”建设，加强致公党党员之间的学习交流，改善党员活动的条件，把“党员之家”建设为“温馨、和谐、服务”的家，真正建设成为与致公党中央提出的在政治上相互关心，思想上相互帮助、工作上相互支持、生活上相互关心的“党员之家”。1月，致公党省委会专职副主委吴棉国、秘书长王惠忠、处长黄梅媚到支部“党员之家”考察指导。

（陈冰莹 陈云华）

九三学社洛江支社

【概况】 2021年，九三学社泉州市洛江支社（简称社洛江支社）围绕区委、区政府的中心工作，结合自身实际，不断加强自身建设，发挥参政党的作用，在思想建设、参政议政、组织建设等工作均取得良好的成绩。全年发展新社员5人，其中医生3人、律师1人、机关人员1人。

【思想建设】 2021年7月22日，社洛江支社主委罗春珍组织社员学习贯彻中共中央总书记习近平在庆祝中国共产党成立100周年大会上的重要讲话精神，要求社员们按照中共中央指引的正确方向、确定的前进党路线开展工作。9月3日，支社主委罗珍春主持召开庆祝九三学社创建76周年座谈会，系统地学习“五史”（中共党史，新中国史，改革开放史，社会主义发展史，多党合作史），讴歌中国共产党领导的多党合作和政治协商制度所取得的新成

2021年7月22日，九三学社洛江支社主委罗春珍（中）组织社员开展理论学习（图/九三学社洛江支社）

就，为实现中华民族伟大复兴的中国梦贡献青春和力量。10月13日，主委罗春珍组织社员学习贯彻中国共产党泉州市第十三次代表大会精神。社市委委员、洛江区副区长沈艺程到会指导。要求全体社员把学习党代会精神与中共党史学习教育和“再学习、再调研、再落实”活动紧密结合起来，不断增强“四个意识”、坚定“四个自信”、做到“两个维护”，不断提高政治判断力、政治领悟力、政治执行力，始终做中国共产党的好参谋、好帮手、好同事。

【参政议政】　2021年，社洛江支社撰写区政协第六届委员会大会发言1篇，提案14篇。社员黄溦撰写的《关于改善职业教育产教融合短板的建议》和社员苏少波撰写的《关于普及AED（自动体外心脏除颤器）公共急救的建议》被列为市重点提案。社员黄溦申报并完成社省委2021年立项调研课题“提升我省高等职业教育水平研究”，并参加社省委举办的信息与提案工作培训班。2021年，社员沈艺程、詹游霖当选市政协委员，社员王诗榕、管佩、苏少波当选区政协委员，主委罗春珍当选区人大代表。

【社会服务】　2021年7月17日，社洛江支社主委罗春珍组织支社委员、部分骨干社员到德化开展“同心学党史 永远跟党走”红色革命教育活动，缅怀革命先烈，传承和弘扬爱党爱国情怀和革命精神。11月30日，洛江区马甲镇新民村“长者食堂”揭牌仪式暨扶老志愿者服务队启动，主委罗春珍带领骨干社员联合洛江区医院到洛江区马甲镇新民村开展“送健康、送温暖、关爱老人”义诊扶贫活动。

【调查研究】　2021年，社洛江支社社员黄溦执笔“提升我省高等职业教育水平研究”课题被确定为社省委2021年立项调研课题（九三闽办发〔2021〕8号），围绕课题完成《破解职业教育产教融合瓶颈的建议》调研报告和《关于改善福建省职业教育产教融合的建议》提案。

【社员之家揭牌】　2021年7月22日，社洛江支社“社员之家”举行揭牌仪式，泉州市政协副主席、九三学社泉州市委主委王祖耀和中共洛江区委常委、统战部部长曾国家出席并为“社员之家”揭牌。社市委专职副主委李长江，洛江区政协副主席、社市委副主委王诗榕等参加揭牌仪式。

泉州市洛江区总工会

【概况】 2021年，泉州市洛江区总工会（简称洛江区总工会）结合党史学习教育，以“11个为职工办实事项目”为工作主线，在自身建设上提质量，为“十四五”开好局、起好步。其中，梳理总结洛江工会财务工作典型经验，撰写的《创新“1233”模式 真心服务职工》在《中国工会财会》上交流，区总工会被评为全省县级工会经审工作规范化一等奖单位，实施的审计项目被评为全省工会表扬审计项目。

【政治思想建设】 2021年，洛江区总工会开展党史学习教育，推进“融入化”学习，让党史学习教育融入工作、融入日常。依托“网上+工会”平台，组织学党史专题打卡，开展有奖竞答。举办“品读英雄史诗·传承红色基因”职工阅读活动，向21家职工书屋赠送党史学习教育指定书目。组织工会领导班子、劳模宣讲团，深入挂钩村、企业、学校开展党史学习教育专题、“讲好百年党史 激发奋进力量”等主题宣讲，掀起“大学习”热潮。以庆祝中国共产党成立100周年为主题，承办市级“永远跟党走 建功新征程”学习宣传贯彻习近平总书记“七一”重要讲话精神演出、区级“百年交响”歌舞盛会，主办“红心向党 乐启华章”合唱音乐会、“千家同颂·百年党恩”文艺活动，开展职工羽毛球赛、乒乓球赛、主题演讲比赛、主题歌唱活动，营造“党的盛典、人民的节日”的浓厚氛围。结合党史学习教育，建设职工红色教育阵地——工会简史馆。展馆以时间为经，展示中国工运史的发展脉络；以体验为纬，布设20个板块及1个互动区域，通过图片、视频、文字等，展现中国工人阶级发展的独立姿态，铭记中国工会发展的峥嵘岁月，弘扬中国工人的劳动精神、工匠精神，以史为鉴，开创未来，引领广大职工积极发挥主力军作用，投身新时代的伟大实践。

【职工劳动竞赛】 2021年，洛江区总工会承办市级机器人焊接职业技能竞赛，主办首届区级机器人焊接技能竞赛、烟草专卖岗位技竞赛、中小学教师教学技能暨岗位练兵竞赛；嘉泰数控、特检院4名职工与全省各行各业的精英组成福建参赛团，参加产业工人“全运会”——第七届全国职工职业技能大赛决赛；双阳街道经济发展办公室获评2020年重点项目劳动竞赛泉州市“五一先锋号”，有力推动“知识型、技能型、创新型”职工队伍建设。1个单位获评2020年重点项目劳动竞赛“泉州市五一先锋号”，4个单位获评2021年“泉州市工人（五一）先锋号”。主动融入全市创新驱动战略部署，拓展“五小”等群众性经济技术创新活动，在2021年全省百万职工“五小”创新大赛中，洛江区职

2021年11月30日，洛江区总工会承办2021年泉州市第二届机器人焊接技能大赛（图/区总工会）

工获得一等奖1个、二等奖1个、三等奖7个，获奖项目涉及新材料、机械、环保等行业。在此基础上，选送的7个职工合理化建议“金点子”获市级通报表扬，其中一等奖1名、二等奖2名、三等奖4名。1个项目获全国总工会2021年度职工创新资金补助。在国内外发明展上，获得铜奖2个。

【职工教育培训】 2021年，洛江区围绕省级智能制造试点示范基地，不断深化做实产业工人队伍建设改革。在新源重工开展技术管理培训就是针对企业实现技术改造升级后新的培训课程。此外，还开设焊接技术应用操作提升、工业机器人操作与示教等5个课程培训班，为福建省铁拓机械股份有限公司、凹凸精密机械有限公司等7家企业职工“充电”，为洛江产业转型升级、经济高质量发展提供坚实的技能队伍支撑。

【职工权益维护】 2021年，洛江区总工会组织实施“2021我在洛江过大年”企业职工欢乐新春系列活动，投入资金100多万元，参与职工达8000多人次。其中，发放“留洛过年”红包77万元，惠及职工3850人；为春节期间坚守岗位的快递、环卫等行业一线职工送去年夜礼包167份；3000多名职工免费游览洛江景点；6000多人次职工参与文娱闹新春活动；1200多名职工免费观看电影；“幸福返洛”活动为277名职工发放交通补助4.88万元。实行小微企业工会经费全额返还，惠及企业112家，返还经费241.4万元，保障企业生产用工稳定性，奏响优化营商环境“和谐曲”。努力营造良好用工环境，开展“民营企业招聘月”活动，组织近100家企业提供机械生产、智能制造等十余个行业的近1500个相关岗位，满足民营企业用工需求，牢牢守住“稳就业”基本盘。1家单位被评为省级企业民主管理规范化建设示范单位。开展职工队伍稳定风险专项排查化解，健全工会系统欠薪报告、重要节点信访信息报告制度，主办“安全生产月”安全文化知识竞赛暨消防应急救援演练系列活动，有力营造良好的用工环境，构建和谐劳动关系，广大职工的安全生产技能进一步提升。

【职工帮扶服务】 2021年，洛江区总工会深入开展第十五期医疗互助活动，加强责任分解，广泛宣传，深入动员，共组织20034名职工参加，归集互助金1343141元，补助506人次1035639元，有效解决职工就医后顾之忧。开展慰问服务，慰问20多家高温作业企事业单位，惠及职工8000多人，发放防暑降温慰问物品22.06万元，切实保障职工身心健康。培育5个市级农民工创业典型示范基地，涉及休闲农业观光、花卉种植、果蔬专业合作社等多个产业链，可带动就业109人，创造产值440多万元，点亮农民工创业梦想，助力乡村振兴战略。

【工会基层组织建设】 2021年，洛江区总工会结合乡镇（街道）、

2021年12月10日，洛江区新就业形态劳动者联合工会成立暨入会仪式在邮政洛江分公司举行（图/区总工会）

村（社区）换届，以开展全区工会系统机关干部赴基层蹲点活动为契机，完成86家镇（街）、村（社区）及非公有制企业工会换届选举工作，全年新建基层工会40家，新发展会员1958人，不断增强基层工会组织活力。举行新就业形态劳动者集中入会仪式，开展“工会进万家·新就业形态劳动温暖行动”服务月活动，筹建万安和罗溪2家户外劳动者驿站。贯彻落实“近邻党建”工作要求，在马甲中学和区消防救援大队新建2家职工之家，在南山归侨安置小区和白洋村新建2家共享职工之家。开展模范职工之家常态化工作复查，复查辖区省级模范职工之家2家，市级模范职工之家10家，全面提升基层工会组织规范化建设水平。新建1家省级“医生休息室”（洛江区医院），2家市级职工书屋（华大超硬和兴达保洁），1家“妈妈小屋”（马甲中学），进一步满足职工多样化、专业化和个性化的需求。

【劳模工匠示范引领】 2021年，洛江区总工会开展“名师带高徒”暨命名“好师傅”活动，签订师徒传帮带协议，师徒结对500余对，嘉泰数控林东煌、西人马刘晓敏、汇丰妇幼孙志略等10人被命名为市级“好师傅”，发挥高技能人才传帮带作用。选树培育先进典型，2021年，方圆建设获评省五一劳动奖状、信和新材料龙小雄获评省五一劳动奖章、市医疗保障基金中心洛江分中心获评省工人（五一）先锋号，中建富林的刘永平、劲力机械的曾华山获评“泉州工匠”称号并组建工匠工作室，曾华山工匠工作室研发的“一种铁路多功能换枕掏碴机械”专利技术获“上海国际发明创新展”金奖。创建特检院、西人马、铁拓3家工匠型班组，3家工匠型班组提出的技术优化为公司节省成本约61万元，充分发挥先进典型示范引领作用，形成产业工人队伍成才壮大的“雁阵”格局。

【职工子女服务】 2021年，洛江区《实施洛江区中小学课后服务工作实施意见》，标志着洛江区课后服务工作率先实现义务教育阶段全覆盖。5月，举办“四点半”课后服务推进会。6月，“鼓励支持学校开展各种课后育人活动，推动城区中小学课后服务全覆盖”写入省委十届十二次全会决定。暑假期间，洛江区总工会为缓解家长暑期“看护难”问题，开设5个职工子女暑托班，服务职工子女130余人，“托稳”职工心。

共青团泉州市洛江区委员会

【概况】 2021年，共青团泉州市洛江区委员会（简称洛江团区委）以开展党史学习教育为主线，团结凝聚青年围绕中心、服务大局，切实提升团的组织力、引领力、服务力。加强正面宣传和强化“互联网+”思维，运用微信、微博、团属宣传阵地等发出好声音，弘扬正能量。制作发布“党史学习进行时”“党史上的今天”等篇幅精练、内容丰富的新媒体作品 36 条，引导青少年合理利用新媒体学习党史。在“洛江青年”微博、微信公众号推送各类学习资料、原创作品、活动信息等 43 期近 300 篇次，阅读量超 10 万人次。2021 年，全区 1 人获国家级表彰，2 个集体和 3 人获省级以上表彰，相关做法被《福建日报》头版、“学习强国”学习平台等刊载。

【青年思想教育】 2021 年，洛江团区委以“青年大学习，一起学党史”行动为统揽，全方位发动各级团组织以团的“三会一课”等日常团的活动为抓手，结合运用“智慧团建”系统党史学习教育功能模块掀起党史学习教育热潮，各基层团组织开展“学党史，强信念，跟党走”专题团课 2300 余场，主题团日活动 687 次，开展“童心向党”少先队党史学习教育班会、队会活动 640 余场，确保全区 294 个基层团支部和 558 个少先队中队党史学习教育全覆盖。

【活动形式创新】 2021 年，洛江团区委利用洪泗影剧院、俞大猷公园等爱国主义教育基地资源，面向青年科技工作者、青年企业家、青年群众等不同领域团员青年组织开展“学党史·强信念，青春奋进‘十四五’”主题徒步闯关暨党史读书分享会、话剧《三湾，那一夜》艺术党课、线上“千人百题党史知识竞赛”等活动 15 场，通过丰富党史学习形式，开展分众化、有特色的学习教育活动，激发青少年参与党史学习热情。

【团组织换届】 2021 年，洛江团区委按照上级关于开展区乡村三级团组织换届的部署要求，完成区乡村三级团组织换届，召开共青团洛江区第六次代表大会，选举产生新一届团区委领导班子；高质量完成全部乡镇（街道）团（工）委和村级团组织换届工作，吸纳一批优秀的青年干部、农村青年致富带头人，公安、卫生、教育等领域的优秀青年任基层团干，为基层团组织注入新鲜血液；同步推进区直团工委换届和成立区教育团工委，不断完善团的基层组织体系。同时向村级党组织推荐 35 周岁以下的优秀青年人选补充到村“两委”班子，换届后全区 86 个村（社区）书记中担任过团支部书记的占 25.6%。

【团建工作】 2021 年，洛江团区委探索“党建 + 共青团 + 专业社工 + 青年志愿者”基层团组织建设新模式，打造南山社区团建示范点，入选福建省首批社区青春行动试点单位。依托“智慧团建”系统，推动各级团组织依托线上团务平台开展、录入团的活动。建立基层团建述职工作机制；抓好发展团员工作，严把团员入口关及管理关，控制数量、规范程序、提高质量，同时抓好团员先进性教育，突出团员集中教育和日常教育，扎实开展重温入团誓词等活动，不断增强团员先锋意识。

2021 年，洛江团区委举办全区少先队辅导员培训，开展“庆七一·跟党走”主题活动，组织少先队员通过文明引导、卫生清洁等形式以实际行动践行“请党放心，强国有我”庄严承诺。首次承办市级“觅足迹，颂伟绩，争做新时代好队员”队课观摩活动，近万人实时观看云端直播；开展以“红领巾心向党”为主题的少先队开学第一课活动，组织市、区“红领巾巡讲团”成员深入基层学校宣讲党史故事；成立全区首个红领巾电视台，不断拓展少先队宣传渠道。

【青年人才服务体系完善】 2021 年，洛江团区委不断加强青年人才信息资源的优化整合，积极配合开展“雏鹰计划”青年拔尖人才遴选工作，向上推报一位优秀青年人才，并进一步完善洛江区青年人才数据库，开展洛江籍优秀青年人才摸底，联合区委人才办、工商联等发动基层团组织主动收集洛江籍在外高校大学生，科技创新、企业管理等领域青年人才，依托微信群等渠道建立常态化联系，不断提升青年人才储备资源数量和质量。完善洛

2021年8月24日，洛江籍返乡优秀大学生座谈会召开（图/团区委）

江籍在外高校大学生暑期社会实践联动服务体系，积极对接“扬帆计划”、港澳台大学生暑期实习活动等相关资源，发动区党政机关、企事业单位提供社会实践岗位，并举办“‘洛’爱人才，共话‘江’来”2021年洛籍返乡优秀大学生座谈会，听取大学生对社会实践活动反馈建议，不断提升社会实践活动服务实效。

【青年人才交流平台搭建】 2021年，洛江团区委聚焦高校大学生、台湾青年、新兴领域青年人才集中的区域，通过“共青团+社工+志愿者+社会组织”的模式，不断深化“青年之家”等青年人才交流活动平台建设，依托青商会企业东艺雕刻打造洛江区高校大学生青年人才之家，组织辖区内外高校大学生开展党史徒步、企业参观、交流座谈、政策宣讲等活动3场。联合有关单位在仰恩大学举办“‘就’在金秋，‘职’面未来”毕业生校园招聘会等大型校园招聘活动2场。组织辖区内外780多家单位进校招聘，为2022届毕业生提供就业岗位1.8万余个，并结合开展毕业生就业创业、人才港湾计划、大学生征兵等政策推介活动，助力搭建校地合作、校企对接平台。搭建洛江籍高校大学生相互之间和辖区企业间交流互动平台，增进高校大学生对洛江的了解，推动他们回到洛江，落户洛江，为洛江发展建设贡献青春力量。

【人才服务】 2021年，洛江团区委围绕助力疫情防控、实施乡村振兴战略等重点工作，大力引导各界青年人才投身发展一线干事创业。疫情期间发动青年企业家、青年心理社工、返乡高校大学生等青年人才投身疫情防控一线，做好物资募集、防疫宣传、心理疏导、核酸检测等志愿服务，1300多人次参与，志愿服务时长超过6300小时，募集捐赠疫情防控相关物资30余万元。以“汇聚青春力量，助力乡村振兴”为主题，摸底乡村振兴青年人才数据，组建乡村振兴青年突击队7支，联合开展“建设美丽家园”“倡导绿色生活”“助推产业发展”“我与家乡共成长”“争做向上向善好青年”等系列主题活动，组织动员优秀青年人才积极投身乡村振兴，3人入选泉州市乡村振兴青年先锋。深入开展“银团合作”，发挥金融挂职团干部作用，积极服务小微企业。依托农村青年致富带头人企业，开展农村青年就业创业沟通交流、直播带货等活动，带动更多农村青年返乡创业扎根乡村。

【预防青少年违法犯罪】 2021年，洛江团区委加强同区委政法委、法院、检察院、公安局、民政局等有关部门的沟通协调，建立常态化沟通交流机制，加强涉及未成年人有关信息的共享，以及青少年群体数据信息分析研判和理论研究，形成闲散无业青少年群体的管理以及违法犯罪预防工作分析，为预青（预防青少年违法犯罪）工作开展指明方向。持续推进初中毕业未升学青少年精准帮扶，构建“社工+志愿者+社会公益组织”精准帮扶思路，增加初中毕业未升学青少年社会支持服务内容，通过心理拓展活动、信息摸排建档、职业技能提升、个案辅导等服务内容，构建毕业前后全面帮扶体系，服务全区毕业未升学青少年100余人。联合公安、法院、交警等到辖区内的大学、中学、小学、幼儿园开展预防校园欺凌、女童保护、交通、安全、防拐防骗等安全宣讲15场。开展“模拟法庭进校园”系列巡演活动，强化青少年维护自身合法权益的法律意识。

2021年，洛江团区委依托南山社区的洛江区青少年事务综合服务中心，开展预青普法，防治校园欺凌、青少年健康发展等主题活动10余场，组织自护成长冬令营、快乐暑期夏令营，服务周边留守儿童及归侨青少年，着力联系、凝聚、服务弱势青少年群体。依托专业的社工力量建设团属青少年事务社工中心，承接区预青工作项目10余个，开展活动30多场。依托“洛江青年”等线上新媒体平台，制作预青宣传新媒体作品20余条，拍摄禁毒宣传片《梦想倒计时》，宣传微视频被“学习强国”平台选用。

【青少年宣传教育】 2021年，洛江团区委开展人大代表、政协委员面对面活动，组织区青年企业家代表同人大代表、政协委员展开交流座谈，进一步准确把握青年企业家的普遍性利益诉求，促进区青年企业家健康成长。与区教育部门密切协作配合，法制副校长、责任区民警切实担当校园法律宣传教育的责任。开展法制进校园活动60余场次，以讲座、案例分析、图片展览等多种形式强化在校生的法制教育。同学校、村（社区）等单位定期举办“法制讲座”，采取由民警说事、说法等方式，以浅显易懂的案例，加大法治宣传教育力度，形成全社会共同关注青少年和未成年人的法制教育的良好氛围。通过社区民警入户走访，深入学校、学生家庭进行调查研究、家庭访问，开展青少年和未成年人的教育工作，强化保护青少年和未成年人的意识，实现对违法青少年的教育帮教目的。联合有关部门开展形式多样，内容新颖的青少年毒品预防教育活动，创新禁毒宣传教育机制，覆盖全区各乡镇（街道）和中小学，营造良好的青少年禁毒氛围。

【共青团洛江区第六次代表大会】 2021年11月9日，洛江区召开共青团洛江区第六次代表大会，选举产生共青团洛江区第六届委员会委员、候补委员，并召开共青团洛江区第六届委员会第一次全体会议，选举产生共青团洛江区第六届委员会常务委员、书记、副书记。

【共青团洛江区教育工作委员会成立】 2021年12月3日，共青团洛江区教育工作委员会成立，其作为洛江区团教协作平台，加强对本地中学共青团和少先队工作的直接指导，提高团员青年的思想政治素质，协助开展理想信念教育、团员意识教育、先进性教育，服务教育系统团员、青年成长发展。

（张晓云 吴春燕）

泉州市洛江区妇女联合会

【概况】 2021年，泉州市洛江区妇女联合会（简称洛江区妇联）组织设计开展“献礼建党百年 巾帼奋进新时代”主题系列活动，引导广大妇女儿童和家庭学党史、颂党恩。在“大美洛江”“洛江妇联”微信公众号设立专栏，宣传报道“最美家庭”和各级三八红旗手，推荐参评市级6名红旗手，三八红旗集体3个，省级三八红旗手1名，省级三八红旗集体1个。组建巾帼志愿者服务队89支，志愿者863人，聚焦妇女儿童关切的实际问题，常态化开展疫情防控、新时代文明实践、帮扶慰问等志愿服务。助推乡村振兴建设，评选出省、市、区级美丽庭院示范户90户，以小家之美助推乡村建设品质提升及环境整治。举办“巾帼展风采 学习促建岗”文明岗经验交流会，培育各级巾帼文明岗14个。常态化开展寻找“最美家庭”“绿色家庭”“平安家庭”等群众性精神文明创建活动，大力开展家庭文明建设宣传，涵养家风文化，营造家庭文明和谐新风。创新提升“22335”家事矛盾纠纷排查化解新模式，新建智慧网格示范点4个，入户摸排300多户，调解

2021年12月27日，洛江区妇联组织启动“关爱留守儿童·乡村守望计划”虹山乡彩虹公益课堂　　（图/区妇联）

各类矛盾纠纷60多件。常态化开展周末乐园、亲子阅读、舞蹈、围棋等公益服务项目，受益儿童1000多人。12月27日，启动“关爱留守儿童·乡村守望计划”虹山乡彩虹公益课堂，邀请志愿服务教师利用周末休息时间为孩子们提供艺术素养、心理健康讲座、研学课堂、安全课堂等服务。开展“母亲健康1+1”公益募捐、关爱“两癌”贫困母亲、春蕾助学、留守儿童结对关爱等品牌活动，受益母亲50多名、儿童100多名。注重做好优秀女性人选发现和推荐工作，全区86个村（社区）班子100%有女性成员，村（社区）妇联主席100%进村（社区）“两委”班子。

【妇女思想政治引领】　2021年，洛江区妇联开展“再学习、再调研、再落实”和党史学习教育，落实每月区、镇、村三级妇联执委学习制度，深入学习领会中共十九届五中、六中全会精神和习近平总书记在中央党史学习教育动员大会、来闽考察、“七一”等重要讲话精神。开展巾帼大宣讲走进基层走进家庭活动，引领广大妇女、家庭传承红色基因，切实把学习成果转化为推动妇女工作的强大动力。突出建党百年主线，通过线上+线下相结合的方式，引导广大妇女儿童和家庭学党史、颂党恩。线上，在微信公众号开设“跟着总书记学党史”“党的女儿心向党”等党史学习教育专栏，推送信息50余条。线下，精心组织设计开展“献礼建党百年 巾帼奋进新时代”主题系列活动，先后组织“忆峥嵘岁月·奋进新时代”红色革命故事分享会、“笔墨巾帼情·献礼建党百年”国画班习作展、“缅怀革命先烈·传承红色精神”学习纪念活动、“全闽共舞·欢庆建党百年”广场舞比赛、“千家同颂·百年党恩”建党百年广场文艺活动、“巾帼心向党·建功新时代，女企花正红”女企业家联谊等活动。

【妇联组织建设】　2021年，洛江区新建“妇女微家”10个，其中创业就业类4个，儿童服务类3个，志愿服务类2个，老年服务类1个，进一步发挥凝聚教育和服务妇女群众的功能和作用；通过搭建平台，新建执委工作室6个，让执委们在工作中更好地亮身份，最大限度调动妇联执委履职的积极性、主动性和创造性。拓宽创建领域，新建“三新”妇联组织4家，基层工作力量进一步壮大。大力推进女性进村“两委”工作，注重做好优秀女性人选发现和推荐工作，举办2021年洛江区推动女性进村（社区）“两委”巡回培训会，有效助力村（社区）妇联干部领会政策、提前谋划、提升竞选能力。加强服务，提升执委履职能力。每名执委根据自身资源优势挂钩联系2～5名基层执委，申领“平安妈妈”、巾帼维权、创业就业等服务妇女儿童工作项目，区、乡镇（街道）、村（社区）三级执委共领办项目1000余件，促进执委亮岗履职、亮岗服务，实现服务“零距离”全覆盖。统筹谋划，巩固和深化“破难行动”，召开街道妇工委改建妇联、乡镇及村（社区）妇联换届工作动员暨培训会，进一步巩固妇联改革“破难行动”成效，选优配强各级妇联领导班子，进一步调整和优化执委队伍，提高执委队伍的整体素质和履职能力，更好地团结带领广大妇女积极参与乡村发展和基层治理，为洛江区全面建设“幸福生态城、智造先行区”贡献巾帼力量。

【城乡妇女发展】 2021年，洛江区妇联发挥区女企业家联谊会作用，积极参与扶贫帮困、助学兴教等社会公益活动，发挥桥梁纽带作用。“六一”国际儿童节为南山小学捐资捐物2万元；春节、母亲节期间慰问困难妇女47名；组织广大会员参加“母亲健康1+1”募捐活动（募捐善款3.91万元）；重阳节为贫困老人送去慰问金8700元及慰问品；开展“党在我心中，永远跟党走”建党百年主题活动。在4个省级乡村振兴试点村率先启动美丽庭院创建工作，通过制定创建标准、组织巾帼志愿者入户宣传、量化评定提升等，评选出省级美丽庭院示范户23户、市级美丽庭院示范30户、区级美丽庭院37户，助力乡村振兴。服从区委、区政府工作部署，发动和倡议各级妇联干部执委及广大妇女家庭，通过开设防疫专栏推送防疫知识、抗疫风采，发动女企联等爱心企业捐赠爱心物资等，以实际行动助力疫情防控。举办“巾帼展风采学习促建岗”文明岗经验交流会，邀请省、市巾帼文明岗作建岗经验交流，最大限度发挥创建潜能，共享品牌经验，以争创活动集聚妇联资源，2021年共创建各级“巾帼文明岗”14个（省级1个、市级2个、区级11个）。开展旅游业女性从业人员职业技能培训活动，进一步提升旅游业女性就业人员的业务和服务水平。培育区级巾帼示范基地3家，鼓励发挥示范带动作用，服务妇女创业就业。联合农商银行开展妇女创业贷款“巧妇贷”推广工作，为城乡创业女性提供有效金融服务，促进妇女创业就业和脱贫致富。组织巾帼企业、女企联积极参加“民营企业招聘月”活动，为广大妇女群众、高校毕业生、农民工创业就业牵线搭桥，实现就业招聘双向服务。

【家庭文明建设】 2021年，洛江区妇联常态化开展群众性精神文明创建活动，推荐评选市级最美家庭3户、市级平安家庭1户、省级最美家庭1户、省级绿色家庭1户。利用传统节日开展家庭文明建设活动，组织家风家训志愿者开展“传承好家风·培育好家训”下社区宣传活动。植树节期间，举办“拥抱春天·呵护绿色”“我为世界增添一份绿”主题活动。端午节期间，开展“文明家庭倡新风·爱国卫生共传承”节日主题活动。重阳节期间，开展“九九重阳暖人心·我为群众办实事”关爱老人志愿服务。强化家庭教育支持服务，指导各乡镇（街道）建立家庭教育指导中心。加强家庭建设理论研究，联合区教育局开展家庭教育优秀论文评选，共评选优秀论文18篇、优秀案例6篇；开展“家庭教育公益大讲堂”12场，传播现代家庭教育的新理念、新知识和新方法，进一步提高家长科学教子水平；推进亲子阅读家庭服务项目，“六一”国际儿童节期间，组织开展“认捐39元图书”活动，为乡村小学和“儿童之家”捐赠700套2000多册的书籍。

【妇女儿童服务】 2021年，洛江区妇联持续推进建设“儿童之家”公益社工服务示范点10个，其中：提升建设市级“儿童之家”2个，新培育区级“儿童之家”公益社工服务示范点2个，提升建设区级“儿童之家”公益社工服务示范点6个。“儿童之家”常态化开展周末乐园、亲子阅读等服务项目，开设舞蹈、围棋等十几项公益培训，受益儿童1000多人次。组织开展“百年礼赞·少年儿童心向党”“游古桥·倡环保”“童心送祝福，致敬最美劳动者”“我是小小环保宣传大使”等主题活动，引导儿童继承和弘扬中华优秀传统美德。各地结合实际，开展各具特色的活动，新民村“儿童之家”开展儿童南音培训，开设家风家训大讲堂；虹山乡、杏川村“儿童之家”举办美丽乡村小导游班，开展“云旅游”等活动；白洋村、浮桥村“儿童之家”开展国学培训，开设家庭美德课堂、亲子教育讲座；双溪村、阳江社区“儿童之家”打造亲子阅读小屋，举办亲子阅读共享会。持续开展“母亲健康1+1”公益募捐、关爱“两癌”贫困母亲、春蕾助学、留守儿童结对关爱等品牌活动，受益母亲50多名、儿童100多名，其中公益募捐共收到爱心款10.42万元，为历年最多。为符合条件的61名离任妇代会主任（社区妇联主席）发放养老补助经费5.86万元。为1305名女性购买“安康保险”，投入资金13.05万元。试点开展“洛家亲”家庭综合服务中心项目，项目采取“区妇联监督管理+村（社区）购买服务+社工机构组织实施+村（社区）妇女儿童团体组织协助的“四维一体”的运作模式，开展家庭护航服务、女性成长服务、儿童多元服务及社区组织培育等四大服务项目，为辖区妇女儿童及家庭提供专业优质的社会服务，吸引群众走出“小”家、融入“大”家，积极参与社区治理、乡村振兴等。

【“两纲”实施】 2021年，洛江区妇联完成两纲评估验收，《中国妇女发展纲要（2021—2030）》55个监测指标中53个达标，达标率96.3%，《中国儿童发展纲要（2021—2030）》47个监测指标全部完成，达标率100%。

【家事调解工作模式创新】 2021年，洛江区妇联创新提升“22335”家事调解工作模式，通过构建两个网格、两个平台、三级阵地、三环服务、五项机制的“22335”家事矛盾纠纷排查化解新模式，推进平安家庭微治理。构建“平安妈妈+警务”“专职+兼职”调解队伍的网格架构，加强网格员、家事速递员的培训，通过组群加强联动，提升调解实效，全区共组建“平安妈妈网格员”队伍695人与“警务网格员”127人，采集录入妇情民意近900条，化解各类矛盾纠纷60多件。创新完善“妇女援助速问平台”，提供维权预约、在线速问、指尖普法、以案释法等服务；加强资源整合共享，把家事调解工作接入“110”移动报警智慧平台，对家庭暴力等纠纷，由区妇联、公安等配合处置。“两个平台”信息共享、工作互补，形成“有网（互联网）有格（网格）”的家事纠纷智慧调处新模式。全区共通过平台预约“维权申请”250多条、“在线速问”2000多人次。全面打造“区、镇、村家事调解”自下而上的互联互通三级阵地，把矛盾化解在萌芽状态。至年底共接到来电来信来访103件，全部完成化解。以“调解前宣传有广度、调解中工作有力度、调解后回访有速度”的思路，抓好宣传、调解、回访三个环节，推进家事调解全流程闭环服务。加强调解前宣传，线上用好“洛江妇联”微信公众号，普及维权知识，如：推出30多期速问平台指尖普法、以案释法普法宣传，开展线上普法学法有奖活动等；线下发挥网格员作用，结合“三八”维权月、禁毒宣传日等时间节点开展“巾帼展风采，法治我践行”“防毒禁毒进社区·巾帼在行动”，开展面对面普法宣传，举办讲座等活动10多场。提升调解中质效，以购买社工服务的方式实现专人坐班接案，落实多部门联动机制，及时梳理分析，提供精准化解服务。落实调解后回访，及时了解后续效果，确保调解到位。联合公检法司等部门启动“守护花蕾专项行动”，开展预防性侵等讲座5场次，为保护女童安全提供服务。建立家事调查研究摸排机制、家事速递员机制、家事“半月谈”机制、红黄蓝“三色”动态管理机制、跟踪回访服务机制，五项机制实施以来，妥善化解家庭纠纷54件。

（吴玲玲　郑美玲）

洛江区科学技术协会

【概况】 2021年，泉州市洛江区科学技术协会（简称洛江区科协）履行联系科技工作者桥梁纽带职责，为高新企业招才引智工作牵线搭桥，推进全民科学素质提升工作，为洛江区全方位推动高质量发展赶超提供科技支撑。

推进科普信息化建设工作被中国科协评为“2020年科普中国信息员队伍建设优秀组织单位”（福建省县区级排名第一位），在2021年全国公民科学素质网络知识竞赛中，获得全国县区综合排名第32名的成绩。

【创新驱动发展服务】 2021年，洛江区科协到西人马联合测控（泉州）科技有限公司、泉州市虹岩茶叶有限公司、福建省铁拓机械股份有限公司、信和新材料股份有限公司、百福生物科技、泉美生物等企业开展走访调研，现场查看科技项目合作情况，通过各种渠道征集企业转型升级技术需求，为企业今后发展出谋划策、技术合作牵线搭桥，着力为创新驱动服务助力。开展院士专家服务企业活动，中国科学院院士、纤维材料专家朱美芳到禾伦织造有限公司考察调研，中国矿业大学刘初升教授等到铁拓机械股份有限公司，详细了解制约企业当前发展面临的关键技术问题，洽谈技术合作事宜。组织多家企业参加海外智库专家合作线上线下技术合作交流会。实施人才港湾计划，组织符合条件的企业申报市级创新平台建设，为专家团队与企业开展项目合作牵线搭桥，促进科研成果在洛江区实现落地转化。指导泉美生物公司院士工作站申报省级示范站，西人马联合测控、泉州市虹岩茶叶有限公司2家企业获得2021年泉州市专家工作站认定， 信和新材料股份有限公司、百福生物科技2家企业申报泉州市特级人才创新实验室，田格里拉生态旅游、泉丰生物科技、宇诺机械3家企业并获得泉州市“科创中国”学会服务站认定。

【青少年科创活动】 2021年，洛江区科协举办泉州市区贤銮青少年科技创新大赛、洛江区青少年科技创新大赛、洛江区青少年机器人竞赛等活动，推荐优秀作品参加省、市级比赛。在第五届泉州市青少年机器人竞赛活动中，区科协获“优秀组织单位”奖，RIC创新工程赛小学组二等奖、三等奖；FLL工程挑战赛获小学组三等奖。在第七届泉州市青少年科学影像作品竞赛活动中，获一等奖2项、二等奖1项、三等奖2项，该5项作品将参加第十二届全国青少年科学影像节活动。举办市、区流动科技馆巡展活动5场，配合市科技馆到罗溪中心小学举办市流动科技馆巡展、科普讲座、青少年科学实验活动，区流动科技馆到闽南师范附属小学、区图书馆进行巡展等单位巡展4场，通过启发式、体验式的教育，使更多学生和群众现场感受科技魅力，为广泛开展青少年科技教育活动创造条件。

2021年10月15日，中国工程院福建研究院专家到铁拓公司对接技术攻关 （图/区科协）

【公众科学素质提升】 2021年，洛江区科协推进科普中国信息员队伍建设和科普资源传播分享，加大“科普中国”APP的注册推广力度，线上线下全方位多渠道做好科普宣传工作，对全区个人排名前十的科普员和各村（社区）分享科普文章最多的村民进行奖励，调动村民线上科普传播的积极性。通过“科普中国”App、“洛江科普”微信公众号平台传播科学正能量，大力弘扬科学精神、普及科学知识。截至12月30日，洛江区科普中国注册信息员达10593人，分享科普文章115.4万篇次，成为服务基层群众的“移动科普中国e站”。加大全国公民科学素质网络知识竞赛宣传力度，提高竞赛活动的社会知晓度，扩大活动的参与率和影响力，形成全社会共同参与的良好局面，参赛超 54000人次在全国县区排名中第七，综合排名全国第32名。举办2021年洛江区科普E屏管理员业务培训，全区科普E屏管理员参加该培训，推动“科普中国”优质科普资源进乡村、进社区、进医院、进校园的落地应用，进一步提高基层科普服务能力水平。

【科技工作者服务】 2021年，洛江区科协强化对科技工作者政治引导。通过座谈、走访等方式、在科协系统、科技工作者中宣传习近平总书记在两院院士大会、中国科协十大、中国共产党成立100周年大会等重要讲话精神，团结引导广大科技工作者听党话、跟党走，最广泛地把广大科技工作者团结凝聚在党的周围，释放科技创新能量，增强推动高水平科技自立自强的使命感、紧迫感和责任感，激励全区广大科技工作者把习近平总书记的关心关爱转化为攻坚克难、开拓进取的强大正能量。开展全国科技工作者日活动，举办商业信息安全知识培训，邀请福建省物联网科学研究院庄弘院长作《企业手机信息化安全防范》讲座，促进在手机和互联网时代背景下企业有效防范商业秘密泄密，区科技型技术企业及建设院士（专家）工作站、学会创新驱动服务站的企业负责人参加。加强科普人才队伍建设。推荐西人马联合测控（泉州）科技有限公司科技有限公司聂永忠参评第二十四届求是杰出青年成果转化奖，推荐科技工作者报名参加市科协第三批刺桐科学传播学者遴选，洛江区有4名专家、学者及科技工作者名列其中。

【基层科普行动计划】 2021年，洛江区科协推荐河市新告村、永安村青少年科学工作室及区花卉协会、果蔬协会等申报2021年泉州市“基层科普行动计划”资金项目，获市级13万元补助资金。开展“百会帮百村”活动，深入基层提供精准农技服务，为群众办实事做好事。其中河市新告村、马甲新建村、虹山白凤村分别与区农学会、花卉协会、果蔬协会签订帮扶共建协议，在新建村举办名优花卉栽培技术培训班，在虹山举办花生高产栽培技术培训班，提高农民种植技术。

【主题科普宣传】 2021年，洛江区科协发动各级科协组织深化科技科普志愿服务工作，以“我为群众办实事”为契机，在“同心防疫·暖心过冬”主题党日活动、“用心学党史·真心办实事”——我为群众办实事服务进基层活动、食品安全宣传周活动、禁毒宣传活动、“三八”维权月活动、爱鸟周宣传活动、防范邪教宣传月等期间，以不同的科普宣传主题开展科技咨询、科普图片展等科普宣传活动16场次，发放《农村医疗卫生常识》《蔬菜病虫害识别与防治》《新编科普知识读本》《青少年科学素质读本》《垃圾分类知识读本》《抗新冠肺炎心理自助手册（成人版）》《抗新冠肺炎心理自助手册（学生版）》《生产生活中意外的急救》《防范邪教好生活》《科学抵御邪教漫画读本》等科普宣传资料近万份，积极营造“科普进基层、人人讲科普”良好氛围，提高广大群众科学文化素质，提升全社会健康、文明、向上的生活方式。

（戴聪玲　杜爱治）

泉州市洛江区归国华侨联合会

【概况】 2021年，洛江区各级侨联以习近平新时代中国特色社会主义思想为指导，紧扣“根、魂、梦”新时代侨务工作主线，凝聚侨心侨力，服务海内外侨胞，扎实推进各项工作。全区有归侨649人，海外重点社团17个，重点海外华侨华人42人。举办2场侨界联络联谊活动。继续开展侨法宣传，分发宣传单1000份，为归侨侨眷提供法律咨询，成立纠纷调解员队伍，帮扶侨界困难群众70人。完善各种信息传播渠道积极助推侨文化，引导侨批捐赠，扩展海外联谊。积极争取申办美食文化活动，支持侨界人大代表、政协委员参政议政。

【侨益维护】 2021年，泉州市洛江区归国华侨联合会（简称洛江区侨联）强化普法宣传，到双阳街道侨乡文化广场现场宣传，在微信群推送涉侨法律法规宣传，加大涉侨普法力度，维护海外华侨和归侨侨眷的合法权益，构建和谐侨乡。4月15日，联合区委政法委、国安办等在仰恩大学举办洛江区全民国家安全教育日宣传活动。协助区司法局双阳司法所推进涉侨领域矛盾纠纷多元化解，倡导“12348”涉侨服务新模式，把涉侨纠纷调解室建设为维护侨界合法权益的有力载体，打造具有特色的涉侨纠纷调解品牌，促进侨界和谐稳定。《归侨侨眷点赞贴心“和事佬”“12348”助推涉侨纠纷调解》获中国侨联副主席、省侨联主席陈式海的批示肯定。2021年，协助各部门协调化解涉侨矛盾9起。

【侨界帮扶】 2021年春节，洛江区侨联到6个乡镇（街道）开展“同心防疫·暖心过冬”侨界困难群众慰问和扶持工作，慰问贫困归侨侨眷51人，发放慰问金2.55万元；联合侨办走访慰问19人，发放慰问金0.95万元；争取2021年中央华侨事务专项经费3万元用于救助3名大病大灾困难归侨侨眷，争取省贫困侨救助资金6.24万元用于救助4位大病大灾及7位生活困难归侨，积极争取市贫困侨1.4万元用于救助4位生活困难侨眷，切实帮扶贫困归侨侨眷生产生活及困难补助，把党和政府的温暖送到他们心中。

【侨界群众活动】 2021年4月，洛江区侨联在双阳街道举办“侨心向党·永远跟党走”洛江双阳庆祝中国共产党成立100周年系列活动，开展归侨侨眷党员代表重温入党誓词、党史竞赛、红歌大合唱、非遗表演等精彩活动。深入学习宣传贯彻中共十九届六中全会精神，深化党建带侨建工作，凝聚侨界共识，汇聚侨界力量，增进侨界联络联谊，激发侨界人士的爱党爱国情怀，筑牢侨心向党的思想基础，营造知侨爱侨护侨良好氛围，激发广大归侨侨眷爱党爱家乡的情怀，激励广大归侨侨眷积极参与经济建设，乡村振兴等工作，举办“聚侨亲之力·助侨乡振兴”主题活动。

【侨界资源涵养】 2021年，洛江区侨联涵养侨界新资源，与华侨新生代开展联谊活动，选择条件成熟的乡村，建设乡愁馆，开展家乡传统节日庆祝活动、学术交流、友谊比赛、寻根问祖等，进一步丰富华侨新生代在洛江区开展夏（冬）令营活动的文化内涵，不断增强新生代对华裔身份的认同感，对家乡的向心力。继续做好南洋华裔族群寻根谒祖综合服务平台谱牒文献征集工作，更好服务寻根平台建设。

【侨文化传播】 2021年，洛江区推进“网上侨联”，通过电话、微信等加强与海外社团、重点人士、新生代华侨华人的联络联谊。涵养侨务资源，传递侨界正能量、传播家乡好声音，提升侨界群众对家乡的关注度、对侨联工作的信任度和熟悉度。3月，洛江区侨联联合区政协三胞经济办开展建设乡愁文化载体、拓展侨务联谊工作调研，分别到双阳街道阳山侨居小区、马甲中学杜振醉杜若鸿文化馆、罗溪镇翁山村乡村记忆馆等地参观考察。支持各乡镇（街道）利用闲置旧侨居、侨厝改造各具特色的侨史馆，为旅外侨胞守好乡愁记忆，把侨史基地打造成为讲述侨故事、传播侨精神的鲜活教育载体，打造凝聚海外乡亲富有感染力的精神家园以及海外联谊的重要平台。

【联谊活动】 2021年12月2日，洛江区侨联组织开展“学党史·聚侨心·感党恩·跟党走”联谊活动。市侨联副主席王巧丽，区侨联、马甲镇党委有关领导，马甲镇村级侨联小组长、辖区归侨侨眷、侨资企业代表，各乡镇（街

2021年12月2日，洛江区侨联组织开展“学党史·聚侨心·感党恩·跟党走”主题活动　　（图/区侨联）

道）侨联驻会人员，霞井延陵侨亲联谊会、仰恩附属学校有关人员参加。王巧丽一行到仰恩党建馆，详细听取其建馆及侨联工作开展等情况，了解老爱国华侨吴庆星热心教育的赤子情怀，共同回顾建党百年从苦难走向辉煌的历程，筑牢信仰之基。到凤栖家风家训馆参观、听取讲解，深刻认识弘扬家风家训以及增强家风建设意识的重要意义。在座谈会上，王巧丽结合泉州市侨联工作新情况对加强基层侨联的工作提出意见与建议。

（陈惠婷　林怡飞）

泉州市洛江区文学艺术界联合会

【概况】　2021年，泉州市洛江区文学艺术界联合会（简称洛江区文联）开展洛江区书法家春联送万家活动9场，共组织书法家近100人次，先后到万安、罗溪、马甲、文化企业等现场为干部群众义务书写春联4500多副，受到广泛欢迎。联合区融媒体中心承办“洛影新风”文明洛江主题摄影比赛，收集作品500余幅，深化全区文明城区创建活动。举办“庆国庆 抄‘红诗’学‘四史’”活动，面向辖区各小学学生征集作品，唱响爱党爱国爱社会主义的主旋律，深化未成年人思想道德建设，巩固“全国书法教育示范区”成果。

【思想建设】　2021年，洛江区文联通过工作会议等形式，抓文艺队伍思想政治建设，引导洛江区文艺工作者深入基层、深入群众，创作出更多担当政治使命，体现时代精神，唱响主旋律、弘扬正能量的优秀作品。区文联及时组织各协会负责人学习新思想，并通过各协会主席团会议及微信群等形式层层传达，要求全体文艺家特别是党员文艺家要始终做到思想纯正、言行端正、作风公正。抓好日常管理，要求全体协会会员不发表、传播、散发错误言论，防范错误思想炒作，经得起政治考验和各类风险。

【文化发展】　2021年，洛江区文联抓住泉州成功申遗契机，启动“聚焦世遗 对话海丝”2022年洛阳桥诗会，面向社会公开征集以洛阳桥为主题的诗歌佳作，以诗歌对话泉州“海丝”历史遗存。投入400多万元对俞大猷公园、俞大猷纪念馆进行重新布展修缮。“俞家棍”传习、《俞大猷》舞剧项目获得市级优秀传统文化专项补助资金。成功举办省、市级“蔡襄杯”书法赛事，得到社会各界的高度重视，其中第四届“蔡襄杯”闽台中小学生书法大赛被列入国台办2021年重点项目。以洛阳桥及仙公山为原型，推出城市地标形象“洛水”“仙珊”，制作5分钟城市文化动画片，串联洛阳桥、蔡襄三绝碑、俞大猷抗倭、陈三五娘传说等文化“土特产”，视频点击量超百万，“洛水”“仙珊”成为辖区文化文艺代言人。

【文艺人才培育】　2021年，洛

2021年6月27日，区文联、区南音协会承办“我们的中国梦·文化进万家”庆祝中国共产党成立100周年南音大会唱活动

（图/区文联）

江区文联落实习近平总书记关于“人民需要文艺，文艺需要人民，文艺要热爱人民”的指示，始终注重夯实基层基础，践行群众路线，团结带领广大文艺工作者为人民创作、为时代放歌。选举产生新一届区南音协会领导班子，强化队伍，夯实洛江区南音文化事业的组织基础。举行 2021 年洛江区声乐培训班，特邀省音乐家协会副主席童桂贤老师授课；邀请泉州师范学院音乐与舞蹈学副教授李育强老师为“首届合唱实践课程”授课，为洛江区歌唱者搭建交流展示平台，助力提高专业技能。

【文艺创作】 2021 年，洛江区书协、美协、摄协积极组织会员参加各级展赛，共有 20 余人次入选省级相关展览，其中杨荣发的美术作品入选庆祝中国共产党成立 100 周年——“八闽丹青奖”第三届福建省美术双年展，彭火池的书法作品在全国书法作品展中入选。区摄协近 20 人次作品入选国际级、国家级、省级摄影大赛并获奖，吴继凡 8 幅摄影作品分别入选孟加拉国“地球的崛起”国际摄影展、第十八届 SAchina 国际摄影大赛及 2021“天府之国”国际摄影巡回展。黄阳生的摄影作品获“中国民俗”全国民俗摄影大典人生礼俗类一等奖。

【中国共产党成立 100 周年主题文艺活动】 2021 年，洛江区文联开展“共画洛水仙山 同颂百年华诞”元宵美术展、“红心向党 翰墨华章”书画摄影展、“红心向党 乐启华章”合唱音乐会等有声势有影响有特色的主题文艺活动，展现大美洛江的新时代精神风貌。音舞协创作《信任》《看得见的中国》等中国共产党成立 100 周年主题歌曲。南音协会及各南音分会齐聚一堂举行大会唱，共唱千年雅乐，传承优秀文化。书协走进洛江区中小学校，创作建党书法作品，为校园营造浓厚的书香氛围。率先推出在 86 个基层党支部张贴党建主题楹联，营造浓厚节庆氛围。

【抗疫主题文艺创作】 2021 年，洛江区文联动员文艺工作者迅速行动，投身以抗击疫情为主题的文艺创作，充分发挥文艺作品强信心、暖人心、聚民心、筑同心的重要作用。推出“艺”起抗疫文艺作品网络展 6 期，创作书法作品 70 余幅、美术作品 50 余幅、诗词 15 首、原创歌曲 1 首、原创南音 1 首、选刊作品被《人民日报》、新华社等媒体转载。

（林悦苹 王永泰）

泉州市洛江区国际贸易促进委员会

【概况】 2021 年，泉州市洛江区国际贸易促进委员会（简称洛江区贸促会）主动适应经济发展新常态，帮助企业应对新冠疫情冲击，进一步引导企业“走出去”拓展市场。组织洛江区企业参加重要经贸活动参加涉外商事法律服务八闽行、走进国际商事仲裁交流会、特立尼达和多巴哥福建

2021年4月19日，洛江区贸促会组织泉州市世创机械制造有限公司参加第二十三届晋江鞋博会　（图/区贸促会）

投资说明会等重要经贸活动6次。

【办展组展】 2021年，洛江区贸促会通过线上线下相结合的方式向企业宣传动员参加第二十三届中国（晋江）国际鞋业暨第六届国际体育产业博览会、第四届21世纪海上丝绸之路博览会暨第二十三届海峡两岸经贸交易会（福州“5·18”展会）、第七届中国（泉州）海上丝绸之路国际品牌博览会、第五届中国—阿拉伯国际博览会、第十三届中国—东北亚博览会、2021年中国跨境电商及新电商交易博览会、2021中国—南美纺织服装及轻工产品云展会、迪拜世博会路演暨福建—阿联酋投资贸易促进大会等展会，帮助企业主动适应经济发展新常态，进一步引导企业“走出去”拓展市场。

【商事法律服务】 2021年，洛江区进一步营造优化营商环境，提高商事法律服务水平，提高原产地证签发效率，优化法律咨询服务平台。2021年洛江区贸促会签发原产地证1200多份，签发金额超7500万美元，做到即来即办，签发率达100%且零投诉。区贸促会宣传鼓励企业参加“涉外商事法律服务八闽行”——国际经贸实务规范（线上）专题活动、“区域全面经济伙伴关系协定（RCEP）推广解读培训会”、“走进国际商事仲裁交流会”、“中国入世二十周年与法治建设”国际研讨会等活动，助力企业突围“贸易壁垒”，提高涉外法律事务应对能力。3月，协助世创机械制造有限公司对出口印度产品受印度反倾销影响向相关部门沟通咨询，4月2日，该公司被排除在印度反倾销名单之外，事件得到妥善解决。与市贸促会联合举办“打造B2B私域流量 实现弯道超车”主题沙龙，邀请区青商会、辖区重点外贸企业负责人参加，帮助传统外贸企业在受新冠疫情影响下，传统跨境供应链发生变化，境外买家倾向于绕过传统进口商寻源采购，线上柔性定制、小额高频复购等新的采购方式越来越多的环境下，给企业提供做好外贸私域流量、后疫情时代下外贸行业的危与机、企业如何轻松做出口、外贸数据的价值转化等方面新的思路，给企业带来新的机遇，为出口企业打响知名度、实现营销增长提供新的思路。

【加强对外联络】 2021年，洛江区贸促会积极发挥行业协会、商会的资源优势，拓宽经贸联络渠道，促进对外交流与合作，打造“一带一路”“金砖+”合作模式，组织企业参加各类投资洽谈会、项目推介会，促进企业对外交流与合作。全年共组织泉州永欣体育用品有限公司、福建培新机械制造实业有限公司等20余家企业参加第十三届海峡论坛—第三届海峡两岸工商合作论坛、厦门“9·8”中国国际投资贸易洽谈会、“外经外贸扶持政策宣讲会”、“一带一路”国家工商会经贸合作交流会、“一带一路”高质量发展国际法解读（线上）培训班、“中国贸促会全球数字税收制度解读”线上培训班等经贸活动，为企业商业、技术、市场合作等提供充分的交流平台，促成共赢发展。

【商会建设】 2021年，洛江区

贸促会强化国际商会运营，加深政企互动交流。积极对接福建省国际商会、泉州国际商会工作，组织洛江区钰乘集团参加福建省国际商会第四届会员代表大会，并推荐钰乘集团担任省国际商会第四届理事会理事单位，发挥政府与企业的桥梁和纽带作用，帮助企业开阔视野、对接资源，提高知名度和影响力。

（柯艳萍 陈云华）

泉州市洛江区残疾人联合会

【概况】 2021年，泉州市洛江区残疾人联合会（简称洛江区残联）开展“喜迎建党100周年，我为残疾人办实事”进基层主题系列活动，区残联和各乡镇（街道）残联开展志愿助残活动5场，为残疾群众免费提供健康咨询、义诊、义剪等，受益群众500多人次。开展残疾人基本状况调查工作，对洛江区4045名残联人展开调查，其中，入户登记4018名，电话调查17名，查无此人1名，已搬迁5名，空挂户3名，外出1名，入户率99.58%。

【残疾人社会保障】 2021年，洛江区投入资金12.1885万元，为4161名残疾人购买意外伤害保险，获得理赔17人，理赔金额2.9786万元。落实“两项补贴”，做好残疾人证类别和等级审核认定工作，享受生活补贴残疾人数1711人，享受护理补贴残疾人数2065人，区民政局发放资金共计534.508万元。开展低保重度肢体残疾人居家养护补助项目，2021年符合条件的重度肢体残疾人有210人，发放补助资金21万元。对在泉州市残疾人托养中心8名洛江籍残疾人进行托养服务补助金额1.79万元。为2199名重度残疾人和1886名轻度残疾人购买医保，每人每个保费330元，合计投入134.145万元。为残疾群众代缴社会养老保险，重度2029人参保，每人代缴200元，合计44.638万元；轻度1728人参保，每人代缴100元，合计17.28万元。

【残疾人权益维护】 2021年，洛江区残联开通法律援助网络服务平台，畅通残疾人诉求渠道，全年受理残疾人信访件4件，残疾人满意率达100%。做好残疾人证办证换证工作，全年新办证723人；残疾人证“跨省通办”工作取得突破，共受理2人。开展就业援助月专项服务，摸查就业援助对象，登记60人。开展线上招聘会2次，8家企业发布招聘就业岗位42个。支持“就业创业”家庭6户，每人享有5000元补助资金，发放金额3万元。完成22名自主就业创业残疾人进行社会保险补贴审核审批工作，发放补贴金额8.59 万元。

【残疾人康复】 2021年，洛江区残联全面推进残疾人精准康复服务行动，为全区残疾人提供零距离、个性化、多方位精准康复服务。落实省残联“关于加强7—17岁残疾儿童康复救助事中事后监管”的通知，每个月到北斗星自闭症儿童培训中心对申请康复救助的儿童进行在训情况调查。实施慈善救助工程，69名残疾人申请假肢、助听器，发放救助资金36.78万元；21名自闭症儿童申请康复补助，发放补助资金7万多元。落实省级辅具补贴制，21名残疾人通过辅具补贴申请，并发放补贴资金合计6.6612万元。落实残疾儿童康复救助政策，加强救助资质审核，第一次审核通过40人申请，发放1—7月康复补贴资金335960.9元；第二次审核通过71人申请，发放8—11月康复补贴资金485603.33元。参加省残联组织的康复培训，分别选送人员参加全省辅助技术工程师培训和视觉康复师培训。

【残疾人就业创业】 2021年5月18—19日，洛江区分别在双阳街道步行街、河市镇万虹一号广场举办2021年“就业帮扶 同心圆梦”人力资源招聘会。32家企业提供近500个就业岗位，40多名残疾人到场应聘。洛江区残联还在现场设立就业创业政策咨询台，工作人员分发《优惠政策宣传册》《洛江区就业创业政策服务清单》《扶持残疾人就业创业相关政策》等宣传材料，为求职者提供政策咨询、就业指导等服务。对2家企业超比例安排残疾人就业进行奖励，奖励金3.44万元。开展残疾人自主创业项目，扶持2名自主创业残疾人开展经营活动，分别给予一次性创业补助金1万元。开展残疾人实用技术培训，在马甲镇举办电子商务培训班，90余名残疾人参加。配合税务部门完成残保金征收625万元。开展残疾人家庭无障碍改造，完成25户残疾人家庭无障碍改造工作，发放补助资金4.02万元。

【残疾人教育和文体宣传】 2021年，洛江区创新载体展示残疾人风采，创建洛江区残联公众号，实行发稿三审制，及时宣传区残联工作动态和扶残助残政策。加强残疾人体育工作，向市残联选送运动员5人，2人被初步选中。选送2名运动员参加“2021年市残疾人飞镖比赛”，1人获第四名，1人获第七名。其中运动员谢金全被市残联选中，参加“2021年福建省聋人篮球、残疾人飞镖比赛”，获得“亚军”荣誉称号。训练并报送两个节目参加“第十一届全省残疾人艺术会演”参加泉州市残联举办“圆梦颂党恩·助残更尽力”主题演讲比赛。派出两名乡镇联络员参赛，均获奖。其中，河市联络员倪榕榕演讲《一名残疾人联络员的幸福》获三等奖，双阳联络员许钦铭演讲《感受着党的恩情》获优秀奖。参加由省文联、省残联合主办的“永远跟党走”全省残疾人美术、书法、摄影作品比赛，选送6件美术作品，5件获奖。其中，杜加兴的《洛阳桥》获一等奖；杜加兴的《美丽乡村》、杜晓丽的《霓虹海》获二等奖；谢金全的《歌唱祖国》和《古城印象》获三等奖。做好残疾人考生参加高考关怀工作，及时了解2名残疾人考生高考成绩，并配合市残联做好慰问金发放工作。委托北斗星自闭症儿童培训中心，举办残疾人文化进家庭“五个一”主题活动，帮助10户残疾人走出家门，融入社会。根据马甲镇新民村申请，拨付3万元，用于完善新民村残疾人健身示范点建设。做好残疾学生和残疾人家庭子女助学工作，补助86人，发放补助金17.7万元。

【残疾人文创基地创建】 2021年，洛江区残联依托洛江区弘益艺术文创中心，创办洛江区残疾人文创基地，为残疾人开展油画、树皮画等公益培训，学员的艺术作品参加市残联组织的广场义卖活动，共卖掉油画作品1幅，扎染扇子2把，竹编“花式菜篮”“礼品盒”各1个；参加由省文联、省残联合主办的“永远跟党走”全省残疾人美术、书法、摄影作品比赛，6件美术作品，5件获奖。其中，一等奖1件，二等奖2件，三等奖2件。

【“一对一”助残】 2021年，洛江区残联从全区4000多名残疾人中，筛选出残疾程度较重，且家庭经济比较困难的残疾人172名，每个区直单位挂钩帮扶2名。全国助残日活动期间，区直各单位深入挂钩联系的残疾人家中，了解残疾人在生活、生产中存在的困难，通过多种方式开展有针对性的帮扶，并送上慰问金/慰问品。2021年，全区各单位发放慰问金（慰问品）约8.6万元。

【全国助残日活动】 2021年，洛江区残联利用“全国助残日”活动，开展“巩固残疾人脱贫攻坚，提高残疾人生活质量”为主题的集中宣传活动，通过十几块电子屏幕滚动播放宣传口号，通过移动、联通和电信平台发送手机短信261597次，悬挂条幅10多条，分发宣传手册近200份，营造全社会关心关注残疾人的氛围。5月19日，区残联与区委宣传部、地震办等部门联合，在双阳市民侨乡广场举办“和谐洛江欢乐行”文艺晚会，演出过程穿插有奖知识竞答，宣传残疾人法律法规、残疾人福利政策。

【为残疾人办实事】 2021年，洛江区残联完成55名智力精神和重度肢体残疾人居家托养救助对象审核审批工作，每人享有2000元补助资金，发放补助金额11万元。落实“一户多残”家庭残疾人生活补助395户、816人次，全年发放资金达75.83万元。为210名持证低保重度肢体（建档立卡）残疾人居家发放护理补贴，合计21万元。与中国人民财产保险股份有限公司签订协议，共为4161名残疾人投保，投入资金12.1885万元，获得理赔17人，理赔金额2.9786万元。

泉州市洛江区红十字会

【概况】　2021年，泉州市洛江区红十字会（简称洛江区红十字会）围绕本职工作，联合有关部门开展红十字博爱送温暖活动，为罗溪镇15户困难群众送去面线和食用油，到台办企业荣祺食品有限公司进行走访慰问企业困难员工，重阳节慰问白凤村330位老人，为万安街道一名患儿提交小天使基金申请，为奕聪中学困难学生提交福建省红十字会爱•助学申请。

【应急救护】　2021年，洛江区红十字会组织开展2021应急救护推进年活动，洛江区红十字应急救护进农村——马甲镇文化中心、马甲镇潘内村、罗溪镇双溪村；开展应急救护进社区——万盛社区、双阳街道侨民广场；开展应急救护进企业——福建和诚鞋业有限公司、佘氏织造有限公司，开展应急救护取证培训；开展应急救护进企业——福建省铁拓机械股份有限公司、众志新材料有限公司；应急救护进学校——福建经贸学校、泉州第十一中学，开展急救技能普及与培训，宣传讲解急救基础知识，心肺复苏、气道异物梗阻急救法等常见的现场应急救护知识，进一步普及急救知识；联合虹山乡政府，首次将红十字急救员培训纳入人社职业培训流程。通过第三方机构预交培训费，理顺人社职业培训流程，实现红十字救急员取证免费培训，形成可复制、可推广的应急救护培训模式。全年共举办应急救护培训13场，其中取证培训2场，72人取得红十字急救员证，普及培训11场，普及人数2500人。

【“三献”工作】　2021年，洛江区红十字会经过积极宣传，主动对接，认真服务，做好无偿献血、造血干细胞、器官捐献宣传推动工作。6月8日，实现首例造血干细胞捐献，为弘扬谢君钰捐献造血干细胞这种善举，区红十字会联合市红十字、街道领导看望慰问谢君钰，并通过新闻媒体大力宣传报道。

【定向募捐对接】　2021年9月，洛江区红十字会在福建疫情发生后共接收上级红十字会分配下发的三批防护服2000件、手套1万双、口罩3.5万个等防控物资，价值人民币8.75万元，移交给区防控指挥部，并及时分发至各基层医疗机构和乡镇、街道。10月21日，洛江区虹山乡通过红十字会募捐专户定向捐赠1万元用于白凤村重阳节慰问。

【世界红十字日主题宣传活动】2021年，洛江区红十字会开展纪念第74个“5•8”世界红十字日暨“关爱生命　救在身边”红十字博爱周活动在罗溪镇双溪村举行，活动由泉州市红十字会、洛江区红十字会主办，罗溪镇党委、政府承办，为10名困难家庭儿童每位发放慰问金500元及慰问品书包、学习用具，为洛江区红十字志愿服务队授旗。

【“99公益日”活动】　2021年，洛江区红十字会第四次参加腾讯公益“99公益日”活动，在区红十字会与区委文明办共同倡议下，洛江区共有21个单位和个人组队参与募捐活动，组织发动社会各界爱心人士通过腾讯公益一起捐平台发动筹款，为“红十字博爱送万家”活动募集专款，帮助贫困家庭温暖过年的“爱　过年•情暖刺桐”，宣传取得预期效果，1019人次参与“99公益日”募捐，筹得善款37898.2元。

（林冬丽　黄群沙）

泉州市洛江区计划生育协会

【概况】　2021年，泉州市洛江

区计划生育协会（简称洛江区计生协会）进一步落实新时期计生协会“三送一常态”工作，开展好宣传服务，拓展生育关怀行动，为计划生育群众提供生殖健康服务。强组织建设，增强动力，提升计生协会服务能力水平。提升洛江品牌，多措并举推进儿童早期发展工作，举办科学育儿讲座346场、赠书1万册以上，为全区营造良好的家庭教育氛围。

【关爱计生群众】 2021年，洛江区计生协会持续开展“4+1”项目，将满45周岁的失独低保户家庭提前纳入特扶范围，每人每月即可领取1300元的扶助金。免费为有再生育意愿的失独家庭提供再生育服务。开展失独家庭房屋修缮工作。发挥计生特殊家庭心理健康服务队和“关爱小组”的作用，为失独家庭提供更全面的服务。“两节”期间，区计生协会开展走访慰问计生特殊家庭（失独家庭）活动，为35户计生特殊家庭发放慰问金7万元。5月初，区计生协会组织全区计划生育特殊家庭“失独父母”参加免费健康体检活动。检查项目包括全身体格检查，五分类血分析、尿常规检查、乙肝两对半等，体检费用由区计生协会全额承担。为2668户计生家庭购买意外伤害保险，投保金额26.68万元。持续开展第八期幸福工程，帮扶14户计生贫困家庭改善经济条件，建立“N+1”帮扶制度，全程跟踪记录受助户的项目发展情况，及时指导解决受助户面临的项目困难，帮助贫困计生家庭尽快脱贫。10月底，联合区妇幼保健所，开展生殖健康援助行动（蓝氧项目）进企业活动，为企业100多名计生协会会员提供乳腺手检、妇检、白带检查、宫颈癌筛查（HPV+TCT）等服务。

2021年10月，洛江区计生协会联合区妇幼保健所开展生殖健康援助行动（蓝氧项目）进企业活动 （图/区计生协会）

【儿童早期发展品牌建设】 2021年，洛江区依托全区13个儿童早期发展工作项目点，建立13个“幸福家庭教育中心”，持续推进0～3岁儿童早期发展工作，共下拨儿童早期发展项目专项经费13万元。4月21日，洛江区儿童早期发展项目之经典诵读启动仪式在信和幼儿园举行，经典诵读活动在全区范围内铺开。区计生协会依托微信公众号，定期更新以科学教养、亲子互动和优秀传统文化为主要内容的文章、视频31期，推送相关知识108条。设立科学育儿空中讲堂，引导家长和孩子诵读传播经典国学名著；实施家长互助学习计划，培育家长“领头雁”结对计划，激活家长学习参与积极性。线下以项目点举办科学育儿讲座和亲子互动示范活动为主，开展讲座（培训）52场次，参与人数8000余人。常态化开设洛江区“修身齐家”讲堂、洛江区修身齐家讲堂亲子经典诵读活动和洛江区亲子绘本阅读活动，开展优秀传统文化及科学养育辅导公益讲座和经典诵读及亲子互动辅导活动，为广大家长提供优生优育指导。

【助学活动】 2021年8月20日，洛江区计生协会、区卫生健康局联合举行2021年“生育关怀·奖学助学”奖（助）学金发放仪式。区计生协会与2名获得福建省、洛江区计生协会助学的2021年考上大学的农村“二女”户大学生签订助学协议书，由省、区计生协会分别给予每人每年5000元助学金，直至大学本科毕业。区卫生健康局向24名2021年考上本科院校的农村“二女”户大学生发放奖学金，其中4名被“双一流”建设高校录取的，给予每人一次性5000元奖学金，20名被其他高校录取的，给予每人一次性3000元奖学金。

（陈晓霞　王春霖）

洛江区工商业联合会

【概况】　2021年，洛江区工商业联合会（简称洛江区工商联）贯彻落实习近平新时代中国特色社会主义思想，习近平总书记在企业家座谈会上重要讲话精神和关于新时代民营经济统战工作重要指示精神、中央《关于加强新时代民营经济统战工作的意见》等文件精神，以信任、团结、服务、引导、教育为主线，围绕中心服务大局，充分发挥职能优势，战疫情、助发展，强引导、稳预期，促改革、激活力，促进“两个健康”取得新的进展。

【思想建设】　2021年，洛江区工商联把学习宣传和全面贯彻落实习近平新时代中国特色社会主义思想作为一项重要政治任务，引导全区民营企业家和基层商会、异地商会兴起“大学习”热潮，全面理解中共十九大精神的核心要义，特别是习近平新时代中国特色社会主义思想、习近平总书记在企业家座谈会上重要讲话精神和关于新时代民营经济统战工作重要指示精神、中央《关于加强新时期民营经济统战工作的意见》等文件精神，坚定不移用习近平新时代中国特色社会主义思想统领工商联工作。

【调查研究】　2021年，洛江区工商联常态化开展民营企业大走访活动，围绕中心工作，开展深度专题调研，为区委、区政府及有关部门提供决策参考。陪同省委统战部副部长、省工商联党组书记李家荣一行到洛江调研回归工程和民营企业科技创新，实地走访美标集团和信和新材料有限公司，并与企业家座谈。与区检察院开展“亲清护企”联合走访活动，走访西人马联合测控、福建省铁拓机械股份有限公司、汇丰妇幼等多家企业，了解企业合规工作等方面的情况，听取企业关于优化法治营商环境的建议意见。走访金茂服装、绿能环保、福发门窗、明煌机械、创实卫浴、昌顺机械等新落户洛江的企业，同时为工商联换届做准备。走访中力机电、光辉建筑劳务等企业，对参与非公评价的民营经济人士进行实地考察走访。

【法治化营商环境打造】　2021年，洛江区工商联为进一步优化法治营商环境，以更高的站位、更实的举措、更强的担当助推民营企业发展，区工商联与区检察院联合举办以“党建引领 亲清护企”为主题的企业合规法治大讲堂活动，举办5场讲座，以有效防控合规风险为目的，涉及政策法规、法律实务等多方面的内容，满足不同企业的多样化需求，保障民营经济健康发展。同时，为

2021年3月24日，洛江区企业合规法治大讲堂启动仪式暨专家咨询员聘任仪式举行　（图/区工商联）

进一步加强企业合规试点工作，推动该项工作走深走实，区工商联与区检察院、区司法局、区财政局等部门联合制定《关于建立泉州市洛江区涉案企业合规第三方监督评估机制的实施细则（试行）》，在全市率先建立涉案企业合规第三方监督评估机制。

【职称评审和推荐】 2021年，洛江区工商联完善非公有制职称评审工作机制，为非公有制企业申报职称提供更全面的指导和更高效的服务。2021年20人获得非公有制企业工程师任职资格，120人获得非公有制企业助理工程师任职资格。

【商会组织建设】 2021年4月，成都市金牛区洛江商会成立，召开第一届第一次会员代表大会，选举成都市洛江商会第一届理事会班子成员，林从金任会长。6月19日，成都洛江商会举行庆祝中国共产党成立100周年暨第一届理监事就职典礼。成都洛江商会开拓创新、凝心聚力、以服务为宗旨，构建洛江乡贤交流互动的平台，发挥商会在两地经贸、人文等领域融合发展的桥梁作用。5月1日，泉州市洛江区马甲商会第一届第一次会员代表大会暨理监事就职典礼在马甲镇举办。会议选举产生泉州市洛江区马甲商会第一届理监事会班子成员，杜金发任会长。

【公益事业】 2021年，洛江区工商联积极支持市委统战部的“同心工程”，引导民营企业家助力教育、医疗等多个领域。在成都洛江商会的成立庆典上，商会会长林从金以集团名义分别向洛江区医院、马甲中学捐赠10万元，向马甲第三中心小学捐赠人民币20万元；商会顾问谢国华、名誉会长林锦明也分别向洛江区医院捐赠10万元。11月深圳洛江商会返乡创业考察，以商会的名义向洛江“同心工程”教育基金捐赠30万元。

【乡村振兴助推】 2021年，洛江区工商联联合区委统战部、区乡村振兴办共同开展“万企兴万村”行动，为企业和乡村牵线搭桥引导民营企业、商会组织助力洛江区乡村振兴战略。11月25日区委统战部、区工商联牵头召开“万企兴万村”行动启动仪式暨村企共建座谈会，11月30日牵头制定《中共泉州市洛江区委统战部等三部门关于洛江区“万企兴万村”行动的实施意见》。12月11日，结合2021首届洛江区乡村振兴线路营销季暨虹山地瓜文化旅游节，举行万企兴万村、招商引资、战略合作等一批签约仪式，涉及民宿、种植、养生、文化等领域，助力乡村振兴。泉岩茶叶、美标优信、燕煌医药、嘉华卫生用品等公司分别与马甲镇、罗溪镇和虹山乡的乡村振兴示范村签署战略协议助力乡村振兴。

（王佳晶 林永和）

法治

政法委及综治

【概况】 2021年，洛江区贯彻落实党中央关于平安建设的重要部署和省委、市委工作要求，着力防范化解各类风险，常态化开展扫黑除恶专项斗争，推进基层社会治理现代化，加强基层组织、基础工作、基本能力建设，开展政法队伍教育整顿，提升平安洛江建设科学化、社会化、法治化、智能化水平，社会大局持续安定稳定。2021年全区刑事案件立案同比下降26.2%，年内未发生现行命案；传统“盗抢骗”案件同比下降33.48%。

【维稳工作】 2021年，洛江区委政法委坚持总体国家安全观，严格压实责任，挂图作战，综合治理，有效防范化解辖区风险问题，2021年反恐工作获市有关部门书面肯定表扬。深化反邪教斗争，建成“关爱之家（工作站、工作室）”19个，实现“零进京、零聚集、零插播、零喷涂”。完成中国共产党成立100周年庆祝活动、中共十九届六中全会等重要节点安保维稳任务。

【扫黑除恶专项斗争】 2021年，洛江区委政法委始终保持严打高压态势，常态化推进扫黑除恶专项斗争，打掉恶势力团伙1个，破获九类涉恶案件22起，破获电信网络诈骗案件83起（其中，10万元以上案件32起），全链条打掉1个组织、运送他人偷越国边境犯罪团伙。

【社会治理】 2021年，洛江区委政法委坚持问题导向，以基层为舞台，以创新为内核，推出一系列基层社会治理新模式。推行“1123”（一年一个周期、二次回访、三级联动）夜访夜谈机制，全面摸排、化解、跟进基层群众的“堵点”“痛点”“烦点”问题，及时解决群众诉求或意见810条。完善“综治中心+网格化+信息化”工作模式，优化网格化服务管理洛江模式。丰富“网格化+”运用，拓展实有人口管理、消防安全排查、食药品安全监管等9个服务管理功能模块，将疫情防控、复工复产、房屋安全整治挂网运行，与村医网、民族宗教网格、环保网格等叠网或并网运行。全面推行“村医组网打底、专家下乡沉底、政府保险兜底”严重精神障碍患者多元救治管理服务模式，实现应治尽治、应管尽管。2019年至2021年底，理赔门诊及住院治疗费用206.8万元，受惠严重精神障碍患者6655人次。推进“厝边守望”工程建设，建成“看家护院”监控探头，打通“雪亮工程”盲区，将“雪亮工程”覆盖面从主干道、重要场所延伸至每家每户。“厝边守望”相关做法经验在《八闽快讯》专刊交流，获全国人大常委会原副委员长王汉斌及省、市领导批示肯定，入选全市“强基促稳”优秀创新案例。探索“近邻评理+”新模式，被列入泉州

2021年，洛江区委政法委组织集中2个月时间，在全区开展“夜访夜谈”活动　　　　（图/区委政法委）

市“近邻评理室”建设试点区，全面建立乡镇（街道）、村（社区）评理室93个，聘用近邻评理员510名，此举有效推进群众合理诉求得到就近回应、就地解决，进一步提升信访事项化解率。相关经验做法入选全市“强基促稳”十佳示范案例。

【平安创建】　2021年，洛江区委政法委配齐全区6个乡镇（街道）政法委员，区、乡镇（街道）两级综治中心实体化规范化运作。在全区范围全面推行综治综合保险服务，保费总额达182万元，本地户籍家庭4.71万户，外来人口4.03万人受惠。深入推进平安乡镇（街道）、平安村（社区）、平安校园、平安医院、平安企业、平安铁路等平安创建活动。至2021年，确认“AAAAA级平安校园”73所，“AAAA级平安校园”13所；通报表彰70个“平安村（社区）”。创新家事矛盾纠纷排查化解新模式，组建“平安妈妈网格员”695人，覆盖全区所有家庭。全力做好校园安全稳定工作，在校园周边建立治安岗亭2个、校园警务室12个、“护校岗”87个，专职保安配备率达100%，校门口重点部位防冲撞设施建设率达100%，学校一键报警和视频监控联网率达100%。以市第十一中学为试点，在全市范围率先推出智慧警务“警+N”社会联动机制，提升应急处置能力。推行“一村一警务助理（警官兼村官）”，全区86个村（社区）各配备1名社区民警或驻村民警、1～2名专职辅警，协同网格员、群防群治力量组成“1+2+N”社区网格警务模式。

【综治宣传】　2021年，洛江区委政法委围绕“群众安全感、扫黑除恶好评率、执法工作满意率”“三提升”总目标，在全区范围集中开展平安建设宣传活动。在主要街区、交通要道、村居路口等重要部位的醒目位置设置大型平安建设广告牌10块；在文化商业广场、居民小区、农贸集市、村部、卫生所及医院、学校、企业等公共场所设置宣传横幅标语127条、宣传栏33处、展板广告51处，张贴海报337张；开通全区3.7万广电用户电视开机广告，22辆公交车设置车内展板广告等。在党政机关、企事业单位和乡村家庭250部固定电话开通平安彩铃，播放平安建设宣传短视频、平安语音。采取专题讲座、网络课堂、企业大讲堂、微视频等形式，开展平安建设宣讲进机关、进企业、进家庭、进宣传阵地“四进”活动12场次，发放《平安建设“三率”致企业员工/个体工商户一封信》22635封。依托“夜访夜谈”活动，采取驻村蹲点、责任到人等措施，进村逐户一对一、面对面宣传平安建设，入户走访21210户，送发宣传材料74300份、小礼品17000份。结合“平安校园”创建活动，依托安全教育平台、家长微信群、班级QQ群、宣传栏、LED屏等平台，线上线下送发《平安建设“三率”致学生家长一封信》10400封，全区97名法治副校长或法治辅导员进校园开展平安法治宣传活动。各乡镇（街道）

联合派出所，联合治安巡逻车、公安铁骑、警车、平安宣传车、“村村响”、“小喇叭”等，集中警力绕巡镇区街道及各村主干道，走街串巷、鸣笛警示，开展治安大巡防8场次。

（翁冠豪 朱 松）

法治政府建设

【概况】 2021年，洛江区委、区政府坚持以习近平新时代中国特色社会主义思想为指导，全面贯彻落实中共十九大和十九届历次全会精神，学习贯彻习近平法治思想，贯彻落实习近平总书记来闽考察重要讲话精神，始终坚持“两个确立”、忠诚践行“两个维护”。按照省委全面依法治省、市委全面依法治市工作会议部署要求，加强和改进党对全面依法治区工作的领导，提高宪法和法律实施水平，纵深推进法治政府建设，着力解决法治领域的突出矛盾和问题，更加注重彰显社会公平正义，推动建设更高质量更高水平的法治洛江。

【法治建设领导】 2021年，洛江区委常委会、区政府常务会召开19次会议，传达学习习近平法治思想和习近平总书记在中央全面依法治国工作会议上的重要讲话精神以及省委全面依法治省、市委全面依法治市工作会议精神，部署推动洛江区法治建设工作。出台《关于深入学习宣传习近平法治思想和中央全面依法治国工作会议精神的实施方案》《关于深入贯彻落实习近平法治思想推进依法行政建设法治政府若干措施责任分解表》，开展“依法行政”法治专题学习讲座等，将习近平法治思想贯彻落实到深入推进依法行政、全面建设法治政府全过程各方面，不断开创法治洛江建设新局面。加大法治建设成效考核。把党政主要负责人履行推进法治建设第一责任人职责情况列入年终述职工作内容，把推进法治建设成绩和依法履职情况纳入考核评价干部的重要内容；细化全区“依法行政”绩效考核指标，充分发挥考核评价对法治政府建设的重要推动作用。

【常态化疫情防控法治保障】 2021年，洛江区按照《中共泉州市洛江区委全面依法治区委员会关于依法防控新冠肺炎疫情、切实保障人民群众生命健康安全的实施方案》，依法实施各项防控措施，持续推进疫情防控期间常态化法治保障。坚持“外防输入、内防反弹”防控策略，完善防控指挥体系建设，建立健全常态化精准防控和应急处置转换机制，有效应对9月省内疫情，顺利完成全员核酸检测，未发现新冠肺炎本土确诊病例。抓实抓细常态化疫情防控，出台单日全员核酸检测组织实施细则，建立核酸检测储备机制和医疗物资代储代运机制，全面提升防控应急能力。开展疫情防控法律法规宣传，面向社会大众发放《新型冠状病毒肺炎疫情防控有关法律法规汇编》500余册，加大对《中华人民共和国突发事件应对法》《中华人民共和国传染病防治法》和《突发公共卫生事件应急条例》等与疫情防控息息相关的重点法律法规的宣传，引导广大人民群众增强法治意识和防范意识。

【营商环境法治化水平提升】 2021年，洛江区贯彻落实《中共福建省委全面依法治省委员会关于为全方位推动高质量发展超越提供有力法治保障的意见》；结合洛江实际，制定出台《洛江区推进法治化营商环境建设的若干措施》，持续打造一流营商环境，为洛江全方位推进高质量发展超越提供强有力的法治支撑和保障。实施营商环境提升专项行动，建立涉企服务“四个机制”，出台《提升营商环境十条措施》，创新上线“i洛江”程序平台、洛江区“政企直通车”平台，63项高频服务项目实现“掌上办”，新增市场主体近1.1万家。健全法律服务，充分发挥律师职能作用，组织辖区9家律师事务所开展“送法进企业”活动，通过法治专题学习讲座、法治座谈会、赠送《民法典》等方式，为民营企业依法、有序生产经营提供法律服务和法治保障。

2021年3月19日，区政府与区法院召开优化营商法治环境服务民营经济发展座谈会（图/区法院）

【规范性文件审查】 2021年，洛江区强化推进备案审查工作，开展文件合法性审查25件次，提出意见建议137条。其中，审查涉及推动民营经济发展的规范性文件草案6件次，提出意见建议32条。审查规范性文件草案20件次，并按时向市政府和区人大常委会报送备案行政规范性文件8件。落实规范性文件长效清理机制，组织梳理出全区涉及行政处罚内容的行政规范性文件4件，保留4件；组织梳理出区级涉及计划生育内容的行政规范性文件2件，保留1件，废止1件。印发《关于做好2021年度行政机关规范性文件清理工作的通知》，组织开展2021年度行政规范性文件清理，清理结果经区政府第1次常务会议研究通过，决定废止或宣布失效的行政规范性文件10件。

【行政复议】 2021年，洛江区根据省、市行政复议体制改革实施方案，结合实际制定行政复议体制改革实施方案，整合分散在各部门的行政复议职责，由区政府统一履行，依法保护公民、法人和其他组织的合法权益。推行“调查、沟通、研讨、疏导”四步工作法，通过调解和解，推动申请人自愿撤回复议申请5件，本级受理后办结的行政复议案件终止率达62.5%，本级应诉的行政复议案件终止率达100%。2021年新收行政复议申请12件，依法受理9件，因不符合法定受理条件而不予受理3件，受理率达75%；办结行政复议案件13件（包括2020年结转的2件），结案率92.86%。

【规范行政行为】 2021年，洛江区组织各行政执法单位开展“三项制度”相关清单、指南、流程图的编制及公开工作；在泉州市行政执法公示平台和“泉州市洛江区人民政府”“行政执法信息”专栏上及时公布行政执法工作情况，主动接受社会监督；做好2021年度行政执法总体情况的公开工作，2021年，全区行政许可案件15180件，行政处罚案件296件，行政检查案件3780件，行政强制案件17件，行政征收征用案件12件，行政确认案件1066件，及时对外公示公开。加强行政执法监督，完成全区19家拥有行政处罚权的行政执法单位行政处罚自由裁量权基准调整工作；开展行政执法案卷评查活动，抽查执法单位8个，案卷20份；推行证明事项动态清理和告知承诺制，清理后保留证明事项仅剩10项，梳理出7个单位、51项证明事项告知承诺制事项目录，持续推进“减证便民”。提升行政执法队伍素质，建立行政执法监督人才库，确定33人为区行政执法监督人才库成员；举办全区首期行政执法专题培训班，重点对新修订的《中华人民共和国行政处罚法》、“行政执法三项制度”进行专题讲解，进一步提升行政执法人员的业务技能和综合素养；完成全区26家行政执法单位313个行政执法证换证工作，组织44名工作人员参与行政执法资格考试，增强行政执法队伍力量。

（李蓉蓉 黄焕彩）

公 安

【概况】 2021年，泉州市公安局洛江分局（简称洛江公安分局）坚持以习近平新时代中国特色社会主义思想为指导，贯彻落实习近平法治思想、中共十九届六中全会精神和省、市、区党代会精神，围绕庆祝中国共产党成立100周年、各级两会等重大安保维稳工作，扎实开展打击犯罪、疫情防控、治安整治、基层基础建设各项工作。洛江公安分局严格按照“外防输入、内防扩散”的工作要求，实行集中办公，开展合成演练，发挥公安大数据平台作用，快速核查中高风险地区入闽、入境人员信息，做到信息可查、人员可控，做实数据支撑疫情防控战。持续开展集中疫苗接种点、隔离点的视频监控巡查工作，实行民警24小时驻点值守，确保人防、物防、技防措施落实到位。

【安保维稳】 2021年，洛江公安分局坚持把防范政治安全风险置于首位，紧盯“两节”、两会等节点和庆祝中国共产党成立100周年、中共十九届六中全会等重大活动安保维稳工作，全力维护国家政治安全，落实“情指勤舆”（情报、指挥、勤务、舆情）一体化实战化、矛盾纠纷联调联处、社会面整体防控机制，未发生影响恶劣的重大刑事案件和个人极端暴力案件，实现“五个严防、五个确保”目标，完成中国共产党成立100周年以及“两节”、两会、重大活动、疫苗接种、核酸检测采集等系列安保维稳任务80余场次。

【犯罪侦查与打击】 2021年，洛江公安分局抓好常态化扫黑除恶专项斗争，以“云剑2021”、深化打击治理电信网络诈骗犯罪、“断卡”行动、“团圆”行动等专项行动为牵引，快破严防严重暴力犯罪，严厉打击传统“盗抢骗”犯罪，持续抓好追逃攻坚，提升高效打击力度。2021年，全区立刑事案件545起，同比下降26.2%；破案373起，同比下降2.6%，破案率为68.4%；刑拘310人，同比上升39%；提请逮捕141人，同比上升101.4%；起诉343人，同比上升26.1%；破获八类严重暴力案件17起，破案率100%；抓获在逃人员101名，其中抓获历年逃犯1名；“团圆”行动通过DNA比对疑似被拐儿童16人、失踪儿童父母3对，组织认亲6对。决战决胜扫黑除恶专项斗争，严防重点领域黑恶势力死灰复燃，打掉恶势力团伙1个，破获九类涉恶案件（含年前案）22起，抓获涉黑涉恶违法犯罪嫌疑人62人。严打严防电信网络诈骗，落实“一把手”负责制工作体系，构建打防结合、以防为主、以打促防的工作格局，立电诈案件211起，破案103起，抓获涉诈犯罪嫌疑人72名，打掉电信网络诈骗窝点3个、“洗钱”团伙4个、偷越国边境犯罪团伙2个，其中全链条打掉1个组织、运送他人偷越国边境犯罪团伙，为全市打击“蛇头”作出贡献。扎实推进禁毒专项攻坚，开展“飓风肃毒2021”暨“净边2021”会战行动，深入实施“清源断流”战略，开展“集群打零”行动，进一步提升缉毒执法成效，抓获毒品犯罪嫌疑人3人，起诉6人，查获吸毒人员16人，缴获毒品11.51克。

【治安管理】 2021年，洛江公安分局扎实推进“强基促稳”三年行动及景区和非景区景点安全整治工作，开展“昆仑2021”“打击黄赌犯罪”“打击整治枪爆物品违法犯罪”等专项行动，打造立体化社会治安防控体系。2021年，全区受理治安案件1392起，查处1392起，查处率100%；查处违法人员343人，其中警告9人、罚款109人、拘留158人、并处罚款45人、其他67人。高效落实公共安全监管主责，相继开展“安全生产执法年”、企业安全生产主体责任三年行动、安全生产专项整治三年行动等专项行动，加大对散装汽油、寄递物流、低慢小、枪爆物品、旅馆酒店、内部重点单位等重点领域开展定期检查和抽查，出动警力1.2万余人次，检查民爆企业140余家次，查处无证旅馆4家，行政拘留2人，分发宣传单、告知书、承诺书等各类宣传品1.9万多件。全面加强社会面管控，落实武装巡逻“四项机制”，加密公安武警联勤联防，落实“1-3-5”分钟快速处置机制，并实行万安主城区24小时由巡特警为主负责处警的“110”接处警勤务新模式，全区紧急警情快速反应率达95%以上。强化家暴警情处置，联合7个区政府职能部门制定工作方案，落实定期会商制度、联络员制度、信息共享制度、案件督办制度等工作机制，切实做好家庭矛盾纠纷的疏导和调解工作，全区接家暴警情130余起，同比下降35.79%。

【户籍管理】 2021年，洛江公安分局以采集流动人口信息为抓手，结合核酸采集漏登流动人口、快递用户等数据，摸排外来人口底数情况，确保底数清、情况明。督促落实用工报告和实名登记制度，推动“以业管人”“以房管人”措施落实落地，签订管理责任书300余份。持续推进公安“放管服”改革和“互联网+公安政务服务”，落实“减证便民”、微信“指尖办事”、异地办理等便民措施，实行一次告知、“绿色通道”、延时服务、预约服务等便民服务，通过网上受理、办理户政业务1213件、预约办理1077件，就近、异地办理省内、省外居民身份证3678张、居住证2708件，办理异地临时身份证87张。

【智慧警务】 2021年，洛江公安分局提升科技创新赋能水平，稳步推进治安防控体系示范城市建设，提高智慧安防水平，在全市率先探索开展“厝边守望”工程建设，持续推进“雪亮工程”及“完善提升城市安全信息系统”第三期建设，全年加强建设“看家护院”视频监控，延伸“电子警察”到“最后一米”，“点对点”实时清晰掌握辖区治安动态，打造智能天网。延伸开发“洛江公安110”微信报警小程序功能应用，搭建“治安监管”“疫情防控”“纠纷化解”等平台，结合“平安校园”建设，强化校园管理智能化，全力提升校园的安防水平，全区各中小学幼儿园校园完成人脸AI人工智能建设55家。开展智慧内保工作，重点突出学校、小区、医院、公交客运站、银行、加油站、行业场所，实现行业场所100%覆盖，视频设备连通率达99.33%；建设智慧安防小区68个，建成率82.9%，信息完整率达100%；全区248辆公交车辆均安装一键报警系统，并全面接入泉州市公安局报警系统。

【基层建设】 2021年，洛江公安分局贯彻落实“以人民为中心”的发展思想，坚持和发展新时代“枫桥经验”，着力提升执法规范化建设水平，拓展延伸为民服务新路径，展现洛江公安良好形象，切实提升群众安全感、满意率。提升执法规范化水平，深入推进受立案和“两统一”制度改革，全面落实行政执法公示、执法全过程记录、重大执法决定法制审核等三项制度，在公安公众服务网公布权责清单、执法流程图、服务指南，接处警场所视音频覆盖率达100%，为执法规范提供硬件保障，改造升级包括案件管理区、办案区、涉案财物管理区、合成作战区、服务保障区等“五位一体”的执法办案管理中心，实现执法办案、监督管理、服务保障一体化运行，坚决杜绝执法安全事故发生，实现执法信息公开化、执法过程透明化、执法监督全程化、法治审核制度化。持续推进公安“放管服”改革，优化营商环境，推出“亲清型”警企关系12项举措，做好违法犯罪资金查控平台冻结功能管理，规范公安机关执法办案行为，帮助实体企业核查、处理账户被冻结问题，解冻银行账户14个、解冻资金近300万元，有效提升企业服务满意率。在“我为群众办实事”实践活动中推出27项便民服务措施，开展为民办实事项目132个，努力解决影响群众满意度的“小难点、小堵点、小痛点”。

【首个警察节活动】 2021年1月10日，洛江公安分局举办首个“中国人民警察节”暨全国第35个“110宣传日”主题活动。通过现场设立宣传展板、播放宣传

2021年1月10日，首个中国人民警察节暨全国第35个“110宣传日”主题活动
（图/洛江公安分局）

视频、发放宣传单等形式，向群众宣传电信诈骗防范知识，教授群众掌握防范电信诈骗小技巧，提高电信诈骗防范意识。现场为群众解答疑惑，引导群众正确报警，充分利用有限的“110”公共资源，最大限度地发挥“110”功能。该宣传活动接受群众现场咨询200余人次，发放宣传材料1000余份，切实增强洛江区人民群众安全防范意识。

（李璐灵 陈大强）

检 察

【概况】 2021年，泉州市洛江区人民检察院（简称洛江区检察院）坚持“打击和预防并重”，努力压降犯罪率，加强扫黑除恶专项斗争长效机制建设，维护国家安全和社会稳定。继续深化司法体制综合配套改革，全面落实司法责任制，推动检察管理科学化。围绕重大国家战略和区域法治需求，充分履职，精准服务，为洛江高质量发展营造良好法治营商环境及和谐稳定的发展环境。

【国家安全维护】 2021年，洛江区检察院严惩危害国家安全类犯罪，成立办理涉邪教犯罪案件专案组，起诉组织、利用邪教组织破坏法律实施罪10人。依法打击偷越国边境团伙犯罪，起诉涉嫌组织他人偷越国边境、偷越国边境罪14人。从严从快办理跨境赌博犯罪案件，批捕“7·9”系列案1人，起诉2人。依法打击危害公共安全犯罪，起诉危险驾驶罪案件66人、交通肇事罪19人、重大责任事故罪5人。常态化开展扫黑除恶专项斗争工作，组织开展涉黑涉恶案件（线索）倒查，逐案进行“回头看”，巩固扫黑除恶专项斗争成果。严格把好审查关，做到“一个不凑数，一个不放过”，在办理黄某煌受贿罪等罪一案中，以包庇、纵容黑社会性质组织罪补充起诉；在办理董某等人聚众斗殴等罪一案中，准确区分恶势力与普通违法犯罪团伙，改变定性1件5人，区法院一审判决予以采纳。完善监检衔接机制，起诉职务犯罪4人，向区纪委监委通报13名党员涉嫌犯罪情况。

【经济健康发展维护】 2021年，洛江区检察院严厉打击影响法治化营商环境的违法犯罪行为，起诉侵害企业财产权益等犯罪6人，起诉假冒注册商标犯罪5人。落实检察长挂钩走访重点企业制度，联合区工商联等部门到西人马、铁拓等辖区重点企业走访调研。加大知识产权司法保护力度，办理的杜某某假冒注册商标案等3个案件入选《2020年度泉州知识产权检察白皮书》。开展涉民营企业刑事“挂案”专项清理，消灭存量、遏制增量。

【社会和谐稳定服务】 2021年，洛江区检察院贯彻落实“少捕慎诉慎押”刑事司法政策，不批准逮捕21人，不捕率13.04%；不起诉25人，不诉率6.96%，坚持对“三类案件＋五个环节”进行全覆盖式审查，开展羁押必要性审查56人，决定或建议不羁押17人。接待处理群众来信来访74件，答复率100%。落实领导包案责任制，化解信访积案1件。当好党委政府法治助手，制发社会治理类检察建议5件，对10年来办理的危险驾驶案进行系统调研。以禁毒宣传月、防范电信网络诈骗宣传月、宪法宣传周等重大节点为契机，开展知识竞赛、法治讲座、现场开庭等多种普法活动20余次，分发宣传手册500余份，受众6000余人。

【刑事检察监督】 2021年，洛江区检察院受理审查逮捕案件101件162人，批准（决定）逮捕87件140人；受理审查起诉案件266件390人，起诉216件324人。立案监督8人，建议行政机关移送涉刑案件3件，纠正漏诉4人、漏罪6件，改变定性16件，自行补充侦查2件3人。强化侦查活动监督，口头纠正轻微违法12件，书面纠正违法7件，发出普遍性纠违检察建议书3件。深化刑事审判监督，成功抗诉1件，发出再审检察建议1件、监督意见书1件。适用认罪认罚224件、317人，适用率分别为91.8%、88.3%，其中确定量刑建议251人，占比87.76%。开展认罪认罚听取意见和控辩协商同步录音录像工作，加强量刑建议释法说理，上诉率5.05%，同比下降2.02%。持续深化刑事执行监督，制发《纠正违法通知书》8份，监督2名社区矫正对象办理变更企业法定代表人手续，监督财产刑执行立案225人，监督清理审前未羁押判实刑未交付执行罪犯14人，纠正暂予监外执行不规范问题48件，督促恢复政治权利2人，督促公安对扣押物品清查。

【民事检察监督】 2021年，洛江区检察院办理民事检察案件21件，经审查发出检察建议19件，其中发出再审检察建议3件，发出民事执行监督11件，发出民事诉讼违法监督5件，均被法院采纳。加强生效裁判监督，检察长列席审委会发表意见，针对“套路贷”发出再审检察建议3件，有力纠正虚假诉讼。加强民事执行监督，向区法院调取民事执行终本卷宗55卷，针对执行不规范问题制发检察建议。助力追讨农民工欠薪，支持起诉祝某云等4人向某冶金建设公司追索劳动报酬案，促成涉案企业主动支付拖欠工资35244元。加强民事诉讼违法监督，针对法律文书瑕疵、管辖不当等违法情形发出检察建议5件，保障司法公平公正。

【行政检察监督】 2021年，洛江区检察院依职权发现行政检察案件线索12件，依申请受理行政检察线索2件，经审理，发出检察建议10件，开展行政争议实质性化解1件。针对未及时立案执行、未依法送达执行文书、执行文书适用法律错误等情形，发出执行监督检察建议5件，规范行政非诉案件立案、审查、执行各环节司法工作。综合运用公开听证、司法救助等手段，依法化解工伤认定行政争议案1件，实现案件零的突破。加大对行政机关不当履职监督力度，发出检察建议5件，其中针对区住建局怠于履职进行监督，促成该局开展住宅专项维修资金专项整治活动，追缴资金1073万余元，并引入住宅专项维修资金管理系统规范资金收缴，有效保障群众住宅安全。与区自然资源局联合会签工作意见，建立健全自然资源领域行政执法与行政检察相衔接工作机制。与区公安分局成立专项检查组，对近3年强制隔离戒毒案件开展监督。

【公益诉讼检察监督】 2021年，洛江区检察院发出公益诉前检察建议23份；办理破坏生态环境资源刑事案件9件，提起刑事附带民事公益诉讼4件，被告人主动缴纳环境损害费及鉴定费9万余元，以案释法发挥警示作用。向党委、政府提供野生动物保护执法建议，区政府采纳建议，将全区设为禁猎区，全年设为禁猎期。营造校园周边“无烟”氛围，促成开展联合检查3次，检查经营单位59家，移送行政执法线索2条，劝退和整治烟草零售店6家。聚焦“古树名木”保护，促成责任单位投入16万余元进行治理，确保198棵古树棵棵有管护。守护道路出行安全，促成全区开展“钉子阵”道路交通安全隐患日常排查治理工作，整治隐患200余处、修补路面800余米。强化红色遗址保护，督促退伍军人事务局和乡镇政府完成烈士墓迁墓1处、原地修缮2处。

【刑事犯罪惩治】 2021年，洛江区检察院全力保障人民群众生命安全，起诉故意杀人、故意伤害致死致人重伤、抢劫、强奸等恶性暴力案件8人。从严惩治妨害疫情防控犯罪，起诉涉疫案件人员2人。深入开展“断卡”专项行动，起诉非法出租、出售电话卡、银行卡等犯罪42人，起诉掩饰、隐瞒犯罪所得等洗钱类犯罪8人。加大严重影响人民群众安全感的犯罪打击力度，起诉侵犯公民个人信息、电信网络诈骗等犯罪14人。参加“扫黄打非”专项行动，营造积极健康的社会文化环境。坚决打击冒充党和国家机关名义招摇撞骗和妨害公务等违法犯罪，起诉袭警罪1人，维护党和政府威信。坚决打击“恶意欠薪”行为，维护农民工合法权益。参与社会诚信体系建设，起诉拒不执行判决、裁定4人。

【未成年人法治建设】 2021年，洛江区检察院联合区教育局开展“一号检察建议”、强制报告制度专项督导工作，联合区市监局检查中学食堂卫生情况，督导解决校园安全、食品安全问题，就1起校园欺凌事件向涉事学校发出检察建议书。深入校园周边零售场所开展“回头看”和联合检查，监督区烟草局、区市监局对售卖电子烟、无证照销售烟草制品等情况进行专项治理。牵头推进“一站式”询问救助办案区建设项目，拟定“一站式”取证救助实施办法。借助司法社工深入开展社会调查、心理疏导、亲职教育、考察帮教等特殊检察工作，为5名被附条件不起诉未成年人制定个性化帮教计划，帮教涉案未成年人57人次，开展社会调查5人次、亲职教育20场、心理疏导33人次，组织涉案未成年人参与志愿服务活动19人次。联合区委政法委、团区委等部门举办检察开放日、全区中学生“两法”知识竞赛，开展未成年人法治宣讲进乡村、进学校活动13场次。

【民生民利保障】 2021年，洛江区检察院牵头联合16个部门建立司法救助与社会救助衔接融合机制，办理司法救助案件6件，发放司法救助金11.2万元，为被害人及其家属争取社会援助资金1万元。与上级院联合救助1件，发放救助金3万元。在挂钩村开展为期100天的“夜访夜谈”活动，走访群众201户，协调帮助解决道路维修、建设法治小公园等群众困难8件，协调帮扶资金14万余元。保障人民饮水安全，促成责任部门联合检查10个二次供水小区，整改二次供水水质超标、供水设备管理不到位等问题24处。守护人民“舌尖上安全”，监督区市监局组织餐饮从业人员开展食品安全考试，抽检食品经营户439家，纠正违规行为79次，约谈餐饮店41家。强化律师执业保障，为律师提供电话预约、刻录卷宗、异地阅卷等服务，主动

2021年3月22日，群众为第二检察部2021年行政争议实质性化解案件授锦旗 （图/区检察院）

邀请律师参与公开听证、联席会议等活动10余人次。

（陈根英 郭晓晖）

法院

【概况】 2021年，洛江区法院贯彻中共十九届六中全会精神和省、市、区党代会精神，采取专题辅导、交流研讨等形式开展学习活动7场。深入贯彻落实习近平法治思想，主动融入区委工作大局，充分发挥党组领导核心作用，扎实做好各项司法服务保障工作。全年受理各类案件7665件，结案7389件，同比分别上升21%、20.8%，结案率96.4%。

【案件审理】 2021年，洛江区法院严惩故意伤害、抢劫、抢夺、盗窃等严重危害社会治安稳定案件31件。纵深推进反腐败斗争，审结贪污、贿赂、渎职等职务犯罪案件3件。有力推进禁毒、扫黄打非、打击跨境赌博等专项行动，惩治诈骗、传销等新型网络犯罪17件，有效净化社会环境。推行轻微刑事案件快速审理机制，快审速结危险驾驶、交通肇事等案件82件。设立少年法庭，完善青少年社区矫正与回访帮教机制，判处未成年罪犯1人。发挥预防未成年人犯罪职能作用，班子成员前往区实小、河市中心小学上法治课，帮助未成年人树立法治思维。加强典型案例以案释法，邀请华侨大学、仰恩大学、泉州市医高专等高校学生旁听“帮信”犯罪庭审，提升学生辨别能力。

【案件执行】 2021年，洛江区法院执结各类案件2529件，实际执行到位金额3.2亿元，同比分别增长45%、39%，执行质效排名位居全市基层法院第2名、全省第6名。用足用好用活执行措施，限制出境99人，限制高消费763人次，发出限驾令15份，曝光失信被执行人1876人次，拘传、拘留被执行人5人，以拒执罪追究刑事责任4人，“不敢赖、不能赖、不想赖”的威慑机制加速形成。开展护“薪”行动，联合区人社局在春节前为202名农民工发放工资349万元。联合税务部门成立全市首个司法执行与税收执法协作办公室，加强和规范税收管理。

【诉讼体制改革】 2021年，洛江区法院创优诉讼机制体系，推进刑事案件律师辩护全覆盖，为51名被告人指定辩护人，完善人权司法保障。推行民事案件繁简分流，科学制定简案与繁案区分标准和分流规则，实行简案快审繁案精审，简易程序适用率76.02%，平均审理期限缩短4天。完善审判委员会制度，充分利用专业法官会议，及时组织研讨疑难案件，统一裁判尺度，确保类案同判。创新审判管理模式，强化对“四类案件”的监督管理职责，确保科学放权和有序监管相统一。开展案件质量和文书质量评查，审限内结案率100%。

【诉讼服务创新】 2021年，洛江区法院创新诉讼服务体系，推进现代化诉讼服务体系建设，创新诉讼服务大厅、ITC诉讼自助服务终端、网上诉讼服务平台、掌上诉讼服务帮手、12368 诉讼服务热线等“五位一体”诉讼服务体系，实现诉讼服务“网上办、掌上办、一次办、自助办、就近办、跨域办”。深化跨域诉讼服务，开展跨域立案、跨域调解、跨域执行等诉讼服务831件，减轻当事人诉累，让老百姓切身感受到“家门口法院”带来的便捷与高效。落实普法责任制，坚持“请进来”与“走出去”相结合，开展司法“六进”与“法院开放日”活动19场次，完成“七五”普法任务；坚持“线下+线上”相结合的普法方式，在市级以上媒体发表宣传29篇次。

【审判管理机制落实】 2021年，洛江区法院健全科学配权、规范用权、严格限权的审判权力运行体系，明确院庭长、审判组织、法官的权限和职责清单。突出员额法官主体地位，健全法律文书签署签发机制，真正做到“让审理者裁判、由裁判者负责”。充分发挥院庭长带头办案示范作用，办案2140件，占结案总数的57.8%。注重发挥人民陪审员参与司法、监督司法的重要作用，陪审员参与审理各类案件861件，陪审率达96.89%。

【法治营商环境优化】 2021年，洛江区法院主动适应疫情防控常态化要求，探索巡诊、精诊、速诊、智诊的“司法四诊法”，为项目建设和企业发展提供高质量司法服务，相关工作获市委《侨区快讯》刊登推广。持续开展“‘疫’路同行，司法相伴”主题活动，班子成员到11家企业走访调研，实地了解企业需求。全市首创在行政服务中心窗口为企业发放《民营经济管理法律风险防控提示》白皮书，通过为企业梳理各类常见法律“雷区”，帮助企业从源头预防风险。着力发挥行业人才专业优势，与区委组织部、区发改局联合建立高层次人才商事纠纷多元化解平台，引入高层次人才联合为企业解难题，发挥调解员专业优势，多元化解纠纷151件。充分运用智慧法院建设成果，线上为企业提供立案、调解、开庭、送达等服务，2021年远程化解涉企纠纷58件，标的额达3100万元。

【服务环境优化】 2021年，洛江区法院支持促进行政机关依法行政，保护行政相对人合法权益，审结行政诉讼案件274件。成立以党组书记为组长的服务重点项目建设工作领导小组，助推项目建设驶向法治“快车道”。落实行政诉讼案件异地相对集中管辖机制，加强与异地法院和行政机关的交流互通，召开联席会议3场，就项目征迁过程中常见问题提出法律建议6条，支持促进法治政府建设。梳理重点项目建设法律风险点，依托“服务重点项目法官工作室”，加大对产业转型升级、重大项目建设、实体经济发展、战略性新兴产业壮大的司法保障力度，精准护航项目攻坚。与住建部门建立全市首个房地产纠纷联调联执工作室，着力推进房地产纠纷源头化解综合治理。

2021年10月15日，区法院与区住建局设立全省首个房地产纠纷联调联执工作室 （图/区法院）

【法治环境培育】 2021年，洛江区法院弘扬新时代“枫桥经验”，深入推进矛盾纠纷一站式多元化解，协调区委政法委召开全区“诉非联动”暨矛盾纠纷多元化解工作联席会议，推动重点领域矛盾纠纷源头化解及各平台的深度对接。将非诉讼纠纷解决机制挺在前面，诉前联合调解1585件，促进完善共建共治共享的基层社会治理格局。围绕老百姓生存发展“头等大事”和日常生活“关键小事”，审结各类民事案件2255件，其中以调解、撤诉方式结案1012件。关注民生焦点，妥善审理教育、就业、医疗等民生案件113件，切实保障群众合法权益。妥善审结权属、侵权纠纷案件378件，强化对人身权财产权人格权的司法保护。审结房屋买卖、租赁与物业纠纷等案件995件，着力改善群众安居环境。审结婚姻家庭纠纷案件151件，充分保障弱势群体权益。深入推进涉军司法维权和军地法治共建，中国政务网等主流媒体相继报道。

【智慧法院建设】 2021年，洛

江区法院持续推进法院信息化建设，坚持管用、好用、会用、喜用，主动运用科技生产力提升司法公信力。建设电子文档中心，推进电子卷宗随案同步生成和深度应用，实现审判流程信息“一键发送”、电子卷宗“一键归档”、格式文书“一键生成”等，无纸化办案办公水平大幅提高。庭审直播1632场次，把庭审过程变成法治公开课。构建审判流程、庭审活动、裁判文书、执行信息、监督管理“五大司法公开平台”，依法公开裁判文书4663份，发布典型案例11件，让司法在阳光下公开运行。

（赖昕晟　苏勇清）

司法行政

【概况】　2021年，洛江区司法行政系统坚持以习近平法治思想为引领，深入贯彻中共十九大精神和十九届历次全会精神，围绕年度工作目标思路，强化统筹协调职能，助推法治洛江建设，深化基层法治建设，助推社会治理现代化，为建设更高水平的平安洛江和法治洛江贡献司法行政力量。2021年，全区化解各类矛盾纠纷1514起，调解成功1508起，涉及金额3920.29万元，调解成功率达99.6%。接收社区矫正对象108人，解除社区矫正120人，居住地变更迁入3人，接收审（释）前社会调查评估委托141起。

【社区矫正突出问题专项治理】2021年，洛江区启用区社区矫正中心并完善基础设施，深入贯彻执行《中华人民共和国社区矫正法》及其实施办法、实施细则，从数据核查、安全稳定、日常监管、外出审批等15个贯穿社区矫正工作各环节的重点治理项目，开展社区矫正突出问题专项治理工作。严格落实暂予监外执行案件中保外就医罪犯的病情复查制度，要求每3个月到省级人民政府指定医院进行病情复查，并及时提交暂予监外执行社区矫正对象病情复查审查工作小组集体讨论研究。开展“社区矫正法实施一周年宣传周”活动。通过政府购买服务等方式，开展心理健康服务和App线上学习教育等人性化帮扶，引导社区矫正对象回归社会。

【安置帮教】　2021年，洛江区强化全区安置帮教工作，制定重点人员工作组运行机制，加强系统信息核查衔接，做好全区安置帮教对象一人一档工作。充分发挥安置帮教基地作用，做好刑满释放人员安置衔接工作。2021年新衔接149人，其中重点安置对象20人，安置率为99.87%。

【人民调解】　2021年，洛江区建立人民调解委员会127个、信访评理室93个，开展“夜访夜谈”和信访事项“治重化积”专项行动，化解矛盾纠纷。强化各类调解衔接联动，提前实现“三所联调”工作全覆盖，全区6个乡镇（街道）多元化解中心、86个村（社区）矛盾纠纷多元化解工作室挂牌成立，推进多元化解远程视频系统建设。

2021年3月19日，洛江区区政府与区法院召开民营经济发展座谈会
（图/区法院）

【法律服务热线平台建设】 2021年，洛江区持续推进三大平台规范化建设，高标准建成区公共法律服务中心。继续推广“洛江区掌上公共法律服务平台”建设，新增辖区律师9人入驻洛江区掌上公共法律服务平台，提供服务的律师数比上年增长90%。加强“12348”法律服务热线平台建设，指派值班律师接听“12348”法律服务热线400人次。

【法律援助】 2021年，洛江区设立退役军人法律援助工作站；完善妇女援助速问平台服务功能，推出线上维权宣传专栏50期，服务760多人次；推进“互联网+法律援助”建设，推行法律援助全域通办。2021年，受理法律援助案件667件，接受法律咨询1112人次，为受援人挽回损失约683万元。

【普法宣传】 2021年，洛江区谋划部署“八五”普法规划起草工作，组织实施“八五”普法规划。实施“法律明白人”培养工作，实现每村培养一名“法律明白人”。严格落实“谁执法谁普法”责任制，组织开展法律“八进”活动，抓好民法典学习宣传贯彻工作。12月4日，泉州市第八个国家宪法日法治宣传主场活动在洛江区洛阳桥桥畔举办，活动在光明网、新华网、中国网等多家权威媒体上刊载。2021年，开展各类法治宣传活动40余场次，分发各类法治宣传材料5万余份。

（李蓉蓉 黄焕彩）

军事

人民武装

【概况】 2021年，泉州市洛江区人民武装部（简称洛江区人武部）学习贯彻习近平强军思想和新时代军事战略方针，以庆祝建党百年为契机，以加强人武部全面建设为重点，落实好各项工作。坚定举旗铸魂强思想、练兵备战提能力、凝心聚力夯基石、正风肃纪聚人心，促进人武部建设水平向更高层次发展，以优异成绩向中国共产党成立100周年献礼。严格落实党管武装各项工作制度，协调定期召开专题党委议军会，讲评党管武装工作开展情况。12月，组织乡镇（街道）党（工）委书记党管武装述职报告，促使党管武装各相关工作在基层落实。重视队伍建设，进一步加强乡镇（街道）专武干部队伍建设，推动基层武装工作发展，提供人才保障，营造崇军氛围，解决军人后顾之忧，收集审核辖区军人子女材料，解决多名现役军人子女上学问题。

【思想建设】 2021年，洛江区人武部围绕庆祝中国共产党成立100周年活动，结合党史学习教育，学习贯彻习近平主席“七一”重要讲话、中共十九届六中全会精神，召开党员大会交流学习体会，组织党员“七一”重温入党誓词；开展研读《习近平强军思想》《中国共产党简史》等教材活动，筹划开展党委中心组理论学习，组织党小组学习讨论，观看《指尖上的陷阱》《正风反腐就在身边》《榜样5》《平“语”近人》等系列教育片，干部职工撰写心得体会，用党的百年奋斗历程引导干部职工提高政治站位。

【军事训练】 2021年，洛江区人武部严格落实战备制度，贯彻落实战备值班制度，规范战备值班秩序，提高值班人员综合素质，确保军令政令畅通。针对节假日和其他特殊时机，组织教育，不断强化战备观念和战备意识。强化备战能力，根据实际情况，探索训练转型方式方法，采取分批次训练的形式，完成上级赋予的训练任务。

【征兵工作】 2021年，洛江区人武部大力开展征兵宣传，规范征兵工作，协调相关部门做好全国征兵公益宣传片播放，组织领导干部到医高专、仰恩大学开展征兵政策宣讲4场次，制作下发征兵手册1万份，转发宣传短信10万条。完成2021年新兵征集任务。

【国防动员】 2021年，洛江区人武部及时调整区国防动员委员会成员，采取依托政府统计系统采集与开展专项统计调查相结合的方法，把经济、政治、科技、信息动员工作按职责范围和业务分工，会同成员单位对口组织实施，全面、准确地对洛江区战时可动员的人力、物力潜力，军地通用高技术人才和高新企业行业科技设备的种类、数量、质量分布情况等进行核查，有针对性地做好国防动员准备。

【双拥共建】 2021年，洛江区人武部发挥军地之间的桥梁纽带作用，协调解决泉州市民兵训练基地建设和人武部办公营院装修改造问题。组织春节和“八一”慰问辖区功臣和现役军人。协调区退役军人事务局开展迎接老兵工作，全年发放喜报5人次。协调辖区学生参加泉州市“爱我国防”知识竞赛，并取得第三名。

（郑文睿 陈启梁）

人民防空

【概况】 2021年，洛江区人民防空办公室（以下简称“人防办”）全面提升履行“战时防空、平时服务、应急支援”使命任务的能力，组织防空演练、推进人防体系建设、人防专业队伍建设，在城市新建民用建筑修建防空地下室，开展人防结建及易地建设审批工作，办理人防易地建设审批手续，收取易地建设费。

【防空演练】 2021年，洛江区新增多台防空警报器。9月18日，在辖区城区范围内组织第24次防空警报试鸣活动，同时对全区防空警报器进行升级改造，完善社会化管理制度。

【人防队伍组建】 2021年，洛江区按照专业对口、便于领导、便于指挥和平战结合的原则，强化对人防工程的监督管理，组建1支以人防设备厂和建设公司为主的平战转换专业队伍。

（阮琳彦 林剑明）

退役军人事务

【概况】 2021年，泉州市洛江区退役军人事务局围绕“法律政策落实年”活动主题，宣传贯彻落实国家、省、市出台的各类涉军法律、法规、政策，重点优抚对象抚恤补助标准稳步提高。畅通诉求渠道，创新工作方法，有效维护退役军人合法权益。依法依规做好中共十九届六中全会、中国共产党成立100周年等重大活动及敏感节点的维稳任务。洛江区双拥共建领导小组落实双拥政策法规，结合党史学习教育、中国共产党成立100周年，开展系列双拥共建活动，切实做好新形势下的双拥工作。

【服务保障体系建设】 2021年，洛江区退役军人事务局根据分级验收工作有关要求，加强各级退役军人服务中心（站）建设，统一制度流程，统一上墙内容，标准化、规范化推进中心（站）建设工作。做到工作职责、工作制度、工作流程、组织架构、服务内容“五公示”。常态化播放“军味”宣传片，展示“军味”文化墙、荣誉墙。努力将其打造成集“五个阵地”（教育管理阵地、基层服务阵地、帮扶援助阵地、宣传文化阵地、权益保障阵地），以及八大功能（政治文化宣传、信息动态管理、创业就业扶持、生活困难帮扶、合法权益维护、心理咨询、司法援助服务、志愿组织活动）于一体的“退役军人之家”。

【移交安置】 2021年，洛江区依法依规安置营级及以下军转干部，实现军转干部100%安置到参公以上单位；接收因公伤残等级10级的自主就业退役士兵，协调相关科室办理申报残疾证等手续。采取一系列措施欢迎退役士兵回家。9月，为退役士兵提供动车接站、退役报到、信息采集、政策咨询、心理建档等一站式服务，并举办岗前适应性培训班、心理健康讲座，迎接退役士兵回家。为自主就业退役士兵发放一次性经济补助金。

【就业创业】 2021年，洛江区退役军人事务局组织退役军人参加线上、线下招聘会5场，参与企业数60多家，提供岗位数800多个；举办“2021年度洛江区自主就业退役士兵岗前适应性培训”，有多名退役士兵参加；

2021年5月8日，洛江区退役军人事务局走进武警泉州支队机动中队，开展《中华人民共和国退役军人保障法》进军营宣讲宣传活动（图/区退役军人事务局）

组织多名退役军人参加黎明大学举办的“多旋翼无人机装调与操控”“无人机操控师”“电子商务运营推广”等项目的培训班学习，多措并举推动退役军人就业创业。2021年自主就业退役士兵中有多人回高校复学。

【优待抚恤】 2021年，洛江区全面落实优抚对象优待抚恤补助标准自然增长机制，全年发放抚恤金和定期生活补助金，切实维护优抚对象的合法权益。全年发放重点优抚对象医疗补助金、医疗门诊及健康体检补助资金，另给予多名退役军人生活困难补助及生病住院补助，缓解退役军人的医疗和生活困难。

【退役军人权益维护】 2021年，洛江区退役军人事务局制定一系列规章制度，从服务规范、工作流程、防控预案等方面规范服务。创新工作方法，联合洛江区司法局成立洛江区退役军人法律援助工作站，5月26日挂牌成立退役军人心理健康服务站，从法治、心理层面推动矛盾问题化解。对标市里并结合洛江区实际，对照“三定”方案认真梳理部门职能，贯彻落实好与退役军人密切相关的政策，梳理符合洛江区实际的158项政策点事项清单，切实维护退役军人合法权益。加强宣传阵地建设，为洛江区6个乡镇（街道）、86个村（社区）退役军人服务站统一配备宣传架及涉军法律法规政策书籍、宣传册。创新宣传手段，开展普法“六进”活动，以宣讲、现场解答、播放宣传视频、发放宣传册等形式，多角度、全方位地开展普法活动。

【军休服务管理】 2021年，洛江区退役军人事务局定期联系或走访慰问军休人员，及时帮助他们解决实际问题。严格执行有关生活待遇的政策标准，将每个军休人员的生活费和各类补贴以及调增工资及时足额发放到手。有效落实军休干部“两个待遇”（政治待遇、生活待遇）。

【国防教育和双拥宣传】 2021年，洛江区退役军人事务局依托洪四影剧院、军装发展馆、仰恩大学、俞大猷公园爱国主义教育基地等资源建设双拥文化阵地，开展国防教育。成立国防教育讲师团，走进仰恩大学、泉州医高专、老干局、洛江区委党校等讲授国防教育课，全年共开展国防教育课6场次。4月15日，“重返象牙塔”——洛江区全民国家安全暨党史教育主题活动走进仰恩大学。活动现场，区委常委、政法委书记黄清凯致辞，并向仰恩大学授洛江区国家安全宣传教育基地牌匾，活动还设有国家安全知识竞答环节、反恐应急处突演练活动、主题讲座等。全年军地新闻媒体报道35篇次。

【拥军支前保障】 2021年，洛江区支前办贴近新时代强军备战要求，投入资金为洛江区人武部新营区建设阳光厨房。为保障应急行动需要，保证支前快速食品供得上，洛江区对原有的支前快速食品供应点进行全面摸排，并

2021年12月9日，联勤保障部队第九一〇医院走进马甲镇开展泉州市革命伤残军人和在乡老复员军人等优抚对象医疗巡诊活动，为洛江区重点优抚对象提供巡诊服务　　（图/区退役军人事务局）

与2家支前快速食品供应商续签合同。

【拥政爱民】　2021年，联勤保障部队第九一〇医院到虹山乡开展义诊活动，为2户贫困户进行入户义诊及送药服务；走进马甲镇组织开展义诊活动，活动现场共接诊退役军人近百名，提供免费药品32种，让老兵在家门口就可以享受诊疗服务；九一〇医院帮扶洛江区4户贫困户，发放慰问金8000元；组织官兵参与无偿献血；参与地方急难险重任务3次、出动车辆机械6辆次，挽回直接经济损失200万元；派出官兵支持驻地平安建设。

【军民共建】　2021年，洛江区人武部贯彻《关于新时代深入开展军民共建社会主义精神文明活动的意见》，进一步完善军民共建网络、拓展共建形式、丰富共建内容，分别与共建单位河市镇南塘村的民兵组成“军民巡逻队”、与万安街道万福社区开展综治平安活动，维护地方治安；武警泉州支队执勤一大队机动中队图书馆与洛江区图书馆共建，合作加强特色馆建设，合作举行联展，搭建文化艺术交流平台，合作开展特色读书会、讲座等活动；合作共建馆外流通服务点，提供流动办证借阅服务，丰富文化活动形式；合作共建文化阅读空间，提供更优质的阅读空间和平台等多项共建项目，全方位地开展知识拥军、文化拥军。全年共开展军地理论知识、法律讲座4场次。

【褒扬纪念】　2021年清明节期间，洛江区退役军人事务局组织开展疫情期间网上祭扫烈士工作。9月30日，组织区委、区人大常委会、区政府、区政协四套班子主要领导，区人武部主要领导，区烈属、老战士与干部群众代表参加“9·30”烈士纪念日向市烈士纪念碑敬献花篮仪式。全年完成烈士墓就地整修8座，搬迁2座，总修缮费16.5万元。每处零散烈士墓均推行“三员”（守护员、研究员、宣传员）政策，做好“一墓一档”工作。

（张滇敏　杜宝国）

综 述

【概况】 2021年，洛江区应急局树立安全发展理念，弘扬生命至上、安全第一的思想，以防范化解重大安全风险、坚决遏制重特大事故为重点，开展重点领域行业专项整治，排查消除各类安全隐患，提高防灾减灾救灾的能力，推动党政领导干部安全生产责任制规定落实，强化安全教育培训。区应急局有机衔接安全隐患大排查大整治和安全生产专项整治三年行动，洛江区企业自查2140项隐患（一般隐患2129项、重大隐患11项），整改率99.91%；区级部门及乡镇（街道）成立检查组，开展督导检查3652次，检查单位6845家次，督导问题7467个，行政处罚382家，责令停产整顿30家，暂扣吊销证照企业7家，关闭取缔18家，罚款420万元，约谈警示450家。

【应急体系建设】 2021年，洛江区应急局强化应急救援队伍建设，组建以“综合性应急救援大队为主、专业应急救援队伍为辅、乡镇（街道）和社会救援队伍为补充”的应急救援队伍体系。4月，在马甲镇增建一支25人的专业森林消防队伍，有效解决洛江区防火任务繁重和专业力量不足、力量配置不均衡等问题。加强应急值班值守备勤工作，制定《关于进一步健全现场应急协调备勤和改进应急值班值守工作的通知》《泉州市洛江区应急管理局应急预案内部管理暂行办法》《关于进一步健全突发事件信息快速报送联动机制的通知》等通知文件，逐步建立完善应急管理工作制度。严格做到落实365天24小时全天候值班值守工作，及时、快速处置各类突发事件。

【应急指挥中心建设】 2021年，洛江区应急局完成应急指挥中心建设项目全部建设内容，项目建有大屏显示系统、坐席管理系统、音频扩声系统、会议讨论系统、视频会商系统、无纸化会议系统、融合通信系统、网络与安全系统、配套设施等，该项目建成将实现洛江区自然灾害防治、安全生产事故预防和应急管理能力全面提升。

【攻坚专项行动】 2021年，洛江区应急局动态更新“四个清单”，针对重点难点问题，切实解决一批长期停滞不前的安全生产“疑难杂症”问题，在全区开展“树典型、开小灶”工作。积极选树、推广本辖区、本行业领域示范典型企业，加强企业业务指导，帮助企业总结、提炼好的经验做法，聘请专家协助企业进一步提升企业安全生产管理水平。2021年上报安全生产专项整治三年行动典型企业4家，全面梳理洛江区近年来发生安全生产事故或存在重大安全隐患的生产经营单位，组织这些单位主要负责人、安全管理人员和相关乡镇（街道）安监员开展2次集中教育培训，培训80人次，切实提高基层监管执法水平和企业预防事故意识及能力。

【安全生产三级会商】 2021年，洛江区应急局召开行动方案制定讨论会2次、安全生产权责落实情况调研会3次、安全生产专项整治行动推进会议4次、各专项会商会41次，推动集中协调解决推进工作中遇到的困难和问题，加快整治行动各项任务落实落地；发布开展情况通报8期，通报全区并同时报送区委和区政府领导、抄送各乡镇（街道）党（工）委、政府（办事处）主要负责同志。

【督导检查】 2021年，洛江区应急局为中国共产党成立100周年等重大活动和岁末年初、全国两会及中秋、国庆节等关键节点强化工作部署，进一步压紧压实全区安全生产工作，维护全区安全生产形势平稳，在全区开展安全生产专项督促检查。区安委会采取“一个部门包一个乡镇（街道）”的方式，抽调6个部门对各乡镇（街道）安全生产工作开展情况进行督导，并将督导问题进行通报，检查结果纳入安全生产工作考核，切实倒逼各乡镇（街道）、各有关部门履行安全生产监管职责。2021年，节假日督导问题通报7期，区级督导组已组织督导151次，全覆盖督导乡镇（街道）6个，发现乡镇（街道）层面问题44个，已督促整改44个，整改率100%；已抽查企业341家次，发现问题710个，督促整改问题627个，整改率88.3%。

应急救援

【概况】 2021年，洛江区应急局根据全区应急管理工作实际，新编和修订《洛江区突发公共事件总体应急预案》《洛江区工贸行业生产安全事故应急预案》《洛江区自然灾害应急预案》等10份应急预案及相关材料，各乡镇（街道）、区直有关部门新编修订预案41份，确保有效预防、有序处置各类突发事件。

【应急预案优化】 2021年，洛江区应急局进一步完善防汛防台应急机制，制定完善《洛江区防汛防台风应急预案》《洛江区防范应对突发性强降雨工作细则（试行）》等制度，组织全区6个乡镇（街道）、86个村（居）、25座小型水库在汛期前完成防汛防台风各类预案编制和审查审批工作。

【应急救援演练】 2021年，洛江区应急局督促、指导各部门和有关企业充分结合“安全生产月”“防灾减灾日”等活动，提升群众应急意识和应急水平，开展各类安全应急预案演练活动55场。开展区级层面开展山洪灾害防御暨应急救援演练、住宅小区防汛应急演练2场次，组织全区86个村（居）全覆盖开展危险区域群众自主转移避险演练，提升快速反应和应急处置能力与水平。

防灾减灾

【概况】 2021年，洛江区应急局结合《2021年度市级救灾物资

2021年5月7日，洛江区在泉州第十一中学开展2021年“5·12”地震应急避难场所启动演练暨地震预警演练 （图/区应急局）

购置计划》和全区救灾物资储备库中的物资储备品种和储备量，制定《2021—2022 年度洛江区救灾物资购置计划》。时刻密切监视天气状况，迅速落实防汛防台防御措施，适时启动应急响应，启动 4 次防暴雨应急响应，5 次防台风应急响应。5 月 12 日，洛江区减灾办结合第 13 个全国防灾减灾日，围绕“防范化解灾害风险，筑牢安全发展基础”主题，结合全区实际，组织开展线上线下相结合的防灾减灾科普宣传，丰富活动内容。

【救灾物资储备】 2021 年，洛江区应急局确细化救灾物资的采购品种、数量、技术参数，物资包括棉衣、睡袋、编织袋等救灾物资。储备救灾帐篷 178 顶、棉被 175 件、毛毯 175 件、应急灯 12 个、发电机 1 台、蜡烛 8 箱、彩布条 300 匹、毛巾被 40 件、折叠床 40 张、取暖器 12 台、睡袋 50 件、防潮垫 30 件、场地灯 1 架、救生包 5 个、背包 20 个、军用水壶 10 个、铁锹 10 个、喊话器 5 个、救生圈 5 个、反光服 50 件。

【防汛防火】 2021 年，洛江区应急局及时协调落实台风、持续性暴雨期间各项防御措施，组织渔船回港避风，人员撤离上岸，组织危险区域人员转移，科学调度水库，巩固提升避灾点建设，加强危险区域巡查检查，落实隐患治理，确保安全。扎实开展森林防火各项工作，强化防火责任，强化防火宣传，强化隐患排查，强化火源管控，强化队伍建设，强化应急处置等措施，抓紧抓实抓细各项森林防灭火工作落实。

【防灾减灾宣传】 2021 年 5 月，洛江区应急局开展防灾减灾宣传进企业、进农村、进社区、进学校、进家庭“五进”活动 44 场次，6500 多人次参与活动。邀请多位省、市“防震减灾科学传播师”在洛江区双阳街道朝阳社区、马甲中学、泉州市实验小学洛江校区、洛江区实验小学、洛江区第三实验小学开展 5 场防灾减灾专题讲座。讲座以视频、图片等多种方式生动形象地向群众讲解自然灾害、森林防火、地震科普、避震自救互救等知识常识。5 月 19 日，结合“用心学党史·真心办实事”洛江区“我为群众办实事”服务进基层活动，多部门联合在双阳市民侨乡广场开展宣传咨询服务活动，分发防火防汛、防灾减灾救灾宣传资料，通过文艺演出、有奖问答等形式，与现场群众热烈互动，营造浓厚氛围。利用“微信”平台开展“5·12”全国防灾减灾日“防范化解灾害风险，筑牢安全发展基础”主题网络竞答活动，参与竞答 6000 余人次，赠送奖品 1000 份。在辖区内公共场所和重点位置广泛张贴或悬挂防灾减灾标语、横幅、挂图近 600 幅，在人流量大的路口 LED 宣传屏投放防震减灾宣传短片，利用移动平台向全区活跃手机用户推送 10 万条防灾减灾日主题宣传短信。

安全生产监督管理

【概况】 2021 年，洛江区应急局宣传贯彻《地方党政领导干部安全生产责任制规定》，实施安全生产考评通报机制、挂牌督办机制、一票否决机制、约谈机制，推动领导干部提高政治站位，进一步增强责任担当，2021 年召开区级安全生产工作部署会议 30 次。全区深入摸排掌握重大安全生产问题基本情况，实行重大安全生产问题领导挂钩整治，逐一明确责任单位、整改措施及整改时限，并结合安全生产专项整治三年行动同步推进。2021 年，市级重大安全生产问题涉及洛江区共 2 个，由区长挂钩整治，如期完成整改和验收；自查出区级重大安全生产问题 18 项，整改完成 17 项，剩余 1 项有序推进整改。2021 年，全区企业自查自改 810 项隐患（均为一般隐患），整改率 100%。

【安全生产责任体系健全】 2021 年，洛江区应急局推动安全生产纳入经济社会发展全局，纳入国民经济和社会发展考核评价体系，纳入党委（党工委）和政府（办事处）工作检查内容，作为衡量经济发展、社会治安综合治理、精神文明建设成效和绩效考评的重要指标，并作为领导干部政绩考核的重要内容。推动负有安全生产监管职责部门梳理公布安全生产监督管理权力和责任“两张清单”，进一步明确属地管理责任和行业监管职责。及时细化分解下达安全生产目标责任，建立健全区、乡镇（街道）、村（社区）、企业四级安全生产责任网络。制定落实企业安全生产主体责任若干规定，督促企业加大安全投入，完善和落实企业安全管理制度。1724家企业签订告知书和承诺书，完成承诺公示。

【安全生产风险防范化解】 2021年，洛江区应急局根据《泉州市安委会关于全面推进安全风险分级管控和隐患排查治理双重预防机制建设的通知》《泉州市安全生产委员会办公室关于进一步推进安全风险分级管控和隐患排查治理体系建设的指导意见》等文件要求，全面开展全区各行业各领域建立健全安全生产风险分级管控体系，全面排查、辨识、评估安全生产风险，落实风险管控责任，采取有效措施控制重大安全生产风险，实施企业风险点标准化管控，利用“泉州市智慧安监”信息系统平台，对安全生产风险分级管控体系运行情况实施动态、精准监管，持续提升企业本质安全水平，切实解决“想不到”“管不到”“治不到”的问题。全区各类生产经营单位完成安全生产风险辨识评估并上报至“泉州市智慧安监”信息平台530家，共摸排出风险点8221处，其中较大风险点888处、一般风险点3527处、低风险点3806处，形成洛江区城市安全风险评估报告、洛江区城市安全风险点名册、洛江区城市安全规划等成果性文件。

【安全生产排查整治】 2021年，洛江区全区范围内开展岁末年初安全生产大排查大整治活动，聚焦道路、消防、房屋和建筑施工、城镇燃气、危险化学品、烟花爆竹渔业船舶、景区景点、工贸安全等重点行业领域和薄弱环节，加大安全生产隐患排查整治力度，加强安全生产监管执法，对存在事故隐患不整改行为“零容忍”，确保隐患动态“清零”。

【小化工整治】 2021年，洛江区应急局保持严格执法高压态势，结合“安全生产执法年”、危险化学品领域“控事故、保安全、迎建党百年”安全生产集中攻坚专项行动、非法违法“小化工”专项整治集中攻坚行动，持续推进危险化学品安全生产专项整治三年行动，强化危化品安全风险防控。突出重点，强化攻坚，严防死守，督促危险化学品企业按照《危险化学品企业安全隐患排查治理实施导则》等要求，从各个环节方面再次全面排查整治事故隐患并制定整改方案。深化非法违法“小化工”集中整治、硝酸铵等爆炸性危化品和油气储存、长输管道等专项整治，落实常态化联动打击机制，坚持打防结合，实现动态清零。2021年，检查危险化学品生产经营单位597家次，排查一般事故隐患284条，整改284条，立案查处6起，处罚6.5万元，关闭取缔4家。

【道路交通整治】 2021年，洛江区构建道安综合治理格局，结合“春雷”“蜂鸣”“夜鹰”行动，深入摸排制定“三小工程”和“设施+科技”计划，对农村地区交通安全管理工作做到早安排、早部署。依托交通事故分析研判专班，采取密集型板块切割和个性化隐患剥离等措施清剿安全隐患，2021年摸排道路交通安全隐患240处，其中省市为民办实事4处、区为民办实事11处、“钉子阵”136处、“三小”工程54处，完成整治234处。建立全区道路、运输企业、重点驾驶员和重点车辆底账清单。常态化开展治超统一行动，严格落实“一超四罚”“追根溯源”措施，逐一函告货运源头主管单位，实施重点监管、联合惩戒，形成工作闭环。实施农村地区交通安全设施提升计划，共投入113万元，施划禁停标线18处，共1645平方米；完善梅岭村仰恩大学路口等18个路口交通标志标线、减速坎、反光柱、爆闪灯、广角镜等；在滨水路与洛滨北路交叉口新增信号灯、电子警察工程；在万荣街与安平路、安泰路等交叉口新增2处违停球机工程；在双阳阳光路、罗溪省道213线建设2套摩托车违法抓拍系统。深入开展摩托车（含电动自行车）、渣土车、“营转非”客车、酒醉驾交通违法行为等“四个专项”整治行动，组织集中统一行动170余次，查处各类现场交通安全违法行为38061起，酒醉驾590起，超载420起，客车超员76起，超速333起。强化违法停车整治。7月，万虹公路有特殊停车需求的路段新增施划停车泊位713个；规范施划夜间停车泊位91个；采取巡逻管控和定点严查相结合的方式对主干道乱停车进行整治，对机动车、非机动车违停行为从严管控，对乱停乱放、逆向停车、占用人行横道等交通违法行为采取“教育为主、处罚为辅”的方式，进一步提高交通参与者的安全意识、法治意识和文明意识，共同营造良好道路环境。

【房屋安全整治】 2021年，洛江区持续开展安全生产专项整治结合季度动态考评和技术服务指导并加强隐患整改闭合，2021年1—12月共检查140个工地发出隐患通知书140份共计1054条，已整改1054条。结合安全生产专项整治行动严查建筑施工安全生产违规行为，对524个相关责任主体分别在省建设工程动态监管系统给予违规记分处理，对4个单位和个人进行行政处罚，处罚金额5万元；建立“两违”治理工作责任追究制度，2021年区住建局对44个单位和个人就“两违行为”进行行政处罚，共计罚金88.1万元。深入开展房屋结构安全专项治理三年行动，采取硬隔离房屋5栋，处置非人员密集场所重大隐患房屋8823栋。复核经营性农村自建房1774栋，其中录入住建部农村房屋安全信息采集系统1774栋，完成率100%。复核非经营性农村自建房38831栋，其中属于重大安全隐患160栋，有效处置160栋，录入住建部农村房屋安全信息采集系统38831栋，完成率超过100%。

【消防安全整治】 2021年，洛江成立区级消防安全委员会，搭建消防大队统筹督导、多部门齐抓共管的消防工作机制，由消防、公安、应急、工信、住建等多部门对“三合一”场所、自建房加工场所、群租房、分租式厂房等重点场所进行突击、“回头看”等常态化检查，切实发挥部门联动优势。开展“三合一”专项督导，下发17份督办函、2份通报，依法处罚6家，罚款4.6713万元。与交警联合开展“打通生命通道”治理行动8场次，查处违法行为27起，处罚款共2750元。2021年，区消防救援大队共检查单位781家次，督改火患372处，下发责令改正通知书264份、行政处罚决定书63份、临时查封决定书6份，责令“三停”8家，罚款595839元。加强关键点防控，落实重大隐患监管。提请2个重大火灾隐患单位（福建省前兴现代物流有限公司和泉州宏森物业管理有限公司）实施政府挂牌督办，前兴公司已完成隐患整改。启动辖区支柱行业树脂生产企业专项整治，邀请消防安全专家组进行摸排调研，并制定行业隐患整改指导意见，推动隐患治理专业化。全区高层民用建筑309栋，已100%落实楼长制。依法处罚高层公共建筑1起、高层民用建筑3起，共罚款7.95万元。落实《高层民用建筑消防安全管理规定》的宣传并贯彻执行，对全区物业服务企业负责人进行培训。首创成立消防安全行为规范办公室，由消防、公安、住建为指导单位，由物业行业人员开展消防自治自纠，化解居民消防自治难题。开展分租式厂房、高层民用建筑消防安全治理成效现场会，推广整治经验，提高行业主管部门、行业从业人员消防自治能力。加强网格化治理，建成基层消防工作站。印发《洛江区乡镇（街道）消防委托执法工作方案》，在各乡镇（街道）成立消防工作站，并在双阳、河市实体化运行。研发“消防网格化平台”App，利用程序设置，划定各级检查人员执法权限，依法进行执法程序流转，确保执法信息高效转接，实现执法闭环，提高消防违法行为查处效率。加强实战化训练，提升应急救援能力。组织对全区300个市政消火栓进行实地摸排；配合支队在洛江区马甲镇祈山村完成“平安刺桐”全市综合救援拉动演练，提高攻坚能力。成立抗洪抢险分队共6人、3车、3艘机动橡皮艇，配备水域救援物资和综合保障物资85件套，确定水域救援训练操法和清单，并组织水域救援技术训练5次，确保15分钟拉动。全年大队共接出警697起，其中火灾183起；出动车辆1190次，人员5994人次，完成各项救援任务。

【有限空间专项整治】 2021年，洛江区应急局制定《关于开展2021年工贸企业安全生产和特种作业职业技能培训的通知》《泉州市洛江区安委会办公室 泉州市洛江区应急管理局关于集中开展有限空间作业安全专项整治攻坚行动的通知》，召开3次部署培训会，共有337人参加培训。2021年，开展6次专项督导，监督执法检查有限空间作业企业12家，责令限期整改11家，排查隐患52条，完成整改46条。

【安全监管】 2021年，洛江区应急局针对辖区内重点企业，邀请行业安全生产专家参与执法检查工作，督促企业进一步落实企业主体责任。危险化学品领域，指导危险化学品企业按照《危险化学品企业安全风险隐患排查治理导则》（简称《导则》）要求开展隐患自查自改。邀请危险化学品安全生产专家组成安全生产服务“小分队”，针对辖区内重点危险化学品生产、经营企业开展执法检查工作，严格按照《导则》进行逐条排查，指导涉及企业对企业内部重要安全岗位人员情况进行全面摸底，建立台账，完善相关安全管理规章制度。开展非法违法“小化工”等专项整治集中攻坚行动，对照“小化工”安全检查表逐家排查，形成台账。2021年出动执法人员155人次，检查危险化学品生产经营单位99家次，邀请专家或专业技术人员参与检查13人次，组织开展危险化学品、散装汽油“一体化”联合执法检查2次，下发整改指令书23份，排查事故隐患64条，整改62条，关闭取缔非法违法企业1家，立案查处3家，罚款4.5万元。烟花爆竹领域，重点整治“下店上宅”“前店后宅”及批发企业产品流向信息化管理制度不落实等问题，采取全面排查、重点抽查、跟踪检查和联合执法等形式，严厉打击黑窝点等违法经营行为。2021年出动执法人员61人次，检查烟花爆竹零售单位31家次，邀请专家或专业技术人员参与检查1人次，下发整改指令书1份，现场处理措施决定书2份，排查事故隐患7条，已整改7条，立案查处2起，处罚0.9万元。

【安全生产执法年活动】 2021年，洛江区应急局认真按照安委会《2021年泉州市洛江区安全生产执法年活动方案》文件要求，进一步加强执法工作领导，落实执法责任，切实做到“有法必依、执法必严”，提高执法成效，达到“执法一家、规范一家、教育一片、带动一片”的效果。2021年现场监督检查企业2873家，排查隐患数4360条，整改3975条，其中事前立案131起，罚款255.7662万元，事前立案数占实际检查企业总数比例4.56%。

地震应急管理

【概况】 2021年，洛江区地震办围绕“以防为主，防抗救相结合”的方针，推进疫情防控和新时代防震减灾事业，提升全区防震减灾综合能力。根据《泉州市地震监测预报五个强化实施方案》，坚持24小时值班制度，指定专人负责，定期对设备进行检查和维护，确保监测台网运行正常，观测数据连续可靠。进一步提高洛江区地震信息发布的时效性和科学性，为地震应急救援和政府应急指挥决策提供依据。

【地震预警监测】 2021年，洛江区地震办与省市地震局沟通测试，上半年完成对机房中枢路由器升级改造，8月完成专线网络改造，改造后台网运行效率显著提升。发挥地震宏观观测在地震预测预报中的作用，按照宏观异常及时处置原则，每日按时收集相关数据，定期和不定期地对每个观测点进行实地抽查，进一步完善《宏观观测员岗位职责》和《观测网管理办法》等制度管理，组织宏观观测员参加全市宏观观测员培训。持续完善震情会商机制，规范开展周、月震情会商，及时掌握震情，落实、核实、上报、跟踪前兆观测异常和宏观异常现象，准确进行震情跟踪，提出震后初步趋势意见。进一步提高洛江区监测预报会商和震时的地震应急响应、趋势判定、应急指挥综合能力等方面的综合能力。

【地震预警避险】 2021年，洛江区地震办加强地震预警终端运维工作；每季度开展在线率核查，督促地震预警终端代理服务商和业主单位完成在线率自查整改，确保全区地震预警系统稳定运行。5月7日，市地震局、区地震办在泉州第十一中学开展联合主办2021年“5•12”全国防灾减灾日活动期间开展地震预警疏散演练暨地震应急避难场所启动演练活动，模拟台海地区发生8.0级地震预警疏散演练，并于疏散演练结束后进行地震应急避难场所启动演练。

【地震应急避难场所管理与维护】 2021年，洛江区地震办根据《泉州市地震局关于加强全国文明城市考核备查工作的通知》要求，每季度对已建成的1个Ⅱ类、8个Ⅲ类、6个普通类、地震应急避难场所开展地震应急避难场所巡查，对各项功能设施、指向牌、标志牌和平面图进行一番检查，查缺补漏，确保所有应急避难场所能随时启用。于11月组织全区15个地震应急避难场所管理人员参加全市地震应急避难场所管理人员培训。

（胡伟鹏 王惠锋 许秋元）

消防救援

【概况】 2021年，洛江区消防救援大队贯彻落实习近平总书记授旗训词精神，对标“主力军、国家队”职能定位和“全灾种、大应急”任务需求，紧紧围绕“为人民服务”的职责使命，主动作为、开拓创新，全力开展灭火救援工作，扎实做好防火监督主业，实现火灾指数下降，社会面火灾形势稳定，为保障人民生命财产安全、维护发展稳定发挥重要作用。大队共接出警650起，其中火灾164起；出动车辆1094次，人员5507人次，完成各项救援任务。注重在日常工作与重大任务中发现培树先进典型，万安消防救援站温景豪被总队评为“优秀共产党员”；主动对接区委组织部、团区委等部门，把先进典型纳入区属表彰范围：马甲消防救援站副站长王庆祥获评区级“五四青年奖章”，马甲站团支部获评“区五四红旗团支部”。

【思想政治教育】 2021年，洛江区消防救援大队强化党委核心领导作用，从严落实“七议”制度，全面压实从严治党主体责任。与驻地单位开展联学联建活动，召开党建座谈会、开展红色邮票巡展、聆听红心向党音乐会、流动红书进消防等活动。协调区委组织部将大队指战员纳入区级党员代表，由大队教导员参加区级党代会。制定大队党史学习教育方案计划，厘清学习计划和步骤安排，细化工作措施和任务分解，确保党史学习教育有人抓、抓得实。配发党史学习书籍106册，开展“一周一课”；观看党史系列电影、纪录片；组织编排红色主题文艺表演，开展红色经典朗诵会、“小广播说党史”活动，拍摄建党百年宣传视频《信仰的力量》；开展“我为群众办实事”实践活动，走进贫困小学公益捐书，“一对一”帮扶福建经贸学校困难学子，定期走进区福利院开展义务服务等。

【防火工程建设】 2021年，洛江区消防救援大队梳理研判火灾情况及产业发展趋势，总结分析辖区火灾防控特点，并启动“3311”治理工程，即“常态治理三大隐患，集中整治三大行业，研发一项线上执法登记系统，持

2021年5月26日，洛江区举行消防委托执法工作签约仪式暨乡镇（街道）监督检查工作站授牌仪式　　（图/洛江区消防救援大队）

续开展‘一镇一策’工程”。完成《洛江区乡镇（街道）消防委托执法工作方案》修订并通过区常务会议审查，下发执行。召开消防委托执法工作签约仪式，在各乡镇（街道）成立消防工作站，并在双阳、河市、罗溪三站实现“防消”一体的实体化运作。为配套委托执法工作进行，推动消防执法规范化，大队研发“消防网格化平台”App，并对全区基层消防检查人员进行App推广培训。利用程序设置，划定各级检查人员执法权限，依法进行执法程序流转，确保执法信息高效转接，实现执法闭环，提高消防违法行为查处效率。成立区消防安全委员会，搭建消防大队统筹督导、多部门齐抓共管的消防工作机制。公安、应急、工信、住建等多部门联合对“三合一”场所、自建房加工场所、群租房、分租式厂房等重点场所进行突击、“回头看”等常态化检查，切实发挥部门联动优势，督促各类场所落实安全责任。开展“三合一”专项督导，下发17份督办函、2份通报；与交警部门联合开展“打通生命通道”治理行动8场次，查处违法行为27起，处罚款共2750元。大队四名监督员共检查单位764家次，督改火患363处，下发责令改正通知书257份、行政处罚决定书63份、临时查封决定书6份，责令“三停”8家，罚款595839元。

【消防安全防控】　2021年，洛江区消防救援大队聚焦关键点重点防控。启动树脂企业、卫生用品、汽车4S店等三大支柱行业整治，邀请消防安全专家组进行摸排调研，并制定行业隐患整改指导意见，推动隐患治理科学化、专业化。积极落实《高层民用建筑消防安全管理规定》宣传，对全区物业服务企业负责人进行培训，提高消防管理水平。首创成立消防安全行为规范办公室，设区物业管理协会，物业行业筛选业务精干开展住宅小区消防安全劝导，由消防、公安、住建为指导单位，并不定期组织会商，化解居民消防自治难题。

【消防安全保障】　2021年，洛江区消防救援大队严格落实训前讲安全、训间抓安全、训后评安全，并实行干部跟班训练制度，杜绝各类事故发生。邀请专业健身教练到大队开展体能教学；针对指战员体检情况，科学改善饮食结构；及时与指战员谈心交流，邀请心理咨询师开展心理辅导讲座，最大限度地缓解指战员心理压力，确保岗位大练兵活动稳步推进。

【消防宣传】　2021年，洛江区消防救援大队推进全覆盖消防宣传。在区图书馆打造泉州市首个消防主题空间，开展外来务工子女、幼中小学生入馆参观等活动，参观逾5000人次；建成消防文化主题公园，并开展“3·15”消防产品打假宣传活动、区火焰蓝志愿服务队授旗仪式等活动。联合区应急局主办“安全生产月”宣传活动3场次；通过线上线下双渠道开展“119”宣传月活动，并积极承办市级“119”宣传活动，创新打造“隐患移动小屋”“消防逃生体验屋”等，情景化沉浸式开展消防体验。编制洛江区首本针对幼小学生群体的《消防常识漫画读本》，并入校开展“消防第一课 ”“消防进军训”活动。与泉岩茗茶开发“炉火纯青”茶品系列，与莓超风开发“壶见消防”联名奶茶，并拍摄文创产品宣传微剧，推动消防知识走进千家万户。

【规范化建设】 2021 年，洛江区消防救援大队多次走访区政府及相关部门，推动万安站综合楼原址改建项目、河市一级消防站建设项目上区常务会研究。完成大队室外灯光篮球场、后山舒心公园、家属接待室、大队营区绿化、廉政教育馆、健身房等项目建设。区政府先后拨付河市镇、罗溪镇消防工作站建设经费合计 200 万元。区消防救援大队进一步扩大双阳小型站空间，完善人员配置、器材装备、场室功能等，将小型站纳入统一拉练、统一调度，打造“2+1”，即 2 个消防救援站、1 个小型站的灭火救援力量覆盖。成立抗洪抢险分队共 6 人，配备 3 辆机动车、3 艘机动橡皮艇及水域救援物资、综合保障物资 85 件（套），确定水域救援训练操法和清单，并组织水域救援技术训练 5 次，确保 15 分钟快速反应。此外，争取使参政议政情况有突破，大队长为区人大代表；教导员任政协委员事宜已向区政协汇报，并取得初步同意。

（卜思婷　潘伟烽）

外事 侨务 台港澳事务

外事工作

【概况】 2021年，洛江区外事工作坚持以习近平外交思想为指导，把统筹疫情防控与开展对外合作交流、服务国家总体外交大局与服务洛江区经济社会发展更加紧密结合起来，配合省、市做好洛江区对外交往交流工作，确保中央对外工作方针政策得到全面贯彻落实。

【出访管理】 2021年，洛江区外事办严格外事纪律，落细落实事前事中事后管理，为复工复产人员提供必要便利，全区办理外国人来华邀请函2批2人次。

【对外交流】 2021年，洛江区外事办规范亚太经济合作组织（APEC）商务旅行卡办理，为企业赴APEC国家开展经贸交流提供方便，助推洛江区企业与APEC国家之间的经贸交往与合作，办理亚太经济合作组织（APEC）商务旅行卡1团组1人次。

（林志烽 庄金宝）

侨 务

【概况】 2021年，洛江区海外华侨华人约9.9万人，主要分布在印度尼西亚、马来西亚、越南、新加坡、菲律宾、缅甸、美国等20多个国家和地区，归侨侨眷2.5万人。疫情防控期间，区侨务办持续关注境外疫情动态，加大宣传，对外公布24小时海外服务热线电话，方便境外乡亲及时了解国内疫情防控措施。通过微信、电话、视频等方式加强与海外乡亲联络，不定期与海外乡亲较集中的乡镇（街道）开展走访慰问。

【侨法宣传】 2021年12月24日，洛江区委统战部联合区侨联在河市镇举办“知侨法、护侨益、聚侨心、促和谐”侨法宣传活动，庆祝《中华人民共和国归侨侨眷权益保护法》颁布31周年。现场发放《中华人民共和国归侨侨眷权益保护法》宣传单近百份，解答侨法咨询50多人次，让群众知侨法、懂侨法、用侨法。侨法宣传活动后，延伸开展“聚侨亲之力·助侨乡振兴” 主题活动，参观俞大猷纪念馆、河市镇厝斗村，邀请越南福建商会常务副会长杨志胜、阿联酋福建总商会常务副会长魏瑞庆以及归侨侨眷、侨资企业代表等50多人参加。通过开展形式多样的宣传活动，扩大侨法普及范围，努力营造依法尊侨护侨的良好氛围。

【侨务扶贫】 2021年，洛江区委统战部利用重大节假日，开展贫困归侨节日慰问、大病大灾临时补助等侨务送温暖活动。走访慰问贫困归侨侨眷39人，发放慰问金1.95万元；临时补助大病大灾贫困归侨3人，发放补助金1.2万元，帮助低保贫困归侨解决困难。

2021年3月10日，洛江区领导到福建泉州凹凸精密机械有限公司开展调研座谈　（图/区委统战部）

【侨务调研】　2021年，洛江区委统战部结合开展“再学习、再调研、再落实”活动，与区商务局、侨联、工商联等单位组成调研课题组，了解企业生产经营方面情况、遇到的困难问题以及对打好新“侨”牌，建设“双循环”经贸合作、融通海内外的桥梁纽带的意见建议，列出问题清单，及时协调相关部门，帮助企业解决实际困难。撰写调研报告《以侨架“桥”，助推“双循环”融合发展》，以便有效指导洛江区侨务工作。

台港澳工作

【概况】　2021年，洛江区委贯彻中共十九届六中全会精神和省第十一次、市第十三次、区第六次党代会精神，特别是习近平总书记在福建考察时的重要讲话精神，适应涉台港澳工作面临的新形势、新变化，探索推进洛江台湾融合发展。4月，联合区委国安办、政法委等相关部门开展“4·15”国家安全系列宣传活动，通过分发宣传材料、知识问答、电影展映、反恐演练、文艺晚会等多种形式的氛围营造，提高洛江区台胞台属及广大群众涉台工作的满意度和知晓率。7月18日，举办第四届“蔡襄杯”闽台中小学生书法大赛，320名福建选手参与现场书写决赛，40名台湾入围选手通过寄送作品、视频直播的形式参赛。第四届“蔡襄杯”闽台中小学书法比赛被国台办评为2021年对台文化交流重点项目，南少林武术学校获“省级台湾青年体验式交流中心”称号，台湾优良食品产业园项目建设加快推进，洛江台湾经贸合作不断深化。

【理论学习】　2021年，洛江区委对台工作以习近平新时代中国特色社会主义思想为指导，切实增强“四个意识”、坚定“四个自信”、做到“两个维护”，传达学习各级对台工作有关精神，贯彻落实习近平总书记对台重要批示指示精神，结合总书记“七一”重要讲话、来闽考察重要讲话精神以及党史学习教育和“我为群众办实事”实践活动，围绕新发展新要求，研究制定《2021年全区对台工作要点》，部署年度对台工作任务，加强对台系统思想建设。

【洛江台湾交流融合】　2021年，洛江区委在泉州荣祺食品有限公司开展“党史进台企”活动，20余人参与；组织有关乡镇街道参与“泉台记忆”档案征集活动，河市镇侨联征将集到的24封往来两岸家书捐赠给泉州市档案馆。

2021年，洛江区委组织辖区口罩生产、设计企业参加全省“海峡·福设计”工艺防护口罩设计大赛，长鸿针织、禾伦织造分别获得银奖、铜奖；成功举办国台办2021年对台重点交流项目——第四届“蔡襄杯”闽台中小学生书法大赛，从经典中汲取丰厚滋养，促进心灵契合；省级台湾青年体验式交流中心发挥平台作用，开展第二届少儿武术锦标赛暨两岸青少年武术文化交流活动节，12名台湾籍在泉州学子组成台湾学生交流团参加，新福建、闽南网、

《海峡导报》等媒体报道、转载该赛事。

【洛江台湾经济合作】 2021年，洛江区委推进优良食品产业园区开工建设，市级对台重点项目按时序动工推进；推进洛江台湾金融合作，组织6名台企负责人参加福建银行业保险业惠台金融服务推进会，开展银行行长走访企业，农行对泉州荣祺食品有限公司新增贷款2500万元；举办洛江区政银企对接会暨外汇衍生交易产品推介会，组织辖区3家台企参会，进一步深化银企合作。

【港澳联络联谊】 2021年，洛江区委统战部以微信、电话、视频等方式，经常与港澳乡亲联络，加强与乡亲的联系沟通，确保联系不断，情谊不减；不定期地到港澳乡亲较集中的乡镇（街道）开展走访慰问，与返乡乡亲及其家属座谈，交流感情，关心生产生活情况。

【慰问走访】 2021年，洛江区委统战部开展港澳台同胞新春慰问走访活动。每人赠送一封慰问信、一张新春贺卡以及洛江土特产等新春礼包。通过邮寄、实地走访等方式，慰问港澳台同胞50人。区委常委、统战部部长杜韶山带队走访在洛江旅港乡亲，并与乡亲座谈，了解关心乡亲生产生活，帮助解决实际困难。

【惠台服务】 2021年，洛江区委贯彻省、市、区《关于贯彻探索海峡两岸融合发展新路的实施意见的若干措施》，协调涉台子女就学事务，办理台籍考生中考加分工作，台湾青年获得2020年度市级五四青年奖章；同时联合区委统战部走访慰问因疫情滞留区里的以及辖区内港澳台企业50余人次并赠送新春礼包。

2021年，洛江区委发放台籍高层次人才工作生活津贴2人次1.5万元，兑现台企和诚公司3名高校毕业生安居补助6000元；开展“送政策进校园”活动，向台资企业征集本硕高校毕业生需求信息102条，并通过学校就业网站、宣传栏等媒介进行宣传；同时组织台资企业参加福建经贸学校校园招聘会，新增台胞实习、就业7人次，提供台湾青年针对性岗位3人次。

2021年，洛江区委加大对高企重新认定、高层次人才项目、参与“揭榜挂帅”“军令状”机制等科研创新活动的支持力度，最大限度地发挥科技创新政策引导和支持作用，指导推荐福建泉州凹凸精密机械有限公司申报福建省研发投入分段补助，申报补助金额29.15万元，同时下拨福建泉州凹凸精密机械有限公司2020年度省级高新技术企业入库及出库奖补资金17.6538万元。

综 述

【高新产业发展】 2021年，洛江区围绕“十四五”规划提出的传感智造、新型材料、数字经济等高端工业发展方向，牵头相关职能部门出台《洛江区提升营商环境的十条措施》《洛江区进一步支持制造业高质量发展、加强金融服务实体经济的若干措施》《洛江区进一步强化民营经济发展人才支持的若干措施（试行）》等系列产业引导、支持政策，有效推动泉州市传感智能制造产业基地核心区万洋高新技术产业园开工建设并吸引60家企业意向入驻，推动三一筑工建筑科技产业园、华南动力配套及试验工业园等重大产业项目落地投建，小总部建筑业产业园区引进5家建筑企业入驻。协助信和、久信获得2021年海创会市级扶持资金30万元，助推洛江区石墨烯产业发展。

【三产提质扩量】 2021年，洛江区推动5家企业获评市级第三产业龙头企业，16个区级在建第三产业重点项目完成投资近14亿元，其中6个市级第三产业重点项目完成投资7.57亿元，完成年度计划111.3%。建立第三产业重点企业库，对全区第三产业龙头企业、重点企业和后备企业进行滚动梳理，落实挂钩联系服务机制，全力推动服务业“小升规”“下转上”工作，2021年新增入库限上商业、规模以上服务业企业33家。

【项目招商投资】 2022年，洛江区加快补齐市政工程、农业农村、公共安全、生态环保、公共卫生、民生保障等领域短板，计划实施为民办实事项目66个，总投资7.35亿元。坚持“房住不炒”，有序引导房地产市场平稳健康发展。加大招商选资力度，继续围绕传感智能制造、文化旅游、城市综合体等主攻方向，深入开展“一把手”招商、以商招商、产业链招商，建立招商项目落地“清单化”机制，加强圣东尼鞋面机械、HRG半球谐振陀螺仪、万安商贸项目等一批优质在谈项目洽谈协商，力争全年签约项目80个，总投资300亿元以上。

【数字经济发展】 2021年，洛江区数字经济加快发展，22个数字经济项目完成投资25亿元。全区新增省数字经济领域“未来独角兽”企业1家、“瞪羚”企业3家，入选省级新一代信息技术与制造业融合发展集成服务商和典型案例各1个，被列入2021年省数字经济发展专项资金补助项目2个；洛江数字经济产业园已完成土地收储和概念图设计，并初步确定招商项目意向，华为（洛江）产业数字化创新中心即将签约。

发展和改革

【概况】 2021年，洛江区产

业结构持续优化，新旧动能接续转换，改革创新动力增强，开放格局不断拓宽，项目建设有力推进，发展后劲加速夯实，城乡统筹加速推进，城市品质不断提升，社会事业协调发展，民生保障不断加强。全年完成地区生产总值335亿元，增长13.7%，三次产业比重调整为1.5∶62.7∶35.8；一般公共预算总收入和一般公共预算收入分别为26.25亿元、15.78亿元，分别增长22%、23.1%；全社会固定资产投资增长4.3%；实际利用外资（验资口径）2.03亿元；居民人均可支配收入36852元，增长10.1%。

【商事制度改革】　2021年，洛江区发改局成立区企业开办专班，推进“证照分离”与“多证合一”改革工作，实现“一网通办、一窗通办、一日办成”；落实省内通办“异地代收”、企业开办全程网上办理、登记身份管理实名验证、企业注销便利化等制度；落实推广企业（含个体户、农专）登记身份管理实名验证工作。制定工建项目审批“取消审批事项清单”“豁免办理事项清单”“合并办理事项清单”“保留审批事项清单”“告知承诺事项清单”等五张清单，进一步简化企业投资工程建设审批流程，在洛江区范围内全面推行社会投资工业项目“拿地即开工”服务。

【创新型城区建设】　2021年，洛江区出台《进一步支持企业科技创新促进高质量发展的实施意见》，编制政策申报指南并深入辖区企业开展科技惠企政策红利宣传。鼓励企业参与省市重大项目攻关，嘉泰数控“面向5G手机玻璃结构件的高端数控智能机床开发及产业化”项目入选2021年省科技重大专项项目计划（扶持经费500万元），华大超硬“智能数字化永磁矿山圆盘锯的研发及产业化”项目获得2021年省科技计划项目立项（扶持资金40万元）。引导推动企业加大创新研发投入，2020年规模以上工业企业研发费用投入3.87亿元（错年值），增速排名全市第一。持续实施高新技术企业培育及“增量扩面”三年行动，组建专家团队开展申报服务，2021年推荐46家企业申报国家高新技术企业认定，申报量创历史新高；19家企业被认定为福建省科技“小巨人”企业、36家企业入选福建省2021年科技型中小企业。西人马联合测控（泉州）科技有限公司获评省级新型研发机构，筑可丽智能创客工场获评省级众创空间。

【全国民营经济示范城市特色改革】　2021年，洛江区落实民营经济高质量发展“1+N+N”成套政策，出台《洛江区提升营商环境的十条措施》《洛江区进一步支持制造业高质量发展、加强金融服务实体经济的若干措施》《洛江区进一步强化民营经济发展人才支持的若干措施（试行）》等洛江区配套政策。营商环境持续优化，建立损害营商环境“负面清单”和涉企服务“四个机制”；创新设立“涉企审批上门服务日”，提供39项上门服务内容，首创推行“审批服务反向提示清单”；实现企业开办“一窗通办、一网通办、一日办成”；开展“进百企、走百商、访百才”活动，协调解决企业问题和意见建议近

2021年10月28日，营商环境进园区暨泉州市洛江区智能装备产业金融政策推介会举行　（图/区发改局）

120 项。健全关心关爱民营企业家制度，依托统一战线工作领导小组，建立民营经济统战工作协调机制，研究部署、统筹推进民营经济统战工作。巩固基层商会、外地商会建设，成立洛江马甲商会和成都市金牛区洛江商会，构建洛江乡贤交流互动的平台。

【智能制造试点示范建设】 2021 年，洛江区加快机械装备产业发展，落实《泉州制造 2025 发展纲要》《洛江区进一步加快智能装备产业发展的八条措施》等扶持政策，兑现禾伦织造等 34 家次企业市、区两级资金 1907.3 万元。强化优势企业示范引领，福建省铁拓机械股份有限公司等 11 家企业被列入 2021 年市级产业龙头企业名单；绿能环保等 4 家企业获评省级专精特新中小企业，众志新材料获评工信部专精特新“小巨人”企业；西人马联合测控（泉州）科技有限公司入选 2021 年福建省数字经济领域“未来独角兽”企业，嘉泰数控等 3 家企业入选 2021 年福建省数字经济领域“瞪羚”企业。

【知识产权管理与运用】 2021 年，洛江区强化知识产权管理与运用，开展“四送一服”活动，为企业提供“一对一”指导帮扶。引导企业申报各项奖励资金，培育优势，做强品牌，企业入驻泉州市知识产权展示馆 4 家、申报泉州市商标补助项目 3 家，落地实施专利导航项目 2 项，新增国家知识产权优势企业 1 家，获福建省专利三等奖 1 件，泉州市专利奖一等奖 1 件、三等奖 2 件。

【居家和社区养老服务体系构建】 2021 年，洛江区落实为民办实事及养老贴心工程项目建设，投入 315 万元建设河市镇区域性养老服务中心和 8 个农村居家养老服务站（幸福院），建成马甲、虹山长者食堂；建设马甲镇新民村居家养老服务站、虹山乡松角山居家养老服务站为洛江区长者食堂建设项目。常态化开展政府购买居家养老专业化服务工作，2021 年投入 202 万元为 3400 名低保、特困、重残、优抚、建档贫困户等特殊老年人及 80 岁以上老年人提供养老信息化基础服务。

【疾病预防控制体系建设】 2021 年，洛江区加强疾病预防控制体系建设，调整充实区级紧急医学救援队伍和突发急性传染病防控队伍 48 人，成立洛江区新冠疫情流调工作队伍 6 支 50 人，形成以区疾病预防控制中心为龙头、乡镇卫生院（社区卫生服务中心）为网点、村（社区）卫生所为网底的区、镇、村三级疾病预防控制网络。印发《洛江区应对秋冬季新冠肺炎疫情医疗物资保障应急工作方案》，统筹调配全区医疗卫生机构应急物资。

【“医联体”建设】 2021 年，洛江区推进洛江区医院与泉州市第一医院紧密型医联体建设，新增下派常驻专家 6 名，并实现医联体内上下转诊。推进基层卫生软硬件建设，投入 500 多万元完成区医院和双阳社区卫生服务中心数字化预防门诊建设和公卫科改造，有序推进区医院新院区、宝璋医院项目建设。开展“优质服务基层行”创建活动，马甲中心卫生院达到推荐基层医疗服务能力标准化建设标准，罗溪卫生院、河市卫生院、双阳社区卫生服务中心达到基本标准。

【教育用地资源规划】 2021 年，洛江区配合泉州市城市规划设计研究院团队编制完成洛江片区单元控规划（报批稿），规划中对洛江属市中心区域的教育用地进行合理统筹规。以创建为载体，加大义务教育优质资源覆盖面，2021 年，世壁小学、就南小学“省级义务教育管理标准化学校”创建通过市级评估验收，全区义务教育管理标准化学校占比达 60% 以上；通过新建、扩建、收归、创建各级示范园等实现学前教育在园幼儿公办率、普惠性覆盖率分别达 52.3%、89.03%，各级示范园在园幼儿占比 47%。

【行政审批服务】 2021 年，洛江区发改局开展整治“窗口腐败”和“局长走流程”活动，着力解决一批行政审批服务“堵点”“难

2021年12月2日，洛江区发改局局长杜德森（右二）与纪检监察组组长刘榕娜（左二）到区行政服务中心开展“局长走流程”专项活动 （图/区发改局）

点”问题；开发完成“i洛江”小程序平台，实现洛江区第一批63项高频服务事项“掌上办”。2021年，全区新增市场主体超1.04万家，市场主体总量增至7.56万家，同比增长15.9%。

（许庆鸿 杨雨晗 王智毅 许安琪 谢思勤）

市场监管

【概况】 2021年，洛江区市场监管局持续抓好常态化疫情防控工作，深入开展创城创卫工作，全面履行市场监管职能，开展优化市场准入环境、营造公平有序的竞争环境，强化知识产权管理与运用、食品安全监管、药械化安全监管、特种设备安全监管、产品质量安全监管，聚焦行业治乱工作。

【市场准入环境优化】 2021年，洛江区市场监管局牵头成立区企业开办专班，提升洛江区企业开办便利化水平，企业开办实现“一网通办、一窗通办、一日办成”；推进“证照分离”与“多证合一”改革工作；开展厦漳泉地区政务服务省内通办“异地代收”试点工作；全力营造高效便捷的营商环境。2021年全区新增市场主体10385家，较2020年底增长16%。办理特种设备首次登记336件，全区特种设备登记3649件。

【营商环境构建】 2021年，洛江区市场监管局统筹制定“双随机、一公开”年度抽查工作方案并组织落实，抽查企业239家，强化部门间和系统内部信用信息归集、共享、公示，加强信用联合惩戒，推进社会共治。严厉打击市场监管领域各类违法违规行为，接收举报及案件线索496件，核查线索446件，查处案件105件，完成罚没款261.4万元，罚没入库172.38万元。受理消费者申诉、举报1043件，已办结806件，为消费者挽回经济损失181.37万元，向市局综合执法支队四大队移交案源线索110条。充分发挥诉调对接机制作用，成功调解上百人群体投诉，为消费者挽回经济损失30万余元。

【知识产权管理运用】 2021年，洛江区市场监管局开展“四送一服”活动，为企业提供“一对一”指导帮扶，邀请专家授课讲解知识产权保护相关知识，引导企业申报各项奖励资金，培育优势，做强品牌，组织企业入驻泉州市知识产权展示馆4家、申报泉州市商标补助项目3项，落地实施专利导航项目2项，新增国家知识产权优势企业1家，获福建省专利三等奖1件，泉州市专利奖一等奖1件、三等奖2件。全区新增专利授权量1838件，同比增长21.48%，每万人口发明专利拥有量12.67件。新增注册商标5346件，同比增长23.75%，有效商标注册总数量19813件，拥有中国驰名商标6件。开展“双打”活动，严厉打击各类侵权行为，立案查处38件，结案57件，入库72.72万元。

【食品安全监管】 2021年，洛江区市场监管局加强食品生产经营者市场准入监督管理，检查新办证食品经营单位820家次，督促134家经营者对存在的不符合项目进行整改；开展节日市场、疫情期间食品安全、校园及其周边、“一品一码”、进口冷链食品、“两超一非”等食品安全专项行动，检查生产经营主体1800多家次；开展食品、食用农产品监督抽检和快速检测，完成食品安全监督抽检1000批次，其中不合格15批次，符合不低于1.5%的要求，食用农产品不合格7批，符合不低于2.23%的要求，依法送达检验报告等材料。做好食品安全快检车的使用，每周到辖区各乡镇（街道）进行食用农产品、食品快速检测60批，并及时公布检测结果；完成年度快检样品3480批次；开展春、秋学校食堂及校园周边食品安全监督检查工作，检查大专院校食堂14家次、中学食堂23家次、幼儿园食堂82家次。开展“一品一码”全过程追溯体系建设培训会2场，全区注册省市食品安全监督与社会共治系统513户，共录入有效信息约520万条。开展专项执法16次，检查食品生产企业15家次、食用农产品经营户62家次、大型酒店10家次；强化网络餐饮服务经营监督管理，责令经营者改正网络餐饮服务违法行为100家次，下架违规经营户118户次。推进开展“明厨亮灶+互联网”创建工作；全区明厨亮灶覆盖率92.8%，学校食堂实现明厨亮灶率100%。

2021年7月，洛江区市场监管执法人员检查华莱士冷冻食品质量情况 （图/区市场监管局）

【药械化安全监管】 2021年，洛江区市场监管局开展药品流通环节、中药饮片、疫苗流通环节、新冠病毒检测试剂、儿童化妆品、医疗器械风险隐患排查等专项检查，检查药品经营单位470家次、使用单位130家次，对辖区零售药店、医疗机构、医疗器械经营（备案）企业开展风险等级评定，并根据评定结果开展监督检查，检查覆盖率100%。开展药品监督抽样任务45批、快速检测100批，医疗器械监督抽验4批，化妆品4批次、快速检测儿童驻留类化妆品5批次，抽样任务完成率100%，经检验机构检验，以上产品均符合规定，合格率100%；保质保量完成年度药械化监测任务，审核药品不良反应199份，其中新的和严重报告79份，严重报告27份；医疗器械不良事件51份，严重报告12份；化妆品不良反应报告27份。先后结合“化妆品安全科普宣传周”“药品安全科普宣传周”“食品安全宣传周”“医疗器械安全宣传周”“安全用药月”等主题宣传活动，发放宣传材料5000多份，与泉州广通传媒合作，以公交车内的灯牌为载体，发布药品、化妆品、医疗器械安全宣传广告。

【特种设备安全监管】 2021年，洛江区市场监管局开展“控事故、保安全、迎建党百年”安全生产集中攻坚专项行动。召开特种设备使用单位安全生产约谈会，全面落实安全主体责任。开展特种设备动态监管平台内超期未检（检验不合格）、未登记特种设备专项检查，检查特种设备75部，责令经检验不合格特种设备停止使用39部；开展“安心乘梯守护”行动，检查住宅电梯103部；开展节日期间旅游市场特种设备安全监督检查，发现未登记特种设备5部；开展锅炉附属压力管道专项检查，检查压力管道29部；开展电梯鼓式制动器专项排查摸底工作，排查电梯998部；开展乘客电梯轿厢紧急报警装置专项隐患排查治理工作，排查电梯470部；完成辖区内120家企业压力管道的排查整治工作。开展2021年重大安全生产问题领导挂钩整治的重要风险隐患排查活动，督促和昌（福建）食品有限公司使用超期未检验压力容器（9台）完成整改。

【产品质量安全监管】 2021年，洛江区市场监管局持续推动质量强区战略，主动上门服务，组织相关企业参加网络在线培训活动；开展电器产品质量专项检查活动，检查电器产品经销商18家；开展道路运输安全检查专项工作，重点整治电动自行车产品质量、维修改装等违规行为，排查电动自行车生产单位1家、销售单位45家、回收及改装单位12家、维修场所35家，签订承诺书45份，移交涉嫌销售无产品质量合格证电动自行车案源线索1件。开展纸类用品行业质量帮扶工作，邀请行业内专家成立洛江纸类用品行业产品质量帮扶小组，完成辖区12家企业的质量帮扶工作；开展“5•20”世界计量日、世界认可日的主题日和2021年“质量月”等宣传活动，发放宣传材料800多份；开展打击网售假冒检验检测报告违法行为专项整治行动，检查经营单位19家，签署承诺书15份。开展眼镜制配行业诚信计量专项检查，签订《眼镜制配行业诚信计量承诺书》12份。做好产品质量抽检和风险监测后处理工作，对27家企业开展不合格产品后处理工作。开展申报标准化工作项目专项补助资金工作，辖区内4家企业已成功申报并领取标准化工作项目专项补助资金32万元。

【行业治乱深化】 2021年，洛江区市场监管局深化扫黑除恶专项斗争，检查经营主体1123家。开展预防和打击传销工作，联合区检察院、泉州医学高等专科学校在医高专开展“洛江区防范传销进校园宣传活动”，发放宣传材料200余份。开展全区岩茶市场秩序专项整治行动，检查各类岩茶品牌直营店、分销店、加盟店、茶馆42家，责令整改17户，开展约谈8家，开展宣传活动6次，发放提醒告诫25份，推动签订价格承诺书25份。开展节日及疫情期间价格监管工作，检查经营户538户次，其中对辖区内4家景区的门票价格、餐饮收费等情况进行重点检查，分发各类宣传材料78份，签订《保供稳价承诺书》4份。开展节日期间“1+X”专项督查，检查宾馆饭店、超市商场63家；做好企业主体出清工作，完成个体工商户补报年报307家，依法申请注销220家，依职权注销2784家，排查602家企业，补年报33家，依法申请注销5家，未能清理数126家，将438家拟吊销企业移送至各辖区市场所，全部立案；开展经营性农村自建房无证无照专项整治行动排查处置工作，排查房屋数量49栋，排查市场主体数量49家，引导办照主体数量37家，责令停

2021年2月，洛江区市场监管局执法人员进店宣传

（图/区市场监管局）

止经营办理证照 1 户；开展“点题整治”专项工作，开展校外培训机构专项整治工作，抄告涉嫌无证经营教育培训机构 13 家，签订《校园周边商户诚信经营承诺书》16 份；开展 2021 年“扫黄打非·新风”集中行动，检查经营户 52 户次，分发相关宣传材料 100 多份，发现校园周边无证经营 1 家，并将案源线索移交市市场监管综合执法支队第四大队。

【疫情防控物资保障管理】 2021 年，洛江区市场监管局对各乡镇、街道疫情防控物资储备工作情况开展督导检查，加强医用防护服、医用口罩、红外体温计、新冠病毒检测试剂和疫苗等质量安全监管，确保安全有效；仙游疫情发生后，区市场监管局及时按人口比例分发 46 万只口罩。及时采购防疫物资，根据疫情形势发展和全区核酸检测工作需求，采购身份证读卡器 150 台、扫码墩 100 台及 84 桶装消毒液，并发放至各乡镇（街道）。

【进口冷链食品安全监管】 2021 年，洛江区市场监管局设立进口冷链食品集中监管仓；配置可储存 70 吨冷冻食品集装箱 2 个，区集中监管仓受理进仓进口冷链食品 50 批次约 488 吨；接收企业进口冷链食品报备 97 批约 675 吨；查处涉疫相关案件 1 件，罚款 5 万元。

（赖朱兰　黄辉煌）

粮食管理

【概况】 2021 年，洛江区粮食工作以全面落实粮食行政首长责任制为目标。开展社会粮食流通统计、供需平衡调查和救灾物资工作。加大粮食储备监管力度及安全生产隐患整治排查。确保域内粮食安全，为全区经济社会发展做出应有的贡献。

【粮食管理工作】 2021 年，洛江区粮食局按照 2020 年粮食行政首长负责制主要考核指标，强化责任，完成市对洛江区粮食行政首长负责制考核目标任务。抓粮食流通监督检查工作，促进市场有序发展。依法开展粮食流通监督检查、粮食收购期间市场监督检查专项工作。建立健全粮食购销企业备案，严格把好粮食收购准入关。落实岗位责任制。按照市政府的储备规模，联合区财政局下达 12800 吨（含新增 500 吨）区级储备粮和 100 吨食用植物油的规模任务。完成 2021 年度储备粮原粮 5500 吨（其中储备粮稻谷 3500 吨、小麦 2000 吨）轮换及新增 500 吨储备粮任务。衔接做好区级储备粮原粮稻谷 3500 吨、小麦 2500 吨（含新增 500 吨）移入中心粮库集中储存，至 12 月底洛江区储备原粮已全部移入市区中心粮库集中储存。同时强化应急成品粮库存监管工作。配合省、市做好涉粮专项巡视巡察工作，开展粮食专项自查自纠整改，按巡视巡察反馈问题做好责任分解。

【粮食流通统计】 2021 年，洛江区粮食局开展社会粮食流通统计及社会粮油供需平衡调查工作。完成统计月报表、区内粮油价格监测报表等粮油业务报表的上报工作。开展社会粮食流通统计和社会粮油供需平衡调查，按万分之五的比例以粮食生产量为标识等距在全区抽取 15 户城镇居民样本户，作为抽样调查固定户开展全社会粮油供需平衡调查。

【粮食质量监管】 2021 年，洛江区粮食局开展粮油质量安全抽检 32 批次，经送市粮油质量检测站检测后，合格 32 批次，合格率为 100%。同时在专项针对洛江区储备粮和政策性粮油的质量检查中，抽取库存粮食样品 21 个，样品合格率 100%。在粮食科技周、世界粮食日和粮油质量月期间，利用宣传栏、悬挂宣传标语、入户发放宣传手册等形式广泛宣传粮油质量安全和科学储粮、爱粮惜粮知识，发放宣传资料 100 多份，确保流入口粮市场的粮食质量安全。组织人员参加行政执法培训，提高执法人员综合素质。补充执法力量，区发改局组织 2 人参加全省粮食执法和司法综合专业考试，并顺利通过考核。

【粮食安全生产】 2021年，洛江区粮食局督促粮食企业落实安全生产主体责任，开展安全生产隐患排查整治工作，组织人员开展安全生产业务学习和消防演练1期。每月定期组织开展安全生产隐患整治排查，督促企业落实值班值守工作及防汛防台风等工作措施落实。

（陆恩芝 谢思勤）

统 计

【概况】 2021年，洛江区统计局学习贯彻党中央统计决策部署，强化统计监督职能，推进全面依法治统。提请区委区政府领导学习贯彻中央《关于深化统计管理体制改革提高统计数据真实性的意见》、《统计违纪违法责任人处分处理建议办法》、《防范和惩治统计造假、弄虚作假督察工作规定》、国家统计局《文件选编》及省委、省政府关于防惩统计造假文件精神，实现换届后领导班子学习全覆盖。组织统计系统干部职工常态学习贯彻统计政策法规，提升依法治统能力。规范统计基层基础，夯实源头数据质量，推进全区统计基层基础规范化建设。优化统计产品，提升统计服务水平。

【统计改革】 2021年，洛江区加强重视统计改革工作。9月22日，区委常委会召开专题会学习习近平总书记在中央全面深化改革委员会第二十一次会议上的重要讲话和省委常委会会议精神及《福建省防范和惩治统计造假、弄虚作假责任制规定（试行）》，就贯彻落实中央《关于更加有效发挥统计监督职能作用的意见》和《福建省防范和惩治统计造假、弄虚作假责任制规定（试行）》提出洛江区贯彻意见；9月27日，区政府召开党组（扩大）会暨区政府党组理论学习中心组会议学习《福建省人民政府办公厅关于抓紧抓早抓实国家统计督察整改工作的通知》和《福建省防范和惩治统计造假、弄虚作假责任制规定（试行）》，就有关工作提出贯彻意见。洛江区统计局建立统计机构防惩统计造假弄虚作假责任制并印发实施，与区纪委监委联合制定《统计违纪违法案件移送协作办法》，健全完善信息互通共享、问题线索移送移交等工作机制，推动统计监督与纪律监督、监察监督、派驻监督有机结合。2021年，洛江区开展多轮次文件清理工作，全面清理纠正把统计机构作为地方经济社会发展目标完成责任单位等违反统计法精神的文件和做法。在区委、区政府制定相关文件过程中，加强统计合法性审查或事先征求统计部门意见。

【统计质量控制】 2021年，洛江区统计局围绕国家统计调查制度和统计督察迎检要求，制定出台国民经济核算、工业、固定资产投资、建筑业、房地产开发、贸易、劳动工资、农村、服务业、基本单位名录库等专业统计数据质量控制办法，加强统计数据的全覆盖、全流程质量控制。分行业、分专业开展统计业务培训，特别是加强新入库企业和项目单位统计人员培训，实现对洛江区“四上”企业统计人员全覆盖培

2021年6月24日，洛江区统计局对“四上”企业统计人员进行培训

（图/区统计局）

训，并针对人口抽样、统计单位审核确认等业务开展专题培训。严格按照“开网即查、随报随审、抓大控小”的模式，坚持关口前移，利用查询模板功能发现异常数据，加强表内指标或关联报表指标匹配审核，及时核实数据确保时效，在数据报送截止后对企业数据、增长情况进行比对，查找对洛江区影响较大的企业，核实变动原因，提高数据的准确性。各专业常态化开展对基层企业和样本单位走访指导，突出统计基础薄弱企业工作重点，贯彻落实国家统计局推进统计电子台账建设和进一步加强统计基层基础建设的要求，完善财务和统计基础资料，夯实源头数据质量，推进全区统计基层基础规范化建设。

【统计服务】 2021年，洛江区统计局围绕统计咨询服务功能，拓展服务领域，丰富服务产品，提高服务能力。首先建立健全部门信息共享机制，强化信息互享互通，相关信息及时反馈主管部门和各乡镇（街道），形成上下步调一致，协同推进的工作方式。对辖区拟培育纳库企业实行重点跟踪，建立统计台账，实行动态管理。做好“下转上”申报入库，强化新上规模企业申报审核、统计数据上报、统计业务方面指导。加强统计分析服务，扎实做好统计数据采集、发布和解读工作，强化经济形势分析研判，为党委、政府科学精准决策提供统计信息支撑。做好人口普查数据开发应用，编印发布第七次全国人口普查主要数据公报，分析解读近十年来洛江区人口总量、结构等变动趋势，为社会公众了解洛江区人口状况提供统计服务。依法对外提供统计资料，及时提供月度、季度、年度统计数据，编印统计月报、摘要、年鉴、公报等综合性统计资料，方便有关部门和社会各界查阅使用。

（王小云　黄阿斗　潘英崇）

审计

【概况】 2021年，洛江区审计局完成审计项目单位14个，其中：财政财务收支及专项审计（调查）项目10个、领导干部经济责任或自然资产资源管理责任审计3个、重点建设项目跟踪审计1个，查纠管理不规范金额2649万元，还完成不单独立项的审计项目4个。向各级党政机关报送专项审计报告及信息48篇，已被批示、采用47篇次。审计工作在维护财经法纪、规范和整顿市场经济秩序、促进廉政建设、为党委政府加强宏观经济调控提供决策依据等方面发挥了积极作用。

【组织计划实施】 2021年，洛江区审计局按照“稳数量、保重点、抓质量、上水平”的要求，根据上级审计机关和区委审计委员会的工作部署安排，紧紧围绕洛江经济工作中心，经过实地调查研究及征询有关部门意见，突出财政财务及专项审计、重大政策落实情况跟踪审计、经济责任及自然资源资产管理审计等三个重点，研究制订年度审计项目计划，对每个项目均规定明确的审计目标，并将审计任务进行层层分解、落实到人，强调审计与审计调查相结合，通过对普遍性、倾向性问题进行剖析，提出加强和改进管理的建议，使审计监督在更高层次上发挥作用。

【政策跟踪审计】 2021年，洛江区审计局助力“项目攻坚2021活动”，开展对河市西片区机械产业园区河西一路道路工程建设情况进行跟踪审计，推动加快项目建设进度，促进遵守基建程序和完善相关手续，敦促加强“农民工工资”支付监督管理。

【预算执行审计】 2021年，区审计局深化本级财政预算执行情况审计，促进提高财政公共资金使用效益。督促财政部门清理应缴未缴收入入库，加大往来款项清理力度，加快政府债券资金使用投入，纠正拨款给非本级预算单位等问题，进一步规范预算绩效管理。促进民生保障，开展城乡居民社会养老保险基金、住宅公共维修基金审计，纠正未及时清退个人账户沉淀资金、部分终止参保人员未按时办理退保手续、个别项目建设单位截留或滞留挪用业主上缴的住宅公共维修基金等问题，确保基金专款专用。

【行政事业审计】 2021年，洛江区审计局对区市场监督管理局、卫生健康局、城市管理局、退役军人事务局、行政服务中心管理委员会、市实验小学洛江校区等6家单位2020年度预算执行或财务收支审计。纠正被审计单位存在着项目建设工程管理不规范、财政专项资金年度执行率低、个别项目配套资金不到位、少数预算经费未按规定用途使用等问题，有效地促进被审计单位遵守财经纪律、规范财务管理。

【企业审计】 2021年，洛江区审计局开展泉州市洛江城建国有资产投资有限公司资产负债损益审计，有效规范单位薪酬奖金发放行为和账务核算处理、工程项目按时做好竣工结算、债权债务及时清理，促进健全和完善单位内部控制制度，推动国有企业改革和国有资产保值增值。

【经济责任和自然资源资产责任审计】 2021年，洛江区审计局围绕权力健康运行，统筹推进领导干部经济责任审计和自然资源资产离任审计，大力推行“一体两翼”领导干部责任审计制度，实施领导干部经济责任和自然资源资产管理及生态环境保护同步审计，对3位领导干部开展经济责任审计，对1个街道办事处开展自然资源资产管理及生态环境保护的责任审计。实施“全面体检”和“精确定位”相结合，促进增收节支、问题整改和完善制度“三到位”，坚持客观审慎分析、合理界定、厘清责任，进一步规范领导干部权力运行。

2021年10月22日，洛江区审计局到万安街道办事处开展经济责任及自然资源审计进点座谈会 （图/区审计局）

【服务和保障廉洁政府建设】 2021年，洛江区审计局加大对落实中央八项规定精神的审计监督，结合项目对“三公”经费和会议费“1+X”情况进行审计；配合区委巡察工作，抽调业务骨干参与区委巡察和相关专项检查，持续保持反腐败斗争的高压态势，发挥审计职能作用。建立健全审计与相关职能部门的协调联动机制，发挥审计监督在廉政监督、考核任免、巡视巡察、专项检查等方面的作用，形成监督合力，为加快建设更高水平的“智造洛江、生态新城”保驾护航。

（杜官兰 兰伟文）

财政 税务

财 政

【概况】 2021年，洛江区一般公共预算总收入完成26.01亿元，增长20.9%，完成预算的116.5%。其中，税收收入完成23.49亿元，增长24.9%；非税收入完成2.52亿元，下降6.6%。全区一般公共预算收入完成15.40亿元，增长20.2%，完成预算的122.3%。全区一般公共预算支出完成16.63亿元，增长14.0%，完成预算的113.7%。政府性基金预算收入完成16.11亿元，增长55.5%，完成预算的103.9%。其中：国有土地使用权出让收入完成14.51亿元，增长48.1%。政府性基金预算支出完成10.9亿元，增长25.3%，完成预算的70.3%。城乡居民基本养老保险基金收入7468万元，完成预算的101.7%；机关事业单位养老保险基金收入6828万元，完成预算的122%。城乡居民基本养老保险基金支出5270万元，完成预算的98.2%；机关事业单位养老保险基金支出5631万元，完成预算的113.9%。

【财政收入征管】 2021年，洛江区财政局完善税收征管激励机制，及时将收入任务分解落实到征管部门、乡镇（街道），健全绩效考核制度，坚持周跟踪、月分析、季调度，强化征管力量，应征尽征。加强疫情和减税降费影响分析，坚持财税齐抓共管，进一步密切财税部门配合，整合横向纵向协税力量，及时沟通协调存在的困难和问题，促进税收有序入库。强化重点税源跟踪，加强制造业、房地产业、建安业等重点行业纳税企业监控，密切关注重点企业、重点税源的收入预测和分析，组织开展工程项目涉税事务专题培训，跟踪规模以下转规模以上、汽车4S店等重点领域，实时掌握税源情况。全面排查和梳理非税收入来源，严格行政事业性收费和罚没收入管理，挖掘、盘活非税收入资源，加大对政府资产处置、其他国有资源（资产）有偿使用收入等一次性收入收缴管理，做到应缴尽缴。

【经济发展促进】 2021年，洛江区财政局全面梳理并形成惠企政策清单，建设惠企资金在线直达支付平台，优化支付流程，提高资金支付效率。贯彻落实《关于进一步支持企业科技创新促进高质量发展的实施意见》《洛江区进一步支持制造业高质量发展、加强金融服务实体经济的若干措施》《洛江区进一步强化民营经济发展人才支持的若干措施（试行）》《关于促进建筑业发展壮大的六条措施》《2021—2022年洛江区加快推进电子商务发展若干措施》等政策，全年兑现各项涉企资金超1.69亿元，促进企业科技创新、转型升级、做强做大，增强企业发展后劲。组织研究上级出台的各项扶持政策，加强部门联动，争取上级补助资金超3.8亿元，统筹调度财政资金12.5亿元，落实新增政府债券资

2021年6月，洛江区财政局开展"书香伴成长 关爱暖童心"公益行
（图/区财政局）

金 1.04 亿元，保障征迁安、西环路（朋虹街—经九路）、万虹路（河市中学至马甲新庵岭）等政府投资项目建设，提升项目对经济发展的带动作用。

【民生支出保障】 2021 年，洛江区投入 4.48 亿元，支持阳江学园（小学校区）建设和泉州市第十一中学、马甲中学、市实小洛江校区等扩建以及十一中合作办学、奕聪中学一级达标创建。投入 1.45 亿元，巩固脱贫攻坚成果，保障乡村振兴战略实施，支持农村家园清洁、壮大村集体经济、农村公益事业建设。投入 1.98 亿元，提高城乡居民基本养老补助标准，落实困难群众救助补助标准自然增长机制、企业引才稳岗稳就业政策补助、岗位技能培训以及困难群体就业帮扶。投入 1.68 亿元，全方位保障疫情防控，落实城乡居民基本医疗保险和城乡医疗救助补助政策，推进区妇幼疾控大楼、区医院建设及与泉州市第一医院联合办医等，进一步健全基层医疗卫生服务体系。投入 4000 多万元，支持城市安全信息系统、区应急指挥中心建设，优化社区网格化管理工程，为全区常住人口购买社会治安综合保险，推进社会治安全面防控。投入 7890 万元，推进城乡大气污染治理、水污染治理、饮用水源地保护、污水垃圾处理基础设施建设、城乡环境卫生整治、地下污水管网建设等，进一步改善城乡人居环境。

【财经风险防范】 2021 年，洛江区财政局兜牢全区"三保"支出，完善财政收支、库款余额、项目建设资金动态联动监控机制，确保财政资金安全平稳运行。梳理"六保"转移支付资金清单，推行直达资金分解—下达—支付闭环监管，确保资金直达市场和民生主体，全年拨付直达资金近 7320.22 万元。加强绩效目标实现程度和预算执行进度"双监控"，强化结余结转资金动态盘活统筹使用，全年盘活结余结转资金 8954 万元，集中保障区委区政府重大决策部署和重点支出。组织开展落实中央八项规定精神情况、2020 年涉农扶贫资金政策落实情况、预算单位 2019—2021 年度预决算公开情况、涉企收费清理专项检查，督促整改存在的问题，努力规范财经秩序。

【管理绩效提升】 2021 年，洛江区财政局制定《洛江区零基预算改革实施方案》，全面启动零基预算改革，规范财政支出行为，提高预算执行科学性。全面实施预算绩效管理，建立动态评价调整机制，强化绩效评价结果应用，清理固化、效益低下项目，优化财政资源配置。研究对接中央、省、市分领域财政事权和支出责任改革方案，制定《洛江区新一轮乡镇（街道）财政管理体制方案》，增强基层基本公共服务财政保障能力。加快推进国有企业整合，组建集团公司党支部、董事会及监事会，制定薪酬套改方案，国投集团、万投集团正式挂牌运作。加强政府债务监管，严格在人大批准的政府债务限额内举借债务，全年按时偿还和化解政府债务 4.08 亿元、隐性债务 3515 万元，释放债务风险。深化非税收缴电子化和财政电子票据管理改革，推广应用网络版财政票据电子化管理系统，完善网上缴费机制，实现非税收入收缴“一网通办”。规范政府投资项目预（决）算评审管理，全年完成项目评审46个，核减率4.2%，节约财政资金2694万元。

（蒋志强 林坤明）

税务

【概况】 2021年，洛江区税务局组织各项收入31.45亿元，比上年增收6.53亿元，增长26.22%。其中税收收入24.18亿元，同比上年增收4.52亿元，增23.01%；社保费收入6.45亿元，比上年增收1.85亿元，增长40.22%；其他非税收入0.82亿元，比上年增收0.16亿元，增长24.09%。完成一般预算总收入23.79亿元，比上年增收4.71亿元，增长24.71%。一般预算收入13.18亿元，比上年增收2.8亿元，增长26.97%。

【减税免税】 2021年，洛江区税务局落实减税降费政策共减免税费47520万元。其中，减免税收43981万元，减免非税收入2143万元，减免社会保险费1396万元。新增减税降费9737万元，其中新增减税7912万元，新增降费1825万元。

【税收营商环境优化】 2021年，洛江区税务局针对纳税人反映比较突出的办税堵点、难点和个性化纳税服务需求，创新推出“纳税服务专属群”举措，建立“纳税服务专属群”53个，分类推送税费政策1000多次，解答纳税人疑难咨询30多条。建立以“党建+纳税”为主题的“红色驿站”，选配窗口党员、业务骨干组成的纳税缴费服务团队进驻服务专区，针对不同的纳税缴费服务对象，提供“十项即办”纳税缴费服务；推出“免等候”“免填单”“免跑腿”的“三免”服务，切实解决特殊人群办税缴费实际困难。开展“局长走流程”活动，在办税厅设置“办不成事”受理台，专门解决“材料不齐全”不敢办、“机械执行政策”不愿办、“业务不熟、态度不好”不给办等办不成的事；建立反向提示”工作机制，梳理营商环境“错题本”，针对企业、群众在办理审批、准备材料时容易忽视、经常填错的内容及时“反向提示”。便民办税系列MG动画被福建省电视台、《中国税务报》、省局公众号采用，点击率超10万次。优化营商环境、落实减税降费等工作成效先后被福建电视台、《福建日报》、新华网、“学习强国”学习平台等主流媒体报道，第一税务分局被授予2020年度“洛江青年五四奖章集体”荣誉称号。

【税收执法规范提升】 2021年，洛江区税务局全面落实“三项制度”，推进执法信息网上录入、执法程序网上流转、执法活动网上监督、执法结果网上查询。定期主动公示一般行政处罚结果等执法信息，严格落实执法全过程记录制度，全年上传75条音像执法记录，对2户企业的强制扣缴和2户企业的处罚开展重大执法决定法制审核工作，让权力在阳光下运行。注重运用“说理式执法”等柔性执法方式，实施轻微违法事项“首违不罚”813件。加强税务执法内部控制和监督，开展现金税费征缴、专票电子化、配合外部审计等督审工作，做好国务院第八次大督查及税务总局监督检查等工作的自查自纠，补齐短板弱项，建立长效机制，确保整改迅速彻底、改出实效并经得起“回头看”。

【税收风险管理】 2021年，洛江区税务局以风险管理树为导向，制定出台区局税收风险管理工作制度，成立“税收风险管理中心”和领导组，下设办公室、分析识别小组、应对小组。领导组负责全局税收风险管理工作的组织领导及对纳税评估案件的审定。分析识别小组负责建立风险预警指标体系、行业评估模型，确定风险预警值，为税收风险管理提供精准指向和具体对象。设立两级风险应对小组，区局风险应对小组由区局风险应对人才库成员组成，负责中风险任务的应对。分局风险应对小组由分局相关成员组成，负责低、中风险任务的应对，全年推送风险应对任务108户次，查补税款1600多万元。探索通过专业化、扁平化合理分配征管资源，落实“四精”的一系列做法，得到省税务局林国境一级巡视员的批示肯定。完成土地增值税清算审核房地产项目7个，补征土地增值税2923.51万元，《洛江区税务局四精驱动加强土地增值税管理》专报获得省税务局曾钟涛总会计师表扬批示；加大信息比对力度，提升房土两税征管水平，补征以前年度房土两税和滞纳金725.73万元。

金融

综述

【概况】 2021年，洛江区围绕“服务实体经济、防控金融风险、深化金融改革”三大任务，全力提升金融业发展和效益，主动适应经济发展新常态，营造良好的金融生态环境，为全区中小民营企业提供全方位的金融服务，助推全区经济、社会又好又快发展，金融体系日益完善，金融规模持续扩大。2021年底，洛江区有10家金融机构。

【风险防范化解】 2021年，洛江区将金融风险防控工作放在首位，每年定期召开金融工作会，传达贯彻落实各级金融政策。实行分类处置。处置4个不良资产包，化解8笔共1.94亿元不良贷款。顺利完成市下达金融风险防控化解目标任务，不良贷款率为1.17%，位居全市第8名。

【金融服务】 2021年，洛江区做好金融服务实体经济工作，统筹推进金融服务，维护金融稳定。落实帮扶政策，缓解企业困境。持续开通“直通车”机制，对资金暂时受困企业，按照“一企一策”，分类施策原则，引导相关银行业机构对受困企业提供精准帮扶，为8家企业合计6.99亿元贷款提供帮扶。推动中小微企业融资纾困。持续引导辖区企业申报省级第三期纾困贷款专项资金，缓解企业资金流动性，有18家企业获得合计11.16亿元纾困授信，助力企业生产经营。加大信贷投放，助推企业发展。开展企业融资需求摸底，将摸底的企业向意向合作银行推送，做好对接台账；畅通银企对接渠道，搭建政银企对接平台，开展“精准对接，直达需求”系列对接会以及外汇衍生产品对接会，通过深入企业、宣讲等方式形式多样的对接会，进一步加大对接活动成功率，开展9场（次）；引导企业通过福建省“金服云”平台办理“应急贷”“快服贷”“商贸贷”等政策性优惠贷款，全区申报快服贷超150家。优化营商环境，强化金融服务。开展金融小分队“一线服务”行动。通过走访、座谈、电话联系等方式走访企业62家，为企业提供精准化金融顾问服务。充分发挥市级政策性融资担保公司作用，引导银行业机构、企业加强与泉州市中小企业融资担保有限责任公司的对接，支持中小微企业融资，发挥政策性融资担保增信服务作用，促成担保贷款43笔，在保余额27824万元。重点培育辖内龙头企业纳储，组织辖区11家符合条件的企业申报省、市上市挂牌后备企业。组织企业参加省、市座谈及政策解读会议4场次，组织1家企业申报上市挂牌奖励资金。

【防范非法集资】 2021年，洛江区金融办加强预警监测，联合相关职能部门加大对非法集资案件的监测，每年开展主题宣传活动，综合利用LED显示屏、条

2021 年洛江区主要金融机构一览表

表 11

登记名称	地址
中国银行股份有限公司洛江支行	泉州市安吉路滨海华庭项目西面一楼西 101—104 号及二楼西 201—204 号
中国工商银行股份有限公司泉州洛江支行	泉州市洛江区万荣街万祥商厦 1 幢 10—17 号
中国建设银行股份有限公司泉州洛江支行	泉州市洛江区万安开发区安吉路
中国农业银行股份有限公司泉州洛江支行	泉州市洛江区万安万荣街国土资源局档案综合大楼一、二层
泉州农村商业银行股份有限公司洛江支行	泉州市洛江万安开发区万发街 65 号
泉州银行股份有限公司洛江支行	泉州市洛江区安吉路阳光美尔奇店面 107—112
招商银行股份有限公司泉州洛江支行	福建省泉州市洛江区安吉南路恒盛商业广场·尚东国际 A 楼 102 店面、A 楼 603 号房
中信银行股份有限公司泉州洛江支行	福建省泉州市洛江区安吉南路恒盛商业广场尚东国际一、二层
中国民生银行股份有限公司泉州洛江支行	福建省泉州市洛江区安泰路中亚大厦一、二层
兴业银行股份有限公司泉州洛江支行	福建省泉州市洛江区万安街道万荣街隆恩尚城御景苑 1 号楼一层

幅、微信公众号、公交等开展宣传，结合“夜访夜谈”、综治入户开展非法集资“下乡进村”。至 2021 年底，全区暂未发现非法集资行为现象，辖内金融环境相对稳定。推进互联网金融及各类交易场所整治。根据工商登记、通信管理部门备案、信访举报、公安案件等信息，结合上级反馈及日常排查，做好 P2P、网贷平台等互联网金融排查，加强对交易场所、交易场所分支机构、会员机构、“微盘”交易平台等舆情信息的预警监测及形势研判，定期报送风险排查情况，2021 年全区暂未发现非法互联网金融及各类交易场所。

【政银企对接推介】 2021 年 8 月 19 日，洛江区举办“汇海领航 招赢未来”政银企对接会暨外汇衍生交易产品推介会。区政府副区长杜仁义、区直有关单位、各乡镇（街道）以及辖区企业家代表 70 余人参加。

（吴元福 杜荣文）

银行业

中国工商银行泉州洛江支行

【概况】 2021 年，中国工商银行泉州洛江支行（简称工行洛江支行）突出立足“大、全、新、优、强”发展方位，落实总行党委工作思路，运用“三比三看三提高”的工作方法，推进重点战略，坚持业务发展与风险管控两手抓，坚持可持续发展，实施审慎经营，全力履行大行社会责任。2021 年 12 月 31 日，工行洛江支行普惠贷款增量 10711 万元，全力支持小微企业发展。全年本外币拨备前利润 12835 万元，利润总额同业第一，比上年增加 917 万元，增幅 7.69%。中间业务收入 2986 万元，同比增长率 55.59%，完成市分行下达任务的 110.18%。

【负债业务】 2021 年 12 月 31 日，工行洛江支行全部存款余额 290626 万元，时点增量 32786 万元，其中，储蓄存款余额 119294 万元，公司存款余额 94770 万元，机构存款余额 76562 万元；各项存款日均余额 292204 万元，日均增量 46185 万元；储蓄存款日均余额 112175 万元；对公存款日均余额 180118 万元。

【资产业务】 2021 年 12 月 31 日，工行洛江支行各项贷款余额 513473 万元。其中，公司贷款余额87867万元，个人贷款余额425605万元，个人贷款比年初增加60149万元，同业排名第一。2021年12月31日，工商银行洛江支行个人不良贷款余额426万元，比年初增加88万元，不良率0.12%；个人贷款剪刀差314万元，比年初减少273万元。公司贷款继续保持零剪刀差、零不良。

【社会公益】 2021年，工行洛江支行继续主动参与社会公益事业，传播正能量。开展“学雷锋”巾帼维权宣传、开展“关爱老年人群，普及金融知识”等志愿活动，深入农贸市场和居民小区，普及金融知识、传授假币识别方法等，服务广大民众。2021年“三八”国际妇女节活动期间，洛江支行工会和女工委主动与洛江区河市镇炉田村妇女主任联系回访慰问结对贫困母亲事宜，回访慰问2017年结对帮扶的贫困母亲黄女士，送去慰问金，细心询问该贫困母亲及其家庭成员身体和生活、工作等情况。组织开展2021年“母亲健康1+1”公益募捐活动。组织员工参加洛江区2021年无偿献血活动。开展“小小银行家”研学共建活动和助力中考等活动，关爱学生群体。参与洛江区文明交通引导和“烟头不落地 泉州更美丽”专项志愿活动等公益活动，为文明城区创建贡献力量。

【特色业务】 2021年，工行洛江支行继续推出新兴业务。军人优待证，享受专项费用减免，专属服务渠道，专供金融产品，专属融资支持，专属增值服务。办理三代社保卡，提供上门办卡，信息查询，费用优惠等服务。推出办理工行智存通最高可享活期5倍收益。继续推出个人信用消费贷款品牌“融e借”业务，可享受无抵押、无担保、纯信用，最快实时到账，最高80万元，最长5年。推出e抵快贷以优质住宅为抵押，为小微企业、小微企业主和个体工商户提供线上抵押类循环贷款。中小微企业最高1000万元，小微企业主及个体工商户最高500万元，现年利率3.7%。推出e企快贷，年利率最低可达3.7%，合同最长可循环3年，单笔提款最长3个，单户贷款额度最高可达3000万元。此外还有税务贷、跨境贷、闽e借、烟商贷、银校通业务、党费托管平台等供不同群体选择。

（王能霞 张荣大）

中国建设银行泉州洛江支行

【概况】 2021年，中国建设银行泉州洛江支行（简称建行洛江支行）以“凝心聚力 奋进拼搏 提质增效 全力以赴办最好银行”为经营主线，开展金融创新，稳健经营，防范金融风险，服务实体经济，被建设银行福建省分行授予2021年度“先进集体”光荣称号。2021年底，全行存贷款总量达88.82亿元，较年初新增10.9亿元，其中一般性存款余额45.37亿元，较年初增加4.77亿元，日均新增6.57亿元；各类贷款余额43.44亿元，全年净新增6.13亿元，其中个人类贷款余额33.23亿元，二手房贷款投放2.37亿元，居同业首位；实现中间业务收入4069万元，比上年增长15.46%，为服务好洛江区域实体经济打下坚实稳固的基础。

【信贷业务】 2021年，建行洛江支行持续加大对当地实体经济的信贷投入，围绕洛江区“项目攻坚2021”战略，大力拓展智能制造业、绿色金融等产业项目，实现绿色信贷、先进制造业、大基建、涉农贷款等领域业务全面突破，新增项目储备5个，授信总额5.5亿元。

建行洛江支行深入服务“智造洛江”，持续加大对专精特新类先进制造业的信贷投放力度，全年发放制造业贷款4.57亿元，为新源重工、信和新材料等区重点制造企业提供有力的支持；全年投放房地产开发贷1.68亿元，并为区域内某房地产公司发放2360万元装配式贷款，实现绿色信贷突破；为区某国有企业发放基础设施贷款2500万元。支行坚持推动绿色金融与绿色建筑协同发展，持续加大对绿色建筑企业金融支持；全年为重点建筑企业开立保函涉及金额逾亿元。行高度关注区内房地产发展动向，全年投放商业住房贷款 8.07 亿元，二手房全年投放 474 笔 2.37 亿元。

【普惠金融】 2021 年，建行洛江支行大力推广“抵押快贷”“云税贷”“云电贷”“商户云贷”等普惠金融信贷产品，并为小微企业争取差异化信贷政策支持，满足小微企业多样化的融资需求。截至 12 月 31 日，支行普惠金融类贷款余额 45985 万元，同比新增超 5000 万元，帮助千余家小微企业复工复产，渡过难关。

【机构业务发展】 2021 年，建行洛江支行持续代理区财政国库集中支付业务，并独家为区政府及相关部门办理财政预算公务卡，在政府财政业务、养老保险金业务、教育系统、住建系统等方面发挥作用。11 月，建行洛江支行成功通过区教培机构监管平台公开遴选，首期开立 9 户教培机构监管账户；12 月，成功开立洛江区二手房交易资金监管账户，进一步助力地方政府推动经济建设稳健发展。

【数字化转型升级】 2021 年，建行洛江支行围绕打造“智慧银行和创新银行”战略，推出以建行生活、龙支付、云缴费、龙商户等为代表的新金融产品，为广大消费者提供更加便利快捷的消费体验和金融服务。新增网银、手机银行用户超万户，龙支付活跃客户 1.85 万户；发行第三代社保卡，提供上门办卡、消费优惠等便民惠民服务。

【助力政务优化】 2021 年，建行洛江支行运用数字化技术，不断升级网点功能，将政务服务事项应用至网点智慧柜员机，实现政务、金融一网通，切实方便老百姓办理社保缴费证明、居民医保受理、残疾人补贴申请、失业登记等政务事项，有效实现“群众少跑路，数据多跑路”，另外增设证照打印功能，让便民服务更贴心。

（林柏杨 张华锋）

中国农业银行泉州洛江支行

【概况】 2021 年，中国农业银行泉州洛江支行（简称农行洛江支行）贯彻落实省、市分行 2021 年党建和经营工作会会议精神，以“决战城区、决胜城乡发展一体化”为主题促进综合实力和市场份额的提升，补短板、强弱项、固根基，实现存贷双超 50 亿元、存贷总量站稳百亿，支行全年平安运营，未发生案件和重大风险事件。

【存款业务】 2021 年，农行洛江支行本外币各项存款余额 54.04 亿元，其中对公存款余额 24.93 亿元；个人存款余额 29.11 亿元，比年初增加 2.9 亿元。本外币核心存款日均余额 51.28 亿元，其中个人核心日均存款余额 27.39 亿元；本外币对公核心存款日均余额 23.89 亿元。

【贷款业务】 2021 年，农行洛江支行各项贷款余额 52.28 亿元，其中个人贷款余额 35.32 亿元，对公贷款余额 16.96 亿元。大普惠口径法人贷款余额 6.24 亿元，比年初净增 7363 万元，完成率 113.28%；非“三农”口径普惠比年初净增 660 万元，完成市行下达必保任务；“三农”口径普惠比年初净增 3710 万元，完成率 119.68%。

【增收创收稳步提升】 2021 年，农行洛江支行价值创造水平不断提升，中间业务收入完成 2174 万元，对公中间业务收入 592 万元、零售中间业务收入 1582 万元。其中分期业务收入完成 807.79 万元，完成率 115.4%；网络金融完成 721.64 万元，完成率 116.39%。营业收入完成 1.81 亿元，完成率 106%、比上年增长 12.42%；净利润 1.07 亿元，首次突破亿元，比上年增加 2214 万元，增长 26.13%，完成率 124%；人均净利润 122 万元，比上年增加 24 万元，增长 25%。

中国银行泉州洛江支行

【概况】 2021 年，中国银行泉州洛江支行（简称中行洛江支行）依托区域金融资源，聚焦主体业务发展，年末，支行本外币存款时点余额 34.97 亿元，较年初增长6.68亿元，增长23.62%，其中人民币存款余额33.40万元，较年初增长6.31亿元，增长23.30%，本外币贷款时点余额43.52万元，较年初增长3.36亿元，增长8.37%，其中人民币贷款时点余额42.38亿元，较年初增长2.24亿元，增幅5.57%，各项存款、贷款增势显著；2021年，中行洛江支行完成净收入1.31亿元，比上年增长5.42%，拨备前利润完成1.06亿元，比上年增长10.17%，实现净利润8766万元，比上年增长40.43%，经济效益稳中有升；各项不良余额456万元，不良率0.11%，不良率保持泉州辖内行最低，资产质量较优且保持稳定；国际结算和跨境人民币市场份额持续保持同业第一。

【党建引领】 2021年，中行洛江支行始终坚持党建引领业务，党总支及辖内各基层党支部扎实开展党史教育专题学习，切实开展“我为群众办实事”实践活动，聚焦为中老年人、工地工人、学生等群体提供更具针对性、更便捷、更全面的金融服务，优化群众金融服务体验感；拓展党建共建单位，深化党建“四个融入”，2021年中行洛江支行各级党组织党建共建暨廉洁伙伴单位9家，通过党建共建为支行拓宽新的业务合作空间，同时，拓展中行“复兴壹号”党建平台，成功推动华侨大学上线“复兴壹号”党建平台，取得在“复兴壹号”党建平台外推工作的突破。

2021年10月26日，中行洛江支行开展主题党日活动，参观泉州市机关党建体验馆（图/中行洛江支行）

【服务实体经济】 2021年，中行洛江支行始终把金融服务实体经济发展放在第一位，坚持以服务实体经济为导向，回归本源、服务本地，增强对小微企业、民营企业、制造业和“三农”的服务能力，持续在普惠金融、绿色金融、科技金融、县域金融等重点领域发力，依托总行“中银企E贷·信用贷”“中银企E贷·银税贷”和“中银企E贷·抵押贷”线上融资产品，为中小微企业提供更方便、快捷、安全、优质的金融服务，加大对县域金融业务发展的支持力度；同时定期收集全省重大项目融资需求，关注在建项目、补短板项目和民企重大项目的融资需求，根据“百行进万企”“银税互动”、工业园区企业以及政府部门提供的各类小微企业清单做好客户融资对接工作，围绕专精特新、“科技贷”及“农业龙头企业”清单进行营销，提高走访联系频率，及时收集、响应企业融资需求，致力于提升服务民营企业小微企业的能力和水平。截至2021年末，支行民营企业贷款金额2.8亿元，较年初新增6033万元，有贷户较年初新增22户，制造业贷款余额20.23亿元，较年初新增4187万元，银保监会“两增两控”口径贷款余额2.75亿元，较年初新增1.2亿元，任务完成率达114.75%。

【财富金融服务】 2021年，中行洛江支行始终坚持金融服务以人为本，大力推进财富管理体系建设，发挥财富金融服务个人客户前沿窗口作用，随着居民可分配收入增加，引导居民资产配置多元化，充分运用结构性存款、净值型理财、大额存单、权益类基金等优势产品，提高投资类资产转化率，实现从理财单一产品销售向客户多元资产配置转变，为客户提供实现客户资产保值增值，助力增加居民财产性收入，稳步提升支行全量金融资产水位。截至2021年末，支行销售基金6396万元，代理保险销售1587万元，对私客户全量金融资产时点余额21.96亿元，较年初增加2.82亿元，日均余额20.4亿元，较年初增加2.71亿元，日均增速15.34%。

【社会责任担当】 2021年，疫情防控形势严峻，中行洛江支行严格落实上级行和当地疫情防控指挥部工作要求，坚持防疫、服务两手抓，始终心系客户，坚持担当金融企业社会责任，急客户之所急，采取开通绿色通道、实现人员异地办公等多项措施，为企业解决燃眉之急，同时积极为洛江区政府、街道社区捐赠防疫物资，以小举动铸就大温暖，积极履行抗击疫情、保障业务的责任担当，以实际行动担当社会责任，同时，推广落地“纾困贷”“防疫贷”等产品，全力支持防疫企业和民营、小微企业复工复产，共为中小微企业新增“纾困贷”“防疫贷”约4000万元。

【跨境金融】 2021年，中行洛江支行积极投身于建设全球一流现代银行集团的征程中，坚持发展跨境金融，持续保持在国际结算和跨境人民币市场份额领先地位，截至2021年末，中行洛江支行共叙做国际贸易结算量16.27亿美元，比上年增长65%，完成跨境人民币结算量36.75亿元，同比提升69.35%，实现资金业务交易量18117万美元，国际结算和跨境人民币市场份额持续保持同业第一。同时，中行洛江支行以客户需求为导向，立足核心优质客户，坚持产品与服务创新，发展供应链融资，全方位满足跨境客户金融需求，打造全球化金字招牌，截至2021年末，支行开立保函余额15.4亿元，叙做国内商业发票贴现6975万元，国内信用证项下福费廷1.94亿元。

【金融风险防范化解】 2021年，中行洛江支行深刻学习领会习近平新时代中国特色社会主义经济思想，把防控化解金融风险放到更加重要的位置，牢牢守住风险底线，坚持把信贷风险防控、内控管理、企业文化建设与业务快速发展有机相结合，以追求业务健康、良性发展，坚定不移推动业务高质量发展。严格落实银保监会关于全面风险管控要求，落实各项案件专项排查工作和警示教育系列活动，加强基层网点运营管理，严格管控操作风险，营造合规文化建设氛围，提高责任意识；紧盯信贷领域等重点领域风险防控，防范信贷领域道德风险及操作风险，细化落实授信全流程风险防控措施，强化过程督导，严控逾期贷款冒升，多措施化解压降不良授信资产，截至2021年末，中行洛江支行各项不良余额456万元，不良率0.11%，不良率持续保持辖内泉州辖内行最低，资产质量较优且保持稳定。

（黄怡庭 许清平）

泉州银行洛江支行

【概况】 2021年，泉州银行洛江支行秉承爱拼敢赢的闽南文化，依托民营经济活跃的资源禀赋，紧抓“海西”经济区建设契机，强化经营特色，致力推进改革转型，贯彻党的政策方针，落实科学发展观，突出普惠零售战略地位，各项业务取得长足发展。2021年员工20名，其中本科20人，占100%；党员7人，占35%。

【存款业务】 2021年，泉州银行洛江支行以客户为中心，以产品为纽带，以营销和服务为抓手，不断扩大存款规模、推出理财产品，以满足不同客户群的需要。2021年12月31日，泉州银行洛江支行各项存款余额84934万元。

【信贷业务】 2021年，泉州银行洛江支行秉承“专注中小企业和民生金融的特色银行”的服务理念，大力扶持小微企业的壮大成长。2021年12月31日泉州银行洛江支行各项贷款86751万元，其中小微企业贷款达23281万元，占企业贷款总额的26.8%。

2021年，泉州银行洛江支行营业网点（图/泉州银行洛江支行）

【风险管控】 2021年，泉州银行洛江支行坚持“预防为先，标本兼治”的工作思路，严格履行本机构案件防控管理、员工行为管理的主体责任、首要责任，结合当前案防形势与特点，进一步加强形势分析与研判，抓实抓细案防与员工行为管理，推动各项管理动作不折不扣落实到位，切实建立健全“一把手亲自抓、分管领导直接抓、落实专人具体抓”的工作格局。2021年12月31日，泉州银行洛江支行信贷不良贷款合计53.16万元，全行不良贷款率为0.08%。

【服务社会】 2021年，泉州银行洛江支行以贷款市场报价利率（LPR）形成机制为基础，灵活运用普惠金融定向降准政策及专项贷款政策，给予普惠型小微企业贷款利率适当优惠。执行总行抵押快评机制，中小微客户部分抵押类贷款业务实行快评模式，以住宅、商铺、写字楼作为贷款抵押物的，抵押物价值采取“快评”机制，由评估机构出具简易评估文本作为授信参考，由本行承担相关评估费用。针对辖内的客户通过减免国内信用证、国际信用证、托收、汇款等手续费，保函工本费和结售汇优惠等方式实现减费让利。泉州银行洛江支行持续开展金融消费者教育活动。通过举办普法宣传系列活动，树立该行良好的普法形象；开展反洗钱、消费者金融知识等系列宣传，助力提升消费者金融素养以及金融风险防范意识，营造良好的金融生态环境。

（张昌华 李 峤）

泉州农村商业银行洛江支行

【概况】 2021年，泉州农村商业银行洛江支行（简称泉州农商银行洛江支行）坚持“服务三农、助力小微、造福民生”服务宗旨，以普惠金融为导向，以金融科技为驱动，依托科技赋能，发挥“非接触式金融”服务模式，加大“金融+科技+场景”融合力度，持续以“更亲、更近、更实、更快、更优”的服务形象打造泉州人自己的好银行。持续推进农村信用体系建设工程及“金融不出村工程”建设，持续开展信用户、信用村（社区）、信用镇（乡）评定工作，12月底，全辖评定信用户13896户，信用村26个，信用镇1个，信用乡1个，进一步优化农村信用环境。

【业务经营】 2021年12月31日，泉州农商银行洛江支行各项存款余额31.95亿元，各项贷款余额14.92亿元。表内不良贷款余额1405.33万元，不良占比0.91%。

【普惠金融】 2021年，泉州农商银行洛江支行利用本土银行优势加快创新转型，助力乡村振兴。根据客户有效需求，不断迭代产品；从物理网点延伸至手机银行、微信银行、福农e付等各种渠道、多个业态协同发展的线上线下融合发展格局，渠道不断延伸，从“坐商”线下办贷到“行商”线上办贷， 实现“产品标准化、办贷无纸化、风控数据化、审批自动化、营销网络化、尽职免责化”纯信用、线上化普惠金融新模式，客户融资更便捷，充分发挥农村金融、普惠金融、民生金融三大主力军作用。2021年，创新推出福农·小额标准贷、福农·微易贷、福农·企税宝等一系列纯信用、免担保、标准化信贷产品，发挥“金服云”“信易贷”等政务平台以及中小微企业信贷服务直通车，畅通小微融资需求路径，有效解决小微企业融资难、担保难问题。

【服务模式创新】 2021年，泉州农商银行洛江支行坚守服务“三农”市场定位，全面推广“党建+金融助理+多社融合”模式，与洛江区委组织部等相关部门签订合作协议，持续深入实施红色动力工程，贯彻落实“党员带头致富、党员带领致富”的“双带”模式，向全区6个乡镇（街道）、86个行政村（社区）合计派驻金融助理24名，大力推进“万名金融助理驻万村（社区）”工程，切实帮助农村基层和群众解决贷款难、融资难以及金融知识普及等问题，打造驻村蹲点金融精准服务新模式。2021年，泉州农商银行洛江支行与永安村共建无人“福农智慧商超”，全力助推永安村的蝴蝶兰上线福建农信系统线上购物平台“福农e购”，实现蝴蝶兰“线上+线下”融合销售，助力村经济发展及增加村财收入。与区住建局共同推进针对“裸房”装修的“福农·福居贷”，年底，洛江辖区各支行“裸房”贷授信户数148户，授信金额748万元，信用余额681.18万元，助力乡村提升村风村貌。

【社会服务】 2021年，泉州农商银行洛江支行开展金秋助学、扶贫扶智活动。改制成立至2021年，向226名学子发放助学贷款376.78万元，助圆学子求学梦。此外，洛江支行党支部持续开展金秋助学、结对帮扶活动，为辖内困难学生送上慰问金、慰问品，用实际行动彰显党员服务为民宗旨。2021年3月，成功落地“福农e政”专用账户，助力财政性资金更安全、更高效地直达基层、直达民生。12月底，洛江支行代发13385笔，金额997.65万元。2021年，试点“三资”平台“银农直联”项目，作为泉州市试点行，与区农水局共同启动三资平台“银农直联”试点工作并成功上线运行，实现村居账户和村居动账率全覆盖，推进促进村级财务管理规范化、透明化、廉洁化。截至12月31日，线上支付1177笔2789.15万元。村务报账实现“居家办公”，平台体验感稳步提升，助力农村办公数字化、电子化。2021年疫情防控期间，泉州农商银行洛江支行做好疫情防控和金融支持复工复产，1927万元减费让利纾困惠企，疫情防控期间推出“非接触式”线上办贷系统、“泉·家平安”疫情管控系统等。

（朱燕霞 吴金财）

兴业银行泉州洛江支行

【经营概况】 2021年，兴业银行泉州洛江支行立足洛江，紧扣新的规划发展主线，践行普惠金融与乡村振兴，进一步树牢绿色银行、财富银行、投资银行“三张名片”，服务于数字经济、海洋经济、绿色经济、文旅经济建

2021年，兴业银行泉州洛江支行营业网点

（图/兴业银行泉州洛江支行）

设，银政企合作不断深化，为地方经济发展贡献兴业力量。

【存贷款业务】 2021年，兴业银行泉州洛江支行全部存款余额1.93亿元，其中储蓄存款余额0.4亿元，公司存款余额1.53亿元。贷款持续增长，信贷结构持续优化，12月末洛江兴业各项贷款余额6.78亿元，其中公司贷款余额0.84亿元，个人贷款余额5.9亿元，对非居民贷款0.04亿元。

【客户拓展】 2021年，兴业银行泉州洛江支行新开企金结算账户247户，全年新增个人客户数2506户，按揭新增客户346户，个人经营贷客户新增68户。

【特色业务】 2021年，兴业银行泉州洛江支行持续加大业务创新力度，不断推出各类创新业务产品：企金创新业务产品有快易贷、快押贷、科创云贷、兴优贷、人才贷、科技贷、合同贷、光伏贷、e票贷、乡村振兴贷款、工业厂房按揭（线上）等；个人贷款创新业务产品有茶农贷、茶商贷、烟商贷等。

【资产质量】 2021年12月末，兴业银行泉州洛江支行无对公贷款不良余额，无个贷不良余额，全年资产质量管控有效。

（苏昭健 杨少聪）

民生银行洛江支行

【概况】 2021年，民生银行洛江支行立足区域特色，发挥产品和服务优势，提升客户综合金融服务水平，效益质量规模协调发展。截至2021年末，民生银行洛江支行表内外资产规模超过11亿元，各项存款余额5.2亿元，各项贷款余额10.1亿元，服务各类客户近3万人次。

【金融服务】 2021年，民生银行洛江支行坚持金融回归本源，把提升金融精准服务实体经济摆在重要的战略位置，加大对普惠金融、乡村振兴、先进制造业、绿色发展等领域的金融服务，为实体经济注入金融“活水”。2021年，民生银行洛江支行普惠型小微企业贷款3.13亿元，同时推行减费让利政策，切实降低实体经济融资成本。

【风险管控】 2021年，民生银行洛江支行把加强风险管理、促进稳健发展作为经营管理重点，开展“内控合规管理建设年”活动，重塑信贷文化和合规文化，铸牢“合规经营就是核心竞争力”理念。把好客户准入关，对授信客户的准入进行谨慎的选择，确保授信客户的质量；加强贷后管理，组织做好贷后回访工作，形成切实可行的贷后回访制度并严格执行；做好安全保卫工作，强化安全生产管理，确保不发生安全事故；强化员工教育，做好员工风险防范和案件防控工作，构建案件防控长效机制。

【保障消费者权益】 2021年，民生银行洛江支行优化和落实消保工作制度机制，落实消费者权益保护工作，通过多样化活动，让金融知识走进千家万户。10月19日，受邀参加由洛江区工信局、工商联、团委主办的“学党史 跟党走 促发展暨惠企政策宣讲”系列活动，对民生银行洛江支行惠企政策进行细致宣传报道，助力银企联动、共生共赢。11月23日，到洛江三盛小区开展老年群体金融服务活动，向老年客户发放金融知识普及教育宣传折页，解释电信网络诈骗的常见手段及防范措施，助力老年人金融服务便利化。

【社会服务】 2021年，民生银行洛江支行党支部联合街道及社区开展共建活动，确认4户扶贫帮助对象及1名助学结对子帮扶对象。11月17日，支部联合万安街道、万盛社区开展扶贫慰问活动，活动送出慰问金2000元以及米、油等生活必需品。

（吴玲彬 曾宝华）

洛江经济开发区

综 述

【概况】 2021年，洛江经济开发区以习近平新时代中国特色社会主义思想为指导，全力推进产业转型、园区建设、项目攻坚等各项工作，全方位推进开发区高质量发展，完成地区生产总值284亿元，增长17%；规模以上工业产值713亿元，增长17.3%；财政收入12亿元；实际利用外资15469万元。

【产业特色】 2021年，洛江经济开发区主导产业稳健增长，机械装备、纺织鞋服、工艺制品、纸类卫生用品等产业分别完成产值178亿元、162亿元、155亿元、65亿元。传感智造动力增强，34家智能装备企业实现规模以上工业产值137亿元，增长11%，华南动力配套及试验工业园于年底前开工投建，泉州市传感智能制造产业基地核心区万洋高新技术产业园开工建设并吸引60家企业意向入驻。新型材料加速培育，天智合金与中科院宁波材料所共建非晶纳米晶磁性材料工程中心；信和新材料新型海洋重防腐涂料技术获浙江省科技进步奖一等奖；泉州绿色建筑产业园二期等一批新型建材项目开工建设。

2021年，洛江经济开发区实施建筑业资质升级培育工程，全年新增建筑业企业50家，开发区内有建筑业企业250家，其中总承包一级资质企业13家、二级资质企业8家，实现建筑业总产值263.5亿元，增长22%，纳税4.6亿元；推进小总部建筑业产业园区开发建设，已引进5家建筑业企业入驻。

2021年，洛江经济开发区举办2021年泉州首届全民购车节、“全闽乐购·洛江乐购生活节”、“五一超级置家节”系列促消费活动，社会消费品零售总额增长20%，限额以上批零住餐销售额增长32%。推进生鲜电商、社区电商、直播电商等新业态发展，房地产市场健康发展，房地产开发投资增长20.1%，商品房销售面积60.5万平方米，增长78.4%，销售额58.5亿元，增长90.6%。以泉州申遗成功为契机，策划洛阳桥遗产点等专题营销，有效融入泉州古城半小时旅游圈；全年接待游客230万人次，实现旅游收入20亿元。

【项目建设】 2021年，洛江经济开发区开展“项目攻坚2021”、重点项目五大专项攻坚及路演竞赛、拉练比拼观摩，实行区领导一对一挂钩，月调度、月督查、月收账，96个区级在建重点项目完成投资95亿元，其中6个省级重点项目、32个市级重点项目超额完成年度投资任务。滚动推进项目谋划、储备，列入省“五个一批”项目120个、总投资560亿元。2021年，洛江经济开发区加快建设万虹路河市中学至马甲新庵岭拓改工程，启动省道213线、万虹路马甲至罗溪段提升改造，打通新城路、学府路、经五路等一批断头路，完善杏星路、金庄街、安达路等支路路网。实施万安县政道路改造提升，新建社区微光能路灯亮化、双阳高速出口匝道路灯工程；完成智慧停车项目，升级城区停车位1027个；投入4200万元实施万贤街、万盛街等市政道路绿化景观项目；新建改造绿化面积19.5万平方米、口袋公园5个。投入1.5亿元建设13个教育项目，创建2所省级“义务教育管理标准化学校”，泉州十一中晋升省一级达标高中；泉州宝璋肿瘤医院、区医院项目有序推进，区妇幼疾控综合业务大楼即将投用；文体设施不断完善，改造提升2个村（社区）综合文化服务中心，依托阳江社区综合文化服务中心打造区图书馆分馆；建成一批健身路径、多功能运动场、全民健身驿站、篮球场。

【科技创新】 2021年，洛江经济开发区加大科技研发投入，完成工业技改投资24亿元、同比增长30%，规模以上工业企业研发经费投入增长58.9%。企业素质不断提升，新认定省专精特新中小企业4家、制造业单项冠军1家、科技“小巨人”企业19家、科技型中小企业36家，新增市级产业龙头企业11家；42家企业入围2021年国家高新技术企业。数字经济加快发展，22个数字经济项目完成投资25亿元；新增省数字经济领域“未来独角兽”企业1家、“瞪羚”企业3家；数字经济产业园已完成土地收储和概念图设计，并初步确定招商项目意向，华为（洛江）产业数字化创新中心即将签约。人才引进取得突破，泉州市人才创新共享联盟总部落户洛江；福州大学土木工程学院装配整体式空腔组合专家团队进驻方圆建设。

【生态环保】 2021年，洛江经济开发区开展大气污染治理专项行动，完成5个精准治理减排项目，空气质量优良天数比率达97.9%；开展流域水质提升专项行动，实施12个精准治理项目；开展污染地块修复，治理修复污染面积1.8万平方米，修复污染土壤1.4万立方米；转移危险废物1703吨；完成植树造林及森林经营416万平方米。有效扩容环境设施，实现万安、双阳街道19个社区生活垃圾分类全覆盖。深入开展节能降碳，稳步开展有序用电工作，规模以上工业单位增加值能耗下降5.9%。

营商环境创设

【投资环境】 2021年，洛江经济开发区加快推进载体建设，全面开展工业园区标准化建设行动，启动洛江数字经济产业园前期工作。加快河市西片区、阳江新城片区、霞溪工业区及滨江路雨污水管网、万安双阳城中村等片区污水管网建设，新建、改造污水管网22.1千米，建设雨水管网10千米。征迁工作持续发力，西环路双阳段、阳江新城一期、后埭片区等7个历时多年的征迁扫尾遗留问题实现全面清零，完成征地103.27万平方米、房屋征收5.6万平方米。开展“营商环境提升年”攻坚行动，建立涉企服务“四个机制”，出台《提升营商环境十条措施》，组建17个营商环境工作专班，建立损害营商环境“负面清单”和涉企服务“四个机制”；设立“涉企审批上门服务日”，提供43项上门服务内容，首创推行“审批服务反向提示清单”；探索开展涉罪企业合规不起诉试点工作，在全市率先建立合规监督员制度；新上线“i洛江”程序平台，63项高频服务事项实现“掌上办”。

【招商引资】 2021年，洛江经济开发区进一步梳理阳江新城、中部综合功能片区、总部经济区等17个主要招商载体，实施“产业链招商季”行动，开展“走出去、引进来”招商对接、招商项目集中签约、招商推介等活动，全年外出招商活动10批次，举办集中签约3场，接待61批次客商到洛江考察，接洽项目近40个，舟基集团、锦绣澜山等一批重大产业项目签约，欣佳成机械装备、泉州建筑科技大厦等一批项目落地，全年新增签约项目 103 个、总投资 406.2 亿元。

【服务企业】 2021 年，洛江经济开发区组织开展“进百企、走百商、访百才”活动，精准服务企业用电、资金、订单、产能等事项，落实各级惠企政策，减免税费 1.8 亿元、兑现惠企资金 1.69 亿元。出台扶持外向型经济措施，完成外贸出口 70 亿元，同比增长 10%。综合施策化解信贷风险，帮助企业延期还款、转续贷近 6 亿元，不良率保持在较低水平。深化商事制度改革，梳理优化 50 件“一件事”集成套餐服务，精简材料 158 份、压缩时限 156 天、减少办理环节 83 个；落实“证照分离”“多证合一”，实现企业开办“一窗通办、一网通办、一日办成”；实施工建项目审批五张清单管理，实行工业投资项目“拿地即开工”。

（柯春华　叶生化）

智谷园区

【概况】 2021 年，智谷（泉州）万洋高新科技产业园（泉州市传感器智能制造产业基地核心区）位于洛江区河市镇坛顶村，项目意向用地面积 66.67 万平方米，总投资 50 亿元。其中一期用地 12 万平方米，建筑面积约 24 万平方米，投资 9 亿元，主导产业以智能制造业为主，涵盖现代化标准厂房、高层厂房、定制厂房、中央食堂、商业区、生活区等全方位业态，预计未来进驻企业 6 ～ 80 家。

【园区建设】 智谷（泉州）万洋高新技术产业园项目于 10 月 27 日完成土地出让，11 月 10 日完成建设工程规划许可证、建筑工程施工许可证办理，11 月 18 日已正式开工建设，12 月正进行 5 号、6 号、7 号厂房基础施工。

【招商引资】 2021 年，洛江区引进一批符合产业发展条件、科技含量高、发展潜力大的企业进驻，推动传感智能制造、新材料、人工智能、电子信息等产业发展壮大。截至 2021 年 12 月，已审核同意 4 批次 60 家企业作为智谷（泉州）万洋高新技术产业园意向入园企业。

【重点建设】 2021 年，智谷（泉州）万洋高新科技产业园将持续按照“智能制造”产业定位接续推进招商工作，争取有更多更优质的相关企业入园。力争在不远的未来打造成为辐射海西区域的核心制造园区和主要建设制造业集聚平台，打造成为集制造研发、电子商务、仓储物流、生产生活配套、金融服务和智慧园区管理于一体的新型高新技术产业。

农业与农村

综 述

【概况】 2021年，洛江区农业水利局贯彻落实中央、省市农业农村工作会议精神，围绕中央和省、市、区关于“三农”工作的决策部署，持续用力巩固拓展脱贫攻坚成果，全力推进乡村振兴，着力创新工作机制，不断转变农业发展方式，促进农业生产经营专业化、标准化、规模化、集约化，提高农业综合生产能力、抗风险能力和市场竞争能力。2021年，洛江区农水局为做好防止返贫动态监测，各乡镇每月组织开展常态化摸排，未出现因病、因灾、因意外事故等原因导致重新返贫的农户。

【乡村振兴战略实施】 2021年，洛江区出台《洛江区2021年实施乡村振兴战略项目申报指南》，在“两线四村”的基础上，打造8个市区级试点村和2条区级示范线路，形成“四线十二村”的示范带，同时将马甲镇、虹山乡作为全域推进乡镇，全区确定121个乡村振兴项目，总投资11900万元，其中：4个省级试点村建设项目27个，计划投资1565万元；8个市区级试点村建设项目47个，计划投资3789万元；四条线路建设项目47个，计划投资6546万元。至12月，121个在建重点项目基本完成建设。虹山乡全域市级乡村振兴示范路线入选第一批泉州市乡村振兴最美示范线。同时，虹山乡探索组建乡村振兴研究院，以建设“梧凤小镇、彩虹之乡”为主题，成立福建省梧凤文旅集团有限公司，不断推进虹山乡全域旅游，壮大村集体经济。2021年首届洛江区乡村振兴线路营销季暨虹山地瓜文化旅游节在虹山乡开幕，同时举行洛江区乡村振兴研究院和梧凤文旅集团揭牌仪式。另外，拓展提升马甲镇永安村蝴蝶兰庄园升级全产业链、新庵岭“黄金枸骨”花卉产业，以永安村为代表的“三产融合”产业发展模式、以“新庵村”为代表的“点绿成金”生态宜居综合发展模式成功入选泉州市2020年度乡村振兴试点村典型案例。罗溪镇洪四村探索党建助推乡村振兴新模式入选省级典型案例。

【脱贫攻坚成果巩固】 2021年，洛江区农水局按照省、市工作部署要求，坚持“四不摘”原则，做好政策衔接。成立区委扶贫开发成果巩固与乡村振兴工作领导小组，挂牌成立洛江区乡村振兴局，统筹推进全区扶贫开发成果巩固与乡村振兴工作。制定下发《洛江区2021年巩固拓展脱贫攻坚成果同乡村振兴有效衔接工作要点》，明确年度任务分工和责任单位，扎实推进脱贫攻坚成果同乡村振兴有效衔接。

2021年，洛江区农水局组织各乡镇做好2021年度巩固拓展脱贫成果项目申报实施，完成下达市区两级巩固拓展脱贫成果专项资金881万元，共49个项目。其中，产业发展项目2个，资金45万元；村集体经济创收项目43个，资金755万元；基础设施建设项目2个，资金55万元；欠发达村项目建设1个，资金5万元；低收入农户住房改善提升项目1个，惠及5户，资金21万元。

农业机械化

【概况】 2021年，洛江区农水局加大农机化项目建设力度，通过项目建设调整优化农机装备结构，带动农民不断加大对农机化的投入。争取市级专项资金21万元，创建“平安农机”示范镇1个，建设小地块农机机械化示范项目1个，完成机耕路设2条。

【农机更新】 2021年，洛江区农水局推动农机专业合作社机械化进程和设备更新换代，引进1台8行水稻精量穴直播机和1套商品秧育秧流水线设备，年度机械化耕种达到120万平方米，主要粮食机械化率约70%。

【农机操作安全宣传】 2021年，洛江区农水局结合安全生产检查和开展其他安全活动相结合，重点对农机安全、操作人员安全意识和责任意识进行宣传，发放安全宣传材料200余份，签订责任书12份，悬挂安全条幅4条，发送安全短信156条，打电话引导开展多功能拖拉机报废78人次。

农业产业化

【概况】 2021年，洛江区农水局加大培育农业经营主体，推动农业由增产导向转向提质导向，推行标准化生产，实行规模化种养，发挥省市农业龙头企业的示范引领作用，推动农村产业融合发展。2021年，新增1家省级农业产业化龙头企业，全区有获评省市级农业产业化龙头企业15家。

【农业信息进村入户】 2021年，洛江区农水局按照有场所、有人员、有设备、有宽带、有网页、有持续运营能力的“六有”标准，持续提升和改善53个益农信息社和1个区级运营中心基础条件。以村级信息服务能力建设为着力点，以“12316”农业信息服务平台为依托，开展农业技术咨询服务年均达200人次，为农民解决农业生产上的各种难题。

【农产品销售渠道拓展】 2021年，洛江区农水局组织益农信息社站点8名信息员参加泉州市农产品带货直播线上培训班、组织推荐农业企业人员参加“福建省高素质农民培训班”，开展“网络直播推介品牌农产品活动月”，培育荣祺食品“梅百华”、朵米网络科技有限公司等电商，进一步打响农产品品牌，拓展农产品销售渠道保增收。

【农业产业化建设】 2021年，洛江区农水局推进建成智能大棚蔬菜种植24.13万平方米，农业物联网建设1.47万平方米；蔬菜初加工冷库面积1950多立方米，建成水培蔬菜种植设施1.3万平方米，水肥一体化设施8万平方米。泉州市百福生物科技有限公司、泉州荣兴食品有限公司和泉州新强食品有限公司获2021年特色现代农业产业化龙头企业贴息贷款补助31万元。

种植业

【概况】 2021年，洛江区农水局配合市农业综合执法支队重点开展种子、化肥等农资检查、种子储备和质量抽检等工作，检查农资经营网点36家次，抽查生产、农资经营单位7个，抽检农药、种子、肥料、兽药等9批次，合格率100%。

【粮食生产】 2021年，洛江区农水局将粮食生产指导目标任务分解下达到各乡镇、街道，确保目标明确、责任到人。完成粮食生产面积1933万平方米，产量1.2万吨。同时，加强806.67公顷水稻生产功能区建设，发展双季稻，并引导水稻生产功能区至少种植一季水稻。另外，通过网络、电视、报纸等对耕地地力保护补贴、农机购置补贴、规模种粮奖补、水稻种植（制种）、马铃薯种植保险等惠粮政策开展宣传。

【蔬菜生产】 2021年，洛江区农水局印发《关于下达2021年春季蔬菜面积指导性计划任务的通知》，充分利用建成设施大棚种植应急反季蔬菜、绿叶菜，确保蔬菜均衡供应。推广应用蔬菜集约化育供苗、绿色防控、增施有机肥等技术。完成蔬菜初加工冷库面积750多立方米验收工作，进一步提升蔬菜生产水平。

【科学施肥】 2021年，洛江区农水局及时下发化肥使用量减量化行动任务和方案，建立化肥减量增效田间试验2个，推广测土配方施肥技术，完成推广有机肥5066.67公顷，开展测土配方施肥6666.67公顷次，种植绿肥340公顷，实施稻田秸秆还田480公顷。全区按时完成66.67公顷受污染耕地安全利用。举办测土配方施肥技术培训班1期，发放配方施肥技术手册0.1万份。

【植物病虫害防治】 2021年，洛江区农水局推进农业绿色发展，做好水稻、蔬菜等病虫害田间调查和监测，及红火蚁、草地贪夜蛾等疫情的监测和防控。利用各乡镇村级农技员以及农业种植大户、科技种植示范户的示范带动作用，大力推进统防统治与绿色植保、科学植保融合，建立农作物病虫害绿色防控技术示范片3个，确保农药使用量比2020年度减少2%以上，推进无公害农产品生产。

畜牧业

【非洲猪瘟防控】 2021年，洛江区农水局落实非洲猪瘟常态化防控措施。根据农业农村部入场检测技术规范标准及省市监测方案，洛江区组织对农贸市场、屠宰场、规模猪场和无害化处理点进行入场采样检测，落实到人到场监督责任制，做好入场抽样检测，检测样品102份，均为阴性。

【动物免疫】 2021年，洛江区按照“政府部门保密度、业务部门保质量”的工作要求，突出抓好高致病性禽流感、口蹄疫和小反刍兽疫等重大动物疫病的防控工作，坚持规模养殖畜禽按程序免疫、散养畜禽集中免疫和每月补免相结合的免疫措施，确保应免疫密度达到100%。全区春秋防免疫高致病性禽流感352.3万羽，猪口蹄疫6.87万头，牛、羊口蹄疫2.31万头（只），小反刍兽疫1.49万头，全面完成重大动物疫病防控工作任务。同时，免疫档案、免疫卡填写及耳标佩戴做到填写规范、佩戴齐全。

【动物疫病监测】 2021年，洛江区农水局开展动物免疫抗体水平监测，抽检各类动物疫病免疫抗体检测3264头份、病原检测368头份，确保高致病性禽流感、口蹄疫等抗体检测合格率均达80%以上。加强对狂犬病、新城疫、奶牛布鲁氏菌病和结核病的监测，全面落实各项防控措施。及时做好兽用消毒剂等动物防疫物资储备，确保满足疫情应急处置需要。

【动物检疫行为规范】 2021年，洛江区农水局加强定点屠宰检疫的规范化管理，对屠宰检疫工作实行“定岗定人”制度。以强制免疫、免疫档案、耳标佩戴等为基础，开展产地检疫，全年开展生猪产地检疫9.1万头。

【畜牧业转型升级】 2021年，洛江区农水局督促加快推进绿之源和檀香园项目建设进度。绿之源引进原种母猪1200头并投产；檀香园生猪养殖基地项目已完成土地平整。

渔 业

【概况】 2021年，洛江区投资50多万元，完成洛江区乡镇渔船点验中心建设，建立健全渔船动态监管系统，并落实渔船24小时值班制度。

【渔船管理】 2021年，洛江区农水局完成渔船年度安全检验31艘，换发船检证书31份，捕捞证年审31份，渔船插卡式AIS（船舶自动识别系统）设备加固31艘，重新对渔船船号上漆刷新。对全区106艘渔船进行编号分组，形成网格化管理。

【生产安全培训】 2021年，洛江区农水局开展渔船安全生产、防偷渡等培训3期、200多人次，印发安全生产宣传材料300多份，张贴宣传材料10多份。开展福建省第一次海洋灾害普查工作，完成前期普查信息录入，进度100%。完成水产种质源普查2家，达到下达任务指标的100%。完成2021年水产品质量安全抽样监督检测26批次，快速检测15批次，落实水产品“一品一码”等工作任务指标。

林业

【概况】 2021年，洛江区有林地面积2.446万公顷，森林覆盖率64.39%，森林蓄积量为134.84万立方米。

【林业经济】 2021年，洛江区林业经济全区林业总产值22.3401亿元。花卉产值35373万元，销售额21953万元，出口额197万美元。

【林长制工作】 2021年8月31日，洛江区按照国家、省、市各级党委政府关于全面推行林长制的决策部署，出台《洛江区全面推行林长制的实施方案》，各乡镇党委、政府，街道党工委、办事处，罗溪国有林场和仙公山风景名胜区迅速响应，按照“属地管理、分级负责”原则，搭建区、乡、村三级林长组织架构。设有区林长2个，区级副林长2个，挂钩乡（镇、街道、场）林长24个，乡（镇、街道）林长12个，副林长 75个，村级林长84个。划定6个区级副林长责任区域，确定23个林长制协作成员单位，形成责任明确、监管有力的森林资源保护发展网格。

【林业制度改革】 2021年9月27日，洛江区林长办公室正式印发《洛江区林长制县级会议制度（试行）》《洛江区林长制信息公开制度（试行）》《洛江区林长制县级督查制度（试行）》《洛江区林长制工作考核制度（试行）》《洛江区林长制县级部门协作制度（试行）》等5项林长制配套制度，确保林长制工作有抓手、有载体、有考核、能落实。

【森林资源管理】 2021年，洛江区自然资源局加快建立森林资源网格化、全覆盖管理体系，以乡（镇、街道、场）为单位，将林地划分为若干网格，按照“1个村（社区）不少于1个网格”的原则，配备专业护林员。截至10月28日，洛江区完成集体森林资源网格区划，区划网格86个，分配管护员88人，把管护责任压到各村、各个小组和林权单位，区划国有林地网格7个，配备7名管护员。基本实现全区森林资源网格化全覆盖，努力实现“山有人管、林有人护、责有人担”。

（张韵琪 高清河）

农田水利

【概况】 2021年，洛江区围绕高质量发展的工作要求，按照“节水优先、空间均衡、系统治理、两手发力”新时代治水方针和水利工程补短板、水利行业加强监管的水利改革发展总基调要求，紧盯水利计划投资1.44亿元的目标，科学谋划，狠抓落实，有力地推动各项工作开展。全年完成投资14489万元，占年度投资计划的100.1%。

【水资源管理】 2021年，洛江区践行“节水优先、空间均衡、系统治理、两手发力”的治水方针，把坚持节水优先、强化水资源管理贯穿于治水的全过程，融入经济社会发展和生态文明建设的各方面，以实施节水行动为抓手，加强节水宣传教育，强化节水监督管理，使节约用水真正成为水资源开发、利用、保护、配置、调度的前提。落实以水定需，严格控制水资源开发利用上限，推动经济社会发展与水资源水环境承载能力相适应。持续推进农业水价综合改革，推行农业用水总量控制和定额管理，推进生活用水和工业用水水价改革，落实用水总量控制和超定额累进加价制度。

【水利工程建设】 2021年，洛江区围绕全年水利计划投资1.44亿元的目标，科学谋划，狠抓落实。加强水库管理及村级饮水工程建设，完成1座小型水库除险加固，3座水库的大坝安全检测；完成3座水库管理房（割仔湾、马顶池、青蛇），1座水库防汛路（青蛇）收尾工作，全面推行水库社会化管护（23座）；完成对水库、水闸防洪调度运用计划和大坝安全管理（防洪抢险）应急预案编审情况进行审查。投资221万元，完成6个村的农村安全饮水巩固提升工程建设。推进城乡供水一体化工程建设，确定初步设计单位，完成初步设计编制、审查及批复；完成城乡供水一体化水土保持方案审查；完成环境影响评价审查的申报；区政府用地会通过虹山、罗溪、河市3个自来水厂及6个偏远山村一体化净水设备用地国土资源自然分局出具用地预审与选址意见书，拟定新建水厂用地征迁方案送于涉及各乡镇征求意见批复；确定招投标代理单位并完成EPC（工程总承包）招标代理确定及招标方案。开展洛江区河道综合整治项目，河市镇完成河长制标准化及河长制公园建设；马甲镇开展水土流失项目整治；罗溪镇进行后溪河道清淤及景观提升，完成河长制公园建设。开展山洪灾害非工程措施补充建设，完成自动雨量监测站1处，新建自动水位雨量站1处，新建4处雷达水位站，新增水库视频监测1处；维修水位站3处、1处视频监控、1处简易雨量站迁移；群测群防体系建设：发放6个乡镇宣传手册3000册；组织开展山洪灾害防御演练1场，组织开展山洪灾害应急防御培训1场。实施省级专项2021年山洪灾害防治项目非工程措施建设任务，实施中央资金2021年山洪灾害非工程措施维修养护。水利物资仓库补充防汛物资3万元，完成4台轮式挖掘机维修养护。

【库区移民】 2021年，洛江区被列入大中型水库移民后期扶持范围的有惠女水库移民、三峡水库移民，安置在马甲镇、河市镇、双阳街道的18个建制村（居）104个自然村。经历年核减至2021年移民总人口10823人，其中库区移民资金直补人口6975人；项目扶持到村移民人口3848人。2021年度计划开展扶持建设项目9个，2021年度收入2512.38万元，支出783.03万元，合计结转下年资金1953.9万元。洛江区后扶示范区项目，总投资2979.9万元，库区资金批复2000万元，2021年已下拨1000万元，以“乐活农旅区、休闲乐居区、探幽科普区”三大建设为核心，实施范围为惠女水库及惠女水库移民村（仰恩村、洋坑村和梅岭）游览步道建设及配套设施等，子项目——梅岭文化活动中心已建成一楼，其余子项目已签订合同正在施工。

【河长制工作】 2021年，洛江区始终坚持将绿色发展理念贯穿经济建设的全过程，围绕落实河湖长制各项目标任务，狠抓工作落实。根据党政领导换届调整，按期完成新老河长交接，新任河（湖）长14名、副河（湖）长14名、流域河（湖）长3名，及时更新河（湖）长公示牌97块。2021年，区河长、副河长开展巡河超55次，解决问题33个。乡镇河长开展巡河1043人次，协调解决责任河湖突出问题443个。推行河湖警长工作制，设立河湖警长7名，并将河湖警长纳入公示牌中动态更新。各级河湖警长定岗明责，全力开展涉水矛盾纠纷排查化解、江河流域巡逻管理、水环境污染违法犯罪打击等工作。2021年，各级河湖警长配合开展涉水巡查25次，发现问题10个，并全部整改到位。建立联动机制，由区河长办牵头，联合农水、生态环境、检察院、公安等职能部门，通过强化信息互通、定期会商、实地走访和联动排查，及时发现各类苗头性线索和预警性信息，严厉打击破坏河湖生态环境违法犯罪活动。用好“洛江区河湖长制”微信公众号宣传平台，利用世界水日、中国水周、“6•5”环境日、泉州河长日”等重要节点，依托马甲海丝志愿者协会，以微信公众号为载体，开展有奖知识问答活动；并以微信朋友圈推送宣传；通过通信三网发送手机短信、横幅标语、LED显示屏、现场分发宣传单等多种形式开展河湖长制宣传，进一步提高河长制工作在群众中的影响力，取得很好的宣传效果。另外，联合团区委、妇联、工商联等部门组建河小禹、巾帼护河队、企业河长等爱河护河宣传队伍。2021年7月至8月，区河长办、团区委及联合辖区医高专、仰恩大学等高校，开展大学生暑期社会实践“河小禹”专项行动河流认领活动。河湖“四乱”问题排查。排查整改“四乱”问题82处，调处水事纠纷案件3次，现场打击处理非法采砂1次，处理蚂蚁搬家式采砂1次，办理省河长办举报平台投诉件1件，群众举报涉水投诉件6件，清除违规建筑2处，处理劝退电鱼事件7件。

农村工作

【农村宅基地管理】 2021年，洛江区落实中办、国办、省委省政府和市委市政府关于农村宅基地管理与改革工作精神，按照“市县主导、乡镇主责、村级主体、村民参与”的要求，指导乡镇全面落实“一窗收件、一站服务、一次审批”的审批制度。结合洛江区实际，整理印发农村宅基地和建房审批的范本，切实规范农村宅基地审批管理。全区4个乡镇均已建立农村宅基地“一站式”审批窗口，覆盖率达100%；制定印发《关于进一步规范农村宅基地管理的通知》，严格落实“一户一宅”规定，申请与审批，建设与管理，流转、退出与有偿使用、落实责任、加强部门沟通协作等要求；建立洛江区农村宅基地管理联席协调会议制度，分析研究全区农村宅基地现状和需求，做好信息共享互通，协调解决管理过程中出现的重大问题，确保宅基地管理工作不出现“空档”问题。

【“三农”体制改革】 2021年，洛江区出台《洛江区农村土地承包经营权确权登记颁证成果区级自查实施方案》，通过开展确权颁证成果区级自查，系统检查确权登记颁证法律政策执行、技术标准实施和工作完成情况，如期完成汇交更新农村承包地确权登记颁证数据。深化农村集体产权制度改革，扎实巩固清产核资成果，全区86个村（社区）全面完成2020年度的资产资源盘点核对，并上报全国农村集体资产清产核资管理系统，发放股权证书51304本。开展集体资产股份权能拓展试点，确定马甲镇永安村开展村民委员会与村级股份经济合作社分账管理改革试点和财政拨款等形成集体资产股份量化试点；录入农村集体产权管理系统数据，督促指导各乡镇（街道）、村（社区）将成员信息和相关文件资料录入全国监管平台，84个村（社区）全部完成录入。

【村财监督管理】 2021年，洛江区及时转发《泉州市农村集体“三资”管理工作导则》，下达《农村集体“三资”监管专项整治工作方案》和《村(社区)集体“三资”监管整治专项行动工作任务》，并同时开展全区经管相关工作培训及“三资”监管整治工作部署会，推进“三资”监管整治专项行动工作的实施。充分运用泉州市农村集体“三资”监管平台，督促指导各乡镇完整登记资产资源台账、录入经济合同，监管做账进度及租赁（承包）合同兑现。率先开展“银农直联”试点工作，创新现行村级资金结算方式，将村级集体经济组织账户、农村集体“三资”监管系统与银行业务系统对接，打造具备网上审批、转账汇款、网上查询、电子对账、财务公开等功能的“银农直联”管理平台，加强村级资金流向监管，同时召开座谈会和线上培训会、编印操作手册300份，有序推进试点工作。在洛江区人民政府网站发布致全区广大村民的一封信，说明农村集体“三资”监管专项整治工作内容和要求，公布区级举报电话和电子邮箱，并指导各乡镇（街道）组织各村（社区）在村务公开栏张贴致广大村民的一封信。至年底，网站刊登1条，“一封信”张贴92份，电子宣传栏滚动播放“三资”宣传标语30余次，提高村民对认识到“三资”监管专项整治工作的知晓率和参与率。开展村（社区）集体经济合同清理工作。查摆经济合同212份，整改问题合同23份，收回资金53.98万元。

【农产品质量安全监管】 2021年，洛江区强化监测，做好果蔬省级抽检、市级互检以及区级监测工作，完成省、市、区农产品抽检、监测263批次，合格率100%。2021年，全区快检4203样品、完成全年任务的103.01%，其中，区级快检821个样品，完成全年任务的105.26%；乡镇（街道）快检3382个样品，完成全年任务的102.48%；兽残快检完成281个样品，完成全年任务的127.73%。实施食用农产品“一品一码”联合执法检查，按要求安排专人每天开展线上巡查，每周线上巡查完全覆盖辖区所有生产主体，2021年全区线上巡查生产主体7500人次，线上巡查发现问题数150个，全部整改到位；现场检查主体数85家次，出动检查人员数185人次。开展农产品质量安全宣传工作，充分发挥现有宣传栏、LED显示屏等多种媒体资源作用，多渠道、高频次地宣传农产品质量安全，开展“合格证制度”宣传标语横幅20多条、滚动1200多次，播放农业厅制作的动画宣传片LED显示屏视频1200多次，张贴海报1000余张，发放宣传材料550余份；编印农产品质量安全追溯监管信息系统操作手册110份、致全区广大农产品生产主体的告知书150余份，统一发放给食用农产品生产企业、农民合作社、家庭农场等生产主体。

（黄志贤 林亚妹）

工业

综 述

【工业经济运行概况】 2021年，洛江区抓经济运行调度，加强对工业经济运行调度，科学测算，精准调度，2021年度洛江区各项工业经济指标持续保持在合理区间运行，较好地完成上级下达的各项指标任务。实时关注重点市级以上龙头企业、明星梯队企业、重点纳税大户等企业生产经营状况，紧盯企业产能发挥情况，重点针对已出现或可能出现减停产的企业进行分析研判，及时保障企业生产要素，帮助化解企业经营风险。

【工业经济效益】 2021年，洛江区规模以上工业增加值155.11亿元，增长3.4%。工业投资增长14.2%，其中工业新建项目投资比上年降低48.5%，技改项目投资增长19.1%（年度目标15%，排名全市第10）。工业用电量50372万千瓦时，增长13.2%。规模以上工业单位增加值能耗下降10.7%。六大高耗能行业能耗占地区规模以上工业能耗比重为3.66%，同比下降0.33个百分点（2020年同期3.85%），2021年规模以上工业企业数达195家。

智造产业

【概况】 2021年，洛江区“主动融入“制造强省”“制造强市”大局，全力打造新型材料、感知测控、动力系统、传感芯片四大产业，先后获批省级智能制造产业基地、市级传感智能制造产业基地。制定《洛江区进一步支持制造业高质量发展、加强金融服务实体经济的若干措施》等政策。全区智能装备产业链布局日趋完整，上游有以西人马、云箭测控为代表的从事传感器、减速器、数控系统等配套核心零部件研发生产企业，中游有以嘉泰数控、铁拓机械为代表的整机生产制造企业，下游以琪祥电子、和诚鞋业为代表的智能装备应用型企业。2021年，洛江引进建成国家特种机器人产品质量监督检验中心、泉州先进微纳米器件检测中心、新型防腐涂料工程技术研究中心、泉州市人才创新共享联盟总部等多个国内一流科研人才平台，为产业提供研发、人才保障。2021年，洛江区共有智能装备行业企业37家，其中规模以上企业34家，连续4年实现工业产值年均增长速度超12%，成为百亿产业集群及区域经济新增长点。

【省级智能制造试点示范基地建设】 2021年，洛江区加快建设以培育产业为目的的省级智能制造试点示范基地——智能装备产业园，园区重点发展数控机床及工具、机器人、工程机械、纺织与轻工机械、电器装备、高端传感器等六大行业，引进三一筑工、铁拓机械、中力机械等企业入驻该片区。

【首个5G智能制造产业园建成】2021年5月，洛江区首个5G智能制造产业园在由铁拓机械和中国电信泉州分公司合作共建的5G智能制造产业园签约落地。园区融合5G、云计算、AI、大数据等先进技术，通过5G内网改造、绿色能源管理、产线智能升级、智慧物流等信息化应用，解决制造业降能耗、提效率等问题，是继多年来探索生产设备智能化后，铁拓机械数字化转型的又一重要战略举措。

2021年12月2日，中国科学院宁波材料技术与工程研究所—泉州天智合金材料科技有限公司共建非晶纳米晶磁性材料工程中心签约仪式举行（图/区工信局）

【智慧洛江人工智能应用发展战略合作签约仪式举行】2021年3月22日，“洛地有声 智领未来”智慧洛江人工智能应用发展战略合作签约仪式暨福建云知声智能科技有限公司成立大会在洛江区举行。

传统制造业和新兴产业

【概况】2021年，洛江区机械装备、纺织鞋服、工艺制品、纸类卫生用品等产业分别完成产值178亿元、162亿元、155亿元、65亿元，拉动全区规模以上工业产值完成764亿元，增长18.3%；工业增加值实现178.5亿元，增长11.3%。新型材料加速培育，天智合金与中科院宁波材料所共建非晶纳米晶磁性材料工程中心；信和新材料新型海洋重防腐涂料技术荣获浙江省科技进步奖一等奖；泉州绿色建筑产业园二期等一批新型建材项目开工建设。2021年，全区规模以上企业研发投入增多，国家级高新技术企业数量增长近9倍。

【纺织鞋服】2021年，洛江区纺织鞋服行业完成规模以上工业产值159.18亿元，比上年增长14.7%。

【机械装备】2021年，洛江区机械装备行业完成规模以上工业产值176.26亿元，比上年增长5.1%。

【工艺制品】2021年，洛江区工艺制品行业完成规模以上工业产值152.61亿元，比上年增长17.9%。

【纸类卫生】2021年，洛江区纸类卫生用品行业24家规模以上企业完成产值64.33亿元，比上年增长53.4%。

【新材料产业】2021年，洛江区加快发展新型建筑材料，培育以装配式建筑为核心的现代建筑产业体系，打造全省处于领先地位的装配式建筑产业集群。不断加快推进新型环保防腐涂料工程中心建设，培育以三一筑工为代表的装配式建筑为核心的现代建筑产业体系，加快推进绿色建筑产业园、筑可丽科技产业园等项目建设。洛江区新材料龙头企业信和新材料股份有限公司已成为国内石墨烯研发和应用的领军企业，其研发的石墨烯防腐涂料处于国际领先水平，打破市场被国外涂料巨头垄断的局面，进一步引导企业推动防腐产业持续高效发展、广泛应用，提升产业竞争力，形成新增长点，填补国家在海洋防腐涂料建设方面的空白。

（吴元福 杜荣文）

商贸旅游

综 述

【概况】 2021年，洛江生态旅游品质提升，海丝游、生态游串点成线、连线扩面，全区接待游客230万人次，实现旅游收入20亿元。全区服务业实现增加值120.46亿元。洛江已建成汽车服务业、电子商务等4个特色商圈，2021年全区社会消费品零售总额达85.45亿元，比2020年增长25.2%，限额以上批零住餐销售额114.7亿元，比上年增长27.38%，排名全市第六位。推进生鲜电商、社区电商、直播电商等新业态发展，全区涉及网络销售企业达1.56万家，网络零售额103亿元，增长37%，14个村入选2021年全国淘宝村。

【电子商贸】 2021年，区商务局鼓励大润发联合供应链资源，通过淘宝淘鲜达、大润发优鲜App小程序和“饿了么”等平台为周边3千米社区提供送达的商品外卖服务，解决消费“最后一千米”问题。引导汽车4S店通过快手、抖音等新媒体平台、短视频直播推动数字化营销，通过品牌曝光提升美誉度形成背书，构筑“线下孵化+供应链+线上平台”网络流量孵化群。大力发展消费新业态，指导京东京喜、淘宝天猫在洛江区召开母婴亲子产业招商推介会，通过推介招商，帮助洛江区15家企业顺利入驻平台。推动鞋服、母婴用品等传统优势企业加大力度拓展网络销售渠道，2021年嘉华、天娇、玛莎、佳婴、恒乐、宝利来等6家企业网络销售额合计8.9亿元。鼓励电商平台和电商企业开展线上促消费活动，拓展洛江区农产品销售渠道。2021年全区农产品网上销售额10875万元，比上年增长23.2%。

【汽车贸易】 2021年，洛江区

2021年3月13—14日，洛江区商务局举办泉州首届购车节活动
（图/区商务局）

汽车消费服务加速聚集，万虹路汽车销售走廊入驻品牌18个，2021年限额以上企业汽车零售额达到38.57亿元。区商务局组织在泉州洛江居然之家广场举办泉州首届全民购车节，30多家企业、100多款车型参展；以市级发放新能源汽车优惠券促消费为契机，12月举办首届万虹路汽车走廊文化节，与红星美凯龙美好置家节双节联动，全力冲刺年底汽车、家装消费，活动期间汽车销售额超过5000万元，进一步扩大洛江“汽车走廊”影响力，引导辖区内在营14家4S店利用节假日举办促销活动，并参加各类车展引流客户。2021年全区汽车销售额约38.57亿元，比上年增长约52.75%，成为洛江区消费市场强有力的支柱产业。

国内贸易

【消费平台搭建】 2021年，区商务局引导辖区居然之家、红星美凯龙分别举办“5折风暴 1促即发”和“五一超级置家节”等促消费活动，通过让利促销活动，激发居民消费热情。“五一”国际劳动节期间，两家商场活动销售额达到4700多万元，比上年增加近800万元；引导辖区居然之家举办线上“月满中秋 礼见居然”促销，成交量228单。引导居然之家开展“居然之家品质狂欢季”直播专场活动，直播在线观看量1926人次，直播订单量87单，推动线上线下商贸经济互为促动、融合发展；组织大润发、居然之家、红星美凯龙等商超开展“双十一狂欢购”主题线上线下促消费系列活动，其中建材“双十一狂欢购”主题大促活动，通过双十一权益卡、鲁班之星团购会优惠券包及淘宝直播等多渠道推广，完成线上销售1500多万元，全域销售9500多万元；协同区文体旅游局举办“品味世遗 惠享文旅”洛江区文旅惠民消费季系列活动，涵盖商场百货、餐饮和文旅等各个方面消费。通过举办系列促消费活动，加快疫情后消费市场回补。

【市场主体培育】 2021年，区商务局跟踪、服务区域内第三产业龙头企业，确保纳入龙头企业库的企业销售额稳步增长。2021年鹭燕医药、松青钢材总销售额27.17亿元，比上年增长15.7%。持续跟踪推动大中型商贸企业做好做优、中小型商贸企业发展壮大，对达到“四上”条件的商贸企业，及时引导企业申报入库。2021年，新增纳统“四上”商贸企业29家，补充率达46%，进一步完善商贸业发展支撑体系。对2020年新增的“下转上”商贸企业，根据相关政策进行奖励，兑现“下转上”和“经营贡献”奖励资金合计97.6万元。

【“全闽乐购·洛江乐购生活节”】 2021年，洛江区策划举办涵盖建材、汽车、商超、餐饮、旅游、通信、金融等多个领域的“洛江乐购生活节”，采用以线上领券、线下消费的形式，共同构建一个层次丰富的消费闭环，从而推动线上线下商贸经济互为促动、融合发展，推进商贸业态升级和推动线下商贸服务业持续健康发展，带动区域经济发展和优化商圈引客能力。据不完全统计，活动期间，线上发券3719张，商家让利优惠达430余万元，有效带动消费约3400万元，激发洛江消费潜能，推动疫后经济复苏。

对外经贸与合作

【概况】 2021年，洛江区外贸出口稳健增长，机械电子、鞋服箱包、母婴用品和工艺制品等主要出口行业保持增势，全区出口商品总值实现70亿元，增长10%。新型业态渐成亮点，市场采购贸易出口额实现14亿元，跨境电商出口额实现8.1亿元。

【市场开拓】 2021年，洛江区商务局鼓励传统出口企业开拓线上线下市场，组织慧泰光电科技、海王电子等6家企业参加首届中国跨境电商交易会。推荐北峰电信、振跃工艺品有限公司等企业参加泉州品牌香港线上展；组织建文艺品等3家企业参加2021线上（中国）亚欧商品贸易博览会；

组织信沃电气、丰勤电子、汇丰妇幼和扬拓医疗等15家公司参加线上中亚消费品专场、防疫物资专场等泉州外贸云展会。充分利用网上推介、供采对接、在线洽谈，保订单、拓市场。

【市场采购贸易推广】 2021年，洛江区商务局发挥设立在石狮东南亚采集中心的洛江产业馆带动作用，利用入驻产业馆的行业龙头企业打造洛江品牌效应；及时宣传省市区相关扶持政策，鼓励更多企业采用市场采购贸易方式出口，同时做好新企业入驻平台指导服务工作，不断扩大全区石狮市场采购平台贸易规模。2021年全区有8家企业以市场采购贸易方式出口14.7亿元。

【跨境电商业务培育】 2021年，洛江区商务局引导传统出口企业“上线触网”，利用阿里巴巴国际站、亚马逊等知名跨境电商第三方平台，推动传统外贸企业转型开展跨境电商B2B、B2C业务。配合相关涉外部门做好推进口岸通关便利化，支持企业布局海外仓、运营中心，不断壮大跨境电商规模，出台本级对跨境电商扶持政策，推动跨境电商成为稳住外贸基本盘的重要组成部分。全区通过跨境电商贸易方式出口达10亿元。

【政策培训保障】 2021年，洛江区商务局宣传好省、市级2021年进一步促进外贸发展政策措施的同时，及时出台两份区级外向型经济扶持措施，实现政策效应叠加。大力宣传“单一窗口”业务，鼓励企业通过使用“单一窗口”全国口岸收费及服务信息发布系统办理相关业务，充分发挥“单一窗口”无纸化和全流程线上办理的优势，进一步提高企业通关时效。做好区域全面经济伙伴关系（RCEP）协议生效培训工作，共动员企业线上参加13期RCEP专题培训会，帮助外贸企业研究、掌握区域全面经济伙伴关系（RCEP）规则，便于在协议正式生效后运用好区域全面经济伙伴关系（RCEP）规则，开拓该协议所覆盖地区市场。

（唐欣 林志斌）

供销合作

【综合服务】 2021年，区商务局根据《泉州市供销合作社 福建省农村信用社联合社泉州办事处关于印发关于推进“三社合一”发展模式的指导意见》的通知（泉供〔2020〕51号）的文件精神，5月初泉州农商行洛江支行和洛江基层供销合作社联合签订“三位一体”战略协作协议，建立优势互补、互惠共赢、互助互信机制。

【农资储备供应】 2021年，区商务局督促各化肥经营网点必须保障货源市场供应，在不影响疫情防控的同时，坚持正常营业，确保不断货不脱销，及时与生产企业对接调运所需农资产品；严禁借大宗商品货源紧张、源头价格高之机，囤积货源扰乱价格；严禁销售硝酸铵复混肥。强化春耕期间延长营业服务时间、提供用药用肥咨询服务、预约送货上门下田间等方式。规范农资服务网点2家。

【保供促销工程】 2021年，区商务局参与“洛江区天猫母婴亲子产业招商推进会”。联合邮政在河市镇举办春耕“三农”咨询服务活动，现场邀请庄稼医生坐诊接受咨询，组织参加2021年洛江文旅消费季“品味世遗、惠享文旅”活动，促成销售手工艺品、乡村特色旅游农产品近千件。

【“绿色农资”行动】 2021年，区商务局联合新型农业经营主体和服务主体，推动基层社由流通服务向全程农业社会化服务延伸。全年提升庄稼医院1家、新增农药农膜废弃物回收点1家。

【乡村惠农综合服务社（中心）建设】 2021年，区商务局发展农村电商物流，推进电子商务进农村和农产品出村进城，建农村农产品物流配送点1个、农产品信息服务点1个、日用消费品服务网点2个。领办创办农民专业合作社1家，建设惠农综合服务社1个，惠农综合服务中心1家，提升综合维修服务点1个。

（唐欣 林志斌）

烟草专卖

【概况】 2021年，洛江烟草完成全年各项税利指标任务，实现销售收入3.68亿元，比上年增长2.49%；全年实现利润总额3909万元，比上年增长3.59%；实现税利9616万元，比上年增长2.89%，顺利完成全年各项工作任务。

【卷烟打假打私】 2021年，洛江烟草持续强化打假打私力度，实现制售机台“零落地”。加强部门合力，与公安、检察院、市管部门召开联合座谈6场次，联合巡查山林、果场、废弃厂房17人次。加强法治宣传，利用微信群、QQ等平台对物流寄递企业主及从业人员开展法律法规及规范经营宣传；主动了解外来工人动向，构建以“进山林、进乡村、进厂房”的三进打击制售假烟惩防体系，实现制售机台五年“零落地”目标。

【烟草市场监管】 2021年，洛江烟草局加强案件经营，加强大户监管，捕捉可疑信息，拓宽线索来源，全年查获涉烟案件48起。开展异常户经营认定，落实电子烟监管，与检察院、市管局组建联合宣讲队，开展“合力关爱 守护成长”校园宣讲活动。提升窗口服务水平，推进服务评价器运用；强化许可退出机制，切实抓好异常零售户清理力度，及时处理到期换证、三线节点提醒等数据预警信息，强化许可证管控力度；坚持依法行政，全面落实“三项制度”，及时上传执法视频，公开公示各项行政材料。通过开展提高“三统一”系统市场检查总体命中率QC课题，持续深化“五要素”模型运用，推进“互联网+监管”系统数据录入登记，以三线协同、实地走访、模型分析，提高市场检查命中率，该课题获得泉州烟草系统QC课题成果三等奖。

【烟草营销策略】 2021年，洛江烟草局构建“违规处罚流程模型”，提高规范经营宣传成效，通过座谈会、宣讲会、线上互通等形式提升“专销送”三方协同服务客户水平。完善“三实三全面”信息采集制度，加强周边市场状态比对，确保市场信息采集零误差。深入运用“双阈值区域调控法”，保障卷烟销售和市场状态“双稳定”。聚焦高端烟、高价烟培育，建立成长跟踪机制，动态把控品牌市场走向。构筑场景营销标准化模式，持续推进课题研究，制定《泉州市公司场景营销标准化操作手册》，构建“点线面”场景营销模式，充分实践拓展，开展党建+品牌红色文化徒步、“场景营销大比拼”、创意陈列竞赛等活动。构建终端网建“新生态”，以“海丝新晟”流通品牌“立标”，以农网建设“固本”，以“E福通”新零售建设“补钙”，以熄烟亭环卫环境建设“夯基”，以弱势帮扶“履责”，落实现代终端分层体系，持续构建洛江“四维五类”终端生态圈，促辖区终端结构化升级。发展卷非一体“新模式”，线上着眼于“铺面式引流”，运用新媒体工具，开展“微醺七夕”主题非烟直播推介。线下着眼于“场景式体验”，深入酒吧、酒店等各类消费场所，借助高端消费领袖，营造“好酒配好烟”的高端体验场景，加深情感体验。同时，探索跨界营销新路径，银企合作开展非烟+信贷团购会、咖啡+红酒品鉴会等活动。

【企业管理】 2021年，洛江烟草局持续抓疫情防控，及时发布中高风险地区信息动态，落实每日健康监测、人员出入登记、办公场所环卫消杀等各项防控措施，保障防控物资供应，严格执行人员外出报备、疫苗接种工作要求，开展疫情防控应急演练，推进疫情防控常态化管理。持续抓安全管理，组织全员签订安全责任书和平安综治责任书，全年顺利实现“九个为零，一个控制”安全生产目标，并获评福建省“安康杯”竞赛先进单位和区级“平安单位”。强化对目标执行的跟踪问效，组织开展“流程5S”管理诊断活动，开展对标结对帮扶共建，推动指标对标向管理对标延伸。

（陈雪枫 尤耿辉）

旅游业

【概况】 2021年，洛江区文体旅游局落实全域旅游发展文件精神，扎实推动旅游质量提质升级，不断丰富旅游产品供给，培育塑造“悠游洛江”品牌，着力优化旅游环境。进一步弘扬洛江区“名山、名桥、名人、名传说”文化底蕴，举办“弘扬四名文化 助力悠游洛江”洛江区讲解员比赛，组建洛阳桥文明旅游志愿服务讲解员队伍，开展洛阳桥讲解培训3场和座谈会1场，参与150人次。继续推行洛江区高层次人才文旅优惠政策，其中仙公山景区针对高层次人才免票65人次。全年接待游客225万人次，旅游收入23.8亿元，同比分别增长55.2%、43.6%。

【景区建设】 2021年，洛江区文体旅游局继续推进旅游标准化建设，促进旅游景区提质升级。向上级主管部门争取文旅专项资金30万元用于扶持涉旅企业发展，指导新告村、虹山乡按照省级金牌旅游村、全域生态旅游小镇的标准不断完善提升。选取省四星级旅游村新告村和省旅游村洪四村为示范点，指导新告村投入资金100余万元完善旅游服务中心建设；指导洪四村投入资金20万元完善旅游厕所建设；同时指导彩蝶谷、虹桥飞渡、虹山美境等乡村旅游点完善基础及配套设施建设，丰富旅游产品业态。

【特色旅游】 2021年，洛江旅游继续响应“全域旅游”号召，创建“悠游洛江”品牌，营造文明旅游氛围，成功实现发展新跨越。区内的旅游景区（点）有全国重点文物保护单位、中国四大古桥之一的洛阳桥；有儒、释、道三教合一，享有“八闽名胜无双地，绝顶蓬莱显九仙”美誉的仙公山国家A级旅游景区。此外，还有彩蝶谷、九品莲花生态园、后深溪旅游区、紫榅山庄、乡韵农场、泉州海丝野生动物世界、龙潭溪、虹山瀑布景区、石龙谷、樱梅园等都是观光、休闲、探险、度假、朝圣的理想去处。

【旅游品牌建设】 2021年，洛江区文体旅游局整合形成“悠游洛江”旅游经典线路10条，利用公交车身广告、抖音、微信公众号等进行推广，拍摄制作洛江区旅游宣传片，组织旅游企业参加海峡旅博会、福建旅游交易会，针对疫情灵活举办“线上带你游洛江”（厦门场+漳州场）线上营销推广活动。举办第三届“悠游洛江”伴手礼征集评定及“我最喜爱的‘悠游洛江’伴手礼”评选活动，开展洛江区伴手礼商家交流座谈会，有力激发旅游企业活力，丰富旅游产品供给，强化文旅品牌宣传，开拓广阔的旅游市场。

2021年，洛江区文体旅游

2021年7月25日，洛江区居民自发组织庆祝泉州申遗成功活动

（图/区文体旅游局）

局加强文旅节庆活动培育，提升文旅品牌内涵，促进文旅产品消费，先后策划开展洛江区文旅消费季、“云赏虹山”虹山油菜花节、“三月三”厝斗畲族文化节、双阳印度尼西亚美食文化旅游节、虹山地瓜节、洛江区乡村振兴直播带货、洛江乐购生活节等活动。

【旅游市场管理】 2021年，洛江区文体旅游局发挥洛江区文旅市场综合监管领导小组作用，加强旅游市场监管工作，配合泉州市文化市场综合执法支队第五大队开展旅游市场执法。开展洛阳桥“5·16”文明旅游志愿服务活动，提升服务质量，推动文明创建，树立行业新风。定期召开文体旅行业安全专题会议，开展行业安全生产培训。

【申遗景点资源整合利用】 2021年，洛江区文体旅游局高度重视“泉州：宋元中国的世界海洋商贸中心”世界文化遗产点洛阳桥影响力，挖掘历史文化，通过整合洛阳桥历史文化资源，彰显古桥魅力。倡导行业文明旅游新风尚，举办“传古韵 倡新风”洛阳桥文明旅游志愿活动。深化政企合作，引入中国邮政集团有限公司泉州市分公司运营洛阳桥桥南游客中心，设立洛阳桥主题邮局。

（李超 吕翔宇）

生态环境

综 述

【概况】 2021年，洛江区生态环境局深入贯彻习近平生态文明思想，认真落实各级生态环境工作部署，以改善生态环境质量为目标，打好大气、水、土壤污染防治攻坚战，加快推进中央生态环保督察反馈和区域突出生态环境问题整改，强化生态环境安全风险防控，深化生态环保领域改革创新，全力服务高质量发展。2021年3月11日，福建省生态环境厅副厅长洪平带队，赴洛江区调研自然生态保护和生态示范创建工作。4月1日，洛江区国家生态文明建设示范区创建工作通过省级预审。2021年共审批环境影响评价报告书4份，报告表129份，企业自行网上备案环境影响评价登记表28份。

【生态保护】 2021年，洛江区加快推进突出生态环境问题整改，持续深化生态环保领域改革，全力推进洛江生态文明建设。持续推进第二轮中央生态环境保护督察报告全省共性问题整改，定期上报整改进度。洛江区环委办印发《洛江区区域突出生态环境问题清单》，对上级通报的问题及自查发现的问题细化分解，明确整改措施、责任主体和完成时限，建立工作台账，定期滚动通报，严格整改销号。成功办理洛江区首例生态损害赔偿公益诉讼案件。针对洛江某五金厂环境损害行动，洛江生态环境局与区法院、检察院积极开展生态损害赔偿磋商，并聘请专家评估损害费用。最终，该五金厂支持环境损害赔偿费用87453.60元，这是生态环境损害赔偿制度改革实施至今，洛江区落实的首例生态损害赔偿公益诉讼案件，对环境违法犯罪起到有效警示作用。扎实推进“绿盈乡村”创建工作。2021年度完成7个初级版“绿盈乡村”创建，申报2个高级版和2个中级版“绿盈乡村”，均通过上级现场检查，全区“绿盈乡村”创建比例达76%。完善环境信用体系建设。根据“强制评价、应约评价和自愿评价”的要求将生产经营活动中存在污染物排放的企业和其他生产经营者列为参评对象，根据评价内容和评分标准综合评价，确定环境信用等级，2021年对111家企业进行环境信用评价，其中评定环保诚信企业1家、环保良好企业110家。

环境监察与监测

【概况】 2021年，洛江区不断提升环境监管执法水平，结合“双随机”抽查，“清水蓝天”等各类环保专项行动，强化环境执法。2021年洛江生态环境局共立案查处违法排污企业22起，移送公安行政拘留8起，查封扣押2起，办理涉嫌环境污染犯罪刑事案件1起，罚款金额达224.86万元。充分发挥基层网格员的监督管理作用，上报日常巡查信息6620条，环境事件信息3989条，环境违法线索7条。加强环境应急演练，分别在福建新源重工有限公司、罗溪镇前洋水库水源地、洛江罗溪卫生院组织开展突发环境事件应急演练活动，进一步提高环境应急队伍预防与处理环境污染事故的能力。

【环境监测能力建设】 2021年，洛江区投资186万元在双阳街道南山小学建设一座城市空气质量自动监测站，并完成调试，监测数据与省空气质量智慧平台实现联网。

【环境监察能力建设】 2021年，洛江区组织开展环境监管执法能力提升三年行动，投入4.4万元购买8台移动执法PDA（掌上电脑）及1架无人机用于环境执法能力建设，投入33.6万元购买6辆执法电瓶车用于环境监管网格化能力建设。

【环境监测网络】 2021年，洛江区设置2个省重点小流域水质监测断面，1个空气自动监测站，1个水质自动监测站，3个声功能区监测点，1个降尘监测点位。

污染防治

【概况】 2021年，洛江区注重综合治理、系统治理、源头治理，深入打好蓝天、碧水、净土防治攻坚战，进一步改善环境质量。

【大气污染防治】 2021年，洛江制定印发《洛江区深化提升大气污染治理专项行动工作方案》，组织协调相关职能部门开展七个方面专项整治工作。完成5个大气污染精准治理减排项目。加强机动车污染监管，开展2次道路机动车尾气检测及1次主要停车场机动车尾气抽测，查处4部机动车尾气超标车辆，均已经落实I/M制度（强制性定期检测）。强化污染预警和组织调度，2021年发出预警函8份，协调调度有关责任单位开展大气污染防治工作。

【水环境综合整治】 2021年，洛江区印发《2021年洛江区流域水质提升“碧水清源”专项行动实施方案》，投资2738.18万元完成第三轮流域水质提升“碧水清源”专项行动精准治理项目12个。强化饮用水源保护，完成罗溪镇钟山村青龙谷顶蔗水坝、虹山乡白凤村大磨山山围塘2个“千人以上”农村饮用水水源地划定及勘界立标工作，并报区政府批复实施。完成38个入河排污口整治和2个入海排污口试点整治工作。做好海漂垃圾治理，落实“海上环卫”机制，成立海上环卫队伍，常态化开展海漂垃圾治理，2021年共清理海漂垃圾34吨。

【土壤环境保护】 2021年，洛江区生态局开展土壤污染重点监管单位污染隐患调查，督促4家重点企业开展隐患排查并完成整改，督促福建泉州大华蓄电池有限公司落实污染治理主体责任，开展污染地块修复。加强危险废物管理，督促127家企事业单位和经营单位完成2021年度危险废

2021年6月23日，洛江区在河市镇政府会议室举办挥发性有机物重点行业企业污染防治工作培训会 （图/区生态环境局）

物管理计划备案，督促产废单位规范危险废物转移工作，2021年共转移危险废物（含医疗废物）1933.18吨。加强医疗废物管理，二级以上医疗单位医疗废物转移处置均实现电子联单管理；进一步加强医疗废物管理，针对涉疫医疗废物安全处置，做到日产日清，实现医疗废物集中处置率达100%。持续推进农村生活污水治理，印发《洛江区2021年农村生活污水治理实施方案》，完成年度9个生活污水治理项目建设。

【主要污染物减排】 2021年，洛江区生态环境局推进主要污染物总量减排工作。2021年完成5个大气精准治理减排项目。实施9个生活污水治理项目，涉及8个村庄（虹山乡白凤村、虹山乡松角山村、罗溪镇后溪村、罗溪镇广桥村、罗溪镇双溪村、马甲镇马甲村、马甲镇洋坑村、河市镇霞溪村），共建设污水主干管4663米、污水支管及接户管5980米、污水处理设施3座、检查井150座。

自然资源与规划管理

综述

【用地审批】 2021年，洛江区用地审批工作坚持要用好“一把尺”，严格按照“四个一律”整改要求和整改标准，综合施策，分类处置。12月7日，洛江区召开违法用地专项清理整治工作约谈会。会议对存在违法用地问题的乡镇（街道）、单位等进行预警约谈，督促加大整改查处力度，坚决遏制违法用地问题。强化乡镇（街道）网格化巡查、制止、查处和抄报责任，建立健全长效管理机制。同时坚持疏堵结合，抓紧编制村庄规划，保障村民住宅建设用地合理需求。

【建设用地使用权出让】 2021年，洛江区共招拍挂（土地招标、土地拍卖、土地挂牌）出让成交24宗国有建设用地使用权，面积80.28公顷，成交总价款52980.3万元。其中，经营性房地产用地8宗，面积16.6公顷，成交价款33100.1万元（商住用地5宗，面积15.08公顷，成交价款29348.4万元；商服用地3宗，面积1.52公顷，成交价款3751.7万元）；工业用地15宗，面积62.88公顷，成交价款19665.5万元；其他用地1宗，面积0.8公顷，成交价款214.7万元。

【地质灾害防治】 2021年，洛江区印发实施《2021年洛江区地质灾害防治方案》。严格落实汛期值班制度、加强地质灾害预报预警。扎实开展地质灾害隐患排查。开展洛江区1：5万地质灾害风险调查评价和地质灾害综合风险普查。开展地质灾害防治业务培训。做好隐患点治理工作。2021年完成3处地质灾害点及1处房前屋后高陡边坡点销号，开展地质灾害隐患点简易降险治理1处。

2021年11月10日，洛江区自然资源局核发建设用地规划许可证
（图/区自然资源局）

【非法违法采矿行为打击】 2021年，洛江区自然资源局出动巡查车辆43辆次，出动人员98人次，发出《责令停止违法行为通知书》10张，共查处、取缔非法碎石、洗砂点5处。

国土资源管理

【土地批后监管】 2021年，洛江区自然资源局持续推进批而未供和闲置土地处置工作，进一步盘活存量土地资源。洛江区2021年度闲置土地处置任务10.28公顷，全年完成闲置土地处置面积22.28公顷，任务完成率216.68%，超额完成年度处置任务。2021年完成批而未供土地处置33.3公顷。

【土地卫片执法检查】 2021年，洛江区自然资源局开展2021年季度卫星遥感图片执法检查工作，按照“天上看、地上查、网上管”的监管机制，对季度卫片、月监测卫片等卫片图斑进行认真核查，对发现违法行为及时立案查处。开展2021年季度卫片核查，下发图斑178个，全部核查并上报，涉及洛江区违法图斑27个，涉及监测土地面积10.42公顷，其中耕地面积3.75公顷，均立案。开展移动执法手机月监测图斑工作，洛江区移动执法手机月监测图斑核查完成567宗；开展市“两违”卫片执法检查工作，区市“两违”卫片共2836宗，全部核查完成。

【日常动态巡查】 2021年，洛江区自然局深入开展执法监察常规性工作，建立以各乡镇为主的分片包干机制，落实相关巡查职责，实行分片到人，实行“半天巡查、半天办案”工作机制，做到及时发现、及时制止、及时报告、及时立案处理；建立健全区、镇、村三级土地执法监察动态巡查网络建设，充分发挥村级土地协管员管理最前沿“哨兵”的优势，及时发现、及时制止违法占地行为。2021年全区共组织动态巡查186次，巡查发现非法占地违法行为为50宗，现场制止24宗，立案查处26宗。

【森林资源保护】 2021年，洛江区完成森林经营面积415.88公顷；建立5个市级接待社会参与林木绿地认建认养和义务植树活动植树点；全区义务植树40万株，线上线下参加义务植树9万人次，建成义务植树基地6个；做好防火宣传、火源管控，全面落实森林防灭火责任，实现连续6年清明节“零火灾”；全面推行林长制，完成区级林长设置，并划6个区级副林长责任区域，确定23个林长制协作成员单位，形成责任明确、监管有力的森林资源保护发展网格。

【永久基本农田保护】 2021年，洛江区进一步巩固基本农田划定成果，提升永久基本农田保护水平，严格控制农村宅基地占用农用地特别是耕地，不得侵占永久基本农田。已划定永久基本农田保护面积3142.8公顷。

【不动产登记】 2021年，洛江区不动产登记窗口共完成不动产登记24147宗，登簿40937宗，核发不动产证书10752本，不动产登记证明16617本，办结各类不动产档案资料查询业务14838件，自助机查询机出具查询证明9201件，与18家银行签订“不动产抵押登记便民服务战略合作协议”，设立96个不动产登记便民服务点，2021年通过抵押直连系统办结各类抵押登记4449宗，服务企业和个人办理抵押融资金额达26.71亿元。3月29日起推行“交地即交证”，在符合登记条件的前提下，实现在土地交付当天，为企业颁发不动产权证书；4月上线不动产登记信息系统线上查控模块，实现不动产查控一体化、实时化，全年通过线上办理查封、解封登记101宗；5月起推行不动产登记、房屋交易、税收征缴等业务“一窗受理”、协同联办，全年通过“一窗受理”平台办理二手房转移登记870件；7月1日起实施政府购买继承公证法律服务，有37个家庭受益，为群众节省公证费约37万元；9月1日起正式推行不动产登记责任保险制度；9

月 23 日起，正式推行政务一体机不动产登记资料自助查询，群众可在中心市区 15 个 24 小时自助服务区、各乡镇综合便民服务中心、公园、市民公共服务活动等场所的政务一体机 “不见面、无接触”自助查询、打印不动产登记信息；10 月上线不动产登记“掌上办”，实现申请人随时随地“掌上”申请。

城乡规划

【空间规划编制】 2021 年，洛江区自然资源局配合泉州市自然资源和规划局推进《泉州市国土空间总体规划（2021—2035）》的编制工作，为建设“海丝名城、智造强市、品质泉州”提供有力支撑和空间保障。规划草案公示期：2021 年 12 月 24 日至 2022 年 1 月 23 日，为期 31 天。

【村庄规划编制】 2021 年，洛江区组织完成编制河市镇市田村、厝斗村；马甲镇彭殊村、前垵村、新建村、梧峰村、祁山村、梅岭村；罗溪镇翁山村、新东村；虹山乡白凤村、松角山村等 12 个行政村村庄规划。

城乡建设管理

城市建设

【概况】 2021年，洛江区按照量力而行、适度超前的原则，集中人力、物力、财力加快城市建设事业发展，推进新型城镇化和产城融合，城区发展基础越发扎实，中心城区渐成规模，城市气息日益浓厚。“三纵八横”主干路网基本形成，一大批道路拓改、“白改黑”、打通断头路、景观提升、市政管网等城乡建设项目相继实施，基础设施建设逐步完善，公共服务水平不断提高，“一廊三环四带”城市生态连绵体系建设稳步推进，城区面貌焕然一新。

【城乡民生基础设施建设】 2021年，双阳街道坪山侨居安置房、侨福四季花苑等9个老旧片区改造全部完成，实际完成改造401户，万安、双阳背街小巷整治工作顺利实施。前洋安置小区（二期B区）工程、马甲镇永安片区商住小区项目有序推进，城乡居住品质稳步提升。优化水环境品质，洛江区雨水管网建设、塘西排洪渠水质提升工程、岭客排洪沟3个项目基本完工，防洪排涝三期有序推进。洛江城乡供水一体化项目正按时序推进。城乡生活污水中洛江区城市污水管网建设、乡镇污水管网建设、农村污水治理工程3个项目完工。安和路绿化景观提升工程、金庄街、万贤街道路绿化工程、滨江路与福滨街交叉口、璀璨天城东侧街头绿地5个项目完工；完成安和路西侧、洛阳江西岸绿道、后溪村（顶九曲至樟仔脚）等4个福道共10千米；安和路立体绿化、万安中心小学旁立体绿化、滨江路与福滨街交叉口立体绿化等5个立体绿化和丰海路休闲口袋公园、滨江大道与324国道交叉口绿化景观工程、丰海路路侧街头小公园等5个口袋公园建设完成；阳江水系公园建设、滨江路沈海调整至南惠高速环境整治工程等5个项目已开工建设；完成裸房整治988栋。

【中心市区交通提升】 2021年，洛江城市道路中智谷支路、学府路工程已经完工；洛江区西环路（朋虹街—经九路）市政道路工程、阳江片区市政道路工程一期二期、河市西片区产业园道路、新城路续建等6个项目顺开工建设，有序推进。市实小洛江分校停车场、洪四村口停车场、妇幼疾控业务用房地下停车场等4个公共停车设施顺利完工，增加停车泊位394个，智慧停车改造顺利实施。完成交通整治项目中万安中心小学道路提升工程等7个项目；完成马甲镇潘内村兴才桥桥梁项目，万虹路（河市中学至马甲新庵岭）市政道路等3个工程有序推进。

【城市安全隐患排查整治】 2021年，洛江区出台《洛江区人民政府办公室关于进一步加强房屋建筑工程建设活动监管的实施意见》（泉洛政办〔2021〕33号）、《洛江区人民政府办公室关于进一步规范农村宅基地管理的通知》(泉洛政办〔2021〕11号)、《洛江区房屋建筑工程“网格化”管理工作制度（试行）》（泉洛政办〔2021〕23号）等一系列规章制度和规范性文件，进一步明确各级各部门在建筑工程建设监管活动中的职责。实现房屋建设监管网格与“两违”建设管控网格并网运行，建立以区政府分管副区长为总网格员，5级890名网格员的“网格化”巡查工作制度。全面完成农村在建房屋清查，实现一村一台账、一房一档案。排查新增农村在建房屋223栋，并拆除“两违”建筑。

【历史建筑及传统村落保护与申报】 2021年，洛江区继续落细落实省、市关于贯彻落实历史文化名城、名镇、名村、传统村落和文物建筑、历史建筑、传统风貌建筑保护利用九条措施等文件要求报备不可移动文物。对全区50年以上的传统风貌建筑实施现场甄别及建档；对改造区域内50年以上的建筑进行普查甄别，出具项目历史文化资源评估意见或报告；将传统村落、不可移动文物、历史建筑和传统风貌建筑保护利用融入城乡建设发展大局，在积极争取上级资金的同时加大本级财政补助力度，稳步推进结构安全、消防安全工作，出台功能置换等措施，因地制宜探索活化利用方式；同步探索综合运用历史文化遗产保护领域“1+X”监督机制。4月，罗溪镇赖波水故居、黄奕聪故居、廖尚武故居、尤民生故居和马甲镇大夫第等5栋传统风貌建筑被列入第三批市级历史建筑名录。6月，罗溪镇翁山村、罗溪镇新东村、马甲镇炉田村、虹山乡虹山村4个村落被列入福建省第四批省级传统村落名录。

（阮琳彦 林剑明）

2021年10月12日，洛江区对X334临水临崖隐患路段进行排查、整治　（图/区住建局）

房地产管理

【概况】 2021年，洛江区房地产业呈持续增长，房地产开发投资57.72亿元，比上年增长15.8%；商品房销售面积62.11万平方米，比上年增长77%；商品房预售许可48.69万平方米，比上年增长39.35%，房地产市场发展情况良好。持续做好保障性住房管理工作，推进保障性租赁住房的建设管理工作，建立保障性住房供应体系，打通商品房与保障性住房的转换通道。强化物业管理工作，抓好小区物业管理服务品质提升，更新物业管理企业经营理念，提高从业人员素质教育，规范监督物业企业。抓好全区老旧小区改造，改造提升区域内老旧小区项目。进一步做好石结构房屋改造工作，结合农村低收入群体等重点对象住房安全保障工作及各级各部门的相关政策，出台2021年农村低收入群体危房改造补助政策，促进农村低收入群体危房改造工作。

【商品房预售管理】 2021年，洛江区重点开展商品房预售管理工作，加强房地产企业资质、预售款管理。全年办理预售许可12宗，套数6842套，面积48.66万平方米，其中住宅3668套，面积43.17万平方米。加强预售款监管，受理预售监管资金审批179件，预售资金系统基本建设完成，开始试运行。资质审批5件，其中新申请2件、延期1件、变更2件。开展二手房市场整治行动，检查16家房地产经纪机构，出动执法人员42人次，下发整改通知书5份，发现问题3个，均已整改完成。

【保障性住房建设】 2021年，洛江区持续做好保障性住房管理工作，包括五金机电产业生活配套工程400套限价房销售的前期准备工作、27套廉租房出租后的后续管理工作。受理保障房申请，2021年受理24户申请，累计受理110户申请。2021年市级下达洛江区政策性租赁住房200套，完成主体工程，进行安装工程和室外景观绿化配套工程。受理经济适用房入市申请26户。做好公租房租后管理点题整治工作，出台《洛江区公租房租后管理点题整治工作方案》。继续配合区人才办做好高层次人才安居保障工作，做好第六、第七层次人才购房补助的发放工作。

【老旧小区改造】 2021年，洛江区改造提升坪山侨居安置房、侨福四季花苑及祥光花苑一、二期3个小区的基础设施，并对吉源花苑、首富商城、琯头安置房、汉唐商城、杏园小区、景明花园共6个项目进行二次提升改造，100%改造顺利完成，完成投资1310万元。

【物业服务】 2021年，洛江区住建局对小区物业日常管理巡查120人次，督促物业公司加强卫生环境的整治和小区的安全防护检查96人次。及时落实上级考评检查问题的整改30多件，查处业主或物业公司举报的小区业主违占违建行为30余件。规范监督物业承接查验招投标并备案2件，指导小区成立（换届）业主委员会及备案3件，办理前期物业合同备案4个项目，物业合同到期续签备案2个项目。聘请第三方技术公司协助，对全区77个住宅小区开展智慧用电建设验收。委托第三方消防公司福建金华夏建筑发展有限公司对全区70个住宅小区消防设施设备进行专项检查，并出具相关情况的安全评查报告。

督促全区42家物业企业完成《物业服务企业自查表》，并签订《物业服务企业承诺书》。落实76个小区物业纠纷调解全覆盖，建立9个基层物业（邻里）纠纷调解室，拓展组建38个小区物业纠纷调解室，坚持源头治理，从根本上减少矛盾发生，共成功调处物业管理纠纷200余件。

【住宅小区物业公共收益核实】 2021年，洛江区住建局联合5个部门发文《洛江区住建局等5部门关于开展全区范围内物业服务企业侵占小区业主公共收益专项整治的通知》（泉洛政建）〔2021〕153号），授权委托第三方财务审计公司对57个住宅物业小区的公共收益进行抽查核实。

（阮琳彦 林剑明）

城市管理

【概况】 2021年洛江区城市管理局强化使命担当，开展“再学习、再调研、再落实”和“我为群众办实事”活动，落实城市建设品质提升、为民办实事、疫情防控、优化营商环境、安全生产、创卫创城等中心任务，依托数字城管平台，提高城市科学化管理水平。区级平台数字城管有效派遣448件，按期处置362件，按期处置率80.80%，专业部门处理数420件，处置率93.75%。城市管理更加精细，推进文明创建“六个常态化”工作，广泛开展“十专清”等清洁家园行动和“我为社会做好事”志愿服务，治理“两违”面积超7万平方米，强化占道经营、噪声扰民、“牛皮癣”等乱源乱点现象综合治理，顺利完成全国文明城市复牌迎检。城市设施日益完善，新增5个城市公共停车场和394个停车泊位，1027个智慧停车位完成升级，万智街社会公共充电桩群投入使用；新建161个5G站点。

【两违防控治理】 2021年，区城管局按照“除隐患、遏新增、化存量”总体要求，加强新增违法建设管控，通过网格巡查、卫片航拍、群众举报、无人机重点区域巡查等监督措施，严厉打击突击抢建行为。用好《福建省违法建设处置若干规定》赋予的法律手段，加强协同配合，通过信息通报、案件移送、调查协助、联合执法等措施，打好违法建设整治组合拳。组织治违拆违攻坚、违法建设安全隐患排查、“节日”期间治违、产业园区违法建设整治等专项行动，对排查出的违建登记造册、建立台账、对单销号。共排查违法建设79宗，处置33宗；市级下达卫片图斑案件12401件，结案12125件，结案率97.77%。

【市容管理】 2021年，区城管局牵头做好全区创卫相关工作。整体推进，全面提升，严格按照创卫标准要求，督促落实存在问题的整改工作，于5月顺利通过国家卫生城市复检；加强组织领导，牵头负责建立管理组，落实创城常态化工作。贯彻落实《泉州市市容和环境卫生管理条例》，制定工作方案，开展占道经营、广告清理、城市“牛皮癣”等专项整治，强化养犬和餐饮油烟管理。纠正占道经营行为2048起，查处夜市摊点813起，取缔流动摊点1372处，查处乱张贴广告城市“牛皮癣”行为389起，清理广告布条、横幅、广告灯箱、违规广告牌1205起；共捕捉流浪犬100余只，督促250余家餐饮店按规范要求安装油烟净化设施。

【园林绿化建设】 2021年，区城管局重点实施道路绿化、口袋公园及立体绿化项目建设，提升城区景观品质。投入7834万元，新建、改造绿地面积19.45万平方米，实施滨江路沈海高速至南惠高速段环境整治工程及西环路一期、金庄街、安和路、万盛街、万贤街等市政道路绿化景观建设及改造提升；新建安和路树阵小广场、丰海路休闲口袋公园、滨江大道与324国道交叉口街头公园、万安中心小学西侧街头绿地、璀璨天城东侧街头绿地等5处不少于200平方米的口袋公园，城区绿地系统逐步完善，逐步实现“300米见绿、500米建园”的目标。

2021年4月25日，区城管局结合创卫攻坚活动整治市容市貌
（图/区城管局）

【安全生产监管】 2021年，洛江区城管局深入学习贯彻习近平总书记关于安全生产重要论述，组织观看《生命重于泰山》，开展新《中华人民共和国安全生产法》宣讲，坚决把确保人民生命安全放在第一位要求落到实处。持续开展安全生产专项整治三年行动，持续做好城市管理领域安全生产隐患大排查大整治，坚决遏制各类事故发生。

【制度落实】 2021年，洛江区城管局全面贯彻落实《泉州市市容和环境卫生管理条例》《泉州市机动车停车管理条例》等相关规定，依托一线执法人员，通过“以案释法”和发放宣传材料等方式开展宣传。及时更新调整权责清单，并在洛江公众信息网进行公示，接受社会监督。严格执行行政处罚裁量标准，落实行政执法“三项制度”，强化对执法过程的监督管理，做到文明、规范、公正执法。开展规范执法培训工作，组织学习新修订的《中华人民共和国行政处罚法》及《关于开展规范行政执法专项行动实施方案》，切实提高执法人员素质。聘请法律顾问参与城市管理和执法工作，为重大工作决策和重大执法决定提供法律咨询、提出法律建议。做好行政处罚案件办理，共立案查处普通程序案件77件、简易程序37件，共收缴行政罚没款11.71万元。落实党政务公开制度。充分利用电子政务信息公开和微信平台，推进党政务信息公开、服务公开，实行“阳光城管”，建立民众监督城管的机制。通过政府网站主动公开信息10条。

【综合考评机制健全】 2021年，洛江区城管局落实好考评实施意见，开展城区、乡抽评检查工作，持续做好城乡环境卫生管理工作。共抽66个次社区、132条次主次干道、77个次住宅小区、77座次公厕、22座次农贸市场、33段次内沟河、30个次街旁广场、11期海岸带，67个村及道路进行抽评，共考评231个次村居、44段次道路，发现问题8401处。督促乡镇（街道）及区直相关单位做好整改，进一步抓好全区城乡环境卫生管理工作。

（林辉斌 林新闻）

公用事业管理

【概况】 2021年，洛江区加大城区整治力度，完成9个老旧小区改造提升，修复、硬化主次干道、背街小巷、人行道破损1.6万平方米，实施万安县政道路改造提升，完成社区微光能路灯亮化工程、双阳高速出口匝道路灯工程及5个口袋公园建设，新建、改造绿化面积19.5万平方米，完成中心市区主干道及重要节点节日期间鲜花种植。路网循环更加畅通，万虹路河市中学—马甲新庵岭拓改工程加快建设，启动省道213线、万虹路马甲—罗溪段提升改造；打通新城路、学府路、经五路等一批断头路，开展安顺路等主干道沥青改造，完善杏星路、金庄街、安达路等支路路网，新增61路、K507路2条公交线路。

【道路品质提升】 2021年，洛江区完成经五路、新城路、学府路（路面施工中），完成万安中心小学道路提升工程、万贤街（十一中段）人行道建设工程，背街小巷整治、杏星路改造提升工程、学府路改造、安顺路白改黑项目等项目基本完工，打通断头路、瓶颈路，完善支路路网交通系统，配套建设支路小巷市政基础设施，方便群众出行，提升区域商业氛围。

【污水管网建设】 2021年，区城管局完善雨污水配套管网建设，重点推进洛江区污水管网建设配套工程PPP项目，加快河市西片区、阳江新城片区、霞溪工业区及滨江路雨污水管网、万安双阳城中村等片区污水管网建设。完成投资约2.2亿元，完成污水管道28.5千米。

【城区景观改造提升】 2021年，区城管局改造提升万安中心城区城市景观，对城区主干道杆线进行整治提升，拔除、清理废弃杆塔、线路，引导合理共杆。及时处理维修故障、破损路灯，更换电缆235米，更换灯杆155杆，维修高压钠灯101盏、LED灯具125盏，完成箱变彩绘完成万福街部分市政道路箱变彩绘、324国道以南区域废弃线杆拆除、万盛街电力线路缆化、安达路电力线杆缆化下地、万荣街电力线杆缆化下地等项目。

【环卫保洁能力提升】 2021年，区城管开展设施补短板，建成2座环卫工人休息小屋建设，改造老旧破损垃圾桶2500个，督促第三方公司改造垃圾转运车辆45辆。采取市场化运作机制，实现生活垃圾清运及时有序，日产日清，保洁率达100%，机械化保洁率达85%以上，垃圾无害化处理率100%。

【垃圾分类】 2021年，区城管印发《洛江区2021年生活垃圾分类工作意见》《农村生活垃圾分类实施方案》《洛江区公共机构生活垃圾分类实施方案》，巩固提升万安街道市级示范片区成效，建成垃圾分类科普馆，大江盛世C区争创市级垃圾分类示范小区；推进双阳街道垃圾分类工作，全域推行虹山乡农村生活垃圾分类。规范中心城区主次干道果皮箱分类标识724处，新建垃圾分类亭64座，设置宣传栏77处、LED宣传屏44块，改造分类投放点326处，更换分类收集容器3102个。同时，设置户外宣传广告牌、印发宣传折页，在中心城区各小区开展形式多样的宣传活动，公共场所显示屏上投放垃圾分类宣传视频、宣传标语，进一步营造浓厚的宣传氛围。

供 电

【概况】 2021年12月，洛江区辖区内有500千伏变电站1座、220千伏变电站3座、110千伏变电站4座、35千伏变电站2座。10千伏供电馈线共147回1411千米，其中公用线路119回1238千米，专用线路27回173千米，架空线路620千米，电缆线路791千米，缆化率56.06%。公用变压器1509台，容量833.41兆伏安；专用变压器1897台，容量950.07兆伏安。

【电网建设】 2021年，洛江供电服务中心围绕区委区政府确定的2021年关于实施乡村振兴战略的实施意见、为民办实事等多项民生工程，完成投资16322万元，其中配网项目67个、大修项目47个、低维项目51个，用于改造网架结构、电网自动化建设，提升电网供电能力和供电可靠性；改造升级配电台区及低压线路，消除农村低电压问题。

【售电用电】 2021年，洛江供电服务中心完成售电量16.75亿千瓦，同比增长4.715%；应收电费10.43亿元，同比增长8.12%；电费回收率100%。服务客户数18.75万户。

【“互联网+”推广】 2021年，洛江供电服务中心积极开展线上业务办理以及“网上国网”等使用操作培训和现场推广，并做好电力设施保护宣传，组织开展安全用电进校园、安全用电现场宣传等活动，营造安全用电氛围。线上办理业务用户数达到1.01万户。

（肖怀英 傅链滨）

交通建设

【概况】 2021年，洛江区辖区国道G324里程1.934千米，省道3条49.629千米，国省干线二级及以上公路18.169千米，占总里程35.23%，三、四级路33.394千米，占总里程64.76%，二级及以上公路占比较低；县道4条73.293千米，乡道72条202.912千米，村道518条254.86千米。

【运营管理】 2021年，洛江区列养的农村公路总里程438.803千米，其中县道里程73.293千米，乡道里程199.949千米，村道里程165.561千米。全区县道73.293千米及一条重要乡道4.846千米，合计78.139千米，全部委托泉州市公路局直属分局进行专业化养护；乡、村道养护采用"一镇一包"，统一由社会化公司进行日常养护。

【道路建设】 2021年，洛江区完成罗溪镇过溪桥危桥改造工作，着力推进农村公路提级改造。协助4个乡镇做好农村公路提级改造建设，2021年完成农村公路提级改造12.5千米，完成投资约375万元。9月11日，开展万虹路马甲—罗溪段综合提升工程，项目路线全长15.274千米，设计利用现状道路，对行车道路面病害进行整治处理，同时对路侧砼护栏进行刷漆，路侧波形护栏增设附着式轮廓标，水沟清淤、修复及部分积水路段排水设计，12月完成施工。沈海联络线泉（州）梅（州）高速公路（含市区连接线）由市高指牵头，完成工可审查，项目纳入福建省乡镇便捷通高速工程实施方案，省交规院初勘、初测编制完成并形成初稿。11月，对省道213线进行水泥路面病害修复、沥青路面改造、边沟排水沟修复及交通设施修复和提升路面改造。

【农村公路管养】 2021年，洛江区组织开展农村公路自然灾害综合风险公路承灾体普查工作，委托泉州市建正工程检测有限公司对全区农村公路438.714千米，桥梁172座，隧道1座进行普查，主要采集公路设施属性信息和崩塌、滑坡、泥石流、沉陷及塌陷、水毁、高边坡自然灾害风险点信息，项目完工，并出具普查报告。

【疫情防控卡口查验】 2021年9月莆田疫情期间，洛江区住建局联合区卫健局、交警大队、公安分局、市交通运输综合执法支队四大队、属地乡镇（街道）等相关部门在洛江（双阳）和洛江北（罗溪）高速出口处设立疫情防控检查点，24小时不间断检查，对从高中风险地区到洛江人员进行测温、查码等工作，严防疫情通过交通运输环节传播。

（阮琳彦 林剑明）

交通安全

【概况】 2021年，洛江区围绕

"人、车、路、企业"安全四要素按照"应排尽排"原则开展"拉网式、起底式"大排查，共摸排整治道路交通安全隐患240处，其中省市为民办实事4处、区为民办实事11处、"钉子阵"136处、"三小"工程54处，坚持标本兼治，不断夯实道路安全基础设施建设。2021年洛江区从事交通运输企业45家。其中，客运企业1家，出租车公司1家，公交公司1家，校车公司1家，学校5家，渣土运输企业11家，危化品运输企业2家，物流企业23家。区机动车保有量96628辆，其中汽车类58795辆，摩托车37833辆。驾驶人总数99398人，其中AB证4250人，C证81731人，摩托车驾驶证13417人。2021年1月1日至12月31日，洛江区道路交通事故四项指数情况，其中死亡人数10人，发生伤亡交通事故26起；受伤人数16人，直接财产损失12800元。

【交通秩序综合整治】 2021年，洛江交警大队坚持以打促安，常态化开展交通秩序综合整治行动。制定并实施"重点在城区，主战场在农村"的工作思路，发挥党委政府参谋助手作用，完善全区交通基础设施，集中开展交通环境综合整治，全面提升道路通行能力、改善交通通行秩序，提高道路交通综合管理水平；优化交通组织方案，定期排查梳理交通"节点""乱点""堵点"，结合天气变化、节假日规律，实施不同级别的预警上勤、管控保畅机制，全力确保交通平稳有序运行；建立事故"快处"和拥堵快速反应工作机制，组建专业"铁骑"队，切实提高交通拥堵和事故的主动发现率和快速处置率组织全体民警开展常态化道路交通安全违法行为打击整治，突出酒驾、涉牌、无证驾驶的查处战果和行政拘留处罚战果，直接作用于道路交通事故预防效果明显。2021年度，组织集中统一行动170余次，查处各类现场交通安全违法行为38061起，酒驾、醉驾667起，超载420起，客车超员76起，超速333起，不戴头盔5719起，电动车违法行为15047起。

【道路安全隐患排查治理】 2021年，洛江交警大队结合"春雷"行动的开展，深入摸排制定"三小"工程和"设施+科技"计划，依托区道安工作平台，联合多部门开展隐患排查整治工作，推动地方政府落实主体责任，解决新一批临水临崖道路和农村交叉路口道路交通安全隐患，有力推动农村道路交通事故预防工作迈向"治本"取得明显成效。

【交通安全设施完善】 2021年，洛江交警大队定期对辖区三级以下山区公路、桥梁、拐弯、陡坡等处标志、标线，安全隐患进行全面重点排查、登记，对三级以下山区公路设置客运车辆夜间禁行标志，对排查出的道路交通安全隐患，按要求建立相关工作台账，认真研究部署，制定防范措施，提出整改建议。对城区各主干道组织现场调研，通过对交通流量同比、环比、驾驶员出行习惯、新建小区、学校交通设施配套需求等进行分析，逐步推进交通设施完善工作。

【农村地区交通安全设施提升】 2021年，洛江投入113万元，施划禁停标线18处、共1645平方米；完善梅岭村仰恩大学路口等18个路口交通标志标线、减速坎、反光柱、爆闪灯、广角镜等；在马甲镇、罗溪镇、虹山乡等4处景区道路、重点路段新增4套弯道、交叉路口预警系统；在滨水路与洛滨北路交叉口新增信号灯、电子警察工程；在安吉路新增3处智慧斑马线系统工程；在万荣街与安平路、安泰路等交叉口新增2处违停球机工程；在6个乡镇（街道）建设12套交通云广播系统；在双阳阳光路、罗溪省道213线建设2套摩托车违法抓拍系统。

【"放管服"改革】 2021年，洛江交警大队坚持以优质、高效、便民服务为中心，贯彻上级部门的工作部署，落实车辆和驾驶人源头管理工作要求，推行和完善便民措施，优化车管服务大厅服务环境，规范窗口管理；切实加强重点车辆查验，严格登记资料审核，加强机动车号牌管理，严格机动车牌证申领工作。交通事故处理实现多元化，探索完善“三位一体”调解机制，坚持“调解为先，服务人民，促进和谐”的原则，优化工作流程，努力提高办案效率和办案质量，快速化解道路交通事故损害赔偿引发的矛盾纠纷，着力提升群众满意度。

【道路交通安全宣传】 2021年度，洛江交警大队把握预防道路交通事故发生的主动权，进一步加强道路交通安全“七进”宣传工作，结合“安全生产月”活动，着重发挥宣传工作在预防道路交通事故中的巨大作用。把驾驶员、中小学生、外来务工人员等事故多发群体作为交通安全宣传的重点，采取在辖区人流、车流密集的主要路段、路口等悬挂宣传标语、横幅，发放各种交通安全宣传资料，依托农村交通安全劝导站开展轻微交通违法劝导和严重交通违法查纠等，宣传违法行为的危害性。与各主流媒体建立道路交通安全宣传协作联办制度，充分利用广播、电视、报刊等传统媒体以及微博、微信等新兴媒体刊发报道；与“大美洛江”微信公众号、抖音号加强合作，通过曝光交通违法行为、刊播交通安全提示信息等形式营造高压整治氛围；与区委宣传部加强协作，引入结合本地案例和实际精心制作的公益宣传片，全方位、多渠道广泛开展交通安全宣传活动，构建大宣传格局。2021年推送提示信息50余万条，发放各类宣传资料11万余份。

【执法规范建设】 2021年，洛江交警大队加强执法理念教育和业务培训，健全执法制度，规范执法行为，提升队伍执法水平和执法能力。紧扣交通肇事、涉酒案件等重点案件监督管理，推动实现执法办案事前有效防范、事中精准指导、事后即时监督，构建执法行为、执法效果的闭环式、可回溯管理体系。建设完善全市“一体化”执法监管平台，对接出警、受立案、案件审核审批及送达、案件结果评价等全部流程即时记录、动态监督、全程留痕，强化异常业务预警预报。紧盯重要岗位、重要业务，建立异常流程、异常时间、异常数量等数据预警模块和分析研判体系，及时向民警推送预警提醒信息，有效开展风险研判和处置，及时阻断违法违纪问题发生。

（林慧珺　洪晓军）

邮　政

【概况】 2021年，洛江邮政以习近平新时代中国特色社会主义思想为指导，以推动高质量发展为主题，落实集团公司和省、市分公司决策部署，统筹疫情防控和企业经营发展，实现业务总收入（含寄递）8135.68万元，同口径增长12.8%，2021年实现利润1261万元。

【代理金融】 2021年，洛江邮政金融通过创新做大本地余额规模，强化期缴发展，推进高效业务，金融收入实现2561万元，比上年增长7.34%。洛江区邮政开展“鲲鹏高飞 犇向幸福”余额竞赛，逐渐形成“日平台＋财富日”并举、定活期并行发展、基础优质客户双管齐下、活动项目双轮驱动的发展态势，至12月31日，全区期末余额达到15.08亿元，全年净增1.64亿元。

2021年，洛江邮政金融面对趸交产品销量限额限售等不利条件下，调整发展策略，加大对期缴保险的发展力度，有效拉动保险收入实现快速增长。全区保险收入实现302万元，超额完成预算指标，比上年增长41%。其中长期期缴保费699万元，实现收入189万元，占保险收入比重的62.5%，弥补趸缴停售的不利影响。

【寄递业务】 2021年，洛江邮政针对母婴寄递市场价格恶性竞争造成存量客户量收大幅流失、集团投递政策不利于重件业务发展的局面，调整策略，提升寄递业务效益。全区快包毛率从1月5.8%提高到12月16%。同时，积极推进电商转标工作，仅12月一个月电商转标就增收130万元，实现规模及效益双丰收。吸收借鉴其他单位模式，创新尝试并结合洛江区域实际推进众创机制，7月1日出台快包“众创众享”方案并启动，鼓励和调动能人主动参与到快包业务的经营发展中，全区3个众创团队2021年下半年增收359万元，拉动全区快包收入的增长。2021年，加大场地及设备投入力度，发挥团队协作力量，顺利启动轻小件快包前置集包工作，日集包1.6万件，通过集包减少邮件中转环节，降低运输成本，提升客户体验。常态化推进够量直发项目，全年直发广州及省内邮件85.7万件。“双十一”“双十二”期间客户玛莎交寄量达126.9万件，其中直发16.9万件。全年洛江邮政实现收入4687.7万，其中特快业务完成516.5万元，快包业务完成3548.9万元。

【邮务业务】 2021年，洛江邮政成功运作中国共产党成立100周年项目，全区销售政务图书49万元，开展庆祝中国共产党成立100周年图书展活动、承办“邮票上的党史”主题邮展活动等，创收近15万元。融入地方抓好项目开发，联合地方政府、行业、学校等，开展党建主题活动、春运、“3·15”国际消费者权益日、森林防火、综治平安、音乐会、“一汽奔腾”微车展等宣传活动，创收36.8万元。全年邮务业务实现收入869万元。

【重点项目运作深化】 2021年，洛江邮政持续强化项目带动发展策略，不断完善项目运作的体制机制，明确项目组责权利，项目运作取得较明显成效。金融拆迁项目全年新拓展客户127户，发展余额2451万元；商贸收单项目新增商贸客户452户，活期余额年增632万元；社保卡项目发卡1128张，优质客户发卡384张。

【主题邮局运营模式探索】 2021年，洛江邮政建设洛阳桥邮局，在承担洛阳桥游客中心职责同时，将洛阳桥邮局打造成洛江文化旅游的宣传窗口、洛江好货展示平台、邮政综合服务阵地。与福建经贸学校签约，完成经贸校园邮局建设工作，搭建校企合作平台，并成为全市第一个开通邮快合作的校园邮局，为下阶段增收增效创造新渠道。与虹山乡、区妇联、区团委借虹山土楼邮局平台，发起彩虹公益课堂，关爱留守儿童。

【三级物流体系建设】 2021年，洛江邮政完成第二期虹山乡、马甲镇、河市镇3个镇级站点及7个村级站点建设，并联合区住建局、虹山乡政府在虹山乡级站点举办揭牌推进仪式，成功获得政府35万元的专项建设补助。同时，持续加大对行政村和农民合作社的走访力度，开发洛江好货馆微信小程序，上架5家、33种产品，助力农副特产品销售。

【安全生产管理】 2021年，洛江邮政开展“平安邮政”创建工作，做好疫情防控监管、金融安全大检查、金融安全评估、消防安全“百日攻坚”、消防“红盾”、寄递安全隐患大排查大整治、寄递渠道禁毒百日攻坚行动、邮件处理场地安全管理规范化提升行动等专项活动，为洛江邮政平稳式发展，提供强有力的安全保障。通过各类宣传载体，深入宣传安全活动主题与目标，提升职工安全责任意识，营造浓厚的活动开展氛围。加大安全培训面，以“一季一训一考”为基础，大力加强平安创建台账、日常安全管理操作规范化提升；以基层网点“面对面、一对一”帮扶为延伸，助力安全管理提效减负；以消防、交通、防汛、禁毒、邮件收寄等主题培训，丰富安全防护知识学习与应用。洛江邮政安全管理工作同比提升，季度安全生产管理工作评分均稳定在全市中上水平，年终考评获市级2021年“平安创建先进单位”称号。

（王荣艺 张晓丽）

通信

中国电信洛江分公司

【概况】 2021年，中国电信洛江分公司（简称洛江分公司）收入15262万元，增长6.81%，年末电话用户总数16.01万户，比上年增加0.33万户，其中移动电话用户12.60万户，移动电话中4G电话用户5.73万户，5G电话用户6.38万户。2021年末互联网用户21.34万户，增加1.66万人，其中手机上网人数12.56万人，增加0.63万人。互联网普及率达到85.6%，其中农村地区互联网普及率达到84.7%。2021年底宽带13.4万部，剔除城东、华大后8.78万部；洛江固话2.8万部（不含城东、华大）。

【社会责任履行】 2021年，洛江分公司落实常态化防疫措施，配合区政府相关部门各项工作开展，响应卫健委、街道新增核酸检测点网络开通需求，对现场进行布线、调测、开通，组建应急保障队，出动应急保障人员93人次。开展“关爱老年 服务暖人心”活动和“岁月不老，燃情翼站”智慧助老活动，提高老年群体对电信诈骗等各类犯罪的识别和应对能力；开展“我为群众办实事，网络优化进万家”活动，解决用户反映的电信费用杂、多、贵等问题，真正为群众办实事。参加“烟头不落地 停车要有序”“文明创城志愿同行”等志愿服务活动，用实际行动为群众树立爱护环境意识，同时结合创城开展线路整治、井盖整治等，整治杂乱、垂落、蜘蛛网等问题线路合计约21千米，更换、修补问题隐患人手孔井盖合计约62个。

2021年6月15日，中国电信泉州分公司与福建省铁拓机械股份有限公司5G智能制造产业园合作签约仪式举行（图/电信洛江分公司）

【基础设施建设】 2021年，洛江分公司优化营业厅布局，设置5G、智慧产品等体验区，设立便民服务点。完善网络建设，推进区政府为民办实事“5G+千兆网络建设”，洛江电信完成110个5G站点建设，260个AAU（无线基站天线单元），10个5G室分站点，各乡镇千兆网络覆盖到各乡镇镇区及主要行政村，新增2.1万个宽带端口，同时，做好台风、汛期、高考、“七一”等重保期间网络通信保障。

【洛江“厝边守望”工程】 2021年，洛江分公司以“平安洛江”建设为契机，通过搭建立体的村级监控体系，打造洛江“厝边守望”工程，提升乡村治理能力，2021年完成“厝边守望”第一批监控探头建设。

【5G智能制造产业园建设】 2021年6月15日，福建省铁拓机械股份有限公司与中国电信泉州分公司正式签订5G智能制造产业园合作协议。铁拓公司王希仁董事长、市公司曾焕忠总经理分别代表双方签约，泉州市人民政府副市长肖汉辉、洛江区人民政府及市工业和信息化局有关领导出席活动。项目从工业互联网的人机料法环服测等要素切入，结合铁拓自身存在的影响生产效率的痛点问题，系统地规划整个工业园区基于5G的四年智能化改造计划，并按主次、优先级有序分步实施。实现5G+生产现场监测（能源精细管控、生产安全管控等）、5G+远程设备操控、5G+现场辅助装配、5G+设备故障诊断、5G+无纸化图纸协同设计等10多个典型5G应用场景。

（杨 楚 陈锦华）

中国移动洛江分公司

【概况】 2021年，在洛江区委、区政府的关心和指导下，中国移动洛江分公司（简称洛江移动公司）坚持高标准，严要求，打造区域领先优势，企业生产经营各项工作均取得新进展。截至2021年12月，洛江移动通信客户规模达到14.8万户，5G用户达到6.2万户，宽带用户数达到5.37万户。

【市场拓展】 2021年，洛江移动公司坚持“高目标牵引、高质量要求”，向“数智化转型”靠拢，全面践行洛江移动人在区域治安防控、智慧生活的社会责任和企业担当。数智化推进综治“三率”宣传、大力拓展联网安防监控、燃气报警设备等，助力“厝边守望”、推进5G平安乡村建设；开展“满格义诊”，入户为民实现宽带+5G双满格，实现业务产能量质双提升；推进智慧小区、数智乡村平台，实现以“技防”代替“人防”；实现宽带提速降费，实现产能跨越式提升；细分小区、社区、养老、教育、建材、商圈、电商、泛酒店、汽车销售等九大聚类市场，一市场一方案精细化推进业务拓展。致力打造“5G智慧路边停车”“5G智慧应急指挥中心”“5G+智慧工厂”等项目，行业聚焦攻坚，打造智慧指挥中心。

【网络覆盖】 2021年，洛江移动公司全面深化品质运营，夯实网络领先基础。坚持网络领先、品质领先，重点锁定价值客户、价值区域，做到精确投资、价值建网、高质护网，实现网络感知、运维效率、成本效益三者均衡提升，持续巩固高价值区域的网络竞争优势。截至2021年底，洛江移动已完成行政村（社区）千兆光纤宽带100%覆盖，全年共完成52个新增小区（社区/自然村等）规划入库，已完成建设上线17074个端口。完成5G站点共涉及138个站点建设，主要分布区域为街道与乡镇中心，同时逐步点亮重要行政村的5G覆盖。

（苏晓颖　吕海燕）

教育

综 述

【概况】 2021年，洛江区教育以习近平新时代中国特色社会主义思想为指导，全面贯彻落实中共十九大和十九届二中、三中、四中、五中、六中全会精神，深入学习贯彻习近平总书记在福建考察时的重要讲话，全面开展党史学习教育，按照区委、区政府的决策部署和上级教育行政部门的要求，依法治教，立德树人，深化教育综合改革，加快补齐短板，提高教育质量，努力办好人民满意的教育。2021年，全区共有幼儿园50所，其中省示范幼儿园1所、市示范幼儿园3所、区示范幼儿园8所；小学34所，普通中学10所，其中公办中学7所，所有公办完全中学实现省级达标。中职学校2所；教师进修学校1所。全区幼儿园至高校各类学校在校生67579人，各类学校专任教师3214人。

【教育条件保障】 2021年，洛江区投入约1.5亿元，组织实施阳江学园、泉州第十一中学塘西校区、区实验幼儿园等年度重点项目、为民办实事项目等13个教育建设工程，新增中小学幼儿园学位270个。2021年拨付义务教育公用经费2394万元、义务教育住宿生生活及营养餐补助60.44万元、困难学生生活补助40.56万、免作业本83.77万元、发放学前教育政府助学金28.1万元、普通高中免学费和国家助学金43.325万元。投资50万元，建成集智慧迎检、学科教研、科研管理、教师培训、教学资源于一体的“洛江教师发展智慧平台”。持续推进学校信息化设备改造工作，完成改造学校多媒体教室60间、学校电脑室120间。实施中小学教师信息技术应用能力提升工程。

【校园安全建设】 2021年，洛江区全面完成全区中小学、幼儿园封闭化管理、专职保安员配备及“一键式”紧急报警和视频监控联网。实现全区学校封闭化管理完成率均达100%，专职保安员配备率100%，“一键式”紧急报警和视频监控联网配备率100%。组织开展第20个全国“安全生产月”系列活动，开展第六届“4•15”全民国家安全教育日系列宣传活动。加大对学校在建工程的安全检查力度，全面排查整治隐患。

【师资队伍建设】 2021年秋季，洛江区公开招聘教师244名，其中专项公开招聘编内教师3名，向社会公开招聘编内教师10名，合同制231名。开展新教师培训工作，通过网络培训、集中培训与校本培训相结合的方式，构建“一年入门、两年站稳、三年成才”的新任教师成长模式。组织68名骨干教师深入乡村中小学参与讲学交流。深化29个学科“名师工作室”建设，发挥工作室的引领和辐射效应。组织乡村中小学幼儿园校（园）长和乡村教师62人参加省、市级培训。整合全区初高中毕业班的教师资源和教研力量，成立教学教研中心组，加大对新课程实施的研究和指导力度。

【全区教育工作会议】 2021年3月23日，洛江区召开全区教育工作会议。会议传达全国教育工作会议精神，回顾2020年和“十三五”期间全区教育主要工作，部署2021年教育重点工作。要求准确把握新形势新任务，全力完成新增小学学位1200个、保持学前教育普惠性覆盖率85%以上等任务，满足全区发展新需求，要做足保障建设高质量教育体系，加快推进城镇教育扩容增量，促进城乡学校义务教育均衡发展，提升教育教学质量，强化教师队伍建设。紧盯目标，落实立德树人根本任务，准确把握和践行习近平总书记提出的“六个下功夫”（在坚定理想信念上下功夫，在厚植爱国主义情怀上下功夫，在加强品德修养上下功夫，在培养奋斗精神上下功夫，在增长见识上下功夫，在增强综合素质上下功夫）要求，培育时代新人，注重全面发展，抓好作业、睡眠、手机、读物、体质“5个管理”，营造健康环境。

基础教育

【概况】 2021年，洛江区基础教育事业协调发展，投入1.5亿元建设13个教育项目；深化“名校办分校”，形成泉州市实验小学与泉州市实验小学洛江校区、泉州市实验小学洛江第二校区（阳江学园小学部）联盟办学共同体；创建2所省级“义务教育管理标准化学校”；泉州第十一中学晋升省一级达标高中，奕聪中学通过省一级达标高中专家组现场考察。全区幼儿园至高中各类学校在校生50334人。小学适龄儿童毛入学率100%，初中适龄学生毛入学率达100%。全区特殊教育在校生86人。在洛江就读外来务工人员子女义务教育阶段3243人。

2021年，泉州第十一中学校园一角 （图/区教育局）

【学前教育】 2021年，洛江区在园幼儿总数11956人，学前三年入园率98.60%，其中公办和普惠性民办园入园率为88.88%。加快新、扩建公办幼儿园进度，接收小区配套幼儿园，全区民办普惠园有29所，占比72.5%。开展省级教改示范性建设学校、保教改革示范园创建工作，逐步规范民办园管理。

【义务教育】 2021年，洛江区义务教育在校生总数32089人（小学22980人、初中9109人），6～11周岁入学率100%，初中适龄学生入学率达99%以上，义务教育阶段随迁子女6307人，100%在公办学校就读。完成罗溪世壁小学、马甲就南小学参加省级“义务教育管理标准化学校”创建工作的市、区级核查。河市白洋小学被评为国家级乡村温馨校园。深化“名校办分校”，促成泉州实验小学与泉州实验小学洛江校区、泉州实验小学洛江第二校区（阳江学园小学部）合作办学。

【普通高中教育】 2021年，洛江区普通高中在校生总数6289人。进一步探索合作办学，深化十一中与南开公能教育管理有限公司合作办学，奕聪中学与北京四中网校正式签约合作办学。

高等教育

【概况】 2021年，洛江辖区内有2所大专以上院校，其中本科高校1所、高职高专1所，普通高校本专科在校生17245人，招生6144人，毕业生4517人。

仰恩大学

【概况】 2021年，仰恩大学设经济学院、管理学院、会计学院、工程技术学院、人文学院、法学院、外国语学院、马克思主义学院、继续教育学院9个学院；数学系、体育教研部、文艺教研部、军事理论教研部4个直属系部；有专业22个，招生专业21个，涵盖管理学、经济学、工学、文学、法学5个学科门类。

学校总占地面积1217550平方米，生均占地156.75平方米。校园总建筑面积415484平方米，生均53.49平方米。教学行政用房面积152815平方米，生均19.67平方米；实验室、实习场所面积58232平方米，生均7.50平方米。运动场地36处，总面积118885平方米，生均15.31平方米。

年内完成22个省市［其中19个省市（自治区）首次招生］的普通本科招生，录取本科生1730人，省外招生276人，省内招生1454人。完成专升本招生1115人。学生报到率95.07%。学校有全日制在校生7767人，生师比为15.5∶1。

【学科专业建设】 2021年，仰恩大学新增网络与新媒体专业，同年开始招生。委托省评估中心开展“十四五”规划暨学科专业建设诊断评估。开展校内本科专业评估。新增工业工程专业学位授权。持续优化专业结构，组织申报12个新专业。组织申报汉语国际教育、电子信息、工商管理3个硕士专业学位授权点培育项目。

加强建设，凝练特色，遴选2个专业参加国家一流本科专业建设点申报，遴选3个专业参加省一流本科专业建设点申报。金融学专业入选2020年度省级一流本科专业建设点。

开展“1+X”证书制度试点探索，推进学历证书和职业技能等级证书的有机衔接。参与“1+X”证书制度试点的专业覆盖率超过80%，获批教育部“1+X”证书试点项目增至17个。

【教学与科研】 2021年秋季学期，在新冠疫情防控形势下，推行线上教学。严格监控线上教学质量，制定线上教学开课、衔接计划、质量监管等制度，确保线上教学“质量不减、标准不降”。成立仰恩大学课程思政教学研究中心，以省级课程思政教学研究中心建设标准对标对表开展工作，提升教师课程思政教育教学研究改革能力。

获横向项目2项、科技服务项目4项。获各类大学生创新创业训练计划项目40项，其中国家级5项、省级32项、校级3项。获各类纵向项目31项，其中省部级10项、市厅级21项。“新文科背景下国际经济与贸易专业实务课程立体化教学改革探索与实践”获立首批省级新文科研究与改革实践项目。

获国家知识产权局专利授权165项，其中发明专利3项，实用新型151项，外观专利11项。公开发表论文97篇，其中SCI（科学引文索引）3区收录1篇，SCI 4区收录2篇，核心6篇，一般86篇，EI会议论文2篇。

【师资队伍建设】 2021年，仰恩大学制定实施《仰恩大学教师进修培训管理办法》《仰恩大学教师学历（学位）提升管理办法》，以学历（学位）提升特别是博士培养为重点，构建教师进修培养体系，促进教师成长成才。有专任教师376人，占全校教职工总人数的76.1%；外聘教师251人。师资队伍的学历结构和职称结构逐年优化。硕士及以上学位教师约占70.5%，高级职称教师约占31.9%。教师参加各级各类进修培训近500人次，其中攻读博士学位5人，攻读硕士学位20人。

【文明校园建设】 2021年，仰恩大学获得参评新一届省级文明校园资格。启动创建省级文明校园工作，推进规范办学。制定《仰恩大学创建省级文明校园活动实施方案》，统筹推进全校省级文明校园创建，动态化开展文明校园创建工作。

【创新创业教育】 2021年，仰恩大学巩固创业园区项目入驻，推动学生创业的升级发展。启动创业项目入驻申报，确定海丝跨境园——共创跨境新时代等7个项目为大学生创业园第12、13批入驻项目。83个项目先后入驻，其中有34个项目完成工商登记注册，包括20家公司、2家合伙企业和12家个体工商户。在园孵化项目20个。创业园第12批入驻项目负责人被福建团省委评为2021年度“创业之星”。

在校大学生参与各级创新创业训练计划项目314人，其中47人参与国家级大学生创新创业训练计划项目，254人参与省级大学生创新创业训练计划项目，13人参与校级大学生创新创业训练计划项目。第十五届“挑战杯”福建省大学生课外学术科技作品竞赛中仰恩大学1个项目获二等奖，3个项目获三等奖。在第十五届“挑战杯”福建省大学生课外学术科技作品竞赛红色专项活动中，学生团队的1个项目获三等奖。

【继续教育与社会服务】 2021年，仰恩大学完成第一批成人高考类考生录取工作，录取63名学生。获批成为福建省高等教育自学考试主考院校，开考3个自考本科专业及3个专科专业。制定《仰恩大学成人高等学历教育学籍管理规定》《仰恩大学高等教育继续教育本科毕业生学士学位授予工作细则》《仰恩大学非学历教育管理办法》等，确保继续教育相关教育教学活动管理依法依规、有序开展。做好做实社会服务工作，分别为厦门市同安区企业、晋江梅岭商会、晋江税务局等开展相关培训，参与8项非学历教育社会服务，培训918人。

【学生教育与管理】 2021年，仰恩大学筑牢新冠肺炎防控城墙，阻断疫情向校园蔓延，遵循学校疫情防控工作领导小组的统一部署，制定《仰恩大学学生开学返校防护指南》《健康承诺书》等相关文件。保障学校疫情防控工作的贯彻落实和疫情防控期间学生管理工作的顺利实施。加强学生思想政治教育，做好学生思想引领，以多形式、全程化、全覆盖开展创新思政工作。挖掘新冠疫情防控工作中的思政元素，制定仰恩大学2021年秋季“开学第一课”主题班会活动。2021届毕业生初次就业落实率85.59%。把23名城乡低保家庭毕业生、建档立卡毕业生、原“52个未摘帽国家级贫困县”毕业生、残疾毕业生列为专项帮扶对象，使其100%就业。

组织开展2021暑期实践活动，将党史学习教育和暑期实践活动结合起来，引导广大师生从中国共产党的非凡历程中深切感受马克思主义的真理力量和实践力量。活动以“永远跟党走 奋进新时代”为主题，根据疫情防控常态化形势，鼓励学生创新形式，可以采取“云组队”“云调研”“云访谈”等网络形式，推动线上线下活动融合开展。仰恩大学团委获得2021年福建省大中专学生志愿者暑期“三下乡”社会实践活动省级先进单位，1支队伍获得省级优秀团队，3名教师获得省级先进工作者，3名学生获得省级先进个人，1名教师和1名学生获2021年福建省“校园河长”。

【基础设施建设】 2021年，仰恩大学校园基础建设持续改善。完成校园网全面升级改造，启动校园无线网络一期建设项目。学校网站改版建设，通过引进站群系统进行整体改造，实现新媒体资讯与站群资讯多平台、多渠道、多形式共享融合。

坚持“以用为主、以用带藏”的原则，以“扩大书源，精挑细选，控制复本”为策略，优化馆藏结构、加强资源整合、调整馆藏布局，纸电资源合理配置，全年馆藏中外文纸质图书1426200册，当年新增中外文纸质图书20500册，生均纸质图书183册。当年订购中外文纸质期刊457种，更新数据库6个，电子图书1184690册，电子期刊97434册，学位论文3300006册。

（游秀玲 陈总）

泉州医学高等专科学校

【概况】 2021年，泉州医学高等专科学校（简称泉州医高专）有洛江、惠安、北门街等3个校区，占地面积75.87公顷，建筑面积243355.44平方米。校内实训基地总面积82903.68平方米，教学、科研仪器设备总值14162.25万元，馆藏图书总量57.63万册。拥有7所附属医院（含直属1家）及分布在全省各地的教学实习医院、实习药企279家。

学校设有基础医学部、临床医学院、护理学院、药学院、健康学院、口腔医学院等12个教学教辅院部、中心、馆。专业设置临床医学、口腔医学、中医学、康复治疗技术、针灸推拿、医学影像技术、护理、助产等20个专业。面向全国招生，文理兼收，有全日制大专在校生9485人。成人教育设有临床医学、中医学、护理、药学、医学检验技术、医学影像技术等10个专业，与福建医科大学、福建中医药大学联合举办护理学、药学、临床医学、医学检验技术、医学影像技术、口腔医学、中医学、中药学、康复治疗学9个专升本专业，在学函授学生1587人。

【师资队伍】 2021年，泉州医高专教职员工743人，专任教师521人，副高以上职称185人，享受国务院政府特殊津贴专家1名，全国黄炎培职业教育奖杰出教师1名，省级高校教学名师2名。“双师型”教师占专业教师总数的84.04%。

【专业建设】 2021年，泉州医高专组织开展专业调研，修订2021年专业人才培养方案，有机融入劳育美育内容，将课程思政融入课堂教学建设全过程。开展校级专业带头人及培养对象、专家工作站考核管理工作，持续开展专业教研室考核工作。新增5个“1+X”证书制度试点项目，3门课程获2021年省级精品在线开放课程立项，“医学虚拟仿真实训基地”先后获批省级职业教育示范性虚拟仿真实训基地建设、国家职业教育示范性虚拟仿真实训基地培育项目。获省级教学成果奖特等奖1个、二等奖1个，行业性教学成果奖一等奖1个、二等奖1个，实现在省级教学成果奖特等奖零的突破。学校老师副主编的《康复医学（第4版）》获得全国优秀教材（职业教育与继续教育类）一等奖。

【人才培养质量】 2021年，泉州医高专教师参加省职业院校教师教学能力比赛，获二等奖3项，三等奖1项，并在各级各类行业技能竞赛，获国家级行业赛特等奖1个、一等奖1个，市级行业赛三等奖1个。学生在国家级、省级技能比赛中屡创佳绩。在2021年省级技能竞赛中，获得一等奖1个、二等奖3个、三等奖4个。全国职业院校技能大赛护理技能赛项，获二等奖1个。国家级行业赛中，获一等奖1个、三等奖2个。

【科学研究】 2021年，泉州医高专全校教职医护员工发表论文142篇，其中发表在核心刊物及以上的论文42篇，SCI论文13篇。全校教职医护员工新申请专利35项，新获授权实用新型专利29项。学校有市级及以上立项的科研项目61项，获资助经费32.65万元，其中立项省部级科研项目2项。

【筹划提升办学层次】 2021年，泉州医高专在总结5年省示范建设经验的基础上，申报福建省“双高计划”项目，获得省高水平高职院校建设立项及临床医学专业群、护理专业群（A类）立项建设。立项后，学校高质量完成项目任务书和建设方案的编制，并做好目标任务的分解与布置，定期召开推进会，推动福建省“双高计划”项目建设、职业教育“提质培优”行动计划等重点项目的开展，为学校进一步提升办学层次打下坚实的基础。拓展办学空间，做好创建本科医学院规划申报工作，成功纳入市“十四五”教育发展专项规划，并经省教育厅同意，报教育部备案审核。

【获评第二届福建省文明校园】 2021年，泉州医高专扎实做好创

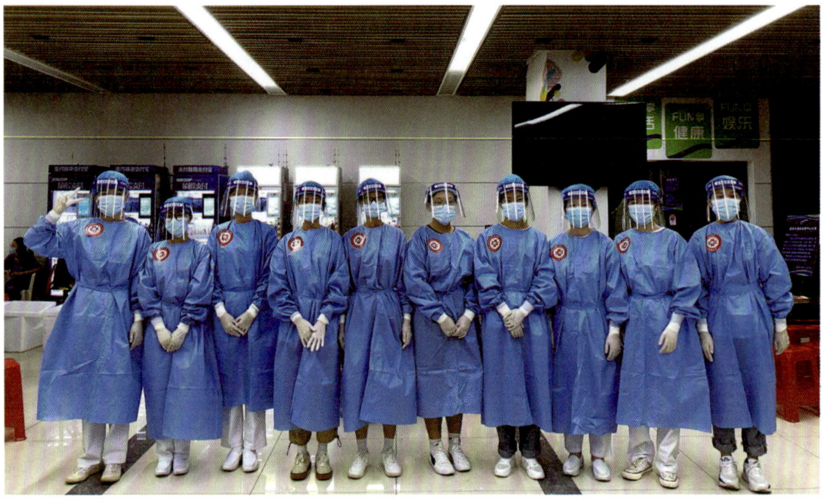

2021年9月18日，泉州医高专核酸检测学生志愿服务队
（图/泉州医高专）

建文明城市年度测评迎检工作，建立文明校园创建工作推进长效机制，确保文明校园创建工作稳步推进、常态化开展，2021年获评第二届福建省文明校园。

【李德金副省长到校调研】 2021年12月2日，福建省人民政府李德金副省长率省教育厅厅长林和平、省医保局局长林圣魁、省卫健委副主任杨闽红及省政府办公厅相关人员到学校调研学校发展及疫情防控工作。

【泉州医学高等专科学校附属口腔医院暨泉州市口腔医院（筹）揭牌】 2021年7月1日，泉州医学高等专科学校附属口腔医院暨泉州市口腔医院（筹）揭牌仪式在附属人民医院举行。泉州医学高等专科学校附属口腔医院暨泉州市口腔医院（筹）的揭牌标志着口腔医学院和附属人民医院更上一个台阶，助力学校向“建设有特色高水平的高职院校，开启应用型本科医学院校新征程”的目标奋勇前进。

【疫情防控】 2021年，泉州医高专严格落实“两案九制”，从严抓好人员健康管理与动态管控，加强校园安全管理，组织应急演练，深入开展健康教育和爱国卫生运动，做好防疫物资储备，加强心理健康疏导，严格执行常态化核酸检测，高度重视疫苗接种工作，切实筑牢疫情防控堡垒，保障师生员工的生命安全和身心健康。9月，泉州医高专充分发挥医学院校专业优势，师生组成志愿队支援泉州市大规模核酸检测工作，践行“惠世”精神，成为思想政治教育最好的教材，此抗疫事迹经《人民日报》、人民网、《光明日报》、《中国青年报》、新福建、《泉州晚报》和泉州政务网报道，获得社会各界好评。

民办教育与终身教育

【民办教育】 2021年，洛江区持续推进民办教育分类管理改革，开展2020年度民办学校年检暨“双随机、一公开”监管工作，公布20所民办学校2020年度年检合格名单。结合“点题整治”和“五项管理”等工作，加大整治力度，公布校外培训机构黑白名单，规范校外培训机构办学秩序。

【终身教育】 2021年，洛江区把终身教育纳入洛江区国民经济和社会发展第十四个五年规划内容。按人均2元标准落实终身教育专项经费，区财政拨付终身教育经费43万元。夯实社区教育基础设施，公共文化场馆免费开放，加强86个社区教学点建设。开展以“庆建党百年华诞　谱终身学习新篇”为主题的“9·28”终身教育活动日主题活动，将“智慧助老”作为全民终身学习活动周的一项重要活动，广泛开展老年人运用智能技术的教育培训，服务老年人终身学习。组织全区社区干部参加终身教育数据服务平台运用培训。组织广大从业人员、社区居民、老年人群参加全民终身学习，营造全民参与、全民阅读、全民智学的氛围。加强国家通用语言文字教育，组织全区普通话等级水平培训和测试。

（陈洁琼　陈旭东）

科技 文化 体育

科学技术

【概况】 2021年，洛江区深入实施创新驱动发展战略，加快提升科技创新能力，促进创新要素向企业集聚，优化创新生态体系，进一步加大力度支持企业创新发展，组织企业申报省市各类科技项目39个；向近70家次企业拨付兑现各级各类科技创新奖励补助专项资金1892万元；2021年组织推荐42家企业通过国家高新技术企业认定，全区国家高新技术企业保有量达80家，19家企业被认定为福建省科技“小巨人”企业；36家企业进入福建省2021年入库科技型中小企业名单；西人马联合测控（泉州）科技有限公司获评为省级新型研发机构；筑可丽智能创客工场获认定为省级众创空间；组织认定区级科技特派员15人，团队科技特派员4个，创建区级星创天地2个，认定科技特派员示范基地11家。

【科技计划项目】 2021年，洛江区科技局组织企业申报省市各类科技项目39个，其中嘉泰数控申报的“面向5G手机玻璃结构件的高端数控智能机床开发及产业化”项目已入选2021年省科技重大专项项目计划；信和新材料的“自修复弹性环氧核电防护涂料研发”项目获得福建省STS计划配套项目支持；华大超硬的“智能数字化永磁矿山圆盘锯的研发及产业化”等5个项目获得2021年省科技计划项目立项；泉美生物等4个项目获得市科技计划项目立项。

【科技成果与奖励】 2021年，洛江区加快构建以企业为主体、以市场为导向、产学研结合的科技创新体系，精准靶向对接大院大所，推动信和新材料股份有限公司与湖南云箭集团开展军工产品研发技术对接及初步测验工作，与中科院宁波材料所突破新型海洋重防腐涂料新技术，双方合作的“二维片层材料调控的新型海洋重防腐涂料体系关键技术与工程应用”项目获得浙江省科学技术奖一等奖；推动绿普森生物科技、北峰通信、众志金刚石等企业分别与中国农科院植保所、北京邮电大学、合肥工业大学建立产学研协同创新合作关系，进一步推动政产学研用落地见效，绿普森生物科技与华大教授团队联合成立“泉州市格瑞特生物信息研究院有限公司”；信和新材料与厦门海丝创谷创新研究院合作的“工程装备防护涂层多功能协同创新中心”获得福厦泉国家自主创新示范区泉州片区协同创新平台项目支持，资助经费200万元；天智合金材料科技有限公司和中国科学院宁波材料技术与工程研究所在洛江建立非晶纳米晶磁性材料工程中心，填补国内技术和产品空白；信和新材料股份有限公司与厦门大学、海洋化工研究院有限公司合作的“海工装备关键涂层及功能材料研发与技术创新应用”项目获评省科技进步奖一等奖；泉州汇成

2021年9月18日，洛江区科技特派员创新创业政策解读培训会召开（图/区科技局）

针织有限公司与福建省农业机械化研究所、三明学院、黎明职业大学合作的“经编智能数字化集成系统关键技术及应用”获评省科技进步奖三等奖。

【科技交流与合作】 2021年，洛江区科技局指导方圆建设集团引进福州大学土木工程学院装配整体式空腔组合专家团队进驻，获评为泉州市第五批高层次人才团队并获得立项补助经费200万元，实现洛江区引进市级高层次人才团队零的突破。深化新时代科技特派员制度，2021年新增省级星创天地1个、市级星创天地2个，认定省级科技特派员14个，市级科技特派员40个。

【科学普及与宣传】 2021年，洛江区科技局把推进企业加大研发投入作为提升企业自主创新能力的重要抓手，印发《进一步支持企业科技创新促进高质量发展政策申报指南》《洛江区农业科技政策汇编》，紧贴全区科技创新发展实际，突出发挥政策导向作用，充分释放政策红利，进一步加大力度支持企业创新发展，向近70家次企业拨付兑现各级各类科技创新奖励补助专项资金1892万元；充分发挥“科技三下乡”“科技活动周”等大型宣传活动，向群众宣传科普知识。

文化

【概况】 2021年，洛江区文体旅游局秉承生态、历史与文化融合的理念，以深化公共文化服务体系建设为主线，以满足人民文化需求和增强人民精神力量为抓手，助推乡村文化振兴战略，强化惠民服务活动。

【文艺活动】 2021年，洛江区文化活动蓬勃开展，综合影响力不断提升。精心组织开展文化活动。“两节”期间组织乡镇街道举办新春游园、“攻炮城”、洛江区南音大会唱等活动，传承弘扬闽南文化，丰富全区人民群众节日文体生活。图书馆举办阅读

2021年6月28日，洛江区举办庆祝中国共产党成立100周年活动（图/区文体旅游局）

推广活动150余场，流动服务车下乡60次，馆员参加各项培训约40场。全年活动累计4万余人次参加。联合区委宣传部做好“三下乡”文艺演出。联合有关部门举办联合区委宣传部等多个部门举办“永远跟党走 用心办实事”2021年安全生产月等8场主题宣传文化活动、举办洛江区舞蹈、声乐人才培训。配合宣传部举办洛江区庆祝中国共产党成立100周年“歌舞盛会”文艺演出系列活动。开展文艺精品创作。在庆祝中国共产党成立100周年活动中，组织文艺工作队伍，拍摄《灯火里的中国》宣传视频，在大国人才（中组部主办的公众号）平台播放，创作舞蹈快板《道德模范》，音诗画《咱们工人有力量》等，编辑“陈三五娘”梨园剧节目。疫情防控期间，利用“大美洛江”微信公众号推出“以‘艺’抗疫”文艺作品展8期，生动诠释艺术的力量。以抗击疫情为主题创作4首歌曲，分别是《红手印》《好春光》《巍巍大中华》《病毒不怕不怕歌》，其中《红手印》在“学习强国”学习平台上刊播。

【群众文化】 2021年，洛江区文体旅游局发展街头文化，丰富文化供给。节日期间，在景区举办10余场街头文化活动，展现洛江传统文化风采。依托区图书馆、区文化馆开展“美丽人生，花漾绽放”“三八”国际妇女节等100余场主题活动。开展“三下乡”活动，联合区委宣传部等多个部门举办“永远跟党走 用心办实事”2021年安全生产月宣传活动。开展面向社会的公益培训。举办文旅人才技能培训。组织开展洛江区主持人培训班、洛江区群众舞蹈美育志愿者培训班等多场文艺培训。举办文化馆国学、舞蹈、绘画、合唱、葫芦丝等公益艺术培训班，深受全区广大文艺爱好者的欢迎。

【基层文化建设】 2021年，洛江区图书馆新增建设1个总分馆和1个馆外阅读点；打造线下“学习强国研学实践中心”，并研发线上答题小程序，增强理论宣传阵地发挥作用。联合区消防救援大队打造消防主题空间助力平安洛江建设。打造提升阳江社区综合文化服务中心为洛江区图书馆分馆。完成洛江区俞大猷纪念馆布馆工作，打造爱国主义教育基地，推动河市北片旅游线路文旅融合。改造提升朝阳社区、新庵村2个村（社区）综合文化服务中心，提升文化场馆服务效能。

【非物质文化遗产保护】 2021年，洛江区文体旅游局开展“文化和自然遗产日”系列活动，让传统文化、非遗文化走进景区，实现以文促旅，文旅融合，促使非遗获得传承创新的新动力，促进非遗与旅游融合发展。编辑出版《洛江非物质文化遗产》、“陈三五娘”传说唱本1本。完成“陈三五娘”传说数据库建设。完成乡村文化振兴征集福建乡村文化记忆丛书之乡音乡趣乡作乡艺故事素材报送；完成《中国人才》杂志庆祝中国共产党成立100周年主题宣传作品报送；完成泉州市献礼建党百年优秀传统工艺精品展；完成非遗保护传承示范项目报送；完成非遗法十周年调研情况报告；完成2020年福建乡村文化记忆丛书之乡土乡味乡风乡俗故事素材相关材料。完成第七批省级非物质文化遗产代表性项目申报工作。做好洛江区第八批区级非物质文化遗产代表性项目和洛江区第五批区级非物质文化遗产项目代表性传承人申报工作，新增区级非遗项目1个，区级非遗传承人8名。申报第三批泉州市市级非物质文化遗产传习所前期工作。完成“祭十班杯”2021年洛江区中小学、幼儿园教师书法大赛。完善提升洛江区非遗展厅。完成2022年省级专项资金申报工作。做好市级以上非遗项目摄影征集。

【文化市场监管】 2021年，洛江区文体旅游局开展文化市场日常巡查，出动检查人员450多人次对全区11家网吧、11家娱乐场所进行全覆盖检查；开展节假日期间文化市场大巡查，对存在问题的单位发出整改通知，并督促限时按要求整改，确保节庆期间文化市场安全有序。开展“扫黄打非”工作，加强对网吧、娱乐场所等文化市场经营单位专项整治，禁止未成年人进入互联网上网服务营业场所，及时查处和纠正违规经营行为，全方位保护未成年人上网环境；要求企业提供“扫黄打非”线索，参与“扫黄打非”专项斗争；联合市文化市场综合执法支队开展娱乐场所点歌系统违禁歌曲排查，深入娱乐场所经营单位与负责人谈话，加强对互联网上网营业场所和娱乐场所的管控，及时封堵清除色情、侵权盗版等有害信息，进一步净化文化市场环境。强化宣传教育，定期开展全区文化市场经营单位业主会议，与经营业主签订消防安全承诺书、安全生产承诺书和守法经营承诺书，落实守法经营责任制；通过多媒体等多种形式，开展网络文明安全、消防安全、安全生产、禁酒驾、禁毒等方面宣传活动，营造好社会文化氛围。

（庄美莲 周剑宝 彭相蓝 吕翔宇 吕培基）

体 育

【概况】 2021年，洛江区提升改造3个塑胶篮球场。新建2个多功能运动场、10条全民健身路径。至年底有30个灯光篮球场、23个塑胶篮球场、27个多功能运动场、9个笼式足球场、116条全民健身路径。

【竞技体育】 2021年，洛江区加强体育后备人才的培养，组织参加2021年泉州市少年儿童羽毛球锦标赛，2021年泉州市“体彩杯”少年儿童游泳锦标赛，2021年泉州市少年儿童散打冠军赛，2021年泉州市少年儿童武术套路锦标赛，2021年福建省青少年武术散打锦标赛，2021年福建省全民健身运动会“国福杯”泉州市第二十二届太极拳大赛，“京东运动杯”2020年中国中学生武术锦标赛（小学生训练营）暨第十八届世界中学生运动会武术项目选拔赛，2020全民健身运动会武术项目总决赛等各级比赛，获金牌32枚、银牌11枚、铜牌23枚。

【群众体育】 2021年，洛江区文体旅游局组织开展形式多样的群众体育活动，切实做到活动内容生活化、竞赛方法多样化、活动时间节日化、组织形式社会化。通过开展机关干部、中小学生、老年人、企业职工和残疾人等各种体育比赛和健身活动，促进全民健身活动持续健康发展。组织开展洛江区第一届“全民健身杯”中国象棋公开赛、首届中小学生足球联赛、首届老年人健康运动大会、“星球杯”篮球赛、“喜喜帮您”杯太极拳赛、“万步有约”健走激励大赛、全闽共舞欢庆建党百年广场舞比赛及乒乓球、羽毛球、游泳、武术等群众喜闻乐见的系列赛事活动，丰富居民文体生活。承办泉州市第十三个全民健身日启动仪式、2021年福建省青少年武术散打锦标赛，组织参加国民体质达标测试赛并获得全市第一名，大力推动全民健身活动深入开展，促进全民素质提高。加强体育协会建设，指导成立区排球协会，进一步健全体育组织机构。开展社会体育指导员培训，组织14人参加社会体育指导员培训，14人培训合格，获得二级社会体育指导员称号，洛江区有各类社会体育指导员755人。树立先进典型，推荐区羽协会长陈文聪参与全国体育系统先进工作者评选，获“2017—2020年度全国群众体育先进个人”称号。

（苏丽玲 吕翔宇 吕培基）

综 述

【概况】 2021年，洛江区卫健局推进落实卫生健康重点工作，持续深化医药卫生体制改革，加快构建强大的公共卫生体系，推动计生“三孩”政策落实，应对人口老龄化，开展党史学习教育，落深落细“外防输入、内防反弹”各项疫情防控措施，全方位推动卫生健康事业高质量发展。洛江区被评为省级慢性非传染性疾病综合防控示范区；在全国第六届“万步有约”健走激励大赛中，洛江区获得铜牌健走示范区、健走示范城市、健康体重大赛二等奖、省内优秀健走示范区、示范区组织奖、示范区进步奖等6个奖项，卫健局获得示范区组织奖、全国健走优秀组织单位奖、卫生行政系统行业赛二等奖；在全国第六次卫生服务统计调查中因表现突出，卫健局及部分工作人员受到国家卫健委发文表彰，被评为“节约型机关”。

【信息网络安全建设】 2021年，洛江区卫健局大力发展“互联网+医疗”应用。促进智慧健康管理，建设医共体人财物管理一体化区域信息系统平台，依托第一医院信息化平台，以区医院为主体，建立健全互联互通的医疗信息网络，建立远程会诊、远程诊断、远程影像3个中心，推进各医疗机构之间纵向联系和协同合作，逐步实现分级诊疗的目的。投入50多万元对局机关、洛江区医院及各乡镇卫生院（社区卫生服务中心）等7家单位网络安全基础设施和等保项目进行建设（第一期），确保全区卫健系统网络安全。同时，加强与区委网信办、洛江公安分局网安大队的协作和配合，做好网络舆情的监测和处置。

【基本公共卫生服务】 2021年，洛江区卫健局开展基本公共卫生服务项目12大项工作，全区居民健康档案电子建档208630人，居民规范化电子健康档案覆盖率80.91%，老年人体检14410人，体检率71.81%，家庭医生签约75211人，签约率30.43%，重点人群签约40551人，签约率61.62%。开展“优质服务基层行”创建工作，虹山卫生院顺利通过基本标准验收。新建5家一体化村卫生所，5家一体化卫生所已完成建设验收。

【严重精神障碍患者管理】 2021年，洛江区卫健局继续发挥严重精神障碍患者“村医网格化”管理优势，加强新冠肺炎疫情防控期间患者管理治疗管理工作，加强部门协作，举办洛江区精神卫生工作协调会。2021年12月31日，全区严重精神障碍患者在册841人，报告患病率3.84‰，管理率95.84%，规范管理率86.56%，服药率85.26%，规律服药率70.99%，精神分裂症服药率85.06%，精神分裂症规律服药率70.41%，面访率92.87%。

【“空白村”卫生所补助】2021年，洛江区卫健局继续实施以奖代补政策，巩固消除空白村，对洛江区7家“空白村”卫生所予以财政补助，对自聘或乡镇卫生院派驻“空白村”经考核合格的村医给予“以奖代补”资金补助，发放补助金28万元。

【爱国卫生运动】 2021年，洛江区开展爱国卫生运动12次，有38520人次参与活动，清理卫生死角97852处、生活垃圾58547吨，有效清除“四害”滋生（栖息）场所。消毒面积185000平方米、投放鼠药2500余千克、高效氯氰菊酯1500千克、杀虫颗粒850千克，喷洒消杀药剂23.5万毫升，有效降低“四害”密度和危害。悬挂宣传标语1235条、发放宣传单82000份、手机短信25万条。同时，扎实开展创建省级卫生单位活动，河市镇、虹山乡、罗溪镇获得省级卫生乡镇命名，占比75%，已超过30%的创建任务，河市镇南塘村等30个村获得省级卫生村称号。

【卫生人才队伍建设】 2021年，洛江区卫健局组织系统各单位摸底急需紧缺人才，组织申报参与春季事业单位招考3个岗位。开展业务培训，科学安排年度业务培训计划，印发2021年度培训计划，开展10余期业务培训，千余人次参加培训。加大骨干培养，选送11人到上级医院学习进修。审核发放学历补贴，已审核发放基层医疗机构在岗在编的全日制大专以上学历卫技人员学历补贴34.84万元。规范人事任免工作，按照《党政领导干部选拔任用条例》规定，在基层选拔任用基层领导班子11人，激发基层医疗机构干部事业心和工作积极性。组织卫技人员职称考试评聘等工作，2021年300余人参加护士资格、卫生专业初中级和高级职称考试。协调组织外派支援工作，派出驻厦门机场和石狮锦尚隔离点防控人员11人次，支援莆田核酸检测2人次。

【医学教研】 2021年，洛江区开展医疗业务培训25场，1300余人次参加培训。市一院派驻门诊专家35人，诊疗12020人次，涉及科室包括心内科、儿科、妇科、急诊科、心脏彩超、四维彩超等17个科室。开展新适宜技术80余项，开展会诊51次，疑难病例讨论75次，查房469次，手术示教76次；开展线上业务讲座60次，培训医务人员900余人次。通过“传、帮、带”，提高洛江区医院医务人员的业务水平。

医疗卫生体制改革

【医联体建设】 2021年，洛江区除原先下派的1名院长、5名高级职称“双主任制”专家、42名门诊特需专家外，新增下派常驻专家6名，涉及心血管内科、呼吸内科、内分泌科、消化内科、神经内科、感染科、急诊科、妇产科、儿科、甲状腺乳腺肝胆外科、骨科、五官科、皮肤科、心彩超、眼科、胃肠外科、泌尿外科、老年科等19个科室，诊疗7772人次，开展远程会诊6次，疑难病例讨论、院内会诊78次，查房64次，手术示教10次；开展线上业务讲座225次，培训医务人员621人次，有效推动医联体内部高水平专家资源的流转，各相关科室在总院专家指导下，极大地提高区医院的薄弱学科、核心临床专科的服务能力，特别是心血管内科、呼吸内科、眼科等专业服务能力明显提升。信息化系统心电中心、医学影像中心，远程会诊中心、检验中心、病理中心、消毒供应中心全部启用，并在医联体内实现上下转诊。

【公立医院薪酬制度改革】 2021年，洛江区医院试行院长任期目标年薪制，院长年薪由区财政全额负担，区医管委负责制定院长绩效考核办法，并实施年度考核，考核结果与院长年薪、医院绩效工资总额、医保支付、财政补助挂钩。2021年5月，组织区卫健局、区财政局、区人社局、医保洛江分局业务骨干和市第一医院专家对洛江区医院院长绩效考核指标完成情况进行综合考核。

【分级诊疗服务】 2021年，洛江区医院依托第一医院专家微信群，制定一套运行相对流畅的双向转诊制度，通过绿色通道为医联体“双向转诊”节省大量时间和费用，提高患者的满意度，在逐步实现“基层首诊、双向转诊、急慢分治、上下联动”的分级诊疗模式中起到积极作用。各卫生院和社区卫生服务中心继续与上级医院开展协作，定期请上级医院专家到基层医疗单位开展“传、帮、带”，落实协作协议，形成基层首诊、分级诊疗的机制。巩固探索完善区医院、乡镇卫生院（社区卫生服务中心）与市级以上医院对口帮扶及分工协作机制，实现医学专家坐诊、手术及讲座常态化。尤其是河市卫生院继续与泉州医高专附属人民医院肛肠科协作，开设专家门诊并指导业务、开展手术，成为河市卫生院特色诊疗。搭建公立医院与民营医院共建平台，引导万鸿医院和福医大附二院骨科，福兴医院和福医大附二院妇产科建立专科医联体。建立民营二级医院与基层医疗单位间的双向转诊机制，利用二级医院人员、技术、设备等资源和充分发挥基层医疗单位功能，开展区域间双向转诊。

【现代医院管理制度建立】 2021年，洛江区卫健局推进现代医院管理制度建设，区医管办、区卫健局指定专人负责，指导区医院按时完成公立医院章程制定工作。2021年底，区医院作为泉州市第一医院医疗集团紧密型医联体单位，参照部分泉州市现代医院管理制度建设医院经验和做法，制定医院章程和规章管理制度，拟定公立医院章程初稿。

【基本药物制度完善】 2021年，洛江区卫健局严格执行各级药采规定，全区所有公办医疗机构必须通过省药械集中采购网交易平台进行药品采购，严格控制标外采购。全区所有公办医疗机构和村卫生所全部配备和使用国家基本药物，实行药品零差价销售。2021年，落实对医疗卫生机构和村卫生所药品零差率补助76万元，群众药费负担持续减轻所有公办医疗机构和村卫生所全部配备和使用国家基本药物，实施基本药物制度，实行药品零差价销售。

卫生监督

【概况】 2021年，洛江区卫健局开展各类专项整治和执法活动1100余次，出动卫生监督执法人员800余人次。立案14起，查处10家医疗机构传染病案件，3家公共场所案件，结案3起，1家职业卫生案件，并及时将相关案件报送执法信息平台。

【医政管理与行风建设】 2021年，洛江区卫健局通过“陪同办”“亲自办”等方式，全面、深入、详细地了解卫健窗口相关办事流程、服务时限，并就卫生健康行政审批服务存在的堵点、难点进行探讨。以群众“会不会”、流程“顺不顺”、体验“好不好”、质效“优不优”为标尺，从方便群众办事角度，全流程倒查本部门行政审批服务事项存在的问题，采取有效措施加以改进、优化和提升，全面提升卫生健康行政审批服务质效。将窗口即办件由48项增加到68项、21项承诺件合计时限由原来的139天压缩到99天、“免于提交纸质证照事项”由原来的15项增加到45项。

医疗救助

【无偿献血活动】 2021年，洛江区卫健局印发《泉州市洛江区人民政府办公室关于开展2021年无偿献血活动的通知》，充分利用微信、张贴宣传标语、海报等大力宣传无偿献血工作，组织医疗机构开展宣传活动，呼吁全社会参与无偿献血。按照市里统一时间安排开展7场无偿献血工作，采集全血1865人次、采血量373150毫升，为全市新冠肺炎疫情防控期间临床用血作出积极贡献。同时加强宣传工作，结合“世界献血者日”组织医疗机构开展宣传活动，呼吁全社会参与无偿献血。

【精准扶贫医疗补助政策延续】 2021年，洛江区卫健局为790名脱贫户办理商业医疗保险，对补助对象在定点医疗机构发生住院、门诊特殊病种医疗费用，经基本医疗保险、医疗救助、大病保险补偿后，个人自付部分100%补助。

疾病预防控制

【慢病示范区建设】 2021年，洛江区卫健局坚持把政府主导，多部门协作作为推进慢性病防控工作的主线，完善慢性病防控保障机制。重视全民健康工作，提升完成创建健康支持性环境的水平，联合各部门开展各类专项行动。按照《洛江区慢性病防控服务体系建设方案》《洛江区慢性病一体化防治管理工作方案》《洛江区推进分级诊疗工作方案》等文件，进一步提升慢性病防控服务体系的运行、质控、绩效评价机制，区疾控中心、区医院对基层医疗卫生机构进行技术指导和对口支援，建立有效的合作关系。多渠道多方式广泛开展慢性病防治和健康教育。加强健康体检管理，开展高危人群筛查与干预，推进分级诊疗工作，支持中医药特色技术，加快区域信息平台建设。洛江区围绕“政策完善、环境支持、三减三健、体系整合、健康教育和健康促进、慢性病全程管理、监测评估和创新引领”等八个方面加强推进，力争2023年底前顺利通过国家级综合示范区考评。

【职业病监测与救治】 2021年，洛江区卫健局收集辖区用人单位的职业健康体检个案信息，及时发现异常结果，迅速分类处理，进行相关网络直报任务。继续开展辖区内职业性尘肺病患者的随访工作，了解患者生存与保障以及常住地等情况，以职业病防治综合管理信息平台为依托，实现辖区尘肺病患者调查、建档、随访等智能化管理。对辖区洛江区医院开展放射诊疗的医疗机构进行基本情况调查，掌握洛江区医疗机构放射诊疗设备防护安全、医疗照射频度、患者剂量和公众的辐射防护情况，建立放射诊疗机构及放射诊疗设备基础信息档案，2021年度放射诊疗基本情况调查已覆盖到全区所有放射诊疗机构。对重点行业企业开展工作场所职业病危害因素监测，开展职业危害因素现场调查、工作场所采样和实验室检测工作，出具检测报告，并进行相应的网络报告。

【新冠疫苗接种】 2021年，洛江区卫健局负责与市疾控中心对接，落实新冠疫苗供应情况，按照任务制定疫苗分配并及时将新冠疫苗分发至各个接种点；指导接种点做好接种现场布置和接种流程设置，规范有序开展新冠疫苗接种工作。2021年全年完成接种47.02万人次，其中完成第一剂接种21.37万人次，第二剂接种20.64万人次，第三剂接种5.01万人次。无接种差错事故发生，未发现新冠病毒疫苗接种后

2021年5月11日，全国第六届“万步有约”健走激励大赛福建省暨洛江赛区启动仪式举行（慢病示范区） （图/区卫健局）

发生严重异常反应，实现100%安全接种。

【免疫规划工作】 2021年，洛江区6个接种点1月至12月应报12次，实报12次，报告率100%，及时报告率100%。全区儿童基础免疫报告接种率为：卡介苗99.9%；IPV1（脊髓灰质炎灭活疫苗）99.63%，IPV2（脊髓灰质炎灭活疫苗）99.58%，OPV3（脊髓灰质炎减毒活疫苗）99.55%；DPT1（白喉疫苗）99.63%，DPT2（白喉疫苗）99.59%、DPT3（白喉疫苗）99.61%；麻疹类疫苗99.63%；乙肝1疫苗99.9%，乙肝2疫苗99.71%、乙肝3疫苗99.67%，乙肝疫苗首针及时率99.7%；乙脑疫苗99.64%；流脑1疫苗99.58%、流脑2疫苗99.69%；甲肝疫苗99.51%。全区儿童加强免疫报告接种率为：OPV4（脊髓灰质炎减毒活疫苗）99.69%；百白破4三联苗99.54%；麻疹类疫苗99.64%；白破二联99.73%；乙脑2苗99.57%、A+C1流脑疫苗99.57%，A+C2流脑疫苗99.69%。

妇幼保健

【免费婚前保健】 2021年，洛江区卫健局严格按照《婚前保健工作规范》，全面落实婚前咨询、检查及卫生知识的讲座，健全各相关科室，制定完善婚检工作有关的规章制度和岗位职责，提高婚检服务质量，增强广大欲婚者接受婚前保健服务认识水平。全区结婚登记1034人，婚前医学检查524人，婚前医学检查率50.68%，婚检检出疾病48人，疾病检出率9.16%；婚前卫生咨询率46.23%。针对婚检中发现的各种疾病及异常情况均给予正确的治疗和婚育指导，有效降低出生缺陷发病率，促进洛江区人口的优生优育。

【孕产妇系统管理】 2021年，洛江区各医疗机构均建立孕产妇保健卡（手册），按孕早、中、晚期、产褥期所规定的检查项目进行系统检查、监护和保健指导，及时发现高危情况，以确保母亲安全。按《孕产妇妊娠风险评估与管理工作规范》进行筛查、评估和落实风险评估管理。2021年总产妇数1989人，活产2003人，产妇早孕建册人数1863人，早孕建册率93.67%；产后访视1925人，产后访视率96.11%；系统管理1846人，系统管理率92.16%；孕产妇死亡0人，孕产妇死亡率为0/10万。

【儿童保健管理】 2021年，洛江区各卫生院、社区服务中心儿童保健管理建设取得较全面发展，全区的儿童保健工作严格实行“4.2.2”体检制，重点加强对0～3岁儿童系统管理、儿童“四病”的防治及学龄前儿童体检工作。2021年全区7岁以下儿童22117人，进行健康管理21098人，7岁以下儿童健康管理率95.39%。其中3岁以下儿童6878人，系统管理6463人，3岁以下儿童系统管理率93.97%。全年5岁以下儿童死亡率1.00‰，婴儿死亡率0，新生儿死亡率0。对5岁以下儿童进行营养评价，身高/体重检查人数13244人，5岁以下儿童低体重患病率0.62%、生长发育迟缓率0.57%、5岁以下儿童消瘦率0.39%、5岁以下儿童肥胖率1.07%、5岁以下儿童中重度贫血患病率0.25%。

【托幼卫生保健管理】 2021年，洛江区妇幼保健所根据卫生部和国家教委颁布的《托儿所、幼儿园卫生保健管理办法》，与卫生监督所、教育局密切配合，规范托幼机构的管理，坚持持卫生许可证办园，教师持健康证上岗，儿童凭体检合格证入园。2021年全区入托园所总数54家，当年应检儿童数13316名，当年儿童体检总数13172名，体检率达98.92%。全区有托幼机构工作人员1636人，参加健康体检1609人，体检率98.35%。

【新生儿疾病筛查】 2021年，洛江区助产机构分娩活产1387人，开展新生儿听力筛查1336人，新生儿听力筛查率96.32%。对筛查不通过者均给予转至听力诊断机构进一步诊治。洛江区助产机构按照省卫生厅制定的《新生儿疾病筛查管理办法》，继续加强对新生儿疾病筛查工作的管理力度，做好新生儿血样的采集的送检工作，不断提高筛查率。同时，对市妇幼保健院反馈的可疑阳性者做到及时通知，督促复查，使阳性病复诊率达100%，有效降低残疾儿童的发生率，提高全区人口素质。

老年保健和服务

【概况】 2021年，洛江区通过市场化运作方式，鼓励社会力量举办医养结合机构以及老年康复、老年护理等专业医疗机构。引进泉州市禾康智慧养老服务中心，在万安办事处官头社区建立“养老服务中心”、万街道和双阳街道分别建立“日间照料中心”为老年人提供居家养老、家庭生活服务、医疗诊疗、健康管理、保健咨询、预约就诊、急诊急救、中医养生保健等服务。

【医养结合机构建设】 2021年，洛江区在罗溪镇、河市镇、马甲镇养老院建立医疗服务室，卫生院安排医务人员到医疗服务室坐诊，开通养老机构预约就诊绿色通道，为入住老年人提供医疗巡诊、健康管理、保健咨询、预约就诊、急诊急救、中医养生保健等服务。在罗溪卫生院建立“医养服务中心”，增设康复中心，设立养老病床8张。该中心依托“中医馆”为老年人提供康复理疗服务，对脑外伤、脑血管意外后遗症患者提供康复锻炼场所，并开设休息区、阅读区。承接医疗机构内需长期照护的半失能和失能老年人，解决医疗机构中老年人的“压床”问题。合理配置并整合各类医疗和养老等服务资源，推动医养结合和分级诊疗工作的有序开展，提升老年人的健康养老服务水平，实现以医带养、以养促医、医养结合的工作目标，同时也鼓励其他养老机构与医疗卫生机构开展多种形式的合作协议，建立健全协作机制。马甲、罗溪、双阳卫生服务中心建设完成，预开展的康复服务包括针灸、艾灸、刮痧、拔罐、神灯、推拿、熏洗、牵引等。

【医疗卫生服务延伸】 2021年，洛江区各基层医疗卫生机构依托国家基本公共卫生服务项目，为辖区老年人建立健全健康管理服务制度，免费为老年人提供体检、保健咨询、健康指标监测和健康信息管理等服务。推行签约服务，与有意愿的老年人建立契约服务关系，提供连续性的健康管理服务和基本医疗服务。对65岁以上老年人每年免费提供一次生活方式和健康状况评估、体检、健康指导等健康管理服务。将居家养老的老年人纳入家庭医生签约服务重点人群，优先签约并提供健康管理和疾病医疗服务，医疗机构全科医生定期上门为老年人服务，服务内容包括一般常见病、多发病诊疗、护理和诊断明确的慢性病治疗，指导和督促康复训练，心理支持，健康教育与促进等。

中医中药

【概况】 2021年，洛江区卫健局贯彻落实中医药适宜技术的推广，深入开展中医药工作并定期开展中医药知识培训。全区6家基层医疗卫生机构均开设中医馆，开展针灸、推拿、骨伤、拔罐、热疗、冷疗等多种非药物治疗。洛江区河市镇白洋村基地现申报省级中医药文化宣传教育基地建设单位。

【中医保健服务】 2021年，洛江区发展中医药健康养老服务，将中医治未病理念、中医药养生保健、中医药康复医疗融入健康养老全过程，在全区推广中医药养生保健、医疗、康复、护理服务，引导中医医疗和预防保健机构延伸提供社区和居家养老服务。全区各医疗机构设置中医科、中药房和中药库，配备中医诊疗设备，100%提供中医药医疗服务，医疗机构中医诊疗设备配备都在10种以上，能开展6种以上中医药适宜技术。乡村卫生所医生掌握2～3种常用中医适宜技术为老年人提供中医药医疗、康复、养生保健等服务。

卫生应急

【卫生应急体系建设】 2021年，洛江区卫健局制定和细化《洛江区卫生应急工作手册》《洛江区单日全员核酸检测组织实施方案》《洛江区应对新型冠状病毒肺炎疫情应急预案（第3版）》《洛江区新冠病毒疫苗接种实施方案》《洛江区加强新冠病毒疫苗接种工作方案》。完成卫生应急队伍装备调研，调整充实区级紧急医学救援队伍和突发急性传染病防控队伍48人。制订卫生应急处置装备项目投入计划，区财政拨付项目建设资金690万元。制定完善洛江区卫健系统卫生应急队伍管理办法，开展队伍培训与演练，全年开展培训5场，演练3场，做好疫情应急处置和预防准备，落实“四早”要求，发挥部门联防联控作用，不断提升应对突发急性传染病和处置能力。完善医疗物资保障，制定洛江区卫健局2021年应急防疫物资代储代运项目采购方案和应急防疫物资代储代运计划表，建立防疫物资代储仓库。

【疫情防控多部门协作】 2021年，洛江区卫健局与公安、交通等通力协作，提升数据信息流转，落实三级网格分包体系，开展拉网式村社区地毯式摸排，确保排查不留一人，做到“核查—比对—推送—反馈”信息管理闭环。全链条、闭环式做好境外入洛江人员和中高风险地区人员隔离和健康监测管理。

（廖婷婷　陈森鸿）

劳动与就业

【概况】 2021年，洛江区人社局拓展"保、促、防"工作思路与措施，强化党建引领和队伍建设，把稳就业摆在首位，统筹推进就业创业工作，"保"目标任务完成，"促"重点改革创新，"防"重点领域风险，全区城镇新增就业2891人；失业人员再就业882人，其中就业困难人员再就业57人，城镇登记失业率1.9%。

【人才服务】 2021年，洛江区制定出台《洛江区进一步强化民营经济发展人才支持的若干措施（试行）》，进一步加大对民营企业、人才的政策扶持力度。贯彻落实人才"港湾计划"，做好高层次人才申报认定及待遇兑现工作，入选省"雏鹰计划"青年拔尖人才1人、省高层次人才C类4人、省工科类青年专业人才1人、市高层次人才145人次，兑现人才工作生活津贴、贡献奖励、购房补助、省工科类青年专业人才补助、高校毕业生安居及社保补助等488.33万元。强化高校毕业生招引扶持，引进国内外高水平毕业生116名，完成市下达任务数的116%；成功申报安居保障政策的产业急需高校毕业生375人次，完成市下达任务数的117.19%。

【职业培训】 2021年，洛江区人社局组织开展职业技能培训和岗位技能提升培训，培训5682人，完成市下达任务2500人的227.28%。指导企业开展职工线上培训和新录用人员简易岗前技能培训等各类培训工作，405家企业在全省技能提升培训平台注册。其中：开展岗位技能提升培训。组织泉州佘氏织造有限公司、泉州居然之家购物中心有限公司、方圆建设集团有限公司、嘉泰数控科技股份公司等30家企业，开展包括缝纫工、营销员、砌筑工和数控车工等15个工种的31个班次岗位技能提升（互联网+）培训，培训1567人次，发放补贴298.96万元；开展项目制培训，举办家政服务员、建筑工匠、保育员就业技能培训班12期，培训467人，发放补贴45.25万元；开展以工代训，156家企业11704人次，发放补贴585.2万元；开展就业技能培训1期，培训33人，发放补贴2.145万元；开展见证补贴，审核发放见证补贴146人，发放补贴22.4万元。

【就业服务】 2021年，洛江区人社局加强就业政策宣传，全面落实各项促进就业和鼓励创业政策，变"线下"专项公共就业服务为"线上"招聘服务，助力辖区企业招工，稳定和扩大就业成效明显。2021年开展网上招聘14场次，为118家次企业发布招聘岗位4487个。主动邀请湖南怀化就业部门到洛江区开展劳务合作、签订劳务合作协议；组织2家企业赴云南楚雄、大理开展劳务对接。用好用活就业创业扶持政策，兑现1691家次企业一次性稳定就业奖补、一次性劳务补助、正常稳岗、困难稳岗位返还1898.48万元。据统计，全区城镇新增就业4556人，完成市级下达任务的101.24%；失业人员再就业1436人，完成市级下达任务的239.33%；困难人员再就业94人，完成市级下达任务的134.29%。落实减免、缓缴社保费政策，切实减轻企业负担，助力企业复工复产，完成已缴三项社保费退费工作，退还1401家单位养老保险费494.73万元、1450家单位工伤保险费16.85万元、48家单位失业保险费2967.91元，退费进度100%。

2021年，洛江区人社局做好高校毕业生就业创业服务工作。继续实施“三支一扶”计划，新招募派遣9名“三支一扶”高校毕业生到乡镇开展服务工作；鼓励企业吸纳应届高校毕业生，6家企业吸纳应届高校毕业生20人。搭建毕业生与用人单位双向选择的平台，与仰恩大学联合举办2021届毕业生校园招聘会2场，400多家次企业提供招聘岗位8000余个。做好毕业生档案管理、就业登记等服务工作，全年接收毕业生档案1185份、办理就业登记225人、档案转递234件。

【劳动权利维护】 2021年，洛江区人社局贯彻执行《中华人民共和国劳动合同法》《中华人民共和国劳动合同法实施条例》，推进劳动合同制度，提供劳动合同示范文本、农民工简易劳动合同、建筑业简易劳动合同，指导企业规范劳动合同管理行为，减少劳动合同纠纷隐患。规范劳动派遣行政许可办理流程，严格行政许可审批，规范事中事后监管行为，提高监管效能。指导劳务派遣经营企业做好2020年度报告工作。新办理劳务派遣经营许可4件、特殊工时审批1件。

2021年，洛江区人社局重点查处拖欠工资、不签订劳动合同、使用童工等劳动保障违法行为。3—6月联合区市场监督管理局等有关部门开展清理整顿人力资源市场秩序、“双随机、一公开”活动。5—8月持续开展迎建党百年护薪行动、根治欠薪夏季专项行动。10月与区总工会等部门联合开展女职工产假等权益保护专项行动。聚焦工程建设领域，综合运用“项目工作法”“一线工作法”“典型引路法”，树典型创示范，着力整改问题隐患，查处拖欠工资行为，解决企业工资拖欠问题。11月起区治欠办联合多部门开展根治欠薪冬季专项行动。全年检查用人单位138家，查处3家违法企业。

2021年，洛江区人社局加强矛盾纠纷排查调处，窗口受理各类劳资纠纷400多件，核实处理欠薪讨薪警情280条，对各级欠薪平台登记的208件投诉，逐条核实，逐条化解。依托法官工作室和根治欠薪联动执行办公室，加强与区法院在重大纠纷调处、根治欠薪工作、劳动争议调处执行等方面的沟通衔接、联系合作；注重维护困难劳动者合法权益，联合司法、财政等部门在劳动人事争议仲裁院设立法律援助工作站。

【劳动争议处理】 2021年，洛江区人社局在劳动争议调处过程中，鼓励和解、强化调解、完善仲裁，克服疫情等多方面影响，推进劳动争议调解规范化管理和服务。劳动仲裁立案处理劳动争议240件，涉及人数589人、金额1073.0079万元，案外调解劳动争议83件，涉及人数107人、金额55.8073万元。根据省市部署，于2021年11月正式启用新的福建省智慧调解仲裁信息系统，成立工作专班，升级电脑设备，不断提高仲裁办案规范化和工作效能。

【劳动法律宣传】 2021年，洛江区人社局加强普法宣传工作，向群众发放劳动法、劳动合同法、工会法、工资支付暂行规定、保障农民工工资支付条例、民法典等法律法规政策。5月启动《保障农民工工资支付条例》（简称《条例》）实施一周年“宣传月”活动，联合各有关区直部门在双阳街道开展1场《条例》专题宣传活动，6—7月连续召开3场专题研习会议，推动在建工地落实《条例》规定。12月联合开展根治欠薪法治宣传暨集中接访系列宣传活动。全年分发各种宣传材料2500多份。

【专业技术队伍管理】 2021年，洛江区人社局按照上级各系列专业技术人员职务的评审文件要求，严格审核评审材料，为符合条件的150名申报人员开具委托书。组建洛江区中小学（幼儿园）教师中级职务评审委员会，中小学（幼儿园）教师一级专业技术职务任职资格评审通过19人。2021年度公有制工程建筑专业及非公有制经济组织工程建筑专业助理工程师职务任职资格评审通过134人。办理初、中、高级职务任职资格证书265份。考核确认29名大中专毕业生初级职务任职资格。

【干部队伍建设和管理】 2021年，洛江区人社局加强事业单位人事管理，扎实做好事业单位人员教育培训、年度考核、公开招聘等各项工作，切实提高人事管理效能。2021年招录政府系统（含乡镇街道）事业单位工作人员19名，完成干部更改学历审批7人次、出入（国）境登记备案管理更新202人次。牵头做好洛江区第二、第四系列绩效考评工作。做好政府系统事业单位人事调配初审及信息上报，事业单位人员调动、辞职，政府系列（含乡镇、街道）事业干部人事档案专项审核等业务工作。完成全区机关事业单位工作人员年度统计工作。据统计，全区党政群事业单位159个，事业在编人员2551人。做好省级、市级表彰评选推荐工作。

【国企薪酬制度改革】 2021年，洛江区人社局推进区属国有企业薪酬制度改革，落实《区属国有企业负责人薪酬制度改革意见》，跟踪指导区属国有企业负责人薪酬分配工作。指导薪酬审核部门出台《万投、国投集团公司职工薪酬分配方案》。督促指导辖区内19家国有或国有控股企业及所属主管部门有序开展调研工作，规范国有企业收入分配秩序。做好2021年度19家国有企业完成工资总额报备工作。开展2020年度区属国有企业在岗职工薪酬情况调查工作，督促指导企业按规定填报相关材料，并对有关数据进行统计与分析，待审核认定区属国有企业在岗职工平均工资。2021年，洛江区人社局组织开展企业薪酬调查工作，全区46家企业参加2021年度企业薪酬调查工作，做好2021年度企业薪酬调查数据挖掘应用及满意度评价工作。加强企业劳动工资宏观调控工作，落实企业工资指导线、人力资源市场工资指导价位、行业人工成本信息指导及最低工资标准等制度，宣传2021年度福建省企业工资指导线与2021年度泉州市企业薪酬调查信息等，引导企业搞好内部分配，指导企业建立职工工资正常增长机制。开展技能人才薪酬分配指导工作，指引福建新源重工有限公司结合企业发展的实际需求，初步建立技能人才薪酬分配制度，公司薪资结构为工龄补贴、岗位补贴、技能补贴等，其中初级技能补贴200元、中级技能补贴300元、高级技能补贴500元。

【工资福利】 2021年，洛江区人社局完善公务员和事业单位人员工资制度，规范公务员工资津贴补贴，落实义务教师工资待遇，完成全区机关事业单位人员年度考核晋升级别档次工资及日常工资变动审批4361人次。做好机关事业单位工人技术等级升级考核和工勤人员继续教育报名、培训、考试及更改连续工龄工作。常态化开展“1+X”专项督查工作，深入16个单位实地核查，未发现违规发放津贴补贴现象。

【工资监管和指导】 2021年，洛江区人社局落实《保障农民工工资支付条例》，全区49个在建工程项目开设工资专户。进一步优化农民工工资保证金制度，推动保函替代现金形式缴存，为施工企业释放现金1932万元。开展劳动保障守法诚信等级评价和用人单位工资支付行为信用等级评价工作，评价劳动保障守法诚信A级企业12家、B级1家、C级企业1家，评价工资支付守信企业48家、严重失信1家，推送其他信用部门实施守信激励和联合惩戒。

【退休人员待遇落实】 2021年，洛江区人社局做好退休人员服务管理工作。办理退休干部退休审批手续18人。“两节”期间，组织慰问机关事业单位退休人员135人，发放慰问金6.75万元，发放第九批住房补贴82人171万元。办理企业退休人员退休审批手续151人，死亡核减45人，企业退休人员1993名。

收入与消费

【概况】 2021年，洛江区居民人均可支配收入36481元，增长9.0%。按常住地分，城镇居民人均可支配收入48199元，增长7.8%；农村居民22329元，增长12.0%。

【城乡居民消费】 2021年末，洛江城镇每百户家庭拥有彩色电视机146.2台、洗衣机90.9台、电冰箱（柜）106台、空调2242台、计算机40.5台、家用汽车45.5辆、移动电话3130部。年末农村百户家庭拥有彩色电视机109.1台、摩托车98.3辆、家用汽车35.7辆、洗衣机96.2台、空调167.7台、移动电话287.9部。

【社会消费】 2021年，洛江区社会消费品零售总额854508万元，增长25.2%。按构成分，限额以上消费品零售额454320万元，占全社会零售额的53.2%，增长42.7%；限额以下消费品零售额400188万元，占全社会零售额的46.8%，增长9.9%。

（黄阿斗 王小云 潘英崇）

民政

【概况】 2021年，洛江区民政局立足保基本、兜底线、促公平，全面抓好民生保障政策的落实；瞄准民生发展方向，抓基层打基础、抓重点求突破、抓改革活机制、抓作风求实效，不断推动民政工作取得新成绩。落实残疾人“两项补贴”政策，为1737名残疾人发放生活补贴172.8万元，为2088名残疾人发放护理补贴241.8万元。

【社区建设与服务】 2021年，洛江区顺利完成村（居）委会换届选举，全区86个村（居）委会完成换届，实现“一肩挑”100%。推进“共建共享”社区治理试点建设。双阳街道阳山社区、马甲镇梧峰村作为“共建共享”社区治理试点，推行城乡社区近邻服务，构建共建共治共享的社区治理格局。完善基层社区基础服务设施建设，投入246万元，新建4个城乡社区服务站、8个农村居家养老服务站（含1个农村“幸福院”）、河市镇区域性养老服务中心，完善村（居）便民服务设施及养老服务设施。

【社会组织管理】 2021年，洛江区民政局依法登记成立民非和社团18家。同时，对2021年之前成立的社会组织进行年检，有105个社会组织参加年检。

【婚姻登记管理】 2021年，洛江区民政局严把婚姻登记手续关和收养人资格关。2021年，办理结婚1119对，离婚登记304对，补领结婚证和补领离婚证198本。

【儿童收养与儿童福利院】 2021年，洛江区社会福利中心加强日常管理，完善各项制度，为每个在院儿童建立档案，妥善安排在院儿童的生活、医疗、护理、康复和教育，开展家庭寄养等工作，为在院儿童回归社会创造条件。2021年，洛江区社会福利中心有孤儿9人。

【最低生活保障】 2021年，洛江区民政局完善低保民主评议票决和经济状况核查办法，规范申请、审批程序，科学制定保障标准，适时提高保障水平，切实做到“应保尽保、按标施保”，建立城乡统筹联动的低保标准调整机制，低保标准提高到每人每月775元，全年发放低保金1188.7万元。

【地名与边界线管理】 2021年9月，洛江区民政局完成“洛江—仙游”“洛江—丰泽”行政区域界线联检工作，12月完成内页整理，并将联检报告上报市政府。完善中心城区楼盘命名。规范住宅小区命名，按有关规定对3个楼盘进行备案。

【居家养老信息化服务工程】 2021年，洛江区民政局通过政府购买居家养老专业化服务的形式，为特殊老年人提供居家养老服务。2021年投入202万元为低保、特困、重残、优抚、建档贫困户等特殊老年人及80岁以上老年人提供养老信息化基础服务；为上述对象中不能自理的558名老年人提供每人每周2工时（90分钟）的上门实体援助服务，形成良好的社会效应。

【殡葬管理】 2021年，洛江区民政局预算100万元为每位洛江籍死亡对象发放1000元的火化补贴。将权力下放至各乡镇、街道。实际为367名死亡对象发放36.7万元火化补贴。

（林亮艺 杜丽卿）

社会保障

【概况】 2021年，泉州市洛江区人力资源和社会保障局传承弘扬“晋江经验”，紧扣提高效率、提升效能、提增效益，持续社会保障，在勇当全方位推进高质量发展超越主力军中贡献力量。洛江区在职参加基本养老保险5.8万人，增长24.73%；参加城乡居民养老保险9.21万人，减少0.21%，参加机关事业单位养老保险3196人，增长0.01%。参加失业保险3.23万人，增长14.13%；参加工伤保险4.18万人，增长8.01%。继续落实阶段性降低失业保险、工伤保险费率延长1年的政策，累计为4321家企业减轻负担。

【工伤认定】 2021年，洛江区受理工伤认定申请112件，其中认定工伤112件、当事人申请撤回工伤认定申请案件2件。办理工伤认定行政复议案件3件、行政诉讼案件5件。

【保险基金发放与管理】 2021年，洛江区社会保险基金实行“收支两条线”管理。全年发放基本养老金6526万元、失业金383.46万元、工伤待遇501万元、城乡居民养老金6324.48万元（其中，发放被征地养老保障金1381.14万元）；发放机关事业单位退休干部养老金5578.23万元。加强社会保险基金管理风险防控，构建集政策、经办、信息、监督“四位一体”的风险防控体系，有效防范化解重大风险，确保社保基金安全。

民族与宗教事务

【民族团结进步宣传】 2021年，洛江区民宗局投入14万元，在万安桥南社区十班公妈庙爱国教育基地创建民族团结进步教育基地，搭建民族团结进步教育平台。2021年，举办3场次民族团结进步宣传活动，联合市民族宗教局、河市镇，举办“不忘初心跟党走，民族团结谱新篇”、“三月三”畲族文化节活动；联合双阳街道，指导举办和诚民族服务中心举办“听党话 跟党走 感党恩”文艺演出；联合市委统战部、市民族宗教局、万安街道举办“铸牢中华民族共同体意识·永远跟党走”第十四个民族团结进步宣传月活动暨民族团结进步教育基地揭牌仪式，促进各民族交流交往交融进一步加深。河市镇厝斗畲族村民委员会获评“福建省第九次民族团结进步模范集体”。

【少数民族经济发展】 2021年，洛江区下发民族工作经费16万元，扶持洛江区少数民族发展经济；2021年争取各级少数民族补助款68万元，扶持少数民族村（社区）项目6个。推动省第四批少数民族特色村寨试点村厝斗村建设，有效衔接乡村振兴，支持厝斗村发展特色产业畲医药种植（入股企业）6.67公顷，完善600米油茶园机耕道路建设，完成厝斗村文化展示馆二期基础建设。

【少数民族服务与管理】 2021年，洛江区民宗局重点做好外来少数民族务工人员的服务与管理。坚持尊重差异、包容多样的原则，做到输出地、输入地党委政府和用工企业三者联动，抓好输前、输中、输后三个环节，做到培训、管理、服务三举并重，持续创造各族群众共居、共学、共事、共乐的良好条件。召开民族工作联席会议2次，强化沟通协调，帮忙解决实际问题和困难。配合做好全国人大民族委员会副主任委员洛桑江村一行到洛江调研、中央统战部八局副局长继总成一行到洛江调研等相关工作。

【宗教场所安全生产管理整治】 2021年，洛江区召开安全工作推进会，印发安全工作要点，邀请区消防大队、区交警大队开展消防安全培训和应急演练。推进安全标准化建设，召开安全标准化提升专题培训，邀请第三方机构中安质环公司安全专家授课。抓好安全重点工作。扎实推进安全专项整治三年行动集中攻坚、"控事故、保安全、迎建党百年"宗教领域安全集中攻坚专项行动、景区和非景区景点宗教活动场所安全管理专项整治及宗教领域"严执法、强攻坚、促提升"专项行动。开展安全检查。利用清明、"五一"国际劳动节、端午节等重要时间节点，开展安全检查工作，发现安全隐患28条，全部完成整改。

【宗教中国化方向引导】 2021年，洛江区组织宗教界到泉州承天寺参观"福建宗教爱国故事陶瓷艺术展"，观摩泉州承天寺"四进"工作，配合市民族宗教局做好以"砥砺初心 爱我中华"为主题的泉州宗教领域百年爱国故事编纂工作，整理提交洛江区1篇宗教红色故事。铸牢宗教界爱党、爱国信念。成立洛江区首个爱国宗教团体——洛江区佛教协会，发挥宗教团体的桥梁和纽带作用。推进宪法、社会主义核心价值观、中华优秀传统文化、国旗"四进"宗教活动场所工作。引导宗教界发扬慈悲济世精神，投身慈善公益事业，开展助学助医济困活动，有力支援全区疫情防控工作，向社会各界捐款捐物达200多万元。

2021年4月9日，区民宗局联合区消防大队到宗教场所进行消防演练（图/区委统战部）

慈善事业

【概况】 2021年，洛江区慈善总会及各冠名基金单位全年实施慈善助医、慈善助学、慈善助残、慈善助困，慈善援建等五大项目11个子项目，资助支出总计1615.53985万元，其中定向资助大中小学生、村老人活动中心、中小学教育设施及乡村基础设施等支出资金1404.45885万元。

【慈善助困】 2021年，洛江区慈善总会开展特殊困难家庭救助活动和元旦、春节期间助困活动，慰问贫困人员411（户），发出慰问金20.55万元。

【慈善助学】 2021年，洛江

区慈善总会确保洛江区品学兼优的贫困大学生顺利完成学业，资助58名贫困大学生、救助资金18.1万元。

【慈善助医】　2021年，洛江区慈善总会对因患重病导致经济困难的家庭给予及时救助，救助患有癌症、白血病、尿毒症等重症特困病人628名，救助资金125.75万元。

【慈善助残】　2021年，洛江区慈善总会资助91名残疾人安装假肢、助听器，开展康复训练，救助资金44.331万元。

【慈善援建】　2021年，洛江区慈善总会开展辖区内教育、救助等公益项目帮扶，支出资金2.35万元。

泉州市洛江区社会科学界联合会

【概况】　2021年，泉州市洛江区社会科学界联合会（简称洛江区社科联）坚持以习近平新时代中国特色社会主义思想为指导，落实省、市社科工作会议精神，围绕推动新思想宣传普及和党史学习教育，推进社会科学各项工作的开展。2021年，洛江区有区级社科普及基地14家，其中，洛江区青少年学生校外活动中心、罗溪镇洪四村2家基地被评为市级社科普及基地。2021年编发《微品洛江》《洛江社科》刊物2000册，制作发放“洛地有声”理论宣讲光盘400个，分发各类社科普及书本近1000册。

【社科理论学习】　2021年，洛江区社科联把党的创新理论和党史作为社科普及工作的重点内容。依托“洛江社科”微信公众号，及时转载习近平总书记的最新重要讲话和相关理论阐释文章，开展新思想和党的政策理论的宣传普及，持续助推“大学习”新热潮。以召开洛江区社科界学习贯彻党的十九届六中全会精神宣讲报告会，印发通知、组织社科联委员开展集中学习研讨、发出倡议书等方式，提高广大社科工作者自觉加强理论学习和积极参加党史学习教育的主动性，始终保持与党同心、同向、同行。发动全区广大干部群众踊跃参与省社科联开展的第十五期庆祝中国共产党成立100周年、第十六期深入学习贯彻党的十九届六中全会精神和第十七期深入学习贯彻省第十一次党代会精神网上有奖竞答活动，全区参与答题7万人次。组织参加市党史学习教育宣讲比赛，获得三等奖。

【社科普及宣传】　2021年，洛江区社科联主动融入洛江区发展大局和宣传工作大格局，召开洛江区社会科学界联合会第一届委员会第七次全体会议，选举区委常委、宣传部部长张荣伟为区社科联主席；推荐3名优秀社科界人士为区政协委员。联合区委宣传部，从社科界、文化界等社会各界遴选出一批政治立场坚定、理论素质好、亲和力强，能讲善讲的人员，组建“洛地有声”宣讲团。宣讲团创新宣讲内容和方式，用“身边人＋身边事”“小故事＋大道理”“线上＋线下”的方法，把洛江发展案例、历史人文故事和风景名胜与党的创新理论相融合，录制《惠女水库——摆脱贫困的壮丽诗篇》《以史为鉴　开创未来》等理论宣讲系列微视频，并通过“大美洛江”微信平台、广电平台等媒体矩阵播出。2021年年初，“洛地有声”微视频制作被评为全市重点社科资助项目，制作的视频被省社科联和省委宣传部选送参加中宣部优秀理论微视频评选。8月，“洛地有声”宣讲团被评为全省首届十佳基层特色宣讲团（全市首家），并获得2021年度福建省宣传文化事业发展专项资金资助。“洛地有声”被选送参评全省基层理论宣讲创新案例。9月，洛江区社科联一周内连续推出《闽南四句——全民抗疫》《疾控医生说——科学防疫》2期疫情防控的微视频，分别从社会视角和专业视角进行宣传讲解。结合“再学习、再调研、再落实”活动，做好“走百商，访百才”等工作。与仰恩大学、黎明大学等高校加紧对接，在围

2021年12月4日，2021年洛江区社会科学普及宣传周活动启动仪式举行（图/区社科联）

绕落实区第六次党代会精神和“5个洛江”建设方面探讨课题研究项目和大学生创业项目，努力发挥“智库”作用。

【社科品牌打造】 2021年，洛江区社科联把工作方式的创新和工作品牌的打造作为增强社科普及工作生命力与活力的立足点与出发点，继续精心打造“微品洛江”系列科普作品。2021年底，在“大美洛江”等微信平台推出“微品洛江”系列原创微文15期，以新的视角持续开展对洛江的宣传推介。联合区委宣传部，整合马甲永安村、罗溪洪四村和区图书馆3家区社科普及基地资源，创造性打造全省首个“学习强国”研学体验综合体项目，入选2021年市、区两级党建工作重点项目。其中，永安村“学习强国”线下体验中心入选《福建省新时代文明实践创新案例》。全力整合全区社科界力量和社科阵地资源，以“永远跟党走，谱写新篇章”为主题，制定社科普及宣传周活动方案，组织洛江区各人文社科展馆、普及基地免费开放并开展多形式的社科普及宣传活动，不断扩大社科普及宣传周的品牌影响力。2021年12月4日，洛江区社科普及宣传周启动仪式在泉州市南方职业科技职业技术学校召开，现场举行为基地授牌、为“洛地有声”宣讲团成员授聘书、为“学习强国”学习达人颁奖，并开展知识竞答、非遗展示、义诊咨询等多样精彩活动，氛围浓厚。

【社科阵地建设】 2021年，洛江区社科联紧跟时代发展步伐和适应阅读习惯的变化，着力建设和运营好“洛江社科”微信平台。严格执行“一三五”每周三期社科资讯发布机制及发布审核“三审制”，精选正能量优质社科资讯文章，2021年在“洛江社科”微信平台上发布社科资讯近160期。不断发展壮大社科普及基地，新评选国营双阳华侨农场文化展示馆、泉州本草馆、泉州市南方科技职业技术学校为2021—2023年度洛江区社会科学普及基地。

（陈小芳 沈诗敏）

乡镇（街道）

万安街道

【概况】　万安街道地处洛阳江南畔，土地面积15.67平方千米，下辖8个社区，2021年人口数84115人，其中常住人口77385人。辖区内设有1所专科学校（泉州医高专），1所公立中学（泉州十一中），3所公立小学（市实小洛江校区、区实验小学、区第三实验小学），有2所私立中小学（外国语学校洛江校区和南少林武术学校），有幼儿园17所（其中公立4所）。2021年，万安街道完成工商税收11.4亿元，其中，区级收入6.36亿元，占全区一般财政收入15.4亿元的42%，完成任务的132.61%，超序时进度32.61个百分点，超收15651.87万元；实现规模以上工业企业工业总产值220.5亿元，比上年增长17.99%，完成年度任务的106.88%；限额以上批零住餐（批发和零售业、住宿和餐饮业）销售额完成28.4821亿元，比上年增长11.37%；完成固定资产投资9.1亿元。

【经济发展】　2021年，万安街道宣传落实惠企利民、促消费、稳外贸等各类扶持政策20余项。98家纳税超100万元重点企业中有12家企业实现增长，兑现企业员工留洛江补贴21.5万元；绿光达电子、泉兴五金、石全石美、亿力电气、金宇箱包等9家企业申请国家级高新技术企业。

2021年，万安街道第三产业呈现恢复性上涨趋势。30家限上批零住餐企业中15家实现销售额正增长，其中美家智能科技企业实现销售额翻两番。建筑业增加值增速持续加快，纳税超百万元的21家重点建筑企业完成纳税2.31亿元，比上年增长20.39%，约占全区44家重点建筑企业税收的56.48%。房地产销售量增长，16家房地产企业实现税收约30325万元，比上年增长63.78%。其中6个在建房地产项目完成销售1910套，销售面积13.95万平方米，销售金额16.75亿元。培育发展楼宇经济，着重推进中闽大地科技有限公司研发总部等4个服务业项目建设及招商引资，协助做好万安里等写字楼的招商工作，引进一批金融服务、餐饮住宿、商贸流通等服务业企业20家，新增限额以上企业17家。

【城市项目建设】　2021年，万安街道实行街道党政主要领导负总责，党政班子成员分项包干，街道、社区、项目业主联手齐抓的工作机制。荣嘉江滨公馆、世茂•璀璨天城等11个区级重点在建项目完成投资20.32亿元，完成年度投资的101.1%。丰海路（万福街至万发街）路侧整治景观提升工程、丰海路休闲口袋公园等7个区级城建项目完成年度投资1000多万元。新时代文明实践站、老旧小区、垃圾分类等12个为民办实事项目落实民生资金1521.9万元，其中，杏园小区、景明花园、琯头新村、首富商城、吉源小区一期等5个老旧小区完成投资693万元。小总部经济区征迁、洛江区实验幼儿园等5个征迁项目取得新突破，完成征地8.67公顷，征收8宗房屋面积3000平方米（其中，后埭6宗3000平方米、实验幼儿园1宗540平方米、华南动力1宗300平方米），征迁坟墓583个。其中，历史遗留问题长达10多年的后埭片区6宗民房全部完成征收和安置；华南动力配套及试验工业园项目完成土地征收8.67公顷，征迁坟墓583个，并完成便道等基础设施建设；仅用3天就完成塘西片区2.726万平方米254套安置房分房工作。

2021年3月12日，福建省妇联主席林叶萍（前排中）调研万盛社区三盛微家调解室　（图/万安街道）

【社会事业】　2021年，万安街道从文化、卫生、教育、社会保障、城市基础设施配套等方面着手，扎实推进民生补短板。万安街道建立完善以最低生活保障为主体、临时救济为补充的社会救助体系，不断扩大养老、失业、医疗、工伤、生育保险覆盖面，全年为73户117人发放城市居民最低生活保障金852395元；落实残疾军人、“三属”、老复员军人、参战退伍军人、60周岁以上农村退役军人等各类资金，为优抚对象报销医疗门诊、健康体检以及困难救助金44644元。走访慰问重点优抚对象28人，发放慰问金71700元，为优秀参战退役人员发放慰问金；为现役士兵落实奖励金、优待金992192元；为2064户普通农户购买政策性农村住房保险24768元；发动16700人参加城乡居民基本医疗保险，参合率达99.52%；发动3568人参加城乡居民养老保险，缴费率98.07%。

【城区环境整治】　2021年，万安街道以创建全国文明城和卫生城市为契机，投入专项经费1000多万元，严格按照“定领导、定部门、定任务、定责任”的原则，细化到人、明确到岗，一级抓一级、层层抓落实，从加强环境卫生、市容市貌、基础设施建设和网格化、精细化管理机制等方面，不断提高城市建设管理水平，垃圾分类、中心城区卫生考评等各项工作在全市年度检查中名列前茅，切实把创城、创卫工作打造成聚民心、顺民意、惠民生的幸福工程。

【平安万安建设】　2021年，万安街道全力推进安全生产专项整治三年行动，按照“全覆盖、无缝隙”要求，坚持“企业自查、网格监管、常态巡查”原则，推行“企业自查、社区检查、专家复查、街道督查”的“诊断式”排查整治模式。共检查各类企业（单位）55家次，排查各类隐患275条，整改到位223条，发出限期整改指令书和现场处理书55份，责令限期整改55次，责令停产整顿企业1家。房屋安全方面：在上年排查出的存在重大安全隐患的房屋251宗的基础上，拆除18宗、加固修缮9宗，聘请技术人员开展5轮复核工作，逐栋核查安全隐患点，完善“一房一档”工作。持续加大日常巡查力度，严防隐患房屋人员回流使用情况，确保房屋安全整治有效到位。自然灾害方面：投入近50万元成立渔船点验中心，聘请专职人员开展汛期隐患排查、重大危险源监测监控、森林防火，以及对辖区内97艘无动力渔船进行动态监管，对排查发现的3处隐患点进行除险加固，对未标明船号和未配备救生圈的渔船限时整改15艘次。

（谢月英 赖梓锌 黄岚）

双阳街道

【概况】 双阳街道地处国家级风景区清源山北麓，洛江区中东部，因境内有双阳山而得名。距区政府驻地约9.2千米，东至洛阳江，东南与城东毗邻，西南与北峰、清源农场接壤，西北与南安市交接，北至河市。距324国道4千米、福厦高速公路西福处5千米、穿朋山岭隧道至中心市区仅7千米。省道307线和洛江区交通要道万虹公路横贯境内。2021年完成财税收入5.06亿元，比上年增长8.66%，其中中央级收入2.17亿元，比上年增长7.63%；地方级收入2.88亿元，比上年增长9.45%，收入保持平稳增长。规模以上工业总产值233.94亿元，比上年增长16.3%，完成全年目标任务的106.2%；狠抓投资增后劲，完成固定资产投资53.04亿元，比上年增长28%，超年度计划26.2%。

【经济发展】 2021年，双阳街道通过党政领导班子挂钩联系企业、实地走访了解、跟踪协调等措施，抓发展、抓技改、抓服务。跟踪服务规模以下工业企业12家，筛选10家规模以下企业作为重点培育单位，完成工业企业新入库10家。福建和诚鞋业有限公司、泉州市天娇妇幼卫生用品有限公司、福建培新机械制造实业有限公司等龙头企业带动纺织鞋服、卫生用品、电子机械优势产业实现产值、税收全面增长，产值162.39亿元，比上年增长15.5%，完成税收1.51亿元，其中卫生用品行业税收4442.1万元，比上年增长34.4%。

2021年，双阳街道建筑企业发展顺利，广田建设工程有限公司、福建省华策建设集团有限公司等建筑企业税收收入4873.8万元；南益·阳江春晓一二期、洛江优步学府等3个房地产项目投资15.02亿元，完成年度计划的115.54%。商品房销售实现税收2.5亿元，比上年增长916.6%。

2021年，双阳街道新增批零住餐限下转限上企业7家，限上批零住餐企业完成销售额76.1亿元，比上年增长31.9%，完成年度计划的122.7%。物流业发展加快，新宜物流、信安物流、德逸轩等企业发挥规模效益，新宜物流、信安物流平稳运营；德逸轩企业总部建设完成投资126.15%，完成商务楼、物流配送中心主体结构中间验收；德邦物流东南总部进场，开始地上物清理及土方平整。汽车4S店走廊提质扩容，在有9家4S店和6家二级销售中心的基础上，奔驰4S店进行试营业，信兴汽车城继续引进东风日产、新亿星新能源等，雷克萨斯、宝马4S店加快建设进度。商圈升级夜市经济，完善阳光小镇商圈，引进肯德基、小米之家等品牌，印度尼西亚街规划设置夜市便民服务摊点。

【城乡建设】 2021年，双阳街道完成“抓征迁交净地”百日攻坚四大项目，完成196宗房屋70209平方米、102.53公顷土地、387个坟墓迁移的清零任务。阳江新城片区完成整个片区房屋征收139宗43000平方米和征地60公顷。西环路完成房屋征收57宗27209平方米，完成整个项目征地30.67公顷、坟墓迁移337个。隆信电子完成征地2公顷，坟墓迁移50个；德邦物流完成征地9.87公顷。

2021年，双阳街道12个重点项目计划投资20.67亿元，完成投资26.05亿元，完成年度计划的126%，其中11个项目超年度投资额5.53亿元。4个市级重点项目，前洋安置小区、双阳卫生用品电商园区、梅赛德斯奔驰洛江4S店、信兴汽车城分别完成142%、128.33%、125%、132%，为双阳产业经济发展注入新的活力。导航与测控系统创新研究院、隆信电子厂房、洛江国际康养文旅城、新阳片区城市更新、阳江新城商住项目5个预备项目按计划进行前期工作。

2021年3月18日，第24个世界防治结核病日宣传活动举行

（图/双阳街道）

【社会事业】 2021年，双阳街道投入650万元完成祥光花苑一二期、侨福四季花苑、坪山侨居楼等3个老旧小区改造；背街小巷整治完成10037平方米，100%完成目标任务；完成中心城区主次干道等路面修复3000多平方米，整治排水沟渠420米，修复井座16个，排查更换雨污井盖200多个，铺设污水管网10.21千米，建成停车场泊位100个、充电桩29个，对社区微光能路灯300盏进行亮化提升，实施双阳高速出口匝道景观改造提升工程。

2021年，双阳街道阳江学园小学校区加快建设，推进洛江区二实小等校园改造，泉州科技职业技术学校投资6265万元完成校园建设，秋季招生2400余人。医疗、养老保险缴费率分别为99.53%、97.01%，支持养老服务机构建设运营，扩大金秋家园品牌，完成金秋家园颐养中心二期规划设计；完善村医网格化管理，服务管理严重精神病患者93名。

【社区换届】 2021年，双阳街道依法依规完成党支部、居委会换届各项工作，11个社区100%完成“一肩挑”，年龄、学历全面实现一降一升，选优配强社区班子。

（徐川松 杜民服）

河市镇

【概况】 河市镇位于洛江区中部，洛阳江上游，东与惠安毗邻，西与南安相接，南接双阳，北接马甲，土地面积105平方千米，下辖21个行政村，户籍人口37447人，常住人口约43380人。有基层党组织84个，党员1467名。镇域内环境优美，生态资源丰富，主要有东溪、西溪2条河流流过，森林覆盖率为63%。2021年河市镇完成一般公共预算总收入2.74亿元，其中一般公共预算收入1.52亿元，比上年增长8.40%；完成规模以上工业产值225.33亿元，比上年增长1.97%；全社会固定资产投资22.19亿元；全年批零住餐完成销售额5.3亿元，增长382.59%。

【经济发展】 2021年，河市镇规模以上工业企业77家，新增规模工业企业12家，新投产企业5家、新投建扩建企业16家。加快推进筑可丽、台湾优良产业园等2个优质项目落地建设，初步形成官洋工业园区雏形。西片区智能制造产业园探索区域战略划分，其中机电产业园模块初见成效，欣佳成机械装备、盛泰汽车零部件、铂特机械、杨乐煜机械、万紫千红彩印等工业项目陆续进驻开工建设。落实数字绿色技改专项行动，实施12个技改项目完成投资16.5亿元，比上年增长111.27%。鼓励科技创新，新增认定福建省高新技术企业5家、福建省科技“小巨人”企业8家、专精特新“小巨人”企业2家。

2021年，河市镇粮食种植面积286.6公顷，产量1503吨，完成蔬菜种植面积481公顷，产量15830吨。认真落实各项强农惠农政策，稳定粮食播种面积和产量。建设完成白洋村农业体验观光园0.67公顷，打造国家地理标志——白洋甘蔗，成立甘蔗产业协会博士工作站。依托畲族文化，建设厝斗村茶油基地生态园33.33公顷，成功注册“厝斗茶油”商标，试行林下套种中草药6.67公顷，厝斗村获评2021年省级产业振兴示范村。农业基础设施逐步完善，建设完成2020年美丽家园库区移民项目和2020年高标准农田项目，白洋村、南塘村水土流失治理项目顺利完成，溪井村小型水利设施项目完工。清除钟洋拦河闸下淤积杂物、水葫芦，完成坛顶山塘应急除险加固工程，2021年庄田村池仔尾池塘修缮项目加快推进，对存在问题的山塘及时进行抢修，安全度汛。

2021年，河市镇整合生态旅游资源，沿着美丽东溪，串联起3个村及6个主要景区，创建全长近10千米的东溪旅游风景道项目，获评第三批泉州市“六大旅游产品”。新增多处旅游“打卡点”，后深溪景区建设“重走长征路”主题红色基地，和园九品莲花创建廉政教育警示研学场所，“陆歌”滑翔伞项目稳步推进中。厝斗村与乡韵农场合作建设茶文化馆，打造“厝斗生态茶”伴手礼。消费市场呈增长态势，限额以上批零住宿餐饮企业完成销售额6.2亿元，比上年增长16.98%。农村电商业态发展迅速，白洋、梧宅入选2021年全国淘宝村。房地产市场迎来新增长点，翰林合著商品房已销售1065套、10.79万平方米，销售额达9.2亿元。

2021年，河市镇24个区级在建重点项目，已开工11个，竣工1个，完成投资12.35亿元。省级乡村振兴试点村新告村、市级乡村振兴试点村白洋村和厝斗村、乡村振兴示范线路（白洋村—山边村—新告村—厝斗村）共计31个项目，实现全开工、全竣工，总投资约2000万元。

2021年，河市镇参加全区项目集中招商会，舟基集团、蓝城康养等重大产业项目落地河市，成功引进震昇机械、卓瑞机械、昌禾养老等多家优质企业项目，全年新增签约落地项目22个。万洋众创城完成4批招商工作，新增有意愿入驻企业60余家，为区域经济发展注入强劲动力。

【城乡基础设施建设】 2021年，河市镇优化交通路网，洛滨北路、经十路、310县道拓改工程竣工通行，万虹路（河市中学至马甲新庵岭）拓改工程加快建设，完成农村公路提级改造3.62千米。推进“厕所革命”，新建公厕1个，拆除整治旱厕64个；投入645万元“打包”实施东溪流域综合整治工程；改造提升河市村临时农贸市场，整治裸房232栋，打造美丽庭院8个，新建口袋公园、休闲公园2个，实施3个路灯亮化工程和6个道路绿化景观提升工程。

【生态环境整治】 2021年，河市镇以全国文明城市、国家卫生城市复审及创建省级文明城区为契机，投入约700万元，开展家园清洁、占道经营、空中线缆、“牛皮癣”、“滴洒漏”等专项整治行动。继续实施水环境治理，重点整治市突出生态环境问题整改清单的15个入河排污口问题，霞溪工业区污水管网配套工程（一期）加快建设，关注管控工业区企业污水排放问题，联合区生态环境局开展涉企污水排放执法整治5场次。开展土地治理和修复工作，初步完成河市白洋村土岭坑矿山生态恢复治理项目，推进河市土楼下地灾隐患点和河市村临时农贸市场屋后滑坡地质灾害隐患点项目治理。2021年，河市镇持续推行“河长制”，清理河道、保洁河岸及建设河道沿线绿化景观，推进河长制办公室标准化建设，建设完成镇区夜景亮化工程、湖心岛绿化景观提升工程、河长制主题公园。推行林长制，护林员定期巡林，配合区直机关在官虹路延伸段开展义务植树活动。加强环境卫生管理，采取承包制和自主管理相结合的管理制度。

【社会事业】 2021年，河市镇落实教育投入资金约580万元，加快推进河市中心小学第四栋教学楼及连廊工程，建设提升中心小学、中心幼儿园、坛顶小学等教育硬件设施，召开第三届河市教育促进会暨第六届奎峰教育基金会会议，白洋小学被教育部确定为第二批乡村温馨校园建设典型案例学校。泉州宝璋医院加快进度，洛江区医院项目即将动工。开展党史学习教育，举办庆祝中国共产党成立100周年系列活动，河市镇新时代文明实践所（站）全覆盖，建设俞大猷公园研学乐园等16个“我为群众办实事”项目；重启“三月三”畲族文化节，举办“农耕文化节”；提升农村科普信息化服务水平，建设新告村青少年科学工作室，获评省级“科普中国乡村示范e站”；厝斗村畲族民俗文化展示馆建成，俞大猷公园整治提升工程竣工；厝斗村被评为福建省民族团结进步模范集体。

【脱贫攻坚成果巩固】 2021年，河市镇全力做好巩固拓展脱贫攻坚成果同乡村振兴的有效衔接，坚持落实防止返贫监测和落实帮扶机制。对低保户、特困供养对象实现应保尽保，发放低保金超287万元。落实困难群众疾病救助和慈善大病救助，共发放救助金25.76万元。落实“助孤工程”，补贴失能老人，救助残疾人，开展计生帮扶，关注重点优抚对象、退役军人和义务兵，总计发放补贴超280万元。开展节日慰问工作，发放慰问金超60万元。城乡居民基本养老保险和基本医疗保险参保率均达90%以上。新建3个居家养老服务站，支持河市村建设洛江区城乡社区服务站，推进河市敬老院打造成区域性养老服务中心。

【社会治理】 2021年，河市镇完善“强基促稳”工作长效机制，落实扫黑除恶专项斗争常态化要求，扎实推进防范治理电信网络诈骗、酒驾整治、“重精”管理、“禁毒”等工作，平安河市纵深推进。持续开展“夜访夜谈”和信访事项“治重化积”专项行动，加大重点信访事项化解攻坚力度。在全区内首创“厝边守望”工程，投入约35万元建设村居视频监控点和打造智慧平台，此项民生工程得到市、区两级一致肯定，泉州电视台、侨区快讯作专题报道。加强人民调解，开展普法宣传、社区矫正和法律援助活动。深入贯彻习近平总书记关于安全生产和消防工作重要指示精神，扎实开展各行业各领域安全隐患排查整治行动，安全生产形势平稳。

2021年4月10日，“不忘初心跟党走 民族团结谱新篇”河市镇“三月三”厝斗畲族文化节活动举行，图为竹竿舞表演（图/河市镇）

【征迁交净地百日攻坚】 2021年，河市镇落实全市“抓征迁交净地百日攻坚”、区“项目攻坚2021”、区重点项目五大专项攻坚行动，开展镇2021年重点项目“百日攻坚”行动，选优配强征迁队伍，齐抓齐干、群策群力，成功突破西片区工业产业园道路工程、第四实验小学、河市消防站和110千伏变电站等多个西片区项目的征地拆迁难点问题，洛江区医院地块的土地征收完成清零任务，万虹路拓改（二期）工程的历史遗留12宗房屋征迁问题取得突破性进展，已签约11宗。8个区“项目攻坚2021”项目，征收土地约17.33公顷、房屋17宗约7000平方米、坟墓361个。

（杜燕铃 刘景阳）

马甲镇

【概况】 马甲镇位于洛江区中

2021年，马甲镇区航拍图 （图/马甲镇）

北部，东连泉港区涂岭镇，西靠南安市洪梅镇，南接河市镇，北承罗溪镇，东北接壤仙游县园庄镇，西南毗邻南安县洪濑镇。马甲镇土地面积114平方千米，辖24个行政村。2021年，马甲镇实现一般公共预算总收入11932万元，比上年增长2.03%，其中一般公共预算收入6318万元，比上年增长7.80%；完成社会固定资产投资6.31亿元，比上年减少58.43%；实现规模以上工业产值21.93亿元，比上年增长26.73%；完成限额以上批零住餐销售额2.34亿元，比上年增长70.33%。

【经济发展】 2021年，马甲镇持续扶持培育国宇生物科技、百福花卉等较大规模的花卉种植基地，推进“马甲蝴蝶兰”注册国家地理标志证明商标，投入80万元开展饮水工程、山围塘除险加固、灌溉设施等项目建设。发展壮大集体经济，全镇24个村集体经济收入均达20万元以上，7个村达50万元以上，完成年度目标任务。

2021年，马甲镇落实镇党政领导挂钩重点工业企业制度，深入企业宣传惠企政策，做好金融风险防范工作，企业完成技改投资1058万元。做好“四上”企业培育工作，新增规模以上工业企业、限上服务企业各1家。加大政商协作力度，成立马甲商会，吸引176名企业家加入。

2021年，马甲镇仙公山风景区投入5000万元完成索道改造并投入运行，完成低压电气改造和旅游道路沿线绿化提升，开展智慧景区二期方案设计。协调解决海丝野生动物世界用地报批、交通秩序等问题，举办“燃情动物运动会”“研学课堂”等活动，有效提升景区旅游热度。

2021年，马甲镇对接联系重点企业，全年引进海峡中运建设、瑞美建工、达利建设等多家企业，增加财政收入2000万元。实施“产业链招商季”活动，与福建华创置业有限公司达成新庵文化旅游项目开发意向，计划投资5亿元打造集生态旅游、祈梦文化、休闲度假、康养等于一体的文化旅游项目。

【城乡建设】 2021年，马甲镇3个区级重点项目完成投资1.2亿元。联亨文旅山庄完成民宿区装修和园区外停车场建设，半山酒店、办公大楼用地完成成片开发方案编制并上报审批。成功出让梧埔商住用地11.2公顷，成交总价2.28亿元，全国商业地产十强企业保利、宝龙首次进驻马甲，和光悦湖项目售楼部建成开放，多层住宅及小高层住宅正在进行结构施工。

2021年，马甲镇对接洛江区单元控规，开展旧镇区、新镇区修建性详细规划编制。推进双溪口、大厅埔等老旧片区改造，完成西环路马甲段安置地用地报批和方案设计。推进集镇整治，实施镇区通信线缆入地和杆线整治、微景观建设、绿化提升、基础设施修复等项目，营造整齐有序的集镇风貌。

2021年，马甲镇组织开展“项目攻坚2021”“重点项目五大专项攻坚”，成立工作专班，完成永安片区、溪东片区征迁扫尾，同步开展土地报批相关工作。抽调精干力量组建马甲镇区征迁工作指挥部，全面推进新镇区、意绥中心幼儿园迁建用地征迁扫尾和旧镇区征迁工作。

【社会事业】 2021年，马甲镇深化文明城市创建成果，落实镇区和万虹路马甲段常态化管理机制，定期组织环境卫生大扫除，对私搭乱盖、乱堆杂物、占道经营、随意张贴小广告等问题开展集中整治，完成溪东农贸市场和临时农贸市场提升改造。委托第三方运营管理38座农村生活污水处理设施，投入400万元完成洋坑村、马甲村污水管道建设。投入260万元完成15千米农村公路提级改造，推进“四好农村路”高质量发展。全面推行林长制，完成绿化造林16.67公顷、林分改造2.4公顷，拔除松材线虫病枯死树4500余株。

2021年，马甲镇结合党史学习教育落实“我为群众办实事”项目16个。开展妇女常见病筛查4386人次，为95对育龄夫妻免费提供优生检测，为计生伤残、失独家庭免费办理意外伤害保险。完成5户同心安居房建设，新建和改造提升1处农村居家养老服务站、3处农村幸福院，新民村“长者食堂”投入使用，发放低保、临时救助、重点优抚对象、60周岁以上退伍军人生活补助金等各类补助1080余万元。马甲中学2021年高考本科上线人数104人，其中艺体类本科上线51人，特色教育成果喜人；投入400万元完成就南小学、彭殊小学运动场改造，推进马甲中学科学实验楼、学生公寓等项目建设。

2021年，马甲镇巩固疫情期间移风易俗成果，引导群众践行社会主义核心价值观，自觉抵制奢侈浪费歪风，继续禁止“佛生日”大操大办，每年为群众节约2000多万元。连续3届蝉联省级文明镇，新民村、杏川村获评第六届全国文明村。依托海丝小镇公益协会、刺桐花微公益等公益组织，壮大志愿者队伍，经常性开展各类志愿服务。

2021年，马甲镇坚持“外防输入、内防反弹”防控策略，抓实抓细常态化疫情防控，持续扩大疫苗接种覆盖面，有效应对9月省内疫情，顺利完成全员核酸检测。开展“夜访夜谈”和信访事项“治重化积”专项行动，建立25个信访评理室，有效化解矛盾纠纷。联合公安、电信部门开展“厝边守望”视频监控系统建设，确保治安防控无死角、全覆盖。扎实开展安全生产专项整治三年行动，启动安全生产标准化提升行动，扎实抓好隐患排查和整改。落实周一集中服务日，推行村民组长考评，规范红色乡贤参事会运行，有效提升乡村治理能力。

【乡村振兴战略推进】 2021年，马甲镇加大试点培育。持续培育新庵村、永安村、蔡内村、后坂村4个省、市级乡村振兴试点村，新庵村投入300万元提升仰恩湖畔仙境水上游、钓鱼台基础设施、夜景、绿化景观，打造“梦马庄园”；永安村以蝴蝶兰推进产业造村，投入320万元打造“蝶村永安”；蔡内村整合泉榕古道及沿线文化资源，投入500万元完成古官道文化公园二期项目建设和村主干道白改黑。新庵村、永安村入选全市乡村振兴试点村典型案例。强化产业支撑。加快推进总投资2500万元的库区后扶项目示范区建设，为发展环惠女水库生态旅游打好基础。新庵村引进黄金枸骨产业苗木，在新庵岭和湖畔花海打造约0.73公顷黄金枸骨苗圃；蔡内村红色乡贤参事会牵头成立农业专业合作社，计划投入1000万元建设“蔡内有菜”特色果蔬种植采摘基地，预计每年各增加村财收入约10万元。谋划整镇推进。及早谋划、主动对接工作思路，被确定为泉州市2021—2022年度乡村振兴整镇推进“五好”创建乡镇。逐年分批推进村庄规划编制，已有9个村获批。签约第三方咨询服务单位，为乡村振兴提供技术指导。在全省率先推行全域化公共服务，引进央企保利物业公司承接卫生保洁、秩序维护、绿化养护等管理服务。提升乡村建筑风貌，完成裸房整治350栋；规范农房建设审批管理，强化“两违”治理，拆违面积超1.1万平方米。

【农村宅基地和建房管理】 2021年，马甲镇成立协调机制。成立以镇领导为召集人、业务股室负责人为成员的协调机制，下设多个专项工作小组，明确镇农业农村办公室等部门职责分工，统筹工作力量。完善工作流程。制定《农村宅基地和建房审批管理制度》，全面落实“一窗收件、一站服务、一次审批”的审批机制。梳理各类审批材料10项，规范由职能部门联审、协调机制办公室审核、经党政会研究后交审的审批机制。加强日常监管。制定《农房建设日常巡查管理制度》，执法中队加大辖区内监察力度，对未经审批建设、超规建筑等坚决制止、依法拆除；加大村级网格日常巡查力度，发现问题及时上报，以高压态势确保各项政策规定落到实处。

（肖居祎 杨威）

2021年6月24日，区领导带队督导创城、安全生产工作

（图/罗溪镇）

罗溪镇

【概况】 罗溪镇位于洛江区北部，海拔高700米，东与仙游县相连，西和南安市毗邻，南与马甲镇交界，北和虹山乡接壤，面积126平方千米，距泉州中心市区40多千米。罗溪镇是洛江区粮食和经济作物的主产区之一，全镇山地面积6666.7公顷，耕地面积70公顷，粮食作物以水稻、甘薯为主，主要经济作物有马铃薯、玉米、花生等，土特产有桔梗、郁金、山麦冬、米粉等，水果主要有龙眼、芒果、枇杷等。罗溪镇风景秀丽，是独具特色的生态旅游休闲区，享有“泉州后花园”的美誉，辖区内罗溪森林公园是全省首批“森林人家”健康休闲游示范点之一，也是泉州首批“森林人家”健康休闲游试点单位。2021年完成规模以上工业产值15.04亿元，完成年度计划的111.23%，比上年增长20.56%。全年完成粮食种植507.3公顷，产量3015吨。

【经济发展】 2021年，罗溪镇完成新东、垵内村村村通自来水项目，同时打机井21个，解决翁山、大路脚、东方、垵内、广桥及钟山等村饮水问题。除险加固垵内下东庵山塘、三合田中拦水坝、双合岭边拦水坝、柏山双坑分水坝等，物业化管理水库及4个重点山塘。完成翁山村2021年高标准农田建设项目、前洋水库水土流失治理项目。按时完成全镇撂荒地73.82公顷（涉及12个村）的摸底统计，2021年复耕43.2公顷。及时发放耕地地力保护补贴资金82.0444万元。辖区内锦芳果林场获评市级“十佳”农场，陆安果蔬农民专业合作社获评区级示范社，虎秀综合场、西凤家庭农场获评区级农场等。泉州市美奇宝卫生用品有限公司扩建厂房投入约10161万元，洛江好利来鞋业有限公司投入约300万元建设生产线2条。督促好利来、蓝蜻蜓、美奇宝等企业进行技术升级，改善能耗。

【城乡建设】 2021年，罗溪城乡建设品质提升项目共6个，其中洪四村村口停车场、后溪村溪（顶九曲至樟仔脚）绿道工程、罗溪镇乡村振兴综合提升工程、罗溪镇集镇环境整治提升工程按时竣工。

2021年，罗溪镇投资约7.2万元完成道路提级1.8千米，投资36万元完成双合西岭桥拼宽工程，投资43万元完成翁山过溪桥加固工程。养护专项完成总里程约5.9千米，总投资约453万元。完成对万虹公路马甲至罗溪金光隧道照明提标改造工程，总投资约7.5万元；完成万虹公路罗溪段标线修补工程，总投资约10.71万元；完成钟山村临水临崖隐患路段整治工程，总投资13.3998万元。实施翁山小学周边路段安全防护栏项目，安装安全防护栏150米，总投资5万元。完善建兴村至垵内村临水路段隐患整治，安装波形防护栏59.3米，投资1.67万元。对车站出入口、奕聪中学周边、豪景小区门口、好利来店面周边等道路破损修复及硬化提升等，约投资15万元。拆除万虹路与省道213线交叉路口路边铁皮搭盖，恢复道路交通安全视线，并对该段路面破损进行修复。拆除迁移隐患线杆15处。推进Y043线水库桥危桥重建工程，已完成地勘、设计，初步完成预算。推进省道213线虹山路口至仙游界路段改造工程，投资约1200万元。

2021年，罗溪镇以“五统一”标准打造檀香园农业综合开发项目，完成一期生产区、环保区等场地平整、供电架设及进场道路用地报批及开展进场道路施工。持续加快洛江区多功能卫生用品制造基地规划建设，完成一期前溪、三合2个村勘界测量（面积约9.3公顷）。加快东环路工业区内已供地入驻企业的建设进度，园区存量土地坚持盘活再利用。启动旧镇区改造提升工程，已委托设计单位对镇区改造初步设计方案进行提升完善；另外，柏山陈桥—罗溪卫生院路段沿街微景观立面改造工程工期过半。

【社会事业】 2021年，罗溪镇坚持教育优先发展，奕聪中学申报省一级达标完中校处于整改迎检阶段，世壁小学、洪德小学争创福建省义务教育标准化学校，2所公办幼儿园入园率近70%，居前区前列，奕聪第二中心幼儿园被评为市巾帼文明单位，育才幼儿园办园质量获得上级部门肯定。教育转移支付足额核拨使用，举办罗溪教育促进会第二届理事会成立大会，再次筹资近500万元，总额达1587万元，在奖教奖学中发挥积极作用。开展文化建设，在后溪村建设2个五人制足球场、1个篮球场、1个健身驿站，在柏山村、双合村各建设一处健身路径，都已达标。定期对学校周边、书店、印刷厂、快递点等进行巡查。做好非遗的传承与保护，积极配合非遗项目申报，共申报省级项目1个、区级传承人1人。定期对罗溪镇文物点进行巡查，排查安全隐患，形成巡查记录，对庆丰厝、宾峰宗祠的电路进行线路改造，投资近3万元。推荐罗溪镇双溪村铜锣厂为企业文化产业示范基地，推荐罗溪镇双溪村铜锣厂参加海峡两岸文博会。广泛开展群众喜闻乐见的文化活动，共开展戏剧展演90余场，每个村5场以上，全镇开展文艺活动50余场。按时完成区级下达的疫苗接种任务，完成一期防控指挥体系建设。罗溪镇献血人数136人次，每人200～400毫升，共捐献42900毫升。完成前溪村一体化村卫生所建设。新增低保46人，不能自理特困人员集中供养5人，临时救助54人。居家养老服务覆盖率88%，各养老机构均已按要求开展相关业务。违建坟墓均已按要求做好整改工作，按要求做好骨灰堂管理工作，并按时发放文明殡葬服务费。社区服务站建设已完成88%，按要求做好社区治理相关工作。社工站已建设完成，人员到岗，正常开展工作。宣传贯彻《中华人民共和国退役军人保障法》及其他法律政策，落实服务保障体系“五有”要求。落实优抚工作，关爱伤残军人，及时更换损坏光荣牌，按时发放优抚补助资金，准确核对重点优抚对象身份。配合做好退役军人就业创业相关服务工作。城乡居民养老保险注销率80%、资格认证率99.3%，基本养老保险缴费率96.06%。2021年基本医疗保险缴费率达98.98%。全镇45户贫困户落实“四不摘”，每季度组织入户帮扶脱贫户和监测对象，及时发现并化解致贫返贫风险，确保稳定脱贫、不返贫。按时序完成550个快检监测任务，配合省、市、区农产品质量抽检工作，合格率100%。

【社会治理】 2021年，罗溪镇综治办与罗溪电信局、移动公司协作，依托村民宽带网络作为视频专网，建设“看家护院”监控探头，接入村和派出所视频监控平台，全镇安装监控探头。组织开展两次“夜访夜谈”宣传访视活动并按照群众反映问题清单及时抓好整改落实。深化平安建设，在辖区主要交通道路、大型集贸市场、居民小区、案件高发地段等公共场所设立醒目的平安建设宣传标牌1块，定期利用LED电子屏滚动播放平安建设宣传标语，在各村、居民小组悬挂横幅53条，利用“村村响”、流动宣传车到各村各单位不定期宣传平安建设，通过“校园快递、平安必达”综治宣传微信节点联盟，在全区中小学开展“小手拉大手共说平安建设”活动。辖区刑事案件案发率同比下降25.49%，电信诈骗案件案发率同比下降13.04%。

【绿色发展】 2021年，罗溪镇开展土地整理工作，辖区内东方—三合村2018年县级土地开发项目，完成总投资的80%。当年度交接断面及辖区内有关重点断面水质监测达标次数6次。按期完成矿山生态恢复治理工程，复绿植被成活率100%。入河排污口、饮用水水源保护区范围内全部完成整治。畜禽粪污资源化利用率达90%以上，规模养殖场粪污处理设施装备配套率达到100%。农作物农药、化肥使用量比上年减少2%。在“绿盈乡村”建设中，东方村、柏山村获得初级版认定，后溪村获得中级版认定。

【乡村振兴】 2021年，罗溪镇重点抓洪四、后溪等各级乡村振兴试点村建设，完成投资2000多万元，实施重点项目28个，洪四村获评全国乡村治理示范村。2021年罗溪农房（裸房）整治全年完成任务数280宗，农房抗震改造完成76宗。配合上级部门完成农村建筑工匠培训合格并结业的有46人。开展村庄整理工作，2021年度完成应编村庄规划4个（后溪村、洪四村、翁山村、新东村），洪四村是村庄规划典型示范优秀案例。现有土地整治项目1个，即洛江区罗溪镇东方—三合村2018年县级土地开发项目。

（黄国木 刘泡尘）

虹山乡

【概况】 虹山乡位于福建省泉州市洛江区北端，因境内有瀑布水流似彩虹而得名。旧时传说常有凤凰在此栖息，又名凤山。虹山乡距离泉州市区约55千米，与南安市、永春、仙游县接壤。境内平均海拔550米，属南亚热带季风雨林气候，雨量充沛，气候温和，平均气温比市区低3～5℃。域内森林覆盖率高达75%，空气负氧离子浓度最高达22万个/立方厘米，是一座“天然氧吧”。全乡面积共24.16平方千米，有白凤、松角山、虹山、前坂、苏山5个行政村，人口约1.4万人，其中95%为彭氏族人。2021年，一般公共预算总收入3050万元，比上年增收434万元，增长16.59%；其中一般公共预算收入1500万元，比上年增收215万元，增长16.73%。

【经济发展】 2021年，虹山乡贯彻落实区级《促进平台经济发展的实施意见》，采取免费提供办公场地、落实专项奖励资金等方式，扶持平台经济发展，培育税源增长点，促进经济持续健康发展，引进1家平台经济企业泉州市星虹企业服务有限公司。虹山乡把乡村振兴作为全乡工作的重中之重，邀请华侨大学专家编制乡村振兴项目可行性研究报告，并抢抓机遇，用好用足省政府专项债券政策和洛江区限额，为整乡推进乡村振兴提供资金保障。2021年虹山乡主动谋划，加强与上级部门、商会组织的联系，以亲情乡情友情为纽带，通过“走出去、请进来”，动员外出乡贤回归家乡投资兴业，促进乡贤回归、项目回迁、企业回乡，支持和服务家乡经济建设。

【城乡建设】 2021年，虹山乡滚动实施省级乡村振兴项目8个、市区两级乡村振兴项目3个，乡级乡村振兴项目11个，全域市级乡村振兴示范路线入选第一批泉州市乡村振兴精品示范线，虹山村获批福建省第四批省级传统村落。实施乡村建筑风貌提升行动，按照“一户一宅”原则，根据每户实际施工的外墙立面面积给予农户奖补，提升村民进行“裸房整治”热情，完成180栋裸房外墙涂料（漆）、贴砖等装饰装修，扮靓村容村貌。结合创城工作，始终围绕“干净、整洁、有序”要求，开展以“十必清”为主的“清洁家园”集中整治行动18场次，修缮公厕8座，清洗垃圾桶124个、经营户门前和路面油污1.3千米以及延伸至公路两侧30户商户和农户墙面及水沟3千米，清除“牛皮癣”、破旧广告140处。整治“蜘蛛网线”1处、道路两侧不规范设置和影响村容村貌的非广告设施25处、垃圾乱堆放点15处，清运房前屋后长年堆积杂物约150吨。新建白凤村和松角山村2个村级污水处理工程；改造提升木兰溪步行慢道景观，新建口袋公园5处，打造群众茶余饭后休憩点。建设3180米虹广路钢筋砼防撞护栏，农民街至白凤村、福山格至白凤村临崖路段波形护栏2段；完成40处急弯陡坡铺设振荡标线和50个岔路口增设反光镜，农村地区交通安全设施提升“三小工程”农村公路养护工程，乡道部分路段路面修复改造等养护工作。

【社会事业】 2021年，虹山乡城乡居民基本医疗保险参保11632人，缴费率达99.97%，居全区第一名；基本养老保险参保4404人，参保率90%；发放残疾人“两项补贴”183人16.83万元，发放优抚对象各类抚恤补助29.8万元。新建松角山村长者食堂，白凤村幸福院、松角山居家养老服务站通过市级四星级评定。协调推进社会事业，开展“我为群众办实事”实践活动，新增施划村主干道两侧、景区周边停车位102个，修建虹山村和松角山村之间的便民通道，修缮村级供水管道1000米，新建排水沟500米，解决一批群众急难愁盼问题。坚持常态化疫情防控不松懈、不松劲，3周岁以上人群接种新冠疫苗3967人，开展核酸“应检尽检”436人次，排查境外和国内重点地区返回虹山人员29人，并落实集中医学观察、居家健康监测和核酸检测等管控措施。深入挖掘虹山土楼牺牲的革命烈士和地下党员彭千祥事迹，讲好革命故事，建成党史教育基地——虹山红色记忆馆，并被授予第三批“泉州市党史教育基地”称号。加强社会治理，为全乡1.3万多名群众购买社会治安综合保险，为52名精神障碍患者购买重症团体医疗保险。成立安置帮教机构1个、帮教小组6个，确定帮教人员40名，形成乡、村、组三级安置帮教网络。建立信访评理室6个，持续开展“夜访夜谈”和信访事项“治重化积”专项行动，成功排查调处矛盾纠纷57起。深入开展“两违”综合治理，对“两违”实行“零容忍”，责令自行整改乱搭乱建行为8宗，组织拆除违法建筑7处。

【虹山线入选泉州市首批乡村振兴精品示范线】 2021年，虹山乡聚焦乡村振兴主线，实施“美化、亮化、彩化”工程，推进道路“白改黑”、“平改坡”、裸房整治、“乡村美院”等工作，全面改善全域人居环境。同时，立足生态资源优势，采取乡贤众筹方式谋划推进生态旅游发展，通过整合挖掘虹山乡山水生态、休闲农业、彭祖养生文化等资源，利用彩虹飞瀑、油菜花田、木兰溪景观带、石龙谷、樱梅园等旅游资源，打造“康养天堂·五福虹山”全域旅游胜地。10月，洛江虹山线（虹山乡前坂村—苏山村—虹山村—松角山村—白凤村）被列入2021年泉州市首批乡村振兴精品示范线，进一步打响虹山乡全域旅游品牌，推进虹山乡全域旅游发展，壮大村集体经济。

2021年12月11日，虹山地瓜文化旅游节活动举行（图/虹山乡）

【首届乡村振兴线路营销季在虹山举办】 2021年12月11日，洛江区首届乡村振兴线路营销季暨虹山地瓜文化旅游节在洛江虹山乡揭开序幕。举办本次活动旨在贯彻落实泉州市党代会报告提出的“整镇推进乡村振兴”的部署要求，以建设“梧凤小镇、彩虹之乡”为主题，不断推进虹山乡全域旅游，推进虹山乡全面振兴。此外，还开展了“虹薯有约”乡间趣味运动会、地瓜田越野卡丁车体验、虹薯联盟亲子主题游戏、三大景区梦幻联动优惠游、虹薯公益徒步等系列活动。

（王萍婷 庄培德）

2021 年度领导名录

洛江区 2021 年在任副处级（含）以上领导一览表

表 12

单位及职务	姓名	任职时间	离（免）职时间
区委书记	洪飞跃	2014 年 11 月	2021 年 6 月
区委书记	颜丽明	2021 年 6 月	—
区委副书记	杨凤翔	2020 年 9 月	2021 年 6 月
区委副书记	陈政实	2021 年 7 月	—
区委常委、政法委书记	黄清凯	2011 年 7 月	2021 年 7 月
区委常委、统战部部长	杜韶山	2018 年 8 月任区委常委 2018 年 10 月任统战部部长	2021 年 12 月
区委常委、纪委书记、监委主任	郑进锡	2017 年 12 月	2021 年 9 月
区委常委、宣传部部长	陈逢生	2019 年 4 月任区委常委 2019 年 11 月任宣传部部长	2021 年 7 月
区委常委、常务副区长	谢卫东	2019 年 4 月	2021 年 12 月
区委常委	陈　倩	2019 年 10 月	2021 年 7 月
区委常委、组织部部长	王志宏	2020 年 10 月任区委常委 2020 年 11 月任组织部部长	—
区委常委、政法委书记	涂德望	2021 年 7 月	—
区委常委、常务副区长	王昭昭	2021 年 7 月任区委常委 2021 年 8 月任副区长	—
区委常委、统战部部长	曾国家	2021 年 7 月	—
区委常委、人武部政委	古领华	2018 年 7 月	—
区委常委、宣传部部长	张荣伟	2021 年 7 月	—
区委常委、纪委书记、监察委主任	蔡崇达	2021 年 7 月任区委常委 2021 年 12 月任区监委主任	—

续表 12

单位及职务	姓名	任职时间	离（免）职时间
区委常委	郑友飞	2021 年 7 月	—
洛江区区长	颜丽明	2020 年 1 月	2021 年 6 月
洛江区区长	郭　宁	2021 年 12 月	—
常务副区长	谢卫东	2019 年 4 月	—
常务副区长	王昭昭	2021 年 8 月	—
副区长	杨文格	2011 年 7 月	2021 年 7 月
副区长	涂德望	2019 年 4 月	2021 年 7 月
副区长	李奉恒	2018 年 9 月	2021 年 7 月
副区长	庄怀璇	2019 年 11 月	2021 年 7 月
副区长	董俊凯	2018 年 9 月	2021 年 7 月
副区长	张荣伟	2019 年 4 月	2021 年 7 月
副区长	李健康	2019 年 7 月	2020 年 12 月
副区长	陈清平	2021 年 8 月	—
副区长	沈艺程	2021 年 7 月	—
副区长	杜仁义	2021 年 7 月	—
副区长	林联华	2021 年 8 月	—
副区长	陈其昌	2021 年 8 月	—
副区长	王泽勇	2021 年 8 月	—
副区长	尹益龙	2019 年 4 月	2020 年 4 月
副区长	刘永辉	2020 年 6 月	2021 年 6 月
副区长	黄群贤	2021 年 12 月	—
区人大常委会主任	蔡永生	2015 年 12 月	2021 年 12 月
区人大常委会主任	陈逢生	2021 年 12 月	—
区人大常委会副主任	林新平	2016 年 12 月	2021 年 12 月
区人大常委会副主任	林少槐	2011 年 12 月	2021 年 12 月
区人大常委会副主任	林坤聚	2016 年 12 月	2021 年 12 月
区人大常委会副主任	何雄峰	2016 年 12 月	—
区人大常委会副主任	赵艺忠	2021 年 12 月	—
区人大常委会副主任	彭朝顺	2021 年 12 月	—
区政协主席	王伊景	2016 年 12 月	2021 年 12 月
区政协主席	李奉恒	2021 年 12 月	—
区政协副主席	金玲珊	2020 年 1 月	—
区政协副主席	王诗榕	2011 年 12 月	2021 年 12 月
区政协副主席	王　蔚	2016 年 12 月	2021 年 9 月

续表 12

单位及职务	姓名	任职时间	离（免）职时间
区政协副主席	彭朝顺	2020 年 1 月	2021 年 12 月
区政协副主席	张小桥	2021 年 12 月	—
区政协副主席	王翌炜	2021 年 12 月	—
区人武部部长	齐建伟	2018 年 8 月	—
区人民法院院长	洪志强	2016 年 12 月	2021 年 7 月
区人民法院院长	苏益铮	2021 年 12 月	—
区人民检察院检察长	王声典	2021 年 2 月	—

2021 年在任副科级以上干部一览录

表 13

单位	职务（职级）	姓名
区纪委监委	区纪委副书记、区监委副主任、四级调研员	黄　超
	区纪委副书记、区监委副主任	杜金基
	区纪委常委（正科长级）	黄静如
	区纪委常委（正科长级）、监委委员	苏春生
	区纪委常委（副科长级）、监委委员	颜卫东
	区监委委员、纪委委员、组织和宣传部部长（副科长级）	黄彩莲
	区监委委员、纪委委员、第一纪检监察室主任（副科长级）	施永安
	纪委常委（副科长级）、办公室主任	黄　淮
	区纪委监委一级主任科员	阮烘煌
	区纪委监委党风政风监督室主任、二级主任科员	林速辉
	区纪委监委信访室主任、二级主任科员	郑　颖
	区纪委监委案件审理室主任（副科长级）	付玉凤
	区纪委监委案件监督管理室主任（副科长级）	范金庆
	区纪委监委第二纪检监察室主任（副科长级）	刘宗贵
	区纪委监委第三纪检监察室主任（副科长级）	庄煌达
	区纪委监委第四纪检监察室主任（副科长级）	陈琪森
	区纪委监委第五纪检监察室主任（副科长级）	杨建强
区纪委监委派驻纪检组	区纪委监委驻区委办纪检监察组组长、二级主任科员、区委办室务会议成员、	谢家祥
	区纪委监委驻区委政法委纪检监察组组长、区委政法委委务会议成员	周　炜
	区纪委监委驻区人大常委会机关纪检监察组组长	付新华
	区纪委监委驻区人大常委会机关纪检监察组三级主任科员	王浙宁
	区纪委监委驻区政府办公室纪检监察组组长、三级主任科员、区政府办公室党组成员	谈丽云

续表 13

单位	职务（职级）	姓名
区纪委监委派驻纪检组	区纪委监委驻区教育局纪检监察组组长，区教育局党组成员、教育系统党委委员	柯裕贵
	区纪委监委驻区财政局纪检监察组组长、三级主任科员、区财政局党组成员	刘榕娜
	区纪委监委驻区住建局纪检监察组组长、三级主任科员、区住建局党组成员	施性龙
	区纪委监委驻区农水局纪检监察组组长、区农水局党组成员	赖京治
	驻区法院纪检监察组组长（保留正科级）、区法院党组成员	周方芒
	区纪委监委驻区检察院纪检监察组组长、区检察院党组成员	陈恩盛
区委办	区委办主任、室务会议成员、区档案局局长	彭元成
	区委办副主任、室务会议成员、区委台港澳工作办公室主任、三级主任科员	王炜煌
	区委办副主任、室务会议成员	许旨钦
	区委办四级调研员	李进阳
区委组织部	区委组织部常务副部长、部务会议成员	黄杜英
	区委组织部副部长（兼）、部务会议成员、老干部局局长、四级调研员、区委离退休干部工作委员会书记	郭宏戎
	区委组织部四级调研员	郑新文
区委宣传部（宣传系统党委、区融媒体中心）	区委宣传部常务副部长（正科长级）、部务会议成员、区融媒体中心主任（兼）、区委网信办常务副主任	许坤芳
	区委宣传部副部长、部务会议成员、区新闻出版局局长、三级主任科员	余信梅
	区委宣传部部务会议成员、宣传系统党委书记（兼）、二级主任科员	庄慧文
	区委宣传部部务会议成员、二级主任科员	王少华
	区委宣传部部务会议成员、宣传系统党委专职副书记、纪委书记、区政府新闻办公室主任	叶金玉
	区融媒体中心副主任	郑璐璐
区委统战部	区委统战部常务副部长（正科长级）、部务会议成员、区政府侨务办公室主任	林康前
	区委统战部部务会议成员、四级调研员	潘金福
	区委统战部二级主任科员	孔志强
区委政法委（政法系统党委）	区委政法委常务副书记（正科长级）、委务会议成员、四级调研员	黄奕瑞
	区委政法委副书记、委务会议成员、二级主任科员	李江阳
	区委政法委副书记、委务会议成员	朱　松
	区委政法委委务会议成员、四级调研员	郑伟宏
	区委政法委委务会议成员、政法系统党委书记（保留正科级）	蔡昌胜
	区委政法委委务会议成员、二级主任科员	郭春江
	区委政法委委务会议成员、政法系统党委专职副书记、纪委书记	赖芬兰

续表 13

单位	职务（职级）	姓名
区委编办（区事业单位登记管理局）	区委编办主任、室务会议成员	朱德华
	区委编办副主任、室务会议成员	洪建全
	区委编办室务会议成员、副科长级干部	贺晓鸣
	区委编办室务会议成员、二级主任科员	叶　菁
	区事业单位登记管理局局长	林少华
	区事业单位登记管理局四级主任科员	施翠蓉
区直机关工委（党群系统党委）	区委区直机关工委常务副书记、纪工委书记、党群系统党委书记	曾志宏
	区委区直机关工委副书记	杜永会
	区委区直机关工委二级调研员	兰振兴
	区委区直机关工委党群系统党委专职副书记、纪委书记	林章作
区委巡察办（巡察组）	区委巡察办主任	姚秋惠
	区委巡察办副主任	孙国群
	区委巡察组组长、正科级巡察专员	陈金元
	区委巡察组组长、正科级巡察专员	赖活泼
	区委巡察组副组长、副科级巡察专员	陈源华
	区委巡察办四级调研员	刘玉兴
区委老干局	区委老干局局长、组织部副部长（兼）、部务会议成员、区委离退休干部工作委员会书记、四级调研员	郭宏戎
区委文明办	区委文明办主任、宣传部部务会议成员、区精神文明建设指导委员会办公室主任	谢世谊
	区委文明办副主任、宣传部部务会议成员	谢思勤
区委党校（行政学校）	区委党校（行政学校）常务副校长、一级主任科员	吴文安
	区委党校（行政学校）副校长	黄秀山
	区委党校（行政学校）四级主任科员	潘荣武
区委党史和地方志研究室	区委党史和地方志研究室主任	杜天生
	区委党史和地方志研究室四级调研员	陈永泽
	区委党史和地方志研究室正科长级干部	黄重庆
区档案馆	区档案馆馆长、区委办室务会议成员	黄权兴
	区档案馆副馆长、二级主任科员	蔡荣汽
	区档案馆副科长级干部	童雪娥
人大办及各工委	区人大常委会党组成员、办公室主任	林少白
	区人大常委会办公室副主任	李小龙
	区人大常委会办公室副主任	吴长沙
	区人大常委会人事代表工委主任	林海飞
	区人大常委会四级调研员	陈少卿
	区人大常委会内务司法工委主任	赵　剑
	区人大常委会内务司法工委二级主任科员	罗立琴

续表 13

单位	职务（职级）	姓名
人大办及各工委	区人大常委会财经工委主任、四级调研员	王国兴
	区人大常委会财经工委副主任、二级主任科员	陈朝阳
	区人大常委会财经工委二级主任科员	叶汉强
	区人大常委会财经工委二级主任科员	潘国庆
	区人大常委会教科文卫工委主任	黄文坤
	区人大常委会教科文卫工委二级主任科员	吴远珠
	区人大常委会环城工委主任	涂添丁
	区人大常委会环城工委副主任	庄　勇
	区人大常委会环城工委四级调研员	吴强耀
	区人大常委会环城工委二级主任科员	郑　桐
	区人大常委会华侨民宗工委主任	黄丹阳
	区人大常委会华侨民宗工委四级调研员	陈旅毅
区政府办	区政府党组成员、办公室党组书记、主任，政府口系统党委书记、区委外事工作委员会办公室主任、区政府外事办公室主任	黄　擎
	区政府办党组成员、副主任、政府口系统党委专职副书记、纪委书记、三级主任科员	陈栋梁
	区政府办党组成员、副主任	张志龙
	区政府办党组成员、副主任	庄金宝
	区政府办党组成员、四级调研员	连黎明
	区政府办二级主任科员	詹弘泽
区发改局（经贸系统党委）	区发改局党组书记、局长，经贸系统党委书记、粮食和物资储备局局长	杜德森
	区发改局党组成员、副局长、二级主任科员	刘建中
	区发改局党组成员、副局长	王靖娟
	区发改局副局长	许少坚
	区发改局党组成员、经贸系统党委专职副书记、纪委书记、二级主任科员	赖世芬
	区发改局四级调研员	彭金亮
	区发改局四级主任科员	郑石动
区教育局（教育系统党委、教师进修学校、区政府督学	区教育局党组书记、局长，教育系统党委书记、区委教育工作领导小组秘书组组长	黄文坤
	区教育局党组成员、副局长、教育系统党委委员、三级主任科员	丁　妮
	区教育局党组成员、副局长、教育系统党委委员	黄铁水
	区教育局党组成员、教育系统党委专职副书记、、纪委书记	许蓉如
	区教育局党组成员、区教师进修学校副校长	刘永通
	区教师进修学校正科级干部	黄振华
	区教师进修学校副校长	李丽霞
	区政府督学（副科级）	林建安
	区政府督学（副科级）	方　鸿

续表 13

单位	职务（职级）	姓名
区教育局（教育系统党委、教师进修学校、区政府督学	区政府督学（副科级）	苏杏童
	区政府督学（副科级）	何　妹
	区政府督学（副科级）	郑进德
区科技局	区科技局党组书记、局长	杜荣文
	区科技局副局长	谢　滢
	区科技局党组成员、四级调研员	黄思伦
	区科技局党组成员、四级调研员	张志明
	区科技局三级主任科员	王鸿章
区工信局	区工信局党组书记、局长、区委军民融合发展委员会办公室常务副主任、四级调研员	黄绍文
	区工信局党组副书记，二级主任科员	陈双元
	区工信局党组成员、副局长、二级主任科员	赖平原
	区工信局党组成员、副局长	江　静
	区工信局党组成员、副局长	倪浩松
	区工信局主任科员（保留正科长级待遇）、国投集团董事长（挂职）	赖永绥
区民政局	区民政局党组书记、局长	林伯强
	区民政局党组成员、副局长、二级主任科员	王峻斌
	区民政局党组成员、二级主任科员	黄甄轶
	区民政局二级主任科员	彭朝基
区司法局（基层司法所）	区司法局党组书记、局长、四级调研员	卢恩水
	区司法局党组成员、副局长	高英磊
	区司法局党组成员、副局长	洪旭明
	区司法局四级调研员	纪华在
	区司法局二级主任科员	林章图
	区司法局万安司法所所长	王华龙
	区司法局双阳司法所所长	陈明清
	区司法局马甲司法所所长	吴家发
	区司法局罗溪司法所所长	黄蛟龙
	区司法局虹山司法所所长	刘咏强
区财政局（会计核算中心）	区财政局党组书记、局长	苏永川
	区财政局党组成员、副局长	王庆阳
	区财政局党组成员、副局长	林坤明
	区财政局四级调研员	杨福安
	区财政局四级调研员	庄学远
	区财政局四级主任科员	王少平
	区会计核算中心（国库支付中心）主任	杨儒艺

续表 13

单位	职务（职级）	姓名
区人社局（机关社保中心、人力资源公共服务中心）	区人社局党组书记、局长	刘延宁
	区人社局党组成员、副局长、二级主任科员	黄达军
	区人社局党组成员、副局长	陈隽雯
	区人社局党组成员、区人力资源公共服务中心主任	唐强先
	区人社局二级主任科员	王玉帛
	区人社局二级主任科员	兰雄泉
	区机关社保中心主任	粘建声
区自然资源局（不动产登记中心、仙公山风景名胜区管理处	区自然资源局党组书记（保留正科长级）	郭俊明
	区自然资源局党组副书记、局长、四级调研员	蔡　涛
	区自热资源局副局长	阮必尧
	区自热资源局党组成员、副局长	倪劲峰
	区自热资源局党组成员、副局长、三级主任科员	高清河
	区自然资源局党组成员、正科长级干部	林军南
	区自热资源局党组成员、二级主任科员	张建文
	区不动产登记中心主任	刘小艺
	区仙公山风景名胜区管理处主任	杜提明
区住建局（住建系统党委）	区住建局党组书记、局长、住建系统党委书记、区交通局局长、区人防办主任	林忠阳
	区住建局党组成员、副局长、二级主任科员	林志钊
	区住建局党组成员、副局长	黄志军
	区住建局党组成员、副局长	周曲涛
	区住建局党组成员、住建系统党委专职副书记、纪委书记	庄芯煌
	区住建局二级主任科员	黄金塔
	区住建局二级主任科员、万投集团董事长（挂职）	刘鑫淼
区农水局（农口系统党委、水土办、农科所）	区农水局党组书记、局长、农口系统党委书记、区委农工办主任、区扶贫开发领导小组办公室主任、四级调研员	刘永水
	区农水局党组成员、副局长（保留正科级）	郑伟胜
	区农水局党组成员、副局长	黄焕彩
	区农水局党组成员、副局长	吴再生
	区农水局党组成员、农口系统党委专职副书记、纪委书记	吴志刚
	区农水局二级主任科员	张建平
	区农水局二级主任科员	吴迎波
	区水土办主任	李开恩
	区农科所所长	庄培榕
区商务局（福建洛江经济开发区管理处、市场服务中心）	区商务局党组书记、局长、四级调研员	林志斌
	区商务局副局长、三级主任科员	田　珍
	区商务局党组成员、副局长	尤全到

续表 13

单位	职务（职级）	姓名
区商务局（福建洛江经济开发区管理处、市场服务中心）	区商务局党组成员、四级调研员	杨汉民
	区商务局党组成员、二级主任科员	颜永溪
	区商务局四级主任科员	甘　申
	福建洛江经济开发区管理处主任	叶生化
	福建洛江经济开发区管理处副主任	林　森
	区市场服务中心主任	杜国章
区文体旅游局	区文体旅游局党组书记、局长、一级主任科员	吕培基
	区文体旅游局党组成员、副局长	康向阳
	区文体旅游局党组成员、副局长	吕翔宇
	区文体旅游局四级主任科员	薛朝军
	区文体旅游局四级主任科员	陈翠丽
区卫健局（妇幼保健所、疾病预防控制中心、流动人口计生管理站）	区卫健局党组书记、局长	陈体明
	区卫健局党组成员、副局长	王文奇
	区卫健局副局长、民进洛江总支主委	曾素红
	区卫健局二级主任科员	梁文川
	区卫健局四级主任科员	郭沧奖
	区妇幼保健所党支部书记	李奕琳
	区妇幼保健所所长	曾华南
	区疾病预防控制中心主任	饶开乐
	区流动人口计生管理站站长	陈森鸿
	区流动人口计生管理站四级主任科员	黄稼宇
区退役军人局	区退役军人局党组书记、区双拥共建工作领导小组办主任、局长	杜宝国
	区退役军人局党组成员、副局长、三级主任科员	吴景良
	区退役军人局党组成员、副局长、三级主任科员	姜小兰
	区退役军人局党组成员、二级主任科员	曾巧菊
区应急局（防汛办）	区应急局党组书记、局长	苏世龙
	区应急局党组成员、副局长	吴文昆
	区应急局党组成员、副局长	陈东升
	区应急局党组成员、副局长	万恺恺
	区应急局总工程师	赖鹏程
	区应急局四级主任科员	庄维宏
	区应急局四级主任科员	黄加庆
	区防汛办主任	许秋元
区审计局	区审计局党组书记、局长、区委审计委员会办公室主任	潘凯锋
	区审计局副局长	杨辉煌
	区审计局党组成员、二级主任科员	兰伟文

续表 13

单位	职务（职级）	姓名
区市场监管局（基层市场监管所）	区市场监管局党组书记（保留正科长级）	吴水挺
	区市场监管局党组副书记、局长、区知识产权局局长、四级调研员	黄连生
	区市场监管局党组成员、副局长	郑美燕
	区市场监管局党组成员、副局长	周志勇
	区市场监管局党组成员、四级主任科员	林江水
	区市场监管局副科长级干部	杨小玲
	区市场监管局二级调研员	许国良
	区市场监管局四级调研员	童国祥
	区市场监管局二级主任科员	许文权
	区市场监管局二级主任科员	林绮丽
	区市场监管局二级主任科员	傅立群
	区市场监管局二级主任科员	杨憧憬
	区市场监管局二级主任科员	黄辉煌
	区市场监管局四级主任科员	倪友强
	区市场监管局四级主任科员	陈锦川
	区市场监管局万安市场监管所所长	陈少英
	区市场监管局河市市场监管所所长	赖近水
	区市场监管局马甲市场监管所所长	吕伯兴
	区市场监管局罗溪市场监管所所长	郭世源
区统计局（社会经济调查队）	区统计局党组书记、局长	洪天配
	区统计局党组成员、副局长	潘英崇
	区统计局党组成员，区社会经济调查队队长	高景文
	区社会经济调查队四级主任科员	林　逸
区信访局	区信访局党组书记、局长、区委信访局局长，区政府办公室党组成员	蔡海芳
	区信访局党组成员、副局长	彭加珩
	区信访局党组成员、二级主任科员	黄朝阳
区城管局（考评中心、环卫所）	区城管局党组书记、局长、一级主任科员	林顺健
	区城管局党组成员、副局长	黄聪云
	区城管局党组成员、副局长	庄劲峰
	区城管局党组成员、副局长	张大治
	区城管局二级主任科员	林新闻
	区城管局四级主任科员	吴惠明
	区城市管理考评中心主任	王芳芳
	区环卫所所长	江　帆
区行政服务中心管委会	区行政服务中心管委会主任	谢剑锋
	区行政服务中心管委会副主任、二级主任科员	黄子达
	区行政服务中心管委会二级主任科员	王恩德

续表 13

单位	职务（职级）	姓名
政协各办	区政协党组成员、办公室主任、一级主任科员	李　骏
	区政协办公室副主任、二级主任科员	倪保兴
	区政协科教文卫办主任	苏世仿
	区政协科教文卫办副主任、三级主任科员	尤小玉
	区政协科教文卫办二级主任科员	吴丽蓉
	区政协科教文卫办四级主任科员	王德泉
	区政协三胞经济办主任、四级调研员	郑　怡
	区政协三胞经济办副主任	苏永招
	区政协三胞经济办二级主任科员	吴蓉生
	区政协提案文史办主任	吴文强
	区政协提案文史办四级调研员	林丽珠
	区政协提案文史办三级主任科员	尤素琼
区法院	区法院副院长（正科）、党组成员、审委会委员、四级高级法官	苏勇清
	区法院副院长（正科）、党组成员、审委会委员、四级高级法官	苏志成
	区法院副院长（正科）、党组成员、审委会委员、四级高级法官	颜海容
	区法院党组成员、政治部主任、四级调研员	潘泉树
	区法院审委会专职委员、四级高级法官	颜智斌
	区法院党组成员、审委会委员、一级法官	李章泽
	区法院审委会委员、一级法官	黄正乾
	区法院审委会委员、一级法官	洪羚燕
	区法院二级主任科员	吴丹慧
	区法院四级主任科员	赖　辉
	区法院一级法官	林海岚
	区法院二级警长	李光辉
区检察院	区检察院党组副书记、检委会委员、四级高级检察官	陈志凡
	区检察院党组成员、副检察长（副科）、检委会委员、一级检察官	翁明朱
	区检察院党组成员、副检察长（副科）、检委会委员、一级检察官	陈彩云
	区检察院党组成员、副检察长（副科）、检委会委员、一级检察官	蔡　亮
	区检察院党组成员、政治部主任	苏啸鸣
	区检察院检委会委员、一级检察官	曾明聪
	区检察院检委会委员、一级检察官	叶永胜
	区检察院检委会委员、一级检察官	林向荣
	区检察院检委会委员、一级检察官	张　琳
	区检察院二级主任科员	刘培南
	区检察院二级主任科员	郭晓晖
	区检察院四级主任科员	尤爱娥

续表 13

单位	职务（职级）	姓名
区总工会	区总工会党组书记、副主席	杜丽卿
	区总工会党组成员、副主席、二级主任科员	吴安辉
	区总工会党组成员、副主席	吕金蔓
	区总工会党组成员、二级主任科员	郭永金
	区总工会二级主任科员	李伟宏
团区委	团区委书记	许奕智
	团区委副书记	朱莉莉
	团区委副书记	王发生
区妇联	区妇联主席	史萃婷
	区妇联副主席	黄快治
	区妇联副主席	郑美玲
	区妇联二级主任科员	吴春霞
区侨联	区侨联主席	杨伟鹏
	区侨联副主席	林怡飞
	区侨联四级调研员	苏子平
	区侨联二级主任科员	吴建聪
区科协	区科协主席	杨文谦
	区科协副主席、二级主任科员	林子超
	区科协副主席	杜爱治
	区科协二级主任科员	黄唯平
区计生协会	区计生协会常务专职副会长、区卫健局党组成员、四级调研员	王春霖
	区计生协会专职副会长、区卫健局党组成员	张朝霞
	区计生协会二级主任科员	张雰云
区残联	区残联理事长	戴志东
	区残联副理事长、二级主任科员	陈　宏
	区残联副主任科员（保留副科长级待遇）	严敦雄
区工商联	区工商联党组书记、常务副主席、区委统战部副部长、部务会议成员	林永和
	区工商联专职副主席	黄嘉琳
区文联	区文联主席、区委宣传部部务会议成员	王永泰
区贸促会	区贸促会会长	陈云华
	区贸促会二级主任科员	庄　源
区红十字会	区红十字会专职副会长、区卫健局党组成员、二级主任科员	黄群沙
区社科联	区社科联常务副主席（正科级）、宣传部副部长（兼）、部务会议成员	沈诗敬
万安街道	万安街道党工委书记	叶永萍
	万安街道党工委副书记、办事处主任	陈世财
	万安街道人大工委主任	黄炳煌
	万安街道党工委二级主任科员	彭灿发

续表 13

单位	职务（职级）	姓名
万安街道	万安街道党工委副书记、三级主任科员	王庆军
	万安街道党工委委员、人武部部长	石柏钦
	万安街道党工委委员、纪工委书记、监察组组长	赖炳南
	万安街道党工委委员、秘书	郭露萍
	万安街道党工委组织委员、统战委员、	魏初鑫
	万安街道党工委宣传委员、政法委员	高荣超
	万安街道人大工委副主任	魏少明
	万安街道办事副主任	杨涌杰
	万安街道办事副主任	黄　岚
	万安街道党工委三级主任科员	翁文利
	万安街道党工委四级主任科员	戴燕华
	万安街道综合便民服务中心主任	林志强
	万安街道社会事务服务中心主任	洪文锴
	万安街道综合执法队队长	郑家和
双阳街道	双阳街道党工委书记、四级调研员	刘志滨
	双阳街道党工委副书记、办事处主任	黄克航
	双阳街道人大工委主任	黄永宜
	双阳街道党工委副书记、政法委员、三级主任科员	林锦福
	双阳街道党工委委员、人武部部长	杜志欣
	双阳街道党工委统战委员、办事处副主任	尤玮君
	双阳街道党工委组织委员	林小龙
	双阳街道党工委委员、纪工委书记、监察组组长	朱剑伟
	双阳街道党工委宣传委员、办事处副主任	许小雄
	双阳街道党工委委员、秘书	洪伟生
	双阳街道人大工委副主任	陈继佳
	双阳街道办事处副主任	高加跃
	双阳街道党工委二级主任科员	董定来
	双阳街道党工委三级主任科员	杜民服
	双阳街道党工委四级主任科员	黄进贤
	双阳街道综合便民服务中心主任	谢秀珠
	双阳街道社会事务服务中心主任	苏丽敏
	双阳街道综合执法队队长	林侨芳
河市镇	河市镇党委书记、一级主任科员	柯文清
	河市镇党委副书记、镇长	苏　森
	河市镇人大主席	杜志毅
	河市镇党委副书记、政法委员、三级主任科员	戴炳伟

续表 13

单位	职务（职级）	姓名
河市镇	河市镇党委委员、人武部部长	黄永星
	河市镇党委委员、纪委书记，监察组组长	洪贤祝
	河市镇党委宣传委员	谢巧华
	河市镇党委委员、秘书	刘景阳
	河市镇党委组织委员、统战委员	林伟文
	河市镇副镇长、社会事务服务中心主任	魏志实
	河市镇副镇长、综合便民服务中心主任	黄辉鸿
	河市镇副镇长	蔡志鸿
	河市镇副镇长	朱佳莹
	河市镇党委二级主任科员	倪群芳
	河市镇党委四级主任科员	傅仰清
	河市镇综合执法队队长	刘鑫生
马甲镇	马甲镇党委书记、一级主任科员	吴欲曙
	马甲镇党委副书记、镇长	林江滨
	马甲镇人大主席	谢凛凛
	马甲镇二级主任科员	林足水
	马甲镇党委副书记、政法委员、三级主任科员	华　斌
	马甲镇党委委员、纪委书记、监察组组长	陈竞龙
	马甲镇党委委员、人武部部长	张奇明
	马甲镇党委宣传委员、副镇长、社会事务服务中心主任	林汉彬
	马甲镇党委委员、秘书	杨　威
	马甲镇党委组织委员、统战委员	兰志兴
	马甲镇副镇长	林聪成
	马甲镇副镇长	黄孕号
	马甲镇党委二级主任科员	庄新剧
	马甲镇综合便民服务中心主任	庄江成
	马甲镇综合执法队队长	刘志福
罗溪镇	罗溪镇党委书记、四级调研员	林金荣
	罗溪镇党委副书记、镇长	连　超
	罗溪镇人大主席	杜护生
	罗溪镇党委副书记、三级主任科员	赖添才
	罗溪镇党委组织委员、统战委员	董清寅
	罗溪镇党委委员、纪委书记，监察组组长	陈毅铭
	罗溪镇党委委员、人武部部长	饶鸿城
	罗溪镇党委宣传委员	李　虹
	罗溪镇党委政法委员、秘书	刘浥尘
	罗溪镇副镇长	许志峰

续表 13

单位	职务（职级）	姓名
罗溪镇	罗溪镇副镇长、综合便民服务中心主任	李　豪
	罗溪镇科技副镇长、二级主任科员	林文贵
	罗溪镇党委四级调研员	庄惠钊
	罗溪镇党委三级主任科员	张振峰
	罗溪镇党委四级主任科员	张泉龙
	罗溪镇社会事务服务中心主任	杜得时
	罗溪镇综合执法队队长	林熠真
虹山乡	虹山乡党委书记、人大主席、四级调研员	张劲松
	虹山乡党委副书记、乡长	林堃鹏
	虹山乡党委副书记、宣传委员、三级主任科员	韦移发
	虹山乡党委政法委员、副乡长	林志专
	虹山乡党委委员、纪委书记、监察组组长	陈成旺
	虹山乡党委组织委员、统战委员	李　颖
	虹山乡党委委员、秘书、副乡长、社会事务服务中心主任	庄培德
	虹山乡党委委员、人武部部长提名人选	林筑峰
	虹山乡人大副主席、综合便民服务中心主任	黄腾扬
	虹山乡综合执法队队长	黄泉钦

荣誉

2021 年洛江区荣誉一览表

表 14

单位	荣誉称号	授奖机关	表彰文号
洛江区	铜牌健走示范区	中国疾控中心慢病中心	（全国第六届“万步有约”健走激励大赛活动）
洛江区	健走示范城市	中国疾控中心慢病中心	（全国第六届“万步有约”健走激励大赛活动）
洛江区	健康体重大赛二等奖	中国疾控中心慢病中心	（全国第六届“万步有约”健走激励大赛活动）
洛江区	进步奖	中国疾控中心慢病中心	（全国第六届“万步有约”健走激励大赛活动）
洛江区	省内优秀健走示范区	中国疾控中心慢病中心	（全国第六届“万步有约”健走激励大赛活动）
洛江区	2020 年度自然资源管理工作评价优秀市县（节约集约用地方面）	福建省自然资源厅	—
洛江区	2020 年度安全生产目标责任制优秀单位	泉州市人民政府	泉政文〔2021〕43 号

2021 年洛江区先进集体一览表

表 15

单位	荣誉称号	授奖机关	表彰文号
河市白洋小学	国家级乡村温馨校园	教育部	闽教基〔2021〕46 号
洛江区科协	2020 年科普中国信息员队伍建设优秀单位	中国科协办公厅	科协办函普字〔2021〕17 号
泉州市洛江区司法局	组织宣传人民调解工作先进集体	中华全国人民调解员协会	中调协〔2021〕8 号
洛江区卫健局	全国第六次卫生服务统计调查中表现突出的单位	国家卫生健康委办公厅	国卫办规划函〔2021〕379 号
区卫健局	示范区组织奖（全国第六届“万步有约”健走激励大赛活动）	中国疾控中心慢病中心	—
区卫健局	全国健走优秀组织单位奖（全国第六届“万步有约”健走激励大赛活动）	中国疾控中心慢病中心	—
区卫健局	卫生行政系统行业赛二等奖（全国第六届“万步有约”健走激励大赛活动）	中国疾控中心慢病中心	—
罗溪镇洪四村	全国乡村治理示范村	中央农村工作领导小组办公室、农业农村部、中央宣传部、民政部、司法部、国家乡村振兴局	中农发〔2021〕15 号
区工商联	2020—2021 年度全国五好县级工商联	全国工商联	全联发〔2021〕25 号
泉州市洛江区	省级慢性非传染性疾病综合防控示范区	福建省卫生健康委	闽卫疾控函〔2021〕275 号
泉州市洛江区市场监督管理局	福建省 2018—2020 年度省级文明单位	中共福建省委、福建省人民政府	闽委〔2021〕36 号
洛江区纪委监委	福建省 2018—2020 年度省级文明单位	省委省政府	闽委〔2021〕36 号
中国农业银行股份有限公司泉州洛江支行	福建省 2018—2020 年度省级文明单位	中共福建省委、福建省人民政府	闽委〔2021〕36 号
中共泉州市洛江区委组织部	福建省 2018—2020 年度省级文明单位	中共福建省委、福建省人民政府	闽委〔2021〕36 号
中共泉州市洛江区委宣传部	福建省 2018—2020 年度省级文明单位	中共福建省委、福建省人民政府	闽委〔2021〕36 号
泉州市洛江区人民政府办公室	福建省 2018—2020 年度省级文明单位	中共福建省委、福建省人民政府	闽委〔2021〕36 号
国家税务总局泉州市洛江区税务局	福建省 2018—2020 年度省级文明单位	中共福建省委、福建省人民政府	闽委〔2021〕36 号
泉州市洛江区财政局	福建省 2018—2020 年度省级文明单位	中共福建省委、福建省人民政府	闽委〔2021〕36 号
中共泉州市洛江区委办公室	福建省 2018—2020 年度省级文明单位	中共福建省委、福建省人民政府	闽委〔2021〕36 号
中共泉州市洛江区委政法委员会	福建省 2018—2020 年度省级文明单位	中共福建省委、福建省人民政府	闽委〔2021〕36 号
马甲镇	福建省 2018—2020 年度省级文明镇	省委、省政府	闽委〔2021〕36 号

续表 15

单位	荣誉称号	授奖机关	表彰文号
河市镇新告村	第十四届（2018—2020 年度）文明村	中共福建省委 福建省人民政府	—
双阳街道朝阳社区支部委员会	市级先进基层党组织	福建省委组织部	—
中共泉州市奕聪中学总支部委员会	全省先进基层党组织	中共福建省委	—
河市镇厝斗村	福建省民族团结进步模范集体	福建省人民政府	闽政〔2021〕417 号
河市镇厝斗村	福建省产业振兴示范村	福建省财政厅	闽财农指〔2021〕53 号
河市镇山边村	福建省乡村振兴实绩突出村	中共福建省委扶贫开发成果巩固与乡村振兴工作领导小组办公室	—
泉州市“洛地有声”基层特色宣传团	2021 年基层特色宣讲团	中共福建省委宣传部、中共福建省委讲师团	闽委讲联〔2021〕7 号
中共洛江区河市镇离退休干部支部委员会	省级离退休干部示范党	中共福建省委离退休干部工作委员会、中共福建省委老干部局	闽委离退工〔2021〕5 号
中共洛江区罗溪镇离退休干部支部委员会	省级离退休干部示范党	中共福建省委离退休干部工作委员会、中共福建省委老干部局	闽委离退工〔2021〕5 号
洛江区扫黑办	全省扫黑除恶专项斗争先进集体	福建省扫黑除恶专项斗争领导小组	闽扫黑〔2021〕3 号
泉州市公安局洛江分局	2020 年度全省公安机关执法质量优秀单位	福建省公安厅	闽公综〔2021〕73 号
泉州市公安局洛江分局侦破卢某清等人涉黑案专案组	全省公安机关扫黑除恶专项斗争成绩突出集体	福建省公安厅	闽公综〔2021〕236 号
洛江区检察院	2021 年度全国检察宣传先进单位	最高人民检察院、检察日报社	检报发〔2021〕9 号
泉州市洛江区司法局	福建省 2016—2020 年普法工作先进单位	中共福建省委宣传部 福建省司法厅	闽司〔2021〕143 号
中共泉州市洛江区委政法委员会	全省政法委系统先进集体	中共福建省委政法委员会、福建省人力资源和社会保障厅	闽人社表彰〔2021〕3 号
双阳街道办事处	2016—2020 年度全省财政系统先进集体	福建省人力资源和社会保障厅福建省财政厅	闽人社表彰〔2021〕18 号
泉州市公安局洛江分局治安管理大队	全省优秀公安基层单位	福建省人力资源和社会保障厅、福建省公安厅	闽人社表彰〔2021〕42 号
泉州市洛江生态环境局	2020 年生态环境保护执法大练兵表现突出集体	福建省生态环境厅	闽环保总队〔2021〕32 号
河市镇白洋村	2021 年福建省森林村庄	福建省绿化委员会、福建省林业局	《关于 2021 年拟定福建省森林村庄的公示》

续表 15

单位	荣誉称号	授奖机关	表彰文号
洛江区罗溪镇翁山村	福建省第四批省级传统村落	福建省住房和城乡建设厅 福建省文化和旅游厅 福建省财政厅	—
洛江区罗溪镇新东村	福建省第四批省级传统村落	福建省住房和城乡建设厅 福建省文化和旅游厅 福建省财政厅	—
河市镇溪井村、坛顶村、蛟南村、浮桥村、官洋村、厝斗村、市田村、鸟关村	福建省卫生村	福建省爱卫办	《福建省爱卫办关于拟命名为福建省卫生村名单的公示》
泉州市洛江区劳动保障监察大队	福建省五一先锋号	福建省工会	闽工〔2021〕33 号
方圆建设集团有限公司	省级五一劳动奖状	福建省总工会	闽工〔2021〕43 号
泉州市医疗保障基金管理中心洛江分中心	省级工人先锋号	福建省总工会	闽工〔2021〕43 号
区工商联	“千企帮千村”行动组织工作先进集体	福建省委统战部、福建省工商联、福建省乡村振兴局、福建省光彩事业促进会、中国农业发展银行福建分行	闽联〔2021〕63 号
方圆建设集团有限公司	省级安康杯先进单位	福建省总工会 福建省应急管理厅福建省卫生健康委员会	闽工〔2021〕55 号
泉州市烟草公司洛江分公司	省级安康杯先进单位	福建省总工会 福建省应急管理厅福建省卫生健康委员会	闽工〔2021〕55 号
泉州市洛江兴达保洁服务有限公司垃圾环卫保洁班组	省级安康杯先进班组	福建省总工会 福建省应急管理厅福建省卫生健康委员会	闽工〔2021〕55 号
泉州市烟草公司洛江分公司	民主管理规范化建设示范单位	福建省总工会	闽工办〔2021〕60 号
洛江区检察院	2021—2023 年省级青年文明号	福建省创建青年文明号活动组委会	闽青号组〔2021〕4 号
区妇联	福建省三八红旗集体	省妇联	闽妇〔2021〕10 号
泉州市公安局洛江分局出入境管理大队	2021 年福建省巾帼文明岗	省妇联	闽妇〔2021〕11 号
中共洛江区河市镇新告村支部委员会	泉州市先进基层党组织	中共泉州市委	—
中共洛江区工业和信息化局支部委员会	先进基层党组织	中共泉州市委	—
洛江区行政服务中心	先进基层党组织	中共泉州市委	—

续表 15

单位	荣誉称号	授奖机关	表彰文号
中共泉州市洛江区实验小学支部委员会	全市教育系统先进基层党组织	市委教育工作委员会	—
中共泉州市洛江区教育局支部委员会	全市教育系统先进基层党组织	市委教育工作委员会	—
国网泉州供电公司洛江供电服务中心支部委员会	第十三轮先进“五好”党支部标兵	中共泉州市委市直机关工作委员会	泉委工综〔2021〕24 号
泉州市公安局洛江分局	市公安系统二级考评单位“优秀单位”	中共泉州市委	泉委〔2021〕49 号
洛江区检察院	2021 年度全市检察机关金融检察微课堂优秀新媒体作品的通报	泉州市人民检察院	泉检政〔2021〕54 号
方圆建设集团有限公司	泉州市安康杯先进单位	泉州市总工会泉州市应急管理局泉州市卫生健康委员会	泉工〔2021〕22 号
上海红星美凯龙品牌管理有限公司泉州洛江分公司	泉州市安康杯先进单位	泉州市总工会泉州市应急管理局泉州市卫生健康委员会	泉工〔2021〕22 号
泉州市泉美生物科技有限公司组培厂	泉州市安康杯先进班组	泉州市总工会泉州市应急管理局泉州市卫生健康委员会	泉工〔2021〕22 号
泉州市洛江区总工会	泉州市安康杯组织工作优秀单位	泉州市总工会泉州市应急管理局泉州市卫生健康委员会	泉工〔2021〕22 号
泉州市洛江区应急管理局	泉州市安康杯组织工作优秀单位	泉州市总工会泉州市应急管理局泉州市卫生健康委员会	泉工〔2021〕22 号
泉州市公安局洛江分局出入境管理大队	市级五一先锋号	泉州市总工会	泉工〔2021〕53 号
泉州市洛江区融媒体中心综合股	市级工人先锋号	泉州市总工会	泉工〔2021〕53 号
泉州市洛江兴达保洁服务有限公司后勤保障班组	市级工人先锋号	泉州市总工会	泉工〔2021〕53 号
泉州华大超硬工具科技有限公司机械生产部二部	市级五一先锋号	泉州市总工会	泉工〔2021〕53 号
洛江区河市镇新告村团支部	泉州市五四红旗团（总）支部	共青团泉州市委	—
民革泉州市洛江总支部党员之家	优秀民革党员之家	民革中央	—

2021 年洛江区先进个人一览表

表 16

姓名	工作单位	荣誉称号	授奖机关	表彰文号
曾献彬	妇幼所	全国第六次卫生服务统计调查中表现突出的个人	国家卫生健康委办公厅	国卫办规划函〔2021〕379 号
李锦慧	区医院	全国第六次卫生服务统计调查中表现突出的个人	国家卫生健康委办公厅	国卫办规划函〔2021〕379 号
施贵福	河市卫生院	全国第六次卫生服务统计调查中表现突出的个人	国家卫生健康委办公厅	国卫办规划函〔2021〕379 号
黄武旺	罗溪卫生院	全国第六次卫生服务统计调查中表现突出的个人	国家卫生健康委办公厅	国卫办规划函〔2021〕379 号
曾献彬	区妇幼所	全国第六次卫生服务统计调查中表现突出的个人	国家卫生健康委办公厅	国卫办规划函〔2021〕379 号
张江鑫	泉州市公安局洛江分局巡特警反恐大队	2021 年 2 月份中国敬业奉献类好人	中央文明办	—
杨文谦	区科协	2020 年度表现突出的科普中国信息员	中国科协	—
张雪梅	仰恩大学	省级党务工作者	中共福建省委教育工作委员会	闽委教组〔2021〕45 号
罗平	双阳街道南山社区党支部	全省优秀党务工作者主任	福建省委组织部	—
黄明水	福建省扶老公益协会、泉州市泉城公益协会	第七届福建省助人为乐类道德模范	福建省精神文明建设指导委员会	闽文明委〔2021〕8 号
谢思勤	区委宣传部	全省宣传系统先进工作者	省委宣传部	—
蔡荷番	中共洛江区河市镇离退休干部支部委员会	“八闽银发先锋”	中共福建省委组织部、中共福建省委离退休干部工作委员会、中共福建省委老干部局	闽委离退工〔2021〕6 号
陈定源	泉州市公安局洛江分局刑侦大队	全省公安机关扫黑除恶专项斗争成绩突出个人	福建省公安厅	闽公综〔2021〕236 号
黄诗裕	泉州市公安局河市派出所	二等功	福建省公安厅	闽公综〔2021〕152 号
黄开清	泉州市公安局罗溪派出所	全省公安机关庆祝建党 100 周年安保维稳工作成绩突出个人	福建省公安厅	闽公综〔2021〕293 号
李萍萍	洛江区检察院	优秀检察宣传工作者	福建省人民检察院宣传处	闽检宣〔2021〕3 号
黄培真	洛江区人社局	2016—2020 年全省普法工作先进个人	中共福建省宣传部 福建省司法厅	闽司〔2021〕143 号

续表 16

姓名	工作单位	荣誉称号	授奖机关	表彰文号
杨国亮	洛江区司法局	福建省一级人民调解员	福建省人民调解员协会秘书处	闽人调协秘〔2021〕1号
林泉津	泉州市洛江生态环境局	2021年第一轮“清水蓝天”生态环境保护专项执法行动表现突出个人	福建省生态环境厅	闽环保总队〔2021〕22号
杜翠芬	泉州市洛江生态环境局	2020年生态环境保护执法大练兵表现突出个人	福建省生态环境厅	闽环保总队〔2021〕32号
林泉津	泉州市洛江生态环境局	2020年生态环境保护执法大练兵表现突出个人	福建省生态环境厅	闽环保总队〔2021〕32号
陈凌	泉州市洛江生态环境局	2020年生态环境保护执法大练兵表现突出个人	福建省生态环境厅	闽环保总队〔2021〕32号
林泉津	泉州市洛江生态环境保护综合执法大队	2021年“学党史 勇担当”福建省生态环境保护执法大练兵执法技能竞赛活动个人一等奖	福建省生态环境厅	闽环保总队〔2021〕33号
翁冠豪	中共泉州市洛江区委政法委员会	全省政法委系统先进工作者	中共福建省委政法委员会、福建省人力资源和社会保障厅	闽人社表彰〔2021〕3号
吴元福	洛江区工信局	“2017—2020年度全省工信系统先进工作者”	福建省人力资源和社会保障厅、福建省工业和信息化厅	闽人社表彰〔2021〕28号
翁明朱	洛江区检察院	全省检察机关先进个人	福建省人力资源和社会保障厅、福建省人民检察院	—
彭忠华	洛江区检察院	泉州“3·7”案检察办案组集体二等功成员	福建省人民检察院	闽检发办字〔2021〕78号
吴庆芳	洛江区检察院	全省检察机关扫黑除恶专项斗争优秀个人	福建省人民检察院	闽检发办字〔2021〕82号
林毅高	泉州市洛江区人民法院	全省扫黑除恶专项斗争先进工作者	福建省扫黑除恶专项斗争领导小组	—
李　莹	泉州市洛江生态环境局	全省生态环境系统先进工作者	福建省人社厅、福建省生态环境厅	闽人社表彰〔2021〕9号
刘建国	泉州市公安局万安派出所	全省优秀人民警察	福建省人力资源和社会保障厅、福建省公安厅	闽人社表彰〔2021〕42号
苏永川	区财政局	全省财政系统先进工作者	省财政厅、省人社局	
陈定源	泉州市公安局洛江分局刑侦大队	全省优秀人民警察	福建省人力资源和社会保障厅、福建省公安厅	闽人社表彰〔2021〕42号
杜翠芬	泉州市洛江生态环境保护综合执法大队	福建省金牌工人	福建省总工会	闽工〔2021〕33号
张礼仁	洛江区人社局	福建省人力资源和社会保障系统先进个人	福建省人力资源和社会保障厅	闽人社表彰〔2021〕35号

续表 16

姓名	工作单位	荣誉称号	授奖机关	表彰文号
龙小雄	信和新材料股份有限公司	省级五一劳动奖章	福建省总工会	闽工〔2021〕43 号
庄　源	洛江区贸促会	全省贸促工作先进工作者	福建省贸促会	闽贸促综〔2021〕49 号
蔡海芳	区信访局	建党 100 周年庆祝活动信访安全保障工作中成绩突出个人	省信访局	—
林培阳	区信访局	建党 100 周年庆祝活动信访安全保障工作中成绩突出个人	省信访局	—
罗　雄	农工党洛江总支	2020 年度社会民意信息工作先进个人	农工党福建省委会	—
史鼎三	农工党洛江总支	2020 年度社会宣传工作先进个人	农工党福建省委会	—
施永安	洛江区纪委监委	全市优秀共产党员	中共泉州市委	泉委〔2021〕52 号
张劲松	洛江区虹山乡人民政府	全市优秀共产党员	中共泉州市委	泉委〔2021〕52 号
彭培常	洛江区虹山乡人民政府	全市优秀党务工作者	中共泉州市委	泉委〔2021〕52 号
宋定飞	泉州第十一中学	全市优秀党务工作者	中共泉州市委	泉委〔2021〕52 号
陈倩华	河市中心幼儿园	全市教育系统优秀共产党员	中共泉州市委教育工作委员会	泉委〔2021〕52 号
苏翠芬	泉州市实验小学洛江校区	全市教育系统优秀共产党员	中共泉州市委教育工作委员会	泉委〔2021〕52 号
黄毅斌	泉州市就南中学	全市教育系统优秀共产党员	中共泉州市委教育工作委员会	泉委〔2021〕52 号
彭素珠	泉州市奕聪中学	全市教育系统优秀共产党员	中共泉州市委教育工作委员会	泉委〔2021〕52 号
彭志斌	泉州市洛江区马甲中心小学	全市教育系统优秀党务工作者	中共泉州市委教育工作委员会	泉委〔2021〕52 号
吴联庆	双阳街道新峰社区党支部	泉州市优秀党务工作者	中共泉州市委	泉委〔2021〕52 号
林亚玲	泉州市公安局洛江分局治安大队	全市优秀共产党员	中共泉州市委	泉委〔2021〕52 号
谢思勤	区委宣传部	泉州市 2017—2019 年度精神文明建设先进工作者	中共泉州市委、泉州市人民政府	泉委〔2021〕52 号
林智锋	洛江区罗溪镇洪四村（第一书记）洛江区市场监督管理局	全市优秀共产党员	中共泉州市委	泉委〔2021〕52 号
蔡荷欢	河市镇离退休老干部党支部书记	全市优秀共产党员	中共泉州市委	泉委〔2021〕52 号

续表 16

姓名	工作单位	荣誉称号	授奖机关	表彰文号
颜世民	永高人公司党支部书记	全市优秀党务工作者	中共泉州市委	泉委〔2021〕52 号
戴炳伟	河市镇党委副书记、政法委员	新时代“最美逆行者”	中共莆田市委 莆田市人民政府	—
曾国家	洛江区委统战部	最美逆行者	莆田市委、市政府	—
林康前	洛江区委统战部	最美逆行者	莆田市委、市政府	—
孔志强	洛江区委统战部	最美逆行者	莆田市委、市政府	—
陈文三	泉州市公安局洛江分局治安大队	个人三等功	泉州市公安局	泉公令〔2021〕1 号
黄阿旭	泉州市公安局万安派出所	个人三等功	泉州市公安局	泉公令〔2021〕1 号
余　锋	泉州市公安局虹山派出所	个人三等功	泉州市公安局	泉公令〔2021〕1 号
王　鑫	泉州市公安局洛江分局刑侦大队	嘉奖	泉州市公安局	泉公令〔2021〕3 号
庄小坤	泉州市公安局万安派出所	嘉奖	泉州市公安局	泉公令〔2021〕3 号
王明明	泉州市公安局洛江分局刑侦大队	三等功	泉州市公安局	泉公令〔2021〕4 号
黄晓伟	泉州市公安局洛江分局政工室	三等功	泉州市公安局	泉公综〔2021〕183 号
傅萍萍	洛江区检察院	全市检察机关民事检察业务能手	泉州市人民检察院	泉检政〔2021〕32 号
王小华	洛江区检察院	全市检察机关行政检察业务标兵	泉州市人民检察院	泉检政〔2021〕32 号
赖昕晟	泉州市洛江区人民法院	2020 年度优秀网评员	中共泉州市委网络安全和信息化委员会办公室	泉委网信办〔2021〕29 号
林前枢	泉州市洛江区人民法院	2019—2020 年度全省法院先进个人	福建省高级人民法院、福建省人力资源和社会保障厅	—
张建聪	上海红星美凯龙品牌管理有限公司泉州洛江分公司	泉州市安康杯组织工作优秀个人	泉州市总工会 泉州市应急管理局 泉州市卫生健康委员会	泉工〔2021〕22 号
黄宏鹏	泉州市洛江兴达保洁服务有限公司	泉州市安康杯组织工作优秀个人	泉州市总工会 泉州市应急管理局 泉州市卫生健康委员会	泉工〔2021〕22 号
曾华山	泉州市劲力工程机械有限公司	泉州工匠	泉州市总工会	泉工〔2021〕21 号

续表 16

姓名	工作单位	荣誉称号	授奖机关	表彰文号
刘永平	中建富林集团有限公司	泉州工匠	泉州市总工会	泉工〔2021〕21 号
詹如英	泉州市公安局洛江分局出入境管理大队	泉州市三八红旗手	福建省泉州市妇女联合会	泉妇〔2021〕5 号
卢丹芹	河市镇团委书记	泉州市优秀共青团干部	共青团泉州市委	—
杨棋崴	泉州荣祺食品有限公司总经理	第十四届“泉州青年五四奖章”	共青团泉州市委、泉州市青年联合会	—

文献选编

中共泉州市洛江区委 2021 年工作报告

2021 年以来，洛江区委坚持以习近平新时代中国特色社会主义思想为指导，深入学习贯彻习近平总书记来闽考察重要讲话和党的十九届六中全会精神，落实省第十一次党代会和市第十三次党代会部署要求，巩固拓展疫情防控和经济社会发展成果，全方位推进高质量发展超越迈出坚实步伐，“十四五”实现良好开局。

一、旗帜鲜明讲政治，“两个维护”更加自觉坚定

1. 突出抓好思想政治建设。落实第一议题制度，对习近平总书记重要讲话重要指示批示精神，区委常委会都第一时间组织学习，并结合洛江实际提出具体贯彻意见。特别是把学习宣传贯彻习近平总书记来闽考察重要讲话精神作为重中之重，围绕“四个更大”重要要求和当前四项重点任务，拎出 29 个具体项目，实行月跟踪、季分析、定期“回头看”，推动有效落实。

认真学习宣传贯彻党的十九届六中全会精神，以区委常委会（扩大）会议、聆听宣讲团报告会等方式持续学深悟透精神实质。举办区管干部专题研讨班，开展分专题、系列化、靶向式宣讲，推动全会精神全覆盖、入人心，“洛地有声”宣讲团获评全省首届十佳特色宣讲团。区委常委带头围绕党的十九届六中全会精神等重点开展学习研讨、一线宣讲，示范带动全区各级中心组开展学习研讨 300 多场，教育引导广大党员干部坚定捍卫“两个确立”、忠诚践行“两个维护”。

坚持用党的创新理论指导工作，高质量开好区第六次党代会，突出“智造基石”和“生态元素”两个关键，明确了建设智造洛江、生态新城的发展方向；党的十九届六中全会和省、市党代会闭幕后，围绕新目标新方略，对建设智造洛江、生态新城的目标、措施、要求等拓展提升，进一步凝聚全区思想共识和智慧。

2. 推动党史学习教育走深走实。组建区委党史学习教育领导小组，制定印发《实施方案》，明确 14 项规定动作、29 项自选动作；创新构建“三队两翼一线”宣讲体系，组织“永远跟党走”群众性主题宣传教育活动186场，举办“四史”教育班，创新推出“党史微课”等，不断把学习教育引向深入；开展“跨联百年”“跨阅百年”“跨映百年”系列活动，在全市率先探索“学习强国”定向赛，获批市级党史教育基地5处，引导党员干部群众学史、知史、悟史。梳理推进2批46个“我为群众办实事”项目，有效解决一批群众身边小事和烦心事。区委常委带头以普通党员身份参加所在党支部专题组织生活会，总结学习收获、开展批评与自我批评，推动党史学习教育往深里走、往实里走。

3.高质量开展“再学习、再调研、再落实”活动。区委常委会认真研究制定活动方案，安排4个学习班次、12个重点调研课题、18个重点专项任务，实施“产业提升、项目提速、城市提档、民生提质、干部提效”5大攻坚行动。先后召开动员会、推进会等，建立“1+2+N”组织架构和区领导挂钩推动机制，逐个专项成立工作专班。区领导带头下沉一线学习调研、破解难题、协调落实，围绕发展壮大智能制造、生态经济、提升城区品位等分别形成高质量调研报告。实行“跟踪通报、阶段总结”运作机制，每月定期汇总、分析研判、通报情况，有力推动各项任务加快落实。

二、务实担当稳增长，经济质量总量同步跃升

1.推动经济平稳健康发展。加强党对经济工作的领导，召开区委经济工作会、季度分析会等，比拼推进市委11个重点专题的落实，经济发展稳中加固、稳中向好，2021年前三季度GDP、三产增加值、社消3项指标排名全市第1，并在全市经济分析会上作典型发言；预计全年地区生产总值335亿元、增长13.7%；一般公共预算收入15.4亿元、增长20.2%，一般公共预算总收入26.01亿元、增长20.9%，增幅分别居全市第2、第3。大力推进产业数字赋能、科技赋能、链条赋能、生态赋能，机械装备、纺织鞋服、工艺制品、建筑业4个百亿产业分别增长5.1%、14.7%、17.9%、6.6%，纸类卫生用品增长53.4%；规模以上工业增加值增长13.5%、居全市第4，社消增长25.2%、居全市第2。创新开展重点项目五大专项攻坚行动，建立重点项目推进“四个机制”，组织路演竞赛、拉练观摩，推动项目快开工、快建设、快投产，重点项目建设完成年度投资近百亿元，6个省级重点项目、32个市级重点项目超额完成年度投资任务。落实全市“产业链招商季”行动，全年新增签约项目103个、总投资超400亿元。

2.坚持创新驱动发展。落实“四个倍增”科技赋能计划，新认定国家高新技术企业33家、省科技“小巨人”企业19家、科技型中小企业36家，规模以上工业企业研发经费增长58.9%，增速连续两年位居全市第一。推进产业数字化、数字产业化，13个省市重点技改项目完成投资5.6亿元，工业技改投资增长30%；开展平台经济“五十百千”三年行动，万安、塘西、河市西片区等6个成规模园区加快提质增效。谋划实施22个数字经济项目，累计完成投资26.2亿元，4家企业获评2021年福建省数字经济领域“未来独角兽”“瞪羚”企业。深入实施人才“港湾计划”，新增市级高层次人才145人，实现市级高层次人才团队零的突破。

3.改革开放纵深推进。坚持抓改革促发展，定期召开区委深改委会议，推进10个领域53项改革突破事项；实施营商环境提升专项行动，建立涉企服务“四个机制”，出台《提升营商环境十条措施》，创新上线“i洛江”程序平台、洛江区“政企直通车”平台，63项高频服务项目实现“掌上办”，新增市场主体近1.1万家。开展“进百企、走百商、访百才”活动，精准服务企业用电、资金、订单、产能等事项，兑现各级惠企资金1.7亿元，减免税费1.8亿元。出台鼓励利用外资促进外贸发展若干措施，全年预计完成外贸出口70亿元、增长10%。积极探索推进洛台融合发展，第四届“蔡襄杯”闽台中小学书法比赛被国台办评为2021年对台文化交流重点项目，南少林武术学校获“省级台湾青年体验式交流中心”称号，台湾优良食品产业园项目建设加快推进，洛台经贸合作不断深化。

三、城乡融合抓统筹，品质品位显著增强

1. 城区建设扩容提质。主动融入“一湾两江四岸”格局和中心市区一体化开发建设，阳江新城片区12个公共服务和基础设施项目完成投资11.5亿元。落实全市“城乡品质提升年”活动要求，121个城乡建设品质提升项目完成投资23亿元。对接全市“聚城畅通”工程，万虹路拓改、西环路双阳段加快推进，打通学府路、经五路等一批断头路。实施绿化美化亮化净化智化“五化”工程，统筹策划实施智慧停车、道路景观、排水排污、老旧小区改造等项目，城区整体功能进一步改善。

2. 生态颜值持续提升。一体推进两轮中央生态环境保护督察整改，抓好24个区域突出生态环境问题。研究推进碳达峰、碳中和工作，深入打好污染防治攻坚战，实施12个“碧水清源”项目，2个省重点考核小流域监测断面双月水期Ⅲ类水质达标率100%，2021年全区空气优良率达98.08%。全面推行林长制，完成植树造林及森林经营6200多亩。创建国家生态文明建设示范区通过省级预审，“生态立区、生态强区、生态美区”创建特色做法在《八闽快讯》刊载，获原全国人大常委会副委员长王汉斌批示肯定。

3. 乡村振兴深入推进。推进脱贫攻坚成果同乡村振兴有效衔接，实施巩固拓展脱贫成果项目49个，19个村集体经济收入超50万元。整镇推进乡村振兴，滚动实施121个乡村振兴重点项目，分主题建好试点村、示范线、试点镇。实施乡村建设“1+6+2”系列行动，完成26个村庄规划，抓好人居环境整治、建筑风貌管控、“绿盈乡村”建设等，推动乡村更加美丽、生态、宜居。洛江区作为2个代表之一，在全市乡村振兴现场推进会上作典型发言。

四、用心用情惠民生，群众幸福指数全面提升

1. 慎终如始抓好常态化疫情防控。坚持平战结合、快速转换，每周常态化研判，及时调整防控细案。整合中心户长、计生管理员等，建立86支、112名防疫专员及350名防疫小组长，实行日报告，切实盯住变量增量。面对上年9月份福建省内突发疫情，第一时间激活指挥体系，把临时党组织建在防控指挥部、核酸采样点，科学精准落实各项防控措施，牢牢守住不发生本地疫情底线。用好“大数据+网格化”摸排中高风险地区入洛人员，做好公共场所、医院、进口冷链食品流通等重点环节扫码测温、通风杀毒等，发挥发热门诊、基层医疗卫生机构等“哨点”作用，防止发生聚集性疫情。持续提升核酸检测能力，建立第三方核酸检测储备机制，与3家核酸检测机构签订协议，日检测能力达5.5万管（55万人次）。统筹做好各类人群疫苗接种，累计接种超55万人次。根据省防指统一部署要求，全力以赴做好福州、厦门援莆医护人员入洛休整的后勤保障工作，深受好评。

2. 民生事业全面进步。把稳就业摆在重要位置，城镇新增就业4500人，城镇登记失业率控制在较低水平。优先发展教育事业，投入1.5亿元建设阳江学园小学校区等13个教育项目，深化与泉州市实验小学、南开公能教育集团、北京四中网校合作办学，泉州十一中晋升省一级达标高中，奕聪中学通过省一级达标高中专家组现场考察。推动医疗资源扩容提质，纵深推进区医院与泉州第一医院紧密型医联体建设，区医院新院区前期工作有序推进，泉州宝璋肿瘤医院加快建设。健全养老服务体系，新建1个区域性养老服务中心、8个农村居家养老服务站。强化社会救助兜底保障，城乡低保标准稳步提高，创新探索特困人员集中供养服务，生活不能自理特困人员集中供养率达85.5%。

3. 文化惠民落到实处。浓墨重彩开展庆祝建党百年系列活动，推出“红色艺术党课”等一批主题文艺精品，切实讲好党的故事、洛江故事。加大文化遗产保护力度，洛阳桥纳入“泉州：宋元中国的世界海洋商贸中心”遗产点申遗成功，城市IP“洛水仙珊”知名度、影响力不断提升。文体基础设施逐步完善，新建一批健身路径、多功能运动场和全民健身驿站，获评首届福建省示范农家书屋1个。建立常态化创城机制，顺利通过全国文明城市、省级文明城区实地检查，创新实施新时代文明实践“一镇一园”乡村小康综合体项目，培育“长者食堂”移风易俗典型。

4. 社会大局保持稳定。推深做实“强基促稳”，组织开展年度15个专项行动，成功培育了一批特色典型，其中“厝边守望”平安惠民工程获原国家领导人及省市领导批示肯定，“22335”家事调解服务模式在《中国妇女报》报道。完善提升城市安全信息系统，健全矛盾纠纷多元化解体系，常态化推进扫黑除恶斗争，开展信息网络、自然资源、交通运输、工程建设四大行业领域专项整治，2021年全区刑事案件同比下降26.2%，传统“盗抢骗”案件同比下降33.5%。稳步推进依法治区工作，完成“七五”普法验收，启动实施“八五”普法规划；高标准建成区公共法律服务中心，法律援助服务质量不断提升。严格落实安全生产责任制，深入开展全区安全生产专项整治三年行动，推行“1+3”应急管理服务模式，全区安全生产形势稳中向好。

五、从严从实抓党建，执政能力全面加强

1. 坚持把党的政治建设摆在首位。深入贯彻《关于加强和维护党中央集中统一领导的若干规定》，把旗帜鲜明讲政治作为根本要求，贯穿各项工作全过程。严明政治纪律和政治规矩，将民主集中制、重大事项请示报告等落实情况作为监督检查的重要内容，教育党员干部做到“五个必须”，杜绝“七个有之”。贯彻落实《关于加强对“一把手”和领导班子监督的意见》，全覆盖完成“关键少数”政治谈话，建立廉政档案和职责档案，推动政治监督具体化常态化。严肃抓好省委、市委主体责任检查问题整改，省委检查反馈的3个个性问题、市委检查反馈的4方面16个具体问题已全部完成整改。

2. 坚持和巩固党管意识形态。坚决扛起意识形态工作政治责任，多次召开区委常委会会议、领导小组会议，专题研究部署意识形态工作，意识形态领域总体保持平稳。完善抓意识形态工作“235”机制，开展专项督查，压紧压实工作链条。

3. 全面加强基层党组织建设。深入实施“红色动力”工程，开展第四批18个专项行动，打造15个党建和10个群团示范点。提升城市党建整体效应，推行“1+3+N”近邻党建工作模式，全区小区党组织覆盖率达100%。推行“红色生产力”车间党建，将党的建设延伸到车间、生产流水线等，相关做法在学习强国刊载。抓实党建促乡村振兴，选派第十六批驻村干部，实现省市区12个乡村振兴试点村驻村干部全覆盖。

4. 锻造高素质干部人才队伍。全面完成乡镇党委换届选举和街道人事调整，乡镇（街道）领导班子平均年龄比换届前下降2.72岁，各项结构配备均完成或超额完成比例要求；全面完成村(社区)“两委”换届工作，实现村（社区）主干一肩挑、提名当选率、一次性成功“三个100%”，班子成员结构实现年龄、学历“一降一升”。坚持新时期好干部标准，对在推动高质量发展超越和项目攻坚、疫情防控、创城等一线表现较好的47名干部，分别给予提拔、转任重要岗位或晋升职级，占67.1%。落实“三个区分开来”，依纪依法认定从轻减轻8人。加强年轻干部梯次储备，年度集中更新区管优秀年轻干部135名。

5. 持之以恒正风肃纪反腐。组织开展全区作风建设三年行动，建立并落实正负面清单、绩效考核、效能督查等5项制度，清单化管理、节点化推进。坚持惩前毖后、治病救人，2021年运用“四种形态”处理干部148人次，第一、二种比例占比89.9%，“红脸出汗”保持常态。保持反腐高压态势，2021年立案36件，涉及科级干部9件，给予党纪政务处分31人。开展群众身边腐败和作风“点题整治”，查处问题5个5人。加强对村级“小微权力”的监督制约，推行“四个三”工作模式，相关经验在中央纪委国家监委网站等刊登。有序有力推进政法队伍教育整顿，健全常态化学习教育机制，受理政法干警违规违纪违法问题线索48条、办结率100%，查实“顽瘴痼疾”19件18人，全部处理到位。坚守政治巡察定位，制定2021-2026年区委巡察工作规划，启动六届区委首轮第一批次巡察；高效配合做好市委涉粮问题专项巡察，制定台账深入推进整改。

六、发挥优势聚共识，积极发展社会主义民主政治

1. 提升新时代人大工作水平。支持区人大及其常委会充分履行监督、决定、任免等职权，围绕营商环境提升、国有资产管理、生态文明建设等，开展调研、强化监督，累计开展视察调研活动12次，听取和审议“一府两院”专项工作报告13个，完成人事任免60人次。

2. 努力推进政协工作高质量发展。支持政协完善专门协商机构制度，在城乡融合发展、基层社会治理、校园食品安全、民生热难点问题等方面，实施协商建言、开展民主监督，累计开展13场协商活动，形成7期《协商意见》、6期社情民意，努力画好团结奋进最大同心圆。

3. 广泛凝聚爱国统一战线。完善大统战工作格局，港澳侨外、党外知识分子和新的社会阶层人士工作等工作扎实推进，民族宗教领域总体保持和睦和顺。民营经济“两个健康”有序发展，区工商联被评为全国“五好”工商联组织。深化群团改革，工会、共青团、妇联等群团组织活力进一步迸发。坚持党管武装，落实双重领导、党委议军等制度，省级双拥模范城“四连冠”成果不断巩固。

洛江区人民代表大会常务委员会工作报告

——2021年12月21日在区第六届人民代表大会第一次会议上

区人大常委会副主任 何雄峰

各位代表：

现在，我受区五届人民代表大会常务委员会委托向大会报告五年来的工作，请予审议，并请列席人员提出意见。

五年来的工作回顾

区五届人大一次会议以来，区人大常委会在区委的领导和市人大常委会的指导下，认真贯彻落实习近平新时代中国特色社会主义思想，坚持党的领导、人民当家作主、依法治国有机统一，严格履行宪法和法律赋予的职责，切实把人大制度优势转化为治理效能，有效促进了全区经济社会持续健康发展。

五年来，常委会共组织召开代表大会5次、常委会会议56次、主任会议81次，听取和审议“一府一委两院”及部门专项工作报告141项，对6部法律法规的实施情况进行检查，作出决议决定、审议意见62项，任免地方国家机关工作人员297人次。

一、旗帜鲜明，把加强党的领导贯穿始终，聚焦中心、服务大局取得新成效

五年来，常委会坚持把党的领导贯穿人大工作全过程，紧紧围绕中心，全面服从服务好全区工作大局。

1. 坚定政治方向。区委高度重视人大工作，印发《关于贯彻执行〈中共福建省委关于加强新时代人大工作和建设的决定〉的通知》，健全支持和保证区人大依法履职的体制机制。区委主要领导多次就人大工作作出指示批示，并以代表身份参加视察调研等活动，为人大履职提供坚强政治保障。常委会党组坚持重大事项报告制度，主动向区委报告人大工作和重要社情民意，为区委决策提供参考依据。

常委会紧密围绕区委中心任务确定工作重点，根据区委一系列“项目攻坚”活动要求，听取区政府关于重点项目建设工作情况报告，组织开展项目建设视察调研活动，五年来深入项目现场190多个，提出工作建议236条；常委会领导直接挂钩联系重点项目，深入项目一线，协调解决项目建设问题，确保各挂钩项目顺利实施。

2. 坚持依法行权。认真行使重大事项决定权，切实将区委主张，经法定程序转变成国家权力机关决定决议，成为全区人民共同意志。开展“十三五”规划实施情况中期评估，对“十四五”规划纲要编制情况进行专题调研，为区委决策和规划编制实施提供参考。坚持党管干部原则与人大依法行使选举任免权的有机统一，严格规范任前法律知识考试、表态发言、宪法宣誓等程序，出台《洛江区人大常委会关于国家机关工作人员任前考试的规定》，不断提高人事任免的严肃性、权威性。强化2021年区乡两级人大代表换届选举工作指导，精心组织，周密部署，全程监督，依法选举产生171名新一届区人大代表和282名新一届乡镇人大代表。

3. 赋能生态元素。以习近平生态文明思想为指引，持续关注我区生态文明建设，落实环境报告“年检”制度，听取和审议政府年度环境状况和环保目标完成情况报告。立足打赢污染治理攻坚战，督促区政府抓好专项污染防治工作，在区域排污问题、固体废弃物污染防治等近10个环保问题上持续发力，有效促进国家生态文明建设示范区创建工作。围绕建设宜居洛江，视察检查河长制、城区绿化提升等工作；力促规划引领，听取审议阳江新城和全区镇区规划建设情况报告，助力打造人与自然和谐发展的大美洛江。

4. 聚力疫情防控。2020年疫情突发时，发出《致全区各级人大代表的倡议书》，发动代表捐款捐物240多万元；常委会领导深入一线走访重点企业，推动解决防疫物资紧缺、复工复产等问题，筑起疫情防控的人大防线。2021年新一轮疫情期间，常委会领导继续深入基层一线，检查指导全员核酸检测等工作，协调解决基层遇到的一批实际问题和困难；机关挂点人员下沉到核酸检测采样点协助工作，争当防疫抗疫的“宣传员”“服务员”和“守门员”。

二、担当履职，把服务推动发展贯穿始终，助力经济、促进超越取得新业绩

五年来，常委会坚持把推动经济发展作为首要任务，强化使命担当，切实履职尽责，助力全区经济大跨越。

1. 助力财政规范高效运行。听取和审议年度的财政决算、预算执行情况、预算调整方案及地方政府债务限额议案等报告，并批准相关决议。根据经济社会发展态势，对每年苗头性、倾向性问题及时跟踪分析，提出有针对性的审议意见。督促区政府积极应对经济下行压力，从紧控制地方政府债务增长，推动经济社会平稳健康发展。支持审计部门充分运用审计成果，提高公共财政资金使用效益。听取和审议国有资产管理、安置房建设等专项情况报告，不断提高财经监督水平。在区人大持续监督下，区政府稳中求进抓发展，2021年全区一般公共预算总收入26.25亿元、一般公共预算收入15.78亿元，分别是2016年的1.8倍、1.67倍。

2. 助力工业企业智造升级。关注高新技术企业培育和发展，督促政府加强政策引导，强化精准服务，更好地发挥科技创新支撑引领作用。建设智能制造产业园人大代表联系群众活动室，强化代表与智能制造企业的联系。组织调研和专项视察活动，倾听来自智能制造领域方面代表的意见建议，提出加快载体建设、加强人才工作、进一步优化服务等建议。区政府将智能制造作为主攻方向，先后获批省级智能制造试点示范基地和市级传感智能制造产业基地，全区智能制造产业后发优势更加凸显。

3. 助力第三产业发展壮大。聚焦旅游业健康可持续发展及旅游产业化水平的提升，并作出《关于加快发展旅游产业的决议》，要求区政府发挥主导作用，全面提升旅游产业整体水平。区政府根据决议要求，完成《洛江区旅游发展规划》修编，引领旅游业快速发展，2021年实现旅游收入20亿元。组织对建筑业发展情况进行视察检查，调研重点建筑企业生产经营情况。在常委会推动下，区政府修订出台《促进建筑业发展壮大六条措施》。五年来，全区建筑业企业新增134家。同步为区政府发展汽车服务业、现代物流业、房地产业提出意见建议，助推第三产业蓬勃发展，2021年全区第三产业增加值达到120亿元，是2016年的2.3倍。

4. 助力农村经济特色发展。关注乡村振兴战略，针对农业产业结构不优、规模化程度较低等问题，提出要转变发展观念、发展特色产业等建议。聚焦区域少数民族经济社会建设，通过实地查看、听取汇报等形式，要求区政府加大民族政策扶持及特色宣传力度，培训提升少数民族干部，推动民族村经济社会创新发展。开展村级换届专题调研，强调要着力解决村级集体经济薄弱等问题，夯实乡村振兴的组织基础，增强发展后劲。五年来，区政府加大农业农村投入，全区建成乡村振兴项目277个，所有村集体经营性收入达20万元以上。

5. 助力营商环境持续提升。听取区政府关于近三年招商引资工作情况报告，要求区政府精准策划项目，重点关注在洛企业增资扩产需要，力促更多优质项目落地。督促区法院优化审判执行资源配置，助力营造稳定、公平、透明、便捷的营商环境。组织开展“营商环境提升年、民营经济发展年”专题调研活动，全面把脉我区营商环境建设情况，督促政府相关服务企业部门充分发挥自身职能作用，形成合力，不断提升整体营商环境水平。

三、守正创新，把依法监督职能贯穿始终，以民为本、厉行法治取得新突破

五年来，常委会坚持人民至上的理念，依法开展监督，推进民生改善和法治进步，使发展成果更多更公平惠及全区人民。

1. 创新监督方式。积极尝试针对性更强的监督方式，并在满意度测评、专题询问两个方面进行新探索。制定《洛江区人大常委会关于审议意见研究处理情况满意度测评的暂行规定》，明确了三种满意度测评方式，把对事监督与对人监督有机结合起来。推行专题询问监督方式，2017年首次开展专题询问时，常委会组成人员、列席人大代表就“两违”治理、建筑工地管理等热点问题进行询问，政府部门相关负责人逐一作答。实行以来，共开展满意度测评16次、专题询问2场，推动了“一府一委两院”工作，提升了人大监督实效。

2. 坚持问题导向。一是紧扣民生难点。关注教育保障，对中心城区义务教育阶段学位紧张等问题进行监督。五年来，区政府持续扩充教育资源，新增学位7490个；落实关于教师法实施情况审议意见，着力加强师资队伍建设，有效满足群众“有学上、上好学”的教育需求。问效医疗服务，监督基层医疗卫生基础设施建设等工作，听取医保政策及措施落实情况报告，督促政府加强医疗卫生体系建设，维护群众生命安全和身体健康。二是紧扣民生热点。听取区政府研究处理《洛江区人大常委会关于精准扶贫工作情况的审议意见》情况报告，并进行满意度测评。区政府加强统筹协调，全力攻坚突破，全区市定贫困人口全部稳定脱贫。连续3年对城市建设管理工作进行重点监督，推动政府及相关部门对城市公园建设、环卫管理等问题的重视并采取措施予以解决，中心城区景观和宜居程度获得较大提升。三是紧扣民生重点。组织省市区三级人大代表深入开展为民办实事项目视察调研活动，督促区政府如期兑现承诺，让群众看到变化、得到实惠。结合市县乡人大三级联动监督工作，督促区政府加快行政职能转变，全面推进政务服务便捷高效。就妇女儿童发展、公共文化服务等工作开展监督，督促政府加快补齐短板，改善人民生活品质。

3. 深化法治监督。一是力促依法治区。听取和审议区政府关于依法治区和“七五”普法工作及“八五”普法规划情况报告，要求相关职能部门强化责任担当，共同推动形成良好法治氛围。发挥“法律巡视”利剑作用，检查消防法、社会保障法等法律实施情况，积极推进严格执法。加强规范性文件备案审查，确保文件合法有效。五年来，共审查各类规范性文件61件。二是力促社会公正。关注扫黑除恶专项斗争，深入法院、检察院和公安分局开展专题调研，倡导人大代表积极主动参与，推动专项斗争向纵深开展。监督商事、民事、刑事审判和诉非联动工作，督促侦查监督、公益诉讼、民事刑事检察等工作，扩大司法监督覆盖面。三是力促社会和谐。开展应急救援体系建设、食品安全、平安校园等领域工作监督，重点监督全区治安防控工作，提出形成社会治安防控合力等意见。区政府完善了社会治安防控网，全区综治“三率”稳步提升，连续4年获评全市平安建设优秀县（市、区）。加大信访件督办力度，推动解决群众反映的一些实际问题。

四、完善机制，把全过程人民民主贯穿始终，服务代表、发挥作用取得新进展

五年来，常委会坚持尊重代表主体地位，全方位、多渠道优化履职机制，努力为代表作用更好发挥创造充分条件。

1. 优化服务管理机制，增强代表履职深度。一是加强培训提升。把学习培训贯穿于代表履职全过程，灵活运用“请进来、走出去、学研结合”方法，邀请专业人员针对履职所需的法律法规知识、经济社会管理、工作业务程序等方面进行培训，不断提升代表综合素质。五年来，共组织各类学习培训近100场。二是保障参政知政。通过向代表寄送学习资料、召开代表工作会、通报人大工作动态等方式，帮助代表熟悉常委会和“一府一委两院”的重要工作。邀请代表参加执法检查、调研等活动，聘请14名代表担任工委兼职委员参与工委工作，保障代表知情知政权。组织代表参与案件审理、勤政廉政效能督查等活动，拓宽代表参政督政渠道。三是有效监督管理。制定完善代表履职请假、接待选民等一系列规章制度，规范代表闭会期间的履职行为。推进代表履职登记和履职公开工作，督促代表及时做好网上履职申报，定期书面反馈履职情况。及时做好人大代表补选工作，依法补选市十六届人大代表5名、区五届人大代表32名。

2. 优化沟通联络机制，增强代表履职宽度。一是加强常委会与代表的联系。常委会领导带头经常性走访代表，听取代表的意见和建议，帮助代表解决履职中存在的困难和问题。进一步扩大代表对常委会工作的参与，选择监督议题和制定年度工作安排广泛听取代表意见，召开会议邀请熟悉相关议题的代表列席。五年来，共邀请代表200多人次列席常委会会议。二是加强代表与人民群众的联系。深化代表联系群众活动室建设工作，推动代表活动室不断升级完善，有效保证代表接待群众、走访选民等活动常态化、制度化。开展代表向选民述职活动，改进和完善代表述职方式方法。五年来，各活动室组织代表开展活动306次，接待群众近千人次，收集群众意见建议2000多条，解决群众困难和问题600多个。三是加强常委会与基层人大的联系。邀请乡镇（街道）人大干部列席常委会会议、参加常委会活动，扩大对常委会工作的参与。听取基层人大开展代表工作情况汇报，指导乡镇（街道）人大做好支持和保证人大代表依法履职的各项工作。通过政府购买服务方式，支持乡镇（街道）人大各增配一名专职工作人员，保障基层人大工作有序开展。

3. 优化建议督办机制，增强代表履职力度。一是健全工作制度。出台《洛江区人民代表大会代表建议、批评和意见处理规定》，规范代表建议及重点督办件办理流程、工作时限和工作要求。推行运用“福建省三级人大代表履职服务平台”办理代表建议，建议分办、签收、答复、评价、反馈全程网络化，办理过程实时互联互通。二是提升办理质量。把关系经济社会发展大局和人民群众切身利益的代表建议列为常委会督办重点，综合采取走访座谈、开展回头看、满意度测评等多种举措，跟踪办理进度，压实承办单位办理责任。加强与代表沟通联系，追踪代表反馈意见，改进建议办理工作，切实提高代表建议办理质量。五年来，代表建议办复率达100%、代表满意和基本满意率达100%。三是组织评选表彰。组织开展评选区五届人大代表优秀建议活动，经常委会审议、表决，从470件人大代表书面提出的建议、批评和意见中，评选出《关于做好江滨路畅通工程的建议》等16件优秀建议，对提出建议的相关代表进行通报表彰并颁发证书，进一步提升代表履职积极性。

五、与时俱进，把加强自身建设贯穿始终，固本强基、完善自我取得新作为

五年来，常委会坚持主动适应新形势新任务，积极抓党建促提升，切实转作风激活力，不断提高机关政治意识和工作效能。

1. 突出政治引领。始终把思想政治建设摆在首位，深入学习习近平总书记关于坚持和完善人民代表大会制度的重要思想，增强做好人大工作的责任感和使命感。从严从实加强机关党的建设，深入推进“不忘初心、牢记使命”主题教育和党史学习教育活动，开展庆祝建党100周年“七个一”系列活动，切实从百年党史中汲取智慧和力量，推进党建引领作用再上新台阶。坚持和完善党组理论中心组学习制度，落实“三会一课”等党的组织生活制度，引导区人大机关全体党员干部坚定政治立场，严守政治纪律。

2. 突出能力提升。坚持常委会和机关集体学习制度，加强宪法、民法典等法律法规和人大业务知识的学习。依托“再学习、再调研、再落实”活动，同步做好学习研讨、上党课宣讲等工作，不断增强履职本领。坚持把调查研究作为人大工作的基本功，调动常委会组成人员和人大代表参与调研的积极性，把握重点，触及热点，认真开展好监督议题专题调研，为常委会审议和区委区政府决策提供重要参考，积极高效推进全区人大工作。

3. 突出阵地管理。认真落实《洛江区人大常委会党组意识形态工作责任制实施意见》，建立健全意识形态专题研究、学习、报告等制度，及时分析研判意识形态领域情况，着力维护意识形态安全。强化舆论阵地管理，加强人大理论研究和宣传报道力度，开设洛江人大微信公众号，在福建人大网、《人民政坛》等媒体刊物发表各类文章900余篇，6篇课题成果、工作信息在省、市人大系统组织的评选中获奖。深入推进精神文明创建活动，开展主题党日、志愿服务等活动，营造积极向上、持续向善的机关氛围。

4. 突出作风建设。落深落细落实全面从严治党主体责任，严格执行常委会党组工作规则，健全民主集中制原则，切实履行“一岗双责”。以省委巡视、区委巡察整改工作为契机，标本兼治，建章立制，全面落实党风廉政建设责任制，全力支持派驻纪检组工作。制定主任工作例会等制度，落实绩效管理制度，促进各项工作高效运转、有效落实。严格执行中央“八项规定”及实施细则，持续整治“四风”问题，不断提高机关参谋助手和服务保障水平，努力建设“一带头三表率”的政治机关、模范机关。

各位代表，区人大常委会各项工作取得的成绩，是区委正确领导的结果，是全体代表、常委会组成人员和区人大机关工作人员履职尽责、扎实工作的结果，是“一府一委两院”密切配合、团结协作的结果，是各乡镇（街道）人大主席团（工委）和广大人民群众充分信任、大力支持的结果。在此，我代表区人大常委会表示崇高的敬意和衷心的感谢！

回顾五年来的工作，我们深切体会到，坚持和完善人民代表大会制度，加强和改进新时代人大工作，就要贯彻落实好六个“必须坚持”。一是必须坚持党的领导。只有始终坚持党的全面领导，才能在全方位推进高质量发展超越中，广泛凝聚洛江人大的最强向心力。二是必须坚持用制度体系保障人民当家作主。只有不断完善人大运行机制，才能在支持和保证全区人民通过人民代表大会行使国家权力中，聚力画出洛江人大的最大同心圆。三是必须坚持全面依法治区。只有把监督作为推进法治的重要环节，促进严格执法、公正司法、全民守法，才能在法治洛江建设中，持续发出洛江人大的最强声音。四是必须坚持民主集中制。只有使全区人民的政治权利、民主权利能够通过法定途径，集中在区人民代表大会上得到实现，才能始终保持洛江人大的最强活力。五是必须坚持中国特色社会主义政治发展道路。只有充分发挥人民代表大会制度的根本政治制度作用，才能在坚持好、完善好、发展好人民代表大会制度的实践中，奋力书写洛江人大的最新篇章。六是必须坚持推进治理体系和治理能力现代化。只有更好地把洛江人大职能优势转化为优越的全区治理效能，才能奏响幸福洛江的最美和弦。

在肯定成绩的同时，我们也清醒地看到，按照中央和省、市、区委对新时代人大工作的新要求，同广大代表和人民群众的期望相比，常委会工作还有一定差距。监督工作实效性有待增强，代表建议办理、常委会审议意见落实和反馈工作还需改进，人大机关自身建设也有待继续加强。常委会将虚心听取广大代表和各方面意见建议，有信心、也有能力不断加强和改进各项工作。

今后五年的工作与要求

各位代表！今后五年是洛江全方位推进高质量发展超越的关键时期。区第六次党代会描绘了洛江未来发展的宏伟蓝图。新一届区人大及其常委会要坚持以习近平新时代中国特色社会主义思想为指导，全面贯彻党的十九大和十九届二中、三中、四中、五中、六中全会精神，深入贯彻落实习近平总书记“七一”重要讲话、中央人大工作会议重要讲话和来闽考察重要讲话精神，立足新发展阶段，贯彻新发展理念，积极主动服务和融入新发展格局，在区委领导下，认真贯彻区第六次党代会精神，乘势而上、勇担使命，坚持党的领导、人民当家作主和依法治国有机统一，全面强化政治机关、国家权力机关、工作机关、代表机关建设，有为有力助力智造洛江、生态新城建设。

一、强化政治意识，努力在奋进新征程中以更实的举措助推全区超越发展

坚持用习近平新时代中国特色社会主义思想引领航向，继续深化党史学习教育，进一步增强“四个意识”、坚定“四个自信”、做到“两个维护”。把握常态化疫情防控下经济发展新变化，适时对经济社会发展大局和社会普遍关注的问题，依法作出决议决定。贯彻落实《关于动员全省人民全方位推动高质量发展超越的决议》，围绕发展高端高新产业、推进乡村振兴、促进共同富裕等工作，深入开展调查研究，积极建言献策；听取和审议做强先进制造业、繁荣现代服务业、打造建筑产业集群、“十四五”规划中期评估等工作情况报告，促进洛江新一轮超越发展。

二、强化监督意识，努力在奋进新征程中以更大的力度提升人大工作实效

切实用好宪法赋予人大的监督权，实行正确监督、有效监督、依法监督。突出监督重点，综合运用听取审议专项工作报告、执法检查、专题询问、质询等形式，切实增强监督刚性和监督实效。坚持谋大事、议大事、抓大事，依法对事关发展全局、群众普遍关切的重大事项作出决议决定。加强财经工作监督，听取和审议计划、预算及审计工作报告，深化全口径预决算和部门预算审查，加强政府性债务监督，防范化解金融风险。加大审计问题整改落实督办力度，提高审计工作监督的实效性。以提升民生福祉为目标，支持和督促政府健全完善民生保障政策体系，加大在教育医疗、文化体育、安全应急、生态环保、社会保障等领域的投入，推动幸福洛江建设。

三、强化法治意识，努力在奋进新征程中以更严的标准加快推进依法治区

全面贯彻落实习近平法治思想，进一步推进依法治区工作，大力支持社会信用体系建设，督促政府及其职能部门认真实施“八五”普法规划。聚焦营造一流法治环境，继续强化对法律法规和制度执行情况的监督，做好规范性文件备案审查和人大信访工作。坚持监督与支持有效结合，督促支持“一府一委两院”依法行政、依法监察、公正司法。规范和完善人事选举和任命程序，维护宪法权威。保障人大代表和区人大常委会组成人员的知情权，加强对人大选举和任命人员的监督。

四、强化服务意识，努力在奋进新征程中以更优的质量保障代表作用发挥

积极践行全过程人民民主，健全完善代表工作机制，认真落实“双联系”制度，密切常委会同人大代表、人大代表同人民群众的联系，努力通过更多方式听取、反映代表对常委会和“一府一委两院”工作的意见建议。健全代表学习培训机制，不断提高代表的理论水平和法律素养，提升履职意识和能力。完善代表反映人民群众意见和诉求的处理反馈机制，持续提升代表联系群众活动室建设水平，拓展代表活动和联系群众渠道，发挥人大代表桥梁纽带作用。丰富闭会期间代表履职活动，为代表履职提供服务和保障，引导代表将自主选题调研与其他履职活动有效衔接，提升调研成果转化水平。进一步完善代表建议议案办理督办方式，提高办理质量和办理效果。

五、强化担当意识，努力在奋进新征程中以更高的要求加强“四个机关”建设

认真执行党的领导各项制度，落实好全面从严治党主体责任和意识形态工作责任制，确保贯彻党委决策部署态度坚决，服务重点工作任务落实措施有力，努力打造让区委放心、全区群众满意的政治机关。完善区乡两级人大的组织制度、会议制度、工作程序，有效确保全区人民民主权利能够通过法定途径，完整体现于人大工作全过程，努力打造保证人民当家作主的国家权力机关。加强对党的路线方针政策、宪法和相关法律法规以及人大业务知识学习，不断提高政治判断力、政治领悟力、政治执行力，推动人大制度优势更好转化为全区治理效能，努力打造全面担负宪法法律赋予的各项职责的工作机关。加强人大宣传和理论研究，完善人大民主民意表达平台和载体，健全吸纳民意、汇集民智的工作机制，推动人大机关、人大代表与人民群众深入沟通交流，努力打造始终同人民群众保持密切联系的代表机关。

各位代表，同志们！惟有担当，不负时代；惟有尽职，不负人民。让我们更加紧密地团结在以习近平为核心的党中央周围，凝心聚力、砥砺奋进，以高水平全过程人民民主洛江实践，奋力开创洛江人大工作新局面，服务助推全区高质量发展超越，共同谱写全面建设社会主义现代化国家洛江篇章，以优异成绩迎接党的二十大胜利召开！

政府工作报告

——2021 年 12 月 20 日在区第六届人民代表大会第一次会议上
洛江区人民政府代区长 郭 宁

各位代表：

现在，我代表洛江区人民政府，向大会报告政府工作，请予审议，并请区政协委员和其他列席的同志提出意见。

一、过去五年及 2021 年政府工作回顾

区五届人大一次会议以来的五年，面对错综复杂的宏观经济形势和新冠肺炎疫情带来的不利影响，本届政府坚持以习近平新时代中国特色社会主义思想为指导，在省市和区委的坚强领导下，在区人大及其常委会和区政协的监督支持下，深入贯彻落实习近平总书记对福建工作的重要讲话重要指示精神，全面落实中央、省市和区委的决策部署，锐意进取、团结拼搏，顺利完成了“十三五”规划和本届政府确定的目标任务，全方位推进高质量发展超越取得瞩目成就。

这五年，洛江的综合实力跨越提升。2021 年，地区生产总值达到 335 亿元（预计，下同），是 2016 年的 1.9 倍，年均增长 8.7%；完成一般公共预算总收入 26.25 亿元，一般公共预算收入 15.78 亿元，分别是 2016 年的 1.8 倍、1.7 倍。规模以上工业产值、工业增加值分别达到764亿元、178.5亿元，分别是2016年的1.9倍、1.8倍；社会消费品零售总额达到88亿元，第三产业增加值达到120亿元，分别是2016年的2.7倍、2.3倍。居民人均可支配收入达到36852元，是2016年的1.5倍，6个乡镇（街道）中有3个地方财政收入超亿元。五年间累计实施区级重点项目200个，完成投资343.3亿元；全社会固定资产投资年均增长10.6%。

这五年，洛江的发展质量显著提高。产业结构持续优化，由2016年的2∶69.1∶28.9调整为2021年的1.5∶62.7∶35.8。传感智能制造产业基地加快建设，西人马高端传感器、铁拓机械改扩建等一批重要产业项目建成投产，规模以上工业企业达到195家，形成机械装备、纺织鞋服、工艺制品三个百亿产业集群，智能装备产业产值达到137亿元。生态旅游、汽车服务、电子商务、现代物流等快速发展。实施能源消耗总量和强度双控行动，规模以上工业单位增加值能耗较2016年下降59.7%，万元GDP用水量和万元工业增加值用水量较2016年分别下降25%、28%，经济增长含金量、含绿量持续提升。

这五年，洛江的城乡建设更具品质。城市跨路沿江拓展取得实质性进展，阳江新城片区加快开发建设，常住人口城镇化率提高到58.7%。西环路河市至马甲段等一批市政道路建成通车，建成区绿化面积达907公顷，改造提升25个老旧小区，新建污水管网60.2千米。乡村振兴战略加快实施，投入4.1亿元建成277个乡村振兴项目，打造4个省级乡村振兴试点村、1个省级特色乡镇、26个美丽乡村示范村，所有村集体经营性收入均超20万元。生态建设全面加强，打好污染防治攻坚战，投资超1亿元实施83个流域治理项目，完成造林绿化和森林经营4.8万亩，森林覆盖率稳定在64%以上。

这五年，洛江的改革创新彰显活力。完成农村土地承包经营权确权登记颁证和新一轮政府机构改革，深入推进“放管服”、国有企业、商事制度、强基促稳等系列改革，一批改革亮点在全省、全市创出经验，“一趟不用跑”“全流程网办”比率分别提升至95.5%、68.3%，新增市场主体超6万家。落实创新驱动发展战略，五年间实施省市重点技改项目46个，国家高新技术企业增加到48家，省市级企业研发机构增加到33个，规模以上工业企业研发经费投入比2016年增长182.5%，新增泉州市高层次人才614名；获全国科技创新百强区、福建省科普示范区。对外开放打开新局面，累计利用外资16.7亿元，出口商品总值264.7亿元。

这五年，洛江的民生福祉大幅改善。超七成五财力投入民生，五年间累计投入26.2 亿元完成292项为民办实事项目。脱贫攻坚战取得全面胜利，市定贫困人口全部稳定脱贫。投入3.5亿元新建、扩建一批中小学、幼儿园，新增幼儿园学位2340个、中小学学位5150个，获评全国书法教育示范区。新冠肺炎疫情发生后，全区众志成城、共克时艰，全力阻击新冠疫情，高效有序推进隔离点建设、核酸检测、疫苗接种等工作，自首例病例治愈后，无新发病例、疑似病例及无症状感染者，在全省首批列入低风险地区并保持至今。区医院与泉州市第一医院共建紧密型医联体，新建区医院病房大楼、妇幼疾控综合业务用房大楼等一批项目，医疗机构床位达到835张。建成居家养老服务站78个，养老床位数增加到1465张。区文化馆、图书馆建成开放，洛阳桥纳入“泉州：宋元中国的世界海洋商贸中心”世界遗产点。

2021年是本届政府最后一年，在区委的坚强领导下，我们以开展党史学习教育和“再学习、再调研、再落实”活动为契机，统筹抓好“五促一保一防一控”，特别是9月份福建本土疫情发生后，我们坚持人民至上、生命至上，迅速激活区镇村三级防控指挥体系，精准开展流调溯源，严防输入风险，三日内完成25.9万人次全员核酸检测，有效守住不发生本土确诊病例的底线，为经济社会健康平稳发展提供了坚强保障。全年完成地区生产总值335亿元、增长13.7%，一般公共预算总收入26.25亿元、增长22%，一般公共预算收入15.78亿元、增长23.1%，圆满完成区五届人大五次会议确定的目标任务，“十四五”实现良好开局。

（一）一年来，我们抓创新、促转型，产业质效加快提升。工业经济持续向好。开展“重龙头、强品牌、铸链条”行动，万洋高新技术产业园、宝利来卫生用品等一批项目开工建设，新增规模以上工业企业25家，规模以上工业产值增长18.3%。落实全市绿色数字技改专项行动，13个省市重点技改项目完成投资5.6亿元，工业技改投资增长30%；谋划实施数字经济项目22个，累计完成投资25亿元，4家企业获评2021年福建省数字经济领域“未来独角兽”“瞪羚”企业。鼓励支持科技创新，新认定福建省科技“小巨人”企业19家、科技型中小企业36家，规模以上工业企业研发经费投入增长58.9%，增速连续两年位居全市第1。开展工业园区标准化建设行动，启动洛江数字经济产业园前期工作。实施建筑业资质升级培育工程，建筑业完成产值263.5亿元、纳税4.6亿元。第三产业增势强劲。举办2021年泉州首届全民购车节、“全闽乐购·洛江乐购生活节”“五一超级置家节”系列促消费活动，社会消费品零售总额增长20%，限额以上批零住餐销售额增长32%。推进生鲜电商、社区电商、直播电商等新业态发展，全区涉及网络销售企业达1.56万家，网络零售额103亿元、增长37%，14个村入选2021年全国淘宝村。房地产市场健康发展，房地产开发投资增长20.1%，商品房销售面积60.5万平方米、增长78.4%，销售额58.5亿元、增长90.6%。以泉州申遗成功为契机，策划洛阳桥遗产点等专题营销，有效融入泉州古城半小时旅游圈；仙公山新索道完成改造并投入使用，打造新庵村“梦马庄园”、蔡内村古官道文化公园等一批乡村旅游新景点，全年接待游客230万人次，实现旅游收入20亿元。现代农业稳步发展。积极培育新型农业经营主体，省市级农业林业产业化龙头企业达15家。落实粮食、蔬菜、生猪稳产保供，抓好1.2万亩水稻生产功能区建设，推广有机肥5.2万亩，开展测土配方施肥7.3万亩；投入243万元建成2700亩高标准农田，投入700万元完成小流域综合整治、山围塘除险加固等项目。全年完成粮食播种面积2.9万亩、粮食总产量1.2万吨，超额完成市下达年度任务。

（二）一年来，我们抓项目、增后劲，发展支撑更加坚实。项目投资拉动有力。开展“项目攻坚2021”、重点项目五大专项攻坚及路演竞赛、拉练比拼观摩，实行区领导一对一挂钩，月调度、月督查、月收账，96个区级在建重点项目完成投资95亿元，其中6个省级重点项目、32个市级重点项目超额完成年度投资任务。滚动推进项目谋划、储备，列入省“五个一批”项目120个、总投资560亿元。全年新开工项目21个、总投资90亿元，竣工项目16个、总投资28亿元。要素保障全面加强。设立前期项目工作专班，强力攻克一批涉及前期、建设和要素保障难题，获批农用地转用和土地征收12个批次14个项目、面积约1025亩，获批3个批次土地成片开发方案、面积约1465亩，全省自然资源系统洛江区保障发展指标评分位居全市第2、全省第4。落实全市“抓征迁交净地百日攻坚”行动，15个攻坚项目完成征地1549亩、房屋征收5.6万平方米，其中后埭片区、西环路双阳段、阳江新城一期等7个项目实现清零。拓展项目建设投融资渠道，争取上级补助资金3.8亿元，合理调度财政资金8.1亿元保障项目建设。招商选资成果丰硕。落实全市“产业链招商季”行动，梳理17个主要招商载体，开展“走出去、引进来”招商对接、招商项目集中签约、招商推介等活动，舟基集团、锦绣澜山等一批重大产业项目签约，欣佳成机械装备、泉州建筑科技大厦等一批项目落地，全年新增签约项目103个、总投资406.2亿元。

（三）一年来，我们抓建设、重管理，城乡面貌焕然一新。城市建设扩容提质。落实全市“城乡品质提升年”活动，城建项目完成投资22亿元。加快阳江新城片区开发，12个公共服务和基础设施项目完成投资11.5亿元。优化交通路网体系，万虹路河市中学至马甲新庵岭拓改工程加快建设，启动省道213线、万虹路马甲至罗溪段提升改造，打通新城路、学府路、经五路等一批断头路，完善杏星路、金庄街、安达路等支路路网。以全国文明城市、国家卫生城市复审及创建省级文明城区为契机，修复、硬化主次干道、背街小巷1.6万平方米，投入1310万元改造一批老旧小区，实施万安市政道路改造提升，新建社区微光能路灯亮化、双阳高速出口匝道路灯工程；完成智慧停车项目，升级城区停车位1027个；投入4200万元实施万贤街、万盛街等市政道路绿化景观项目；新建改造绿化面积19.5万平方米、口袋公园5个。强化“两违”整治，治理“两违”面积超7万平方米。乡村振兴深入推进。滚动实施121个乡村振兴重点项目，完成投资9552.5万元。强化示范带动引领，串点成线建成一批省市乡村振兴示范村、示范线路，罗溪镇洪泗村党建助推乡村振兴新模式入选省级典型案例，虹山乡乡村振兴示范线入选泉州市首批精品示范线。推进脱贫攻坚成果同乡村振兴有效衔接，实施巩固拓展脱贫攻坚成果项目49个，12个村集体经济收入超50万元。启动19个村庄规划编制，提升乡村建筑风貌，整治农村裸房984栋。污染防治成效显著。投入2738.2万元实施12个“碧水清源”项目，洛阳江、龙华溪支流、晋江东溪罗溪段流域水质持续改善。河市西片区、霞溪工业区、滨江路雨污水管网加快建设，新建、改造管网22.1千米。开展大气污染治理专项行动，完成5个精准治理减排项目，空气质量优良天数比率达97.9%。开展污染地块修复，转移危险废物1703吨。全面推行林长制，完成植树造林及森林经营6238.2亩。创建国家生态文明建设示范区通过省级预审。

（四）一年来，我们抓民生、办实事，社会大局和谐稳定。社会保障更有温度。积极扩大就业，城镇新增就业4500人，失业人员再就业1250人，城镇登记失业率降至1.9%。城乡居民基本养老保险参保9.2万人，发放养老金5795.1万元。基本医疗保险参保16.7万人，基金支出1.12亿元。新建1个区域性养老服务中心、8个农村居家养老服务站，探索创新特困人员集中供养服务方式走在全市前列，生活不能自理特困人员集中供养率达85.5%；投入202万元为特殊老年人提供居家养老服务。社会事业协调发展。落实“我为群众办实事”实践活动、全市“惠民生补短板”专项行动，投入1.5亿元建设13个教育项目，深化与泉州市实验小学、南开公能教育集团、北京四中合作办学，泉州十一中晋升省一级达标高中，奕聪中学通过省一级达标高中专家组现场考察。泉州宝璋肿瘤医院加快建设，区医院新院区前期工作有序开展，启动国家级慢性非传染性疾病综合防控示范区创建工作；抓紧抓实抓细常态化疫情防控，新冠疫苗应接尽接，累计接种46万剂次，区级核酸日检测能力达5万人次。开展庆祝建党百年和文化惠民系列活动，新建一批多功能运动场和全民健身驿站，“蔡襄杯”闽台中小学书法大赛纳入国台办2021年对台文化交流重点项目，获批市级党史教育基地5处，率先在市辖区中完成地方志出版。社会治理创新加强。扎实推进平安洛江建设，在全市率先探索建设“厝边守望”平安惠民工程，健全社会治安防控体系，组织开展扫黑除恶斗争常态化及信息网络、自然资源、交通运输、工程建设四大行业领域专项整治。完善信访维稳联动机制，建立人民调解委员会127个、信访评理室93个，开展“夜访夜谈”和信访事项“治重化积”专项行动，有效化解矛盾纠纷。落实安全生产责任制，深入开展全区安全生产专项整治三年行动，启动安全生产标准化提升行动，扎实推进隐患排查和整改，安全生产形势稳中向好。同时，工会、妇女儿童、青少年、打私、民族宗教等工作取得新进展，国防动员、双拥、慈善、残疾人、外事、科协、侨务、档案等工作取得新成效。

（五）一年来，我们抓作风、提效能，自身建设全面加强。服务发展有为有效。组织开展“进百企、走百商、访百才”活动，精准服务企业用电、资金、订单、产能等事项，落实各级惠企政策，减免税费1.8亿元、兑现惠企资金1.69亿元。开展

“营商环境提升年”攻坚行动，建立涉企服务“四个机制”，出台《提升营商环境十条措施》，组建17个营商环境工作专班，创新上线“i洛江”程序平台，63项高频服务事项实现“掌上办”。出台扶持外向型经济措施，完成外贸出口70亿元、增长10%。综合施策化解信贷风险，帮助企业延期还款、转续贷近6亿元，不良率保持在较低水平。依法行政更加自觉。加强法治政府建设，全面推进行政执法“三项制度”规范化建设，建立行政执法自由裁量权基准动态调整机制，强化行政执法监督，依法受理、办结行政复议申请13件，研究制定“八五”普法规划。严格执行区人大及其常委会的决议决定，自觉接受人大及其常委会的监督和人民政协的民主监督，认真办理人大代表建议72件、政协委员提案100件，310线拓改等重点建议件全部落实。加大力度推进政务公开和政府网站建设，主动公开政府信息1215条。廉政建设纵深推进。全面落实党风廉政建设责任制、意识形态工作责任制，扎实推进政府系统党风廉政建设，定期开展重点领域廉政谈话。深入贯彻落实中央八项规定及其实施细则精神，政府带头过紧日子，持续压减“三公”经费。加强审计监督和审计整改，完成审计项目14个，查纠一批管理和使用不规范的资金。加强机关效能建设，健全督查考核机制，优化政府绩效考评，推动上级和区委的重要决策部署落到实处、取得实效。

各位代表！过去五年，我们历经考验、从容应对，有效顶住经济下行压力，克服转型升级阵痛，扛住经贸摩擦冲击，“快、严、实、细”打赢疫情防控歼灭战，如期全面建成小康社会，全方位推进高质量发展超越迈出坚实步伐，成绩来之不易。这是省市和区委正确领导的结果，是历届班子接力奋斗和全区人民万众一心、团结拼搏的结果。在此，我谨代表区人民政府，向全区广大干部群众，人大代表、政协委员，各民主党派、工商联、无党派人士、各人民团体、离退休老同志，向省市驻洛单位，企业界人士和来洛创业务工人员，表示衷心的感谢和崇高的敬意！

同时，我们也清醒地看到，工作中还存在着差距和不足，面临着许多困难和挑战。主要是：经济总量仍然不大，产业结构不够优化，高新技术产业、现代服务业占比偏小；受原材料价格上涨、融资难、用工难等因素影响，部分企业生产经营较为困难；科技含量高、带动性强的大项目、好项目支撑不足；公共服务均等化水平有待进一步提高，教育、医疗、养老等领域仍有较大提升空间；少数政府公职人员观念更新不快，能力跟不上形势发展的新要求，等等。对此，我们将直面问题，采取有效措施加以解决，努力把各项工作做得更好。

二、新一届政府工作及2022年工作目标任务

今后五年是洛江全方位推进高质量发展超越的关键期，也是洛江加快发展的难得机遇期。习近平总书记今年3月亲临福建考察指导，对福建工作提出“四个更大”重要要求和四项重点任务，为我们指明了前进方向、提供了强大动力。福建省第十一次党代会提出全方位推进高质量发展超越，奋力谱写全面建设社会主义现代化国家福建篇章；泉州市第十三次党代会提出创新发展“晋江经验”，奋力建设海丝名城、智造强市、品质泉州，必将给洛江的城市建设、产业转型、民生事业等带来新一轮发展红利。根据省市区党代会精神，新一届政府工作总体要求是：坚持以习近平新时代中国特色社会主义思想为指导，全面贯彻落实党的十九大和十九届历次全会精神，弘扬伟大建党精神，坚定不移沿着习近平总书记指引的方向前进，坚持稳中求进工作总基调，立足新发展阶段、贯彻新发展理念、服务和融入新发展格局，统筹好发展和安全，认真落实省市区党代会的决策部署，以全方位推进高质量发展超越为主题，以改革创新为根本动力，以满足人民日益增长的美好生活需要为根本目的，聚焦建设智造洛江、生态新城两大目标，着力打造制造、智慧、品质、清新、幸福洛江，奋力谱写全面建设社会主义现代化国家洛江篇章。

今后五年的总体目标和重要任务是：在实现“十四五”规划目标的基础上，洛江社会主义现代

化建设迈出重要步伐。经济实力实现新跃升。经济保持平稳健康发展，2026年GDP突破500亿元，一般公共预算总收入突破40亿元，第三产业增加值占GDP比重达到40%；打好产业基础高级化、产业链现代化攻坚战，智能装备产业集群规模突破150亿元，数字经济、绿色经济、文旅经济等加快发展；科技进步贡献率、全社会研发经费投入占GDP比重进一步提高，国家高新技术企业达到165家以上，现代化经济体系建设取得重要进展。城乡格局集聚新优势。“一带四区”空间格局落地见效，城乡区域发展更加协调、更加平衡。城区规模不断壮大，“一廊三组团”建设扎实推进，城市综合承载力、核心竞争力、集聚辐射带动力显著提升，城市建成区面积扩大至40平方千米，常住人口城镇化率达到65%以上；乡村振兴战略与新型城镇化互促共生、双轮驱动，走出一条具有洛江特色的乡村振兴之路。改革开放取得新突破。积极服务并深度融入新发展格局，坚持扩大内需战略与深化供给侧结构性改革有机结合，重要领域和关键环节改革取得新突破，产权制度、要素市场化配置等改革取得新成效；“放管服”改革和服务型政府建设持续深化，市场主体更加充满活力；利用外资和对外投资、进出口贸易规模效益不断提升，台港澳侨等各方面各领域交流更加密切，开放型经济发展水平全面提高。生态建设迈上新台阶。国家级生态区建设持续深化，国家生态文明建设示范区效应凸显，污染防治取得明显成效，绿色发展导向全面树立，资源能源利用效率大幅提高，污染物排放总量持续减少，生态环境质量巩固提升。人民群众对生态环境更加满意，生态保护在居民生活方式中内化为习惯，山水田园城市成为亮丽名片，形成人与自然和谐发展格局。人民生活达到新水平。坚持以人民为中心的发展思想，实现巩固拓展脱贫攻坚成果同乡村振兴有效衔接，共同富裕探索取得新进展，居民人均可支配收入达到 4.88万元。基本公共服务均等化水平稳步提高，多层次社会保障体系更加健全。推进社会治理体系和治理能力现代化，基层治理效能、城市文明程度明显提高，防范化解重大风险体制机制不断完善，突发公共事件应急处置能力显著增强，平安洛江建设更富成效。

2022年是新一届政府的开局之年，也是实施“十四五”规划的关键一年。我区经济社会发展主要预期目标为：地区生产总值增长8%；农林牧渔业总产值增长3%；工业增加值增长8.5%；第三产业增加值增长8.5%；一般公共预算总收入增长8.5%，一般公共预算收入增长8.5%；实际利用外资（验资口径）2亿元；出口商品总值72.1亿元；全社会固定资产投资增长8%；社会消费品零售总额增长8%；居民人均可支配收入增长和经济增长基本同步；完成省、市下达节能减排任务。围绕实现上述目标，重点推进五方面工作：

（一）发展高端高新产业

聚焦实体经济，突出科技赋能、数字赋能、绿色赋能，加快产业基础高级化、产业链现代化，夯实高质量发展产业支撑。

做强先进制造业。对接落实全市制造业高质量发展工程，以万洋高新技术产业园、华南动力配套及试验工业园等为载体，着力重龙头、强品牌、铸链条，打造传感智能制造、工程机械“动力系统与整套设备”、先进针织机械等产业链。对传统产业实施数字化、智能化改造，加快洛江卫生用品智能制造基地建设，推广应用智能化生产线3条以上、智能装备和工业机器人5台（套）以上。推动数字经济与实体经济深度融合，推进工业互联网建设改造与优化，提高5G网络覆盖率和应用场景，新增20家企业“上云上平台”。推进工业园区标准化试点园区——洛江数字经济产业园建设，抓好“规划、规范、提升、示范、招商”五个环节，完善“3+2+1”生活配套体系，加速产业入园；强化制造业空间保障，推行“亩均效益”改革，加强对园区闲置用地、低效用地整治，促进土地集约化利用。

集聚发展建筑业。推动小总部建筑业产业园区、三一筑工建筑科技产业园、筑可丽建筑产业园等项目加快建设，持续落实建筑业奖励政策和帮扶措施，招引一批新型建筑业企业，推动有实力的建筑业企业加快资质晋升、转型上市步伐，打造全省领先的装配式建筑产业集群。引导装饰、安装等中小企业向“专、精、特、新”发展，培育一批细分领域“单项冠军”。支持组建建筑行业联盟，严格建筑市场执法，促进建筑市场有序、健康发展。

繁荣现代服务业。推动中闽大地科技研发总部、万安中心区商业办公楼等项目建设，打造一批特色商业示范街、夜间经济区、社区便民商圈。深化“全闽乐购”促消费活动，支持发展网红经济、社区电商、农村电商、直播电商等新模式、新业态，培育更多消费增长点。扩大万虹路汽车走廊规模，跟踪服务宾联雷克萨斯、信兴汽车城、宝马洛江4S店等项目的建设和运营。发展现代物流业，发挥新宜物流等带动作用，建设区域物流枢纽。

提升项目支撑力。科学谋划、包装、储备一批重大项目，全年策划项目不少于30个。持续开展重点项目攻坚活动，实施区级重点项目142个，完成年度投资106亿元以上。强化要素保障，强力突破项目前期审批及征地拆迁、用地、用林、资金等要素制约，创造无障碍施工环境，全年力争新开工项目30个、竣工项目20个。开展“一把手”招商、以商招商、产业链招商，鼓励支持乡贤回乡创业，建立招商项目落地“清单化”机制，争取全年签约项目110个、总投资500亿元以上。

（二）建设品质宜居城区

坚持规划引领，提升城市建管品质，着力把城市功能做强、产业做活、环境做美，促进生产、生活、生态有机统一。

高标准开发建设。融入泉州“两江一湾”海丝新城和中心市区一体化开发建设，加快推动单元控规编制，以人为本推进城市扩容提质。加大力度推进塘西、琯头、后埭、南山等片区更新改造，完成金凤屿等片区征迁，谋划、引进一批总部经济、设计研发、商贸综合体等现代服务业项目，促进产城融合发展。抓紧中部功能区基础设施建设前期工作，规划建设多元化综合性服务型城市新区，增强中部综合服务能力和辐射带动力。推动河市、马甲、罗溪旧镇区提级改造和新镇区建设，拓展镇区规模。

高质量完善配套。落实全市“聚城畅通”工程，主动融入全市“369”交通圈生活圈产业圈构建，完善区域路网体系，推动泉梅高速洛江段（联十一线）、洛江至丰泽高速等项目前期工作，力促兴泉铁路建成通车，打通一批断头路。加快万虹路河市中学至马甲新庵岭拓改工程建设，力争完成万虹路国道324至河市中学段、省道213线提升改造工程，西环路双阳段市政道路竣工通车。实施中心城区品质提升项目，推进6个老旧小区改造，新建一批生态路网、口袋公园、健身公园、郊野公园、公共停车位、充电桩等生活服务设施，推进万安县政道路改造提升，开展经五路、纬四路、滨江路等道路绿化补植。提质增效生活污水处理，新改建污水管网10千米，消除城区污水管网空白区。

高水平实施管理。学习借鉴先进地区“投融资规建管一体化”模式，真正把城市建设经营管理好。常态化推进文明城市、卫生城市创建，落实泉州市《市容和环境卫生管理条例》《机动车停车管理条例》，开展占道经营、户外广告、乱停车、渣土车“滴洒漏”、施工噪声扰民等专项整治。有序推进垃圾分类提质扩面，实现万安、双阳街道垃圾分类全覆盖。健全“两违”责任追究制度，建立信息化管理平台，加大“两违”巡查执法力度，压实网格化巡查责任，对新增违法建设“零容忍”。推进智慧城市建设，推动智慧洛江综合指挥中心建设，拓展智慧出行、智慧医疗、智慧教育、智慧社区、智慧公园等应用场景。

（三）做好生态优势文章

把生态文明建设与乡村振兴紧密结合，促进生态保护与经济发展互促共进，推动农业高质高效、乡村秀美富足。

加强生态环境治理。积极创建国家生态文明建设示范区，统筹污染防治和生态修复，持续打好蓝天、碧水、净土保卫战。实施大气污染减排精准治理，加强扬尘污染整治，有效遏制臭氧和颗粒物污染升高趋势。全面落实河湖长制，推进“碧水清源”流域水质提升，融入全市“两江一带”生态保护行动，完成入海入河排污口整治。启动河市西片区污水处理厂及配套管网工程前期工作。实施危险废物环境安全整治三年行动，加强土壤污染企业监管。深入落实林长制，加强森林资源保护，完成植树造林1000亩，提升森林的生态、经济、社会功能。推动低碳集约绿色发展，把碳达峰碳中和纳入生态区建设布局，统筹排放端、固碳端和政策端，启动实施碳达峰行动。

打响生态旅游品牌。将优质生态资源和丰富人文历史资源相结合，实施“旅游+”跨界融合行动，探索发展全域旅游新路径。统筹遗产保护与城市建设，做活洛阳桥及周边街区文化旅游，推动建设“海丝”主题城市会客厅。整合河市北片区生态文旅资源，改造提升俞大猷公园，启动“陈三五娘”主题文化园建设，推出一批研学旅游、红色教育、写生体验、乡愁记忆等精品线路。推进马甲库区后扶示范区项目建设，打造环惠女水库生态休闲区，完成仙公山风景区改造提升工程。优化提升虹山现有景区商业经营模式和服务品质，建设集乡村休闲度假、生态农业体验、山野户外运动等于一体的全域旅游地。指导旅游行业组建旅游协会，推动优势互补、抱团发展，提升“悠游洛江”品牌影响力、竞争力。

壮大特色现代农业。落实粮食安全行政首长责任制，实行最严格的耕地保护制度，坚决遏制耕地“非农化”、防止“非粮化”，建设高标准农田600亩，粮食播种面积稳定在2.9万亩。深化新时代科技特派员制度，实施农业产业良种化，推动水果、中草药、林下经济、花卉苗木等特色产业由增产向提质转变，打造优势特色产业集群、产业强镇和“一村一品”示范村。推动台湾优良食品观光产业园区、“蝶村永安”二期等项目建设，促进农业“接二连三”、增值增效。组织开展职业农民培训，培育新型农业经营主体，构建现代农业经营体系。

深入推进乡村建设。实施乡村建设“1+6+2”行动，分主题建好试点村、示范线、试点镇，加快“串点连线成片”，以乡镇为单位，开展乡村振兴整镇推进工作。落实“万企兴万村”行动，引导民营企业到乡村投资产业、参与乡村建设、举办社会公益事业。做好村庄规划，注重保护传统村落和乡村特色风貌，全面完成应编村庄的规划编制。盘活农村闲置资产、资源，探索采取承包、租赁、参股、税收分成等多元化形式，提高资产、资源利用率，发展壮大村集体经济，力争集体经济收入超50万元的村占比达到35%。深入实施农村人居环境改善工程，加快城乡供水一体化项目建设，保障农村饮水安全；健全新建农房风貌管控机制，扩大宜居示范农房覆盖面，全年整治农房1000栋以上；持续推进“四好农村路”建设。

（四）持续深化改革创新

学习借鉴“晋江经验”，以改革破解发展难题，以创新转变发展动能，全面提高资源配置效率，调动全社会创业创新积极性。

建设区域创新高地。落实全市科技创新“四个倍增”行动，力争规模以上工业企业研发经费投入增长20%以上，新增国家高新技术企业20家。鼓励、引导重点企业与高等院校、科研院所联合建设工程中心、重点实验室、新型研发机构，积极参与省市“揭榜挂帅”重大项目攻关。围绕环清源山科创走廊、福厦泉科创走廊布点落子，聚焦人工智能、数字经济、新材料、机器人等高新技术领域，建设一批科技重大专项、重大平台。实施“人才+团队+项目”引才模式，引进一批推动关键核心技术实现重大突破的领军人才。

打造优质营商环境。开展优化营商环境三年行动，推动政务服务更加精简、便捷、高效。持续推进“一件事”集成套餐服务，加快实现与企业群众生产生活密切相关的重点领域和高频事项全覆盖。优化企业开办服务，提升线上“一网通办”、线下“一窗通办”服务能力。建立不动产登记网上（掌上）登记中心，优化改进“外网申请、内网审核”模式，全面实施“互联网+不动产登记”。纵深推进工程建设项目审批，优化并联审批流程、时限、材料，实行全流程在线审批。建立完善涉企政策精准推送制度和平台，实现普惠性政策“免申即享”。

突破重点领域改革。深入推进国企改革，健全国有企业法人治理结构和市场化经营机制，加强国企人才队伍建设，做强做大区级国资集团公司，推动国有资本投向城市建设、科技平台营建、乡村振兴等重要领域。深化以产权制度改革为核心的农村综合改革，稳步推进农村土地征收、集体经营性建设用地入市、宅基地制度改革。建立健全全面规范、公开透明的预算管理制度，推进零基预算改革，提高财政资金使用效率。完善金融支持实体经济机制，鼓励在洛银行业机构改善制造业、中小微企业金融服务供给，解决融资难、融资贵问题。

（五）改善人民生活品质

坚持人民立场、人民至上，坚持不懈为群众办实事做好事，让人民群众获得感成色更足、幸福感更可持续、安全感更有保障。

推动加快共同富裕。实施城镇职工、农村居民、高级人才、困难群体增收计划，统筹做好高校毕业生、农民工、退役军人等重点群体就业工作，全年城镇新增就业4500人以上、城镇登记失业率控制在3%以内。实施全民参保计划，推进养老、医疗、工伤、失业等保险应保尽保，健全分层分类的社会救助体系，落实三孩政策及配套支持措施。推动养老机构规模化、规范化、市场化发展，加快农村居家养老服务站、长者食堂、日间照料中心等建设，满足多元化养老需求。坚持房子是用来住的、不是用来炒的定位，加强预期引导，坚持租购并举，建设保障性安居住房200套，促进房地产市场平稳健康发展。

扩充优质公共服务。坚持教育优先发展，扩大优质教育资源供给，加快阳江学园小学部、十一中塘西校区、区实验幼儿园、马甲中心幼儿园迁建等项目建设；力争奕聪中学成功创建省一级达标高中，扶持马甲中学创建省二级达标高中；全面落实“双减”政策，实现课后服务全覆盖。坚持“外防输入、内防反弹”，科学精准做好疫情防控工作。推动泉州宝璋肿瘤医院、区医院新院区、万安社区卫生服务中心改造等项目加快建设，与市儿童医院建立紧密型医联体协作模式。持续开展国家级慢性非传染性疾病综合防控示范区创建。完善公共文化服务体系，实施文化惠民工程，开工建设区档案馆，新建、改造一批全民健身路径、体育场馆。深入实施“四传文化”和“四名”工程，推动文旅融合发展。

提升社会治理能力。全面实施“八五”普法规划，推动地方性立法有效实施，增强全民法律意识和法律素养。完善社会矛盾纠纷预防化解综合机制，定期开展领导干部接访，建设全市“近邻评理”试点示范区，推动群众合理诉求得到就近回应、实现就地解决，有效化解不稳定因素。完善提升“雪亮工程”，推进立体化、信息化社会治安防控体系建设，常态化开展扫黑除恶斗争，对重点行业领域突出问题进行标本兼治。严格落实安全生产责任制，持续开展安全生产专项整治三年行动，提升安全生产标准化水平，分行业打造一批标杆企业，制定检查、隐患、整改“三张清单”，按照“红橙黄蓝”实行差异化、精准化监管，遏制重特大安全事故。完成应急指挥中心建设，开展自然灾害综合风险普查和避灾点建设。防范和打击非法集资，推进互联网金融整治，加强信贷风险防控与化解，牢牢守住不发生系统性金融风险的底线。强化退役军人服务保障，加强国防动员和后备力量建设。

三、全面加强政府自身建设

各位代表！面对新形势、新任务、新要求，新一届政府将始终牢记发展使命，以对人民负责、受人民监督、让人民满意的态度，加快建设法治、创新、服务、实干、廉洁型政府。

依法行政，建设法治型政府。全面落实《法治政府建设实施纲要》，把依法行政贯穿政府工作全过程、各方面。推进政府科学决策、民主决策，健全完善公众参与、专家论证和政府决定相结合的行政决策机制，加强重大行政决策、规范性文件合法性审查。依法接受同级人大及其常委会的监督，自觉接受人民政协的民主监督，主动接受社会和舆论监督。严格落实政府权责清单动态管理制度，规范公正文明执法。加强政务诚信建设，健全守信激励与失信惩戒机制，提升政府公信力。

开拓进取，建设创新型政府。坚持以新思想、新理念引领新实践，对经济发展过程中出现的各种新问题、新矛盾，勇于破除思维定势、工作惯性和路径依赖，增强改革创新本领，向解放思想、创新工作方式方法要活力动力、要效率效益。加大政府体制机制创新力度，进一步厘清政府与市场的边界，使市场在资源配置中起决定性作用，推动行政运行和政府管理更加规范有序、公开透明、便民高效。

执政为民，建设服务型政府。弘扬“干部服务群众、政府服务企业、机关服务一线”的工作作风，推行挂牌上岗、公开承诺、跟踪督办、限时办结制度，当好政策的“宣讲员”、项目的“代办员”、问题的“解答员”。整合提升“12345”市民热线服务功能，及时回应社会关切，解决群众反映的热点难点问题。深化政务公开，推动决策、执行、管理、服务和结果公开，保障人民群众的知情权、参与权和监督权。

担当务实，建设实干型政府。弘扬“马上就办、真抓实干”优良作风，强化“责任在我、发展靠我”的担当，凡事说到做到、干就干好，全面提升政府执行力、落实力。实行任务项目化、项目清单化、清单具体化，定人定岗定责，加强督查督办，优化绩效考核，以奖优罚劣激发干事创业精气神。加强机关效能建设，紧盯不落实的事，问责不落实的人，坚决整治慵懒散、推诿扯皮等现象，确保政令畅通、令行禁止、执行有力。

从严治政，建设廉洁型政府。弘扬伟大建党精神，把党的政治建设摆在首位，始终牢记“两个确立”，坚决做到“两个维护”，不断提高政治判断力、政治领悟力、政治执行力。落实意识形态工作责任制，牢牢把握意识形态话语权和主动权。自觉履行全面从严治党主体责任和领导班子成员“一岗双责”，严格落实中央八项规定及其实施细则精神，加强重点领域和重点行业公共资金、公共资源和国有资产监管，严防不正之风和腐败行为。

各位代表！宏伟蓝图鼓舞人心，美好未来催人奋进。站在新起点上，让我们更加紧密地团结在以习近平同志为核心的党中央周围，在省市和区委的坚强领导下，攻坚克难、勇毅前行，统筹推进疫情防控和经济社会发展，全方位推进高质量发展超越，为加快建设更高水平的智造洛江、生态新城，奋力谱写全面建设社会主义现代化国家洛江篇章而不懈奋斗！

《政府工作报告》附注

1.“五促一保一防一控”：促生产、促消费、促项目建设、促外经贸、促旅游以及保基本、防风险、控疫情。

2.“林长制”：以严格保护管理森林等资源、维护生态系统稳定为目标，以强化各级领导干部属地管理责任为核心，构建属地负责、党政同责、部门协同、全域覆盖、源头治理的保护发展森林等资源的长效机制。

3.“治重化积”：推进治理重复信访、化解信访积案。

4.涉企服务“四个机制”：前置式服务机制、预约式服务机制、践诺式服务机制、集成式服务机制。

5.行政执法“三项制度”：行政执法公示制度、执法全过程记录制度、重大执法决定法制审核制度。

6.“四个更大”重要要求和四项重点任务：2021年3月，习近平总书记来闽考察时强调，在加快建设现代化经济体系上取得更大进步，在服务和融入新发展格局上展现更大作为，在探索海峡两岸融合发展新路上迈出更大步伐，在创造高品质生活上实现更大突破；坚定不移推动高质量发展，加快推进乡村振兴，着力提高人民生活品质，在党史学习教育中做到学史明理。

7.“一带四区”：“一带”指万虹路产城融合提升带，“四区”指商贸文创都市区、滨水人居商务区、智造装备产业区、美丽乡村生态区。

8.“一廊三组团”：“一廊”即洛阳江黄金江岸走廊，依托洛阳江水系，结合洛阳江流域综合整治，提升沿路绿化景观，营造慢道、水线和绿地广场等，打造洛阳江生态景观廊带；“三组团”即万安片区、阳江新城、中部功能区三大城市组团。

9.“3+2+1”生活配套体系：“3”即吃、住、行，“2”即教育、医疗，“1”即文体娱乐。

10.“两江一湾”：晋江、洛阳江和环泉州湾。

11.“聚城畅通”工程：泉州市第十三次党代会提出，围绕构建环湾交通大轮廓，贯通一重环湾快速路、构筑中环城路、打通多向放射线、搭建15分钟高快速路系统、完善中心市区路网。

12.“369”交通圈生活圈产业圈：泉州市第十三次党代会提出，加快实现中心市区30分钟通勤、中心市区至市辖县域60分钟速达、中心市区至省内各地市90分钟通达。

13.“两江一带”：晋江、洛阳江和市域海岸带。

14.乡村建设“1+6+2”行动：泉州市乡村建设行动实施方案，村庄规划、基础设施、公共服务、人居环境、风貌管控、污水治理六项行动，宅基地管理、农房管理两个关键环节。

15.“万企兴万村”行动：党中央立足我国农业农村发展实际、着眼民营企业特色优势作出的重要决策，是乡村振兴战略的组成部分，是构建新发展格局的推动力量。

16.科技创新“四个倍增”行动：2021年泉州市政府提出实施研发投入、高新企业、高端研发平台、高层次人才“四个倍增”计划。

17.“双减”：减轻义务教育阶段学生作业负担和校外培训负担。

18.“三医联动”改革：医保体制改革、卫生体制改革与药品流通体制改革联动。

19.“四传文化”：诗歌传颂、英雄传承、书法传情、IP传动，以文化小康助力全民小康。

20.“四名”工程：用好“名山、名桥、名人、名传说”文化资源，推动文旅融合发展。

21.“两个确立”：确立习近平同志党中央的核心、全党的核心地位，确立习近平新时代中国特色社会主义思想的指导地位。

22.“两个维护”：坚决维护习近平总书记党中央的核心、全党的核心地位，坚决维护党中央权威和集中统一领导。

政协洛江区第五届委员会常务委员会工作报告

——2021年12月19日在政协洛江区第六届委员会第一次会议上

王伊景

各位委员、同志们：

我受政协洛江区第五届委员会常务委员会的委托，向大会报告工作，请予审议，并请列席会议的同志提出意见。

五年工作回顾

过去的五年，是我区奋勇争先、赶超进位的五年，也是洛江政协事业务实进取、蓬勃发展的五年。五年来，在中共洛江区委的坚强领导和市政协的精心指导下，区政协常委会坚持以习近平新时代中国特色社会主义思想为指导，全面贯彻落实中共十九大和十九届二中、三中、四中、五中、六中全会精神，深入学习贯彻中央和省、市、区委政协工作会议精神，充分发挥人民政协作为协商民主重要渠道和专门协商机构作用，坚持发扬民主和增进团结相互贯通、建言资政和凝聚共识双向发力，积极履行政治协商、民主监督、参政议政职能，共召开常委会会议28次、主席会议56次，开展协商议政69场、民主监督19场、视察调研126场，为推动洛江经济社会高质量发展超越作出了积极贡献。

——坚持主责主业、服务发展，协商议政更加积极主动。常委会紧扣经济社会发展中的重大问题，完善协商机制，规范协商程序，丰富协商内容，持续推动协商议政提质增效。

围绕发展大局建言。坚持全体会议集中协商谋大事，充分把握大会发言平台高、规格高的优势，每次大会前都组织各民主党派、工商联、各专委会、乡镇街道联络组深入调研，撰写高质量大会发言，82篇大会发言分别从产业发展、城乡建设、社会稳定、民生保障、生态文明建设等领域积极建言资政，从不同层次、不同角度提出不少真知灼见。区委、区政府主要领导对“加快发展农村老人健康服务”“壮大村集体经济”“推进交通基础设施”等8篇大会发言作了批示，相关部门立即对接跟进，政协专委会做好跟踪，促进批示落实，取得较好成效。在区“十四五”规划出台前，我们组织委员赴乡镇、部门等进行调研，收集整理50多条意见建议，与区政府开展协商，为我区“十四五”规划编制提供重要参考。

聚焦中心工作立论。以改革创新的理念推进政协工作，以专题议政性常委会会议形式，与区委、区政府开展专题协商。我们紧扣党政中心工作、民生现实需求、改革热点难点问题，进行精准选题，选取“四传”文化工程、提升城市品质品位、加强基层社会治理、进一步提升营商环境等长远性、关键性工作作为协商议题。把调查研究作为协商的基础环节，协商前组织委员开展调研或视察活动，广摸实情、广纳群言，形成调研报告或视察意见，为开展协商提供智力支撑。针对协商议题，安排相关专业领域的委员参加协商会议，用源自委员专业素养的冷静思考，增强协商建言的针对性和可操作性。区委、区政府主要领导亲自参加会议，听取委员意见，回应委员关切，亲笔批示协商意见并高位推动落实，促进了相关工作的推进或问题的解决。

紧盯社会热点献计。发挥政协专门协商机构作用，紧盯经济社会热点问题，开展调研、献计献策、推动发展。紧盯教育卫生建真言。“上好学看好病”是我区广大群众的普遍关切和强烈愿望，区政协积极回应，建言呼吁，就义务教育优质资源补短板、提高义务教育和学前教育质量、一级达标中学创建、推进基层卫生院建设、促进医改运行、提升医养结合水平等开展各类协商12场，提出的意见建议被相关部门采纳，助力十一中获评省一级达标中学、区医院与市第一医院结成紧密型医联体。紧盯产业发展谋实招。围绕智能装备产业、楼宇经济、特色现代农业、旅游产业化、商贸服务业发展及规划纸品业商贸集散中心、完善工业园区公共服务配套设施建设、数字赋能经济等积极协商议政，推进政策措施落地，为推动产业高质量发展提供智力支持。紧盯城乡建设添助力。围绕塑造与发展相匹配的城市环境、乡村环境卫生整治、传统村落传承保护开发、推进民生类城建项目、生态连绵带建设、加强城乡污水设施管理等组织视察调研，开展对口、界别协商，推动协商成果转化，《关于提升住宅小区物业管理服务水平的思考》被时任市委领导批示，要求相关部门研究吸收。

——坚持完善机制、担当实干，民主监督更为务实高效。常委会充分运用视察调研、提案、社情民意等途径，广泛开展民主监督，不断增强监督实效。

视察调研监督有力。注重选取事关全区经济社会发展的重大问题，组织广大委员开展广泛深入的调查研究，针对存在问题提出对策建议。五年来，共组织开展各类调研、座谈活动70多次，形成了关于“盘活闲置厂房资源”“加快乡村旅游发展”“推进我区公共文化服务体系建设”等专题调研报告30多篇，其中《关于解决适龄儿童高峰期入园难问题的建议》被时任市委书记康涛批示。组织委员深入现场，围绕区委、区政府重要决策部署的贯彻落实、群众普遍关心的热点焦点问题的研究解决，开展专题视察。围绕河长制工作落实、“两高一通道”沿线环境综合整治、城市饮用水源地保护、校园食品安全管理等议题，组织开展重点民主监督，有力推动了重要决策落实和民生热点问题解决。其中，常委会连续四年关注万虹路环境整治工作，多次组织委员进行调研视察、建言献策，相关单位跟进落实，加大整改整治力度，取得较好成效。

提案办理监督有序。加强对重点提案督促办理工作，去年首次召开主席会议听取重点提案主办单位办理提案的情况汇报，有效提高 “关于大力发展洛江区夜经济的建议”“关于农村人居环境整治助推乡村振兴发展的建议”等10件重点提案办理质量。遴选“关于加快推进矿山整治及生态环境恢复治理的建议”“关于大力推进万安片区转型升级的建议”等27件提案，开展“回头看”督办活动，促进提案办理由“答复型”向“落实型”转变。制定《洛江区政协提案工作制度》《洛江区政协重点提案办理规程》，进一步完善提案办理流程，提高提案工作质量，促进提案落实和成果转化。五届一次会议以来，共收到提案524件，立案471件，提案办复率为100%，委员满意和基本满意率为100%。

社情民意监督有效。完善社情民意反馈落实机制，主动与区委、区政府沟通，党政主要领导批示，部门及时办理，并将办理情况向政协反馈，做到“提案能够督办，信息也可以督办”，“小信息托起大民生”。支持政协委员做一个反映社情民意信息的“有心人”，围绕“转变农村做‘功德’铺张浪费行为”“加强土方车等大型车辆管理”等，共编辑31期社情民意，12期得到区委、区政府主要领导批示，其中“提升养老发展服务质量”“关于分层次购买特困老人集中供养服务”社情民意提出的为特困老人购买集中供养服务、为乡村医生购买养老保险等建议，被区委、区政府列入2021年为民办实事项目。

——坚持“人民至上”、汇智聚力，履职为民更显使命担当。常委会着眼基层所需、顺应群众所盼，协助区委、区政府致力改善民生、化解民忧、温暖民心，不断彰显政协履职为民的真挚情怀。

协力脱贫助困。聚焦脱贫攻坚，班子成员带队到挂钩村督导脱贫攻坚工作，协调各方面资金帮助完善基础设施、发展村集体经济，做好结对帮扶，所结对的精准扶贫对象全部脱贫。动员委员开展助学帮扶、医卫帮扶、慰问帮扶等一系列扶贫助困活动，委员累计捐资近1000万元、帮扶群众1000多户。设立嘉泰洛江成长计划项目、力标洛江扶贫济困项目、恒毅洛江爱心公益项目3个委员基金，组织2场“大爱洛江·公益圆梦”慈善义拍活动、落实捐赠项目19个。关注未成年人成长，开展“爱心点燃希望·真情传递温暖”“小书桌大梦想”、流动儿童和留守儿童夏令营等活动，筹资72万元为我区中小学建立图书角358个，实现“班班有个图书角”在我区的全覆盖，为近万名学生带来精神食粮。

助推社会治理。常委会每年都把推进社会治理列入年度工作要点，组织委员围绕加强社会治安防控、严重精神障碍患者网格化管控、平安洛江建设、融合式调解等开展协商议政、调研视察，为推动基层社会治理创新献计献策。组织开展“七五”普法、“乡村法治”“未成年人心理健康”等专题调研，组织委员参与法院、检察院见证执行、“宪法日”“检察开放日”等活动，联合有关部门开展“文明交通安全出行”安全教育和“预防校园欺凌”等法治进基层活动，共同营造良好法治氛围。配合职能部门共同推动，整理上报洛江区创新严重精神障碍患者救治管理新模式、探索“三会两网一动力”楼宇枫桥营造模式典型材料，得到省政协许维泽副主席批示，并在省政协“城乡基层社会治理制度创新”专题协商会上进行交流。

弘扬先进文化。围绕“弘扬德孝文化”“创建国家公共文化服务体系示范区”“书香社区创建”“文化和自然遗产保护”等议题开展协商，提出针对性的意见和建议。联合相关单位主办“红土地·海丝情”摄影展、“庆祝新中国成立70周年”书画摄影展、“童心向党、传承经典、幼有所育”儿童经典诵读才艺汇演、“学党史知党恩 跟党同心同行”红色经典诗词朗诵比赛等10多场活动，举办“修身齐家”讲堂97期，弘扬中华优秀传统文化。联合主办三届“蔡襄杯”泉州市少年儿童书法大赛、全区职工书法大赛，举办“洛江周三晚”公益书法讲堂120多期，持续助推书法教育示范区建设。编撰《十年回眸》《秀美洛江》《洛江政协二十年》，多角度宣传我区发展和政协各项工作。编辑出版《非物质文化遗产》《摩崖石刻》《家庙家史家风》专辑文史资料，凸显“存史、资政、团结、育人”成效。

做好疫情防控。2020年，面对突如其来的新冠疫情，班子成员以强烈的责任担当和高度的行动自觉，分赴挂钩乡镇（街道）和企业，深入疫情防控一线，实地调研督导；开展“走访委员、防疫复工”活动，助力企业第一时间复工复产。广大政协委员积极响应，主动承担社会责任，在医疗救助、捐款捐物、设备投产、志愿服务等方面挺身而出，诠释了为国履职、为民尽责的情怀担当。常委会表扬12名在疫情防控中表现突出的政协委员，展现新时代政协委员履职风采。2021年，区政协机关党员干部又积极响应区委号召，下沉挂钩村（社区）及单位网格，协助开展居民新冠疫苗接种、全员核酸检测等工作，为打赢疫情防控阻击战贡献政协力量。

——坚持团结民主、促进和谐，凝聚共识更富生机活力。常委会弘扬主旋律、画好同心圆、提振精气神，引导各党派团体和各界人士增进最大共识度，形成最大凝聚力。

加强合作共事。尊重和保障民主党派、工商联、社会团体、无党派人士在人民政协中的民主权利，积极协调相关部门和单位为他们开展视察调研提供方便，重要视察调研活动、重点协商议政活动都邀请他们参加，年度协商监督计划事先征求意见，常委会专门听取6个党派支部调研报告，支持其积极履职建言，民主党派及委员共提交提案241件、占比46%，其中重点提案14件、占比58.3%，提交大会发言32篇、占比39%。加强与港澳台侨界委员、少数民族、宗教界代表人士的联系交流，听取意见建议，支持他们积极参政议政。坚持寓思想政治引领于团结民主之中，建立党组成员联系界别、党员委员联系党外委员制度，加强同各民主党派、无党派人士的经常性联系，把更多的人团结在党的周围。

强化联络联谊。建立区政协领导联系委员制度，通过走访、约见和座谈等方式，共走访委员500多人次，及时传达“上情”、收集“下情”。承接全国政协提案委、云南省政协、上海市政协、河南洛阳市政协、江苏南通市政协、吉林通化市政协、深圳龙岗区政协等单位的来访考察40多批次，展现我区产业转型升级、文化旅游产业、美丽乡村建设、基层社会治理、历史文化传承等方面亮点，扩大我区对外影响力。持续做好“回归工程”，走访深圳、昆明、北京等地商会和委员企业，介绍洛江经济社会发展情况，推介相关优惠政策，鼓励他们回乡创业。加强与非公经济人士、新的社会阶层人士的联系沟通，推动构建亲清新型政商关系。

——坚持守正创新、提升能力，自身建设更重固本强基。常委会主动适应新时代新要求，加强自身建设，提升履职能力，为政协履行职能提供有力保障。

加大学习宣传。坚持把理论学习摆在首要位置，采取潜心自学、集体研学、领导带学、典型导学等方式，系统学习习近平新时代中国特色社会主义思想，认真开展习近平总书记关于加强和改进人民政协工作的重要思想专题研讨，共开展128次集体学习、52次集中研讨，党员干部政治素养和理论水平不断提升。在新中国和人民政协成立七十周年、中国共产党建党百年之际，开展系列宣传活动，联合举办大型文艺演出、书画摄影展、主题读书活动等，激发全社会团结奋进的强大力量。积极宣传区政协各项工作的新进展和新经验，区政协工作创新、“四史”学习教育的相关报道在《人民政协报》上刊登。

完善制度机制。把制度建设作为规范政协工作、推动提质增效的基础工作，先后制定全体会议工作规则、常务委员会工作规则、主席会议工作规则、专委会工作制度、联络组工作制度、常务委员提交年度履职报告等 21 项制度。总结政协工作经验，持续加大实践探索和工作创新，制定协商工作、委员视察、重点提案办理、大会发言等可操作性强的规程，对重点工作各个节点进行细化，形成工作流程“闭环”，进一步提高政协工作制度化、规范化、程序化水平。

发挥委员作用。在全会预备会上及古田干部学院，围绕党建工作、社情民意、政治协商形成与发展、怎样当好委员等对委员进行培训，切实提高委员的思想政治素质和建言资政能力。坚持为委员订阅履职报刊杂志，编印《洛江政协》15 期，为委员规范履职、知情明政提供服务。搭建委员履职平台，邀请委员列席常委会会议 422 人次，委员参加专委会视察调研活动 1248 人次、参加各类协商监督活动 825 人次、参加联络组活动 960 人次。建设医卫界和双阳、罗溪 3 个政协委员基层联系点，探索帮助解决群众急难愁盼问题的新路子。通过建立委员履职档案、开展委员述职活动、向有关部门通报反馈委员履职情况等，进一步激发委员“为国履职、为民尽责”意识。

提升服务水平。以开展“不忘初心、牢记使命”主题教育、党史学习教育为契机，以打造“学习型、服务型、创新型、清廉型”机关为目标，扎实推进政协机关思想、组织、作风建设，建立健全 10 项机关工作制度，开展“强党建、创模范，提士气、创佳绩”行动和作风建设三年行动，进一步提升机关工作效率和服务水平，切实发挥好机关的统筹协调作用、日常运转的枢纽作用、后勤服务的保障作用、服务委员的纽带作用。

各位委员、同志们，本届常委会工作所取得的成绩，是中共洛江区委坚强领导、区人大常委会、区政府大力支持、各有关部门密切配合的结果，是区政协各参加单位、广大委员和机关全体同志共同努力的结果。在此，我代表五届政协常委会，向所有关心和支持人民政协事业的同志们、朋友们致以崇高的敬意和衷心的感谢！

五年风雨兼程，五年生动实践。回顾五年来的工作，我们深刻体会到：

始终坚持党的领导，是政协事业行稳致远的根本保证。五年来，我们坚持把党的领导作为政协工作的生命线，牢牢把握正确的政治方向，切实抓好推进全面从严治党、加强政协系统党的建设、落实意识形态工作责任制等，确保党的路线方针政策和省、市、区委各项决策部署在区政协得到全面贯彻落实。严格落实请示报告制度，党组重要工作、政协重要会议、年度协商监督计划等，主动向区委请示报告共 70 余次，确保区政协始终在区委的领导下主动负责、协调一致开展工作。区政协的工作也得到了区委的高度重视，区委召开政协工作会议，出台《关于加强新时代人民政协党的建设工作的实施意见》《关于新时代加强和改进人民政协工作的实施意见》等 4 份重要文件，区委常委会定期研究政协工作，大力支持政协履行职能、开展工作。实践证明，只有坚持党的领导，才能确保人民政协事业始终沿着正确的政治方向前进，才能不断开创人民政协事业的新局面。

始终坚持服务发展，是政协事业行稳致远的方向所在。五年来，我们始终把发展作为“第一要务”，紧盯区委重大部署，紧扣全区中心任务，通过细照区委工作要点和政府工作报告、制定工作计划时广泛征求意见、加强和经济部门的沟通联系、组织专家学者积极参与等，努力做到建言建在需要时、议政议在点子上、监督监在关键处，为区委、区政府全面推进中心工作的落实起到了重要作用。实践证明，只有把政协工作摆到全局工作中去把握、去思考、去谋划，找准区委、区政府正在谋划的重大问题、正在实施的重大战略，抓住事关全局的大事，才能充分发挥政协潜能，政协工作才会大有作为。

始终坚持履职为民，是政协事业行稳致远的根本基石。五年来，我们践行“以人民为中心”的发展思想，让政协工作重心下移、贴近民心，深入开展政协委员联系界别群众活动，尽职尽责为民生献计献策，真心实意为群众排忧解难。坚持“群众盼什么、政协做什么”的思路，通过网站、微信、座谈等征集委员、群众的意见建议100多条，找准政协工作和群众需求之间的结合点，推动了一批社会普遍关注、群众普遍关心的民生实事的落实。实践证明，只有让人民群众感受到政协离自己很近，政协工作才能得到群众的真心拥护，政协事业才能根深叶茂、生机盎然。

始终坚持开拓创新，是政协事业行稳致远的动力源泉。五年来，我们牢牢把握人民政协新方位、新使命，在工作理念、方法、制度上积极探索创新，以专题议政性常委会会议形式进行专题协商、主席会议听取重点提案办理情况汇报、改进大会发言、创设协商意见、完善社情民意反馈落实机制、建立委员基层联系点等创新型工作亮点纷呈，进一步激发了委员履职活力、组织内生动力、干部工作潜力，为政协工作提质增效注入了强劲动能。实践证明，只有坚持创新，政协工作才能适应新时代的需要，才能与时代发展脉搏同频共振。

在看到成绩的同时，我们也清醒地认识到工作中还存在一些不足，主要表现在：基层协商民主还不够深入、委员主体作用发挥不够充分、机关服务水平还需进一步提升等等，这些都将在今后的工作实践中不断改进。

今后工作建议

各位委员、同志们，今后五年是我区决胜“十四五”、全力以赴推动新一轮超越发展的关键五年。区第六次党代会描绘了洛江经济社会发展的美好蓝图，吹响了开拓奋进、砥砺前行的号角。新时代催人奋进，新征程赋予人民政协新的使命和责任。我们要以习近平新时代中国特色社会主义思想为指导，全面贯彻党的十九大和十九届二中、三中、四中、五中、六中全会精神，在中共洛江区委的坚强领导下，牢牢把握人民政协的性质定位，突出团结和民主两大主题，坚持建言资政和凝聚共识双向发力，坚持一线履职，主动担当作为，为打造制造、智慧、品质、清新、幸福洛江作出积极贡献。在此，向新一届常委会提出如下工作建议：

一、加强党的领导，在夯实思想政治基础上迈出新步伐

要始终把学习贯彻习近平新时代中国特色社会主义思想作为首要政治任务，深入贯彻习近平总书记“七一”重要讲话和来闽考察重要讲话精神，始终牢记“两个确立”，坚决做到“两个维护”。坚持不懈用党的创新理论武装头脑、指导实践、推动工作，不断提高政治判断力、政治领悟力和政治执行力。发挥党组把方向、管大局、保落实的重要作用，自觉接受区委领导，严格落实请示报告制度，做到党政工作推进到哪里、政协工作就跟进到哪里、共识力量就凝聚到哪里。加强思想政治引领，通过政协平台把各党派团体和各族各界人士的思想凝聚起来，不断增进“四个认同”。自觉把党的路线方针政策贯彻落实到政协工作各方面，按照区委的决策部署以及对政协工作的新要求，不断增强助推高质量发展超越的政治自觉、思想自觉和行动自觉，共同谱写全面建设社会主义现代化国家洛江篇章。

二、做好建言资政，在助推全区改革发展上作出新贡献

要紧紧围绕区第六次党代会提出的目标任务，找准政协履行职能的着力点和切入点，开展形式多样、务实高效的履职活动，确保调研更深、提案更专、建言更实，为全区改革发展贡献智慧和力量。要围绕经济发展高质量献计出力，重点针对产业转型升级、激发创新活力、发展数字经济、做强智能制造、推进文旅融合等开展多层次协商议政，为区委、区政府科学民主决策献务实之策。要围绕改革开放高质量献计出力，重点关注制约我区发展的关键问题，深入推进重要领域改革、营商环境改善等，整合调研、视察、提案、社情民意等各种渠道，多建有用之言，多献可行之策。要围绕城乡建设高质量献计出力，重点聚焦拓展城市建设、繁荣城市经济、推进乡村振兴等开展对策调研，为促进城乡统筹发展广集睿智之言。要围绕生态环境高质量献计出力，重点围绕发展生态产业、建设绿色城市、强化环境治理等开展监督视察，为争创国家生态文明建设示范区履职尽责。要围绕人民生活高质量献计出力，紧盯教育卫生事业发展、完善社会保障体系、推进社会治理创新等议政建言，为持续提升群众获得感、幸福感、安全感主动作为。

三、强化团结民主，在广泛汇聚发展合力上体现新作为

要更加注重发挥统战功能，坚持把充分发扬民主贯穿于视察调研、协商议政、民主监督等各项工作的全过程，尊重首创精神，注重求同存异，真正做到在全面履职中充分发扬民主，在充分发扬民主中广泛凝聚共识，在广泛凝聚共识中增进大团结、大联合。要着力促进和谐，切实发挥委员联系群众的桥梁纽带作用，既要积极宣传党的路线方针政策，宣传区委、区政府的重大决策，帮助群众及时了解和掌握政策，也要及时倾听和反映各界别群众、基层群众意见，协助做好协调关系、理顺情绪、化解矛盾、凝心聚力的工作，真心实意为群众办实事、解难事、做好事，做到人民政协为人民。要加强与洛江籍在外乡亲的联谊交流，在区委领导下有计划地开展对外联系、学习考察，加强与兄弟政协的交往，努力形成政协友好交流新局面。

四、创新方式方法，在推动工作提质增效上取得新突破

要用现代化的视角分析政协工作、以现代化的理念谋划政协工作、用现代化的举措推进政协工作，为政协事业发展注入生机活力。要充分发挥“互联网+”作用，把现代信息技术同政协履职结合起来，推进“智慧政协”建设，持续改进各项常规工作，不断提升政协履职实效。建立健全政协履职、委员管理、联系基层、部门联动等方面的制度机制，以创新精神推进政协各项工作。要完善协商工作机制，加强协商成果跟踪问效，提高协商质量和成果转化率，充分发挥政协协商民主重要渠道和专门协商机构作用。要认真履行民主监督职能，通过委员提案、视察调研和民主评议等行之有效的民主监督方式，就决策执行过程中的相关事宜提出意见和建议，努力促进经济社会高质量发展超越。

五、提高履职能力，在加强政协队伍建设上展现新气象

要充分发挥委员的主体作用。落实“懂政协、会协商、善议政，守纪律、讲规矩、重品行”要求，不断提高履职能力。加强委员联系群众工作，支持委员深入界别群众访民情、听民意，协助区委、区政府做好工作。抓好委员学习培训，积极为委员行使权利、履行职责提供更好保障。出台政协委员履职量化考评管理规定，提高委员履职的积极性。要充分发挥专委会的基础作用。进一步加强专委会建设，密切专委会与对口联系部门的工作联系，发挥专委会在重点课题调研、重点提案督办、对口界别协商中的基础作用，创新工作思路和方式，不断提升专委会工作水平。要充分发挥机关的服务保障作用。巩固拓展党史学习教育成果，加强机关的思想、组织、作风和制度建设，提振干事创业精气神，积极引导党员干部围绕区委、区政府中心工作，深入一线履职、主动担当作为，彰显新时代人民政协昂扬奋斗的从容身姿。

各位委员，同志们，奋斗百年路，启航新征程。我们肩负着加快洛江新一轮超越发展的光荣使命，惟有再接再厉、乘势而上！让我们更加紧密地团结在以习近平同志为核心的党中央周围，在中共洛江区委的坚强领导下，永怀赤子之心、永葆创业激情，埋头苦干、勇毅前行，为建设更高水平的智造洛江、生态新城而不懈奋斗！

洛江区 2021 年国民经济和社会发展计划执行情况及 2022 年计划（草案）的报告

——2021 年 12 月 20 日在区第六届人民代表大会第一次会议上

洛江区发展和改革局

各位代表：

受区人民政府委托，向大会报告我区 2021 年国民经济和社会发展计划执行情况及 2022 年计划（草案），请予审议，并请区政协委员和其他列席人员提出意见。

一、2021 年国民经济和社会发展计划执行情况

2021 年，全区坚持以习近平新时代中国特色社会主义思想为指导，全面落实中央、省、市决策部署，统筹抓好“六稳六保”和“五促一保一防一控”，经济运行稳中向好、好中趋快。区五届人大五次会议确定的主要目标圆满完成，“十四五”实现良好开局。全年完成地区生产总值 335 亿元、增长 13.7%（预计，下同），三次产业比重调整为 1.5 ∶ 62.7 ∶ 35.8；一般公共预算总收入和一般公共预算收入分别为 26.25、15.78 亿元，分别增长 22%、23.1%；全社会固定资产投资增长 4.3%；实际利用外资（验资口径）2.03 亿元；居民人均可支配收入 36852 元、增长 10.1%。

（一）产业结构持续优化，新旧动能接续转换

1. 二次产业做强做优。一是主导产业稳健增长，机械装备、纺织鞋服、工艺制品、纸类卫生用品等产业分别完成产值 178 亿元、162 亿元、155 亿元、65 亿元，拉动全区规模以上工业产值完成 764 亿元、增长 18.3%，工业增加值实现 178.5 亿元、增长 11.3%。二是传感智造动力增强，34 家智能装备企业实现规模以上工业产值 137 亿元、增长 11%，华南动力配套及试验工业园年底前开工投建，泉州市传感智能制造产业基地核心区万洋高新技术产业园开工建设并吸引 60 家企业意向入驻。三是新型材料加速培育，天智合金与中科院宁波材料所共建非晶纳米晶磁性材料工程中心；信和新材料新型海洋重防腐涂料技术获浙江省科技进步奖一等奖；泉州绿色建筑产业园二期等一批新型建材项目开工建设。四是数字经济加快发展，22 个数字经济项目累计完成投资 25 亿元；全区新增省数字经济领域“未来独角兽”企业 1 家、“瞪羚”企业 3 家，入选省级新一代信息技术与制造业融合发展集成服务商和典型案例各 1 个，列入 2021 年省数字经济发展专项资金补助项目 2 个；洛江数字经济产业园已完成土地收储和概念图设计，并初步确定招商项目意向，华为（洛江）产业数字化创新中心即将签约。五是建筑业规模持续壮大，全年新增建筑业企业 50 家，全区共有建筑业企业 250 家，其中总承包一级资质企业 13 家、二级资质企业 8 家，实现建筑业总产值 263.5 亿元、增长 22%；推进小总部建筑业产业园区开发建设，已引进 5 家建筑业企业入驻。

2. 第三产业多元并进。5 家企业获评市级第三产业龙头企业，16 个区级在建第三产业重点项目完成投资超 14 亿元，第三产业增加值完成 120 亿元、增长 21.4%。一是社会消费回暖向好，希尔顿欢朋酒店签约落地，万虹路汽车销售走廊入驻品牌增至 18 个，举办泉州首届全民购车节、首届万虹路汽车走廊文化节、“全闽乐购·洛江乐购生活节”等系列促消费活动，全年实现限上批零住餐销售额

118亿元、增长32%，社会消费品零售总额88亿元、增长20%。二是生态旅游品质提升，整合形成10条“悠游洛江”旅游经典线路，有效融入泉州古城半小时旅游圈；成功举办“云赏虹山”虹山油菜花节、“三月三”厝斗畲族文化节、双阳印尼美食文化旅游节等特色文旅活动，全年接待游客数230万人次、旅游收入20亿元，分别增长59.7%、20.7%。三是电商物流加速升级，14个村入选2021年全国淘宝村，5家电商直播企业进驻万安里电商基地，全区网络销售企业达1.56万家，实现网络零售额103亿元、增长37%。新宜泉州枢纽物流中心为6家企业提供仓储服务。四是生产性服务业发展加快，7家企业纳入2021年泉州市服务型制造培育示范企业；福建特检院机器人中心辐射作用增强，成功举办市、区级机器人焊接技能竞赛，产业实训基地累计培训近千人。

3. 农业生产稳定发展。全区实现农业总产值10.2亿元、增长3.5%。一是农产品生产供应保持稳定，完成2700亩高标准农田建设任务，全区粮食播种面积2.9万亩、总产量1.2万吨；完成蔬菜初加工冷库750多立方米验收，建设3个农作物病虫害绿色防控技术示范片；绿之园生猪养殖项目投产，檀香园农业综合开发项目正进行道路施工。二是特色农业提质发展，马甲镇永安村蝴蝶兰庄园升级全产业链，新庵岭打造11亩黄金枸骨苗圃，虹山乡白凤村开展红心地瓜田间肥效试验。着力培育新型农业主体，全年新增市级农民合作社示范社、“十佳农民合作社”示范社、家庭农场示范场、“十佳家庭农场”示范场共6家，新增市级林业专业合作社标准化建设名单和家庭农场各1家、森林人家2家。三是水利设施更加完善，全面推行23座水库社会化管护，完成1座小型水库除险加固及3座水库大坝安全检测，3座水库管理房、1座水库防汛路成功收尾。

（二）改革创新动力增强，开放格局不断拓宽

1. 创新驱动深入实施。科技研发投入加大，完成工业技改投资24亿元、增长30%，规模以上工业企业研发经费投入增长58.9%。企业素质不断提升，新认定省专精特新中小企业4家、制造业单项冠军1家、科技“小巨人”企业19家、科技型中小企业36家，新增市级产业龙头企业11家；42家企业入围2021年国家高新技术企业，国家级高企申报量和保有量创历史新高。人才引进取得突破，泉州市人才创新共享联盟总部落户洛江；福州大学土木工程学院装配整体式空腔组合专家团队进驻方圆建设，实现我区引进市级高层次人才团队“从无到有”。知识产权保护力度加强，全区新增省知识产权优势企业1家、专利授权量1290件、注册商标4146件，辖区有效注册商标总量达1.86万件、每万人口发明专利拥有量增至11.26件。

2. 营商环境持续优化。创新营商体制机制，出台《提升营商环境十条措施》，组建17个营商环境工作专班，建立损害营商环境“负面清单”和涉企服务“四个机制”；设立“涉企审批上门服务日”，提供43项上门服务内容，首创推行“审批服务反向提示清单”；探索开展涉罪企业合规不起诉试点工作，在全市率先建立合规监督员制度。深化商事制度改革，梳理优化50件“一件事”集成套餐服务，精简材料158份、压缩时限156天、减少办理环节83个；落实“证照分离”“多证合一”，实现企业开办“一窗通办、一网通办、一日办成”；实施工建项目审批五张清单管理，实行工业投资项目“拿地即开工”；推进厦漳泉地区政务服务省内通办“异地代收”，完成线上“异地通办模块”及线下窗口设置。强化政务服务效能，常态化开展“进百企、走百商、访百才”活动，协调解决涉企问题近120项；开展整治“窗口腐败”和“局长走流程”活动，着力解决一批行政审批服务“堵点”“难点”问题；开发完成“i洛江”小程序平台，实现我区第一批63项高频服务事项“掌上办”。2021年，全区新增市场主体超1.04万家，市场主体总量增至7.56万家、增长15.9%。

3. 开放合作水平提高。外贸出口稳健增长，机械电子、鞋服箱包、母婴用品和工艺制品等主要出

口行业保持增势，全区出口商品总值实现70亿元、增长10%。新型业态渐成亮点，市场采购贸易出口额实现14亿元，跨境电商出口额实现8.1亿元。洛台交流更为密切，落实惠台“农林22条”，探索推进洛台特色农业领域合作，台湾优良食品观光产业园区正在进行地勘和施工方案优化设计；开展“泉台记忆”档案征集、“党史进台企”活动，成功举办第四届“蔡襄杯”闽台中小学生书法大赛。

4. 其他改革有序推进。深化财政制度改革，全面启动部门零基预算改革；制定新一轮乡（镇、街道）财政管理体制方案。推进区属国有企业整合重组，万投、国投两大集团正式揭牌成立。推进民办教育分类管理改革，结合“点题整治”和“五项管理”等工作，规范我区民办教育发展。积极落实生态司法保护补偿工作，完成本区首起生态环境损害民事公益诉讼案件办理。

（三）项目建设有力推进，发展后劲加速夯实

1. 项目攻坚持续深入。组织开展“项目攻坚2021”、重点项目五大专项攻坚、重点项目路演竞赛、拉练观摩比拼等活动，96个区级在建重点项目完成投资95亿元，完成年度投资计划的101.2%；其中，24个市级在建重点项目完成投资35.5亿元，完成年度投资计划的113.4%。列入省级“五个一批”项目库120个、总投资560亿元；其中，谋划项目46个、签约项目37个、开工项目21个、竣工项目16个。

2. 要素保障全面加强。建立前期项目工作专班，攻克一批要素保障难题，14个农用地转用和土地征收项目、3批次土地成片开发方案成功获批，涉及面积分别为1025、1465亩；完成750亩批而未供土地与328亩闲置土地清理处置。征迁工作持续发力，西环路双阳段、阳江新城一期、后埭片区等7个历时多年的征迁扫尾遗留问题实现全面清零，全区完成征地1549亩、房屋征收5.6万平方米。

3. 招商引资卓有成效。加强项目策划生成，梳理阳江新城、中部综合功能片区、总部经济区、虹山旅游集散中心等17个主要招商载体，新编洛江区招商项目简介及2021年招商宣传片。实施“产业链招商季”行动，全年开展区领导带队外出招商活动10批次，举办集中签约3场，接待61批次客商来洛考察，接洽项目近40个，舟基集团、锦绣澜山等一批总投资超10亿元的重大产业项目签约，隆信电子、泉州建筑科技大厦等一批项目落地。2021年，全区签约项目103个；其中，签订投资协议项目75个、总投资142.35亿元，签订意向协议项目28个、总投资263.8亿元。

（四）城乡统筹加速推进，城市品质不断提升

1. 城市功能持续完善。新城片区开发加快，阳江新城12个公共服务和基础设施项目完成投资11.5亿元。路网循环更加畅通，万虹路河市中学—马甲新庵岭拓改工程加快建设，启动省道213线、万虹路马甲—罗溪段提升改造；打通新城路、学府路、经五路等一批“断头路”，开展安顺路等主干道沥青改造，完善杏星路、金庄街、安达路等支路路网，新增61路、K507路2条公交线路。城市设施日益完善，新增5个城市公共停车场和394个停车泊位，1027个智慧停车位完成升级，万智街社会公共充电桩群投入使用；新建161个5G站点。

2. 城区面貌改善更新。城区整治力度加大，完成9个老旧小区改造提升，修复、硬化主次干道、背街小巷、人行道破损1.6万平方米，实施万安县政道路改造提升，完成社区微光能路灯亮化工程、双阳高速出口匝道路灯工程及5个口袋公园建设，新建、改造绿化面积19.5万平方米，完成中心市区主干道及重要节点节日期间时花种植。城市管理更加精细，推进文明创建“六个常态化”工作，广泛开展“十专清”等清洁家园行动和“我为社会做好事”志愿服务，治理“两违”面积超7万平方米，强化占道经营、噪声扰民、“牛皮癣”等乱源乱点现象综合治理，顺利完成全国文明城市复牌迎检。

3. 乡村振兴扎实推进。强化示范带动引领，实施121个乡村振兴重点项目，形成“4线12村”示范带，启动马甲镇“五好”示范乡镇创建工作。全区入选省级乡村治理典型案例1个、市乡村振兴试点村典型案例2个，虹山乡全域入选泉州市第一批

乡村振兴精品示范线，洪泗村获评第二批全国乡村治理示范村。推进脱贫攻坚成果同乡村振兴有效衔接，投入877.56万元实施49个巩固拓展脱贫攻坚成果项目。扎实落实“两不愁三保障一安全”，为790名脱贫户办理商业医疗保险，持续“清零”控辍保学台账，实施8户低收入农户危房改造工程，完成3个村级通水工程项目建设。深化乡风文明移风易俗，新时代文明实践基层所站建设实现全覆盖，创新建设新时代文明实践“一镇一园”乡村小康综合体；在万安、马甲、罗溪串点建成“学习强国”线下体验综合项目。

4. 生态环境更加和谐。加强环境综合整治，完成植树造林及森林经营面积6238.2亩，全区森林覆盖率达64.37%。完成5个大气精准治理减排项目，全区空气优良率达97.9%。开展流域水质提升专项行动，实施12个精准治理项目，建成洛江区智慧水务指挥中心，启动2个入海排污口整治，治理水土流失1410亩，省考小流域断面洛阳江河市西埭桥、后深溪口水期年均水质达到Ⅲ类，惠女水库出口水质总体达到Ⅲ类水质标准。开展污染地块修复工作，治理修复污染面积1.8万平方米，修复污染土壤1.4万立方米；加强危险废物及医疗废物管理，累计转移危险废物1703吨，处置医疗废物57吨、涉疫医疗废物14吨。深入开展节能降碳，稳步开展有序用电工作，规模以上工业单位增加值能耗下降5.9%，开展万安街道后埭社区低碳社区试点，推进社区一批公共设施节能改造建设；落实新能源汽车购车补贴和税收优惠等政策，新增上牌新能源汽车超640标辆。有效扩容环境设施，实现万安、双阳街道19个社区生活垃圾分类全覆盖，启动虹山乡全域农村生活垃圾分类，新建垃圾分类亭52座、改造分类投放点113处、更换分类收集容器3000余个；加快河市西片区、阳江新城片区、霞溪工业区及滨江路雨污水管网、万安双阳城中村等片区污水管网建设，新建、改造污水管网22.1千米，建设雨水管网10千米。

（五）社会事业协调发展，民生保障不断加强

1. 疫情防控扎实有力。坚持“外防输入、内防反弹”防控策略，完善防控指挥体系建设，建立健全常态化精准防控和应急处置转换机制，有效应对9月省内疫情，顺利完成全员核酸检测，未发现新冠肺炎本土确诊病例。抓实抓细常态化疫情防控，坚持人、物、环境同防，依托“大数据＋网格”，强化人员摸排管控；加强冷链物流、发热门诊、药店、隔离酒店等重点场所管控，提升预警监测能力。出台单日全员核酸检测组织实施细则，建立核酸检测储备机制和医疗物资代储代运机制，落实常态化核酸应检尽检、适时抽检，全面提升防控应急能力。持续扩大疫苗接种覆盖面，做好3岁以上人群接种，重点推动3—11岁人群、60岁以上人群二针接种及重点人群加强免疫针接种。

2. 公共服务提标扩面。落实“我为群众办实事”实践活动和全市“惠民生补短板”专项行动，63个为民办实事项目累计完成投资7.1亿元。教育事业协调发展，投入1.5亿元建设13个教育项目；深化“名校办分校”，形成泉州市实验小学与泉州市实验小学洛江校区、泉州市实验小学洛江第二校区（阳江学园小学部）联盟办学共同体；创建2所省级“义务教育管理标准化学校”；泉州十一中晋升省一级达标高中，奕聪中学通过省一级达标高中专家组现场考察；奕聪中学与北京四中网校正式签约合作办学。医疗资源不断扩充，深化区医院与泉州市第一医院紧密型医联体建设，新增下派6名常驻专家，实现医联体内上下转诊；泉州宝璋肿瘤医院、区医院项目有序推进，区妇幼疾控综合业务大楼即将投用。文体设施不断完善，改造提升2个村（社区）综合文化服务中心，依托阳江社区综合文化服务中心打造区图书馆分馆；新建10条健身路径、2个多功能运动场、3个全民健身驿站，改造提升3个篮球场；成功举办洛江区庆祝中国共产党成立100周年“百年交响”歌舞盛会、全民健身·洛江区2021年首届中小学生足球联赛等各类活动。

3. 社会保障显著增强。就业形势保持稳定，全区城镇新增就业4500人，失业人员再就业1250

人，城镇登记失业率控制在1.9%的较低水平。实施全民参保计划，全区城镇职工基本养老保险完成市下达扩面任务数，城乡居民养老保险参保率达99.74%，基本医疗保险参保率达99%。养老服务加快提升，投入315万元建设河市镇区域性养老服务中心和8个农村居家养老服务站（幸福院），建成马甲、虹山长者食堂；投入202万元为3400名低保、特困、重残、优抚、建档贫困户等特殊老年人及80岁以上老年人提供养老信息化基础服务；实施老年人入住养老机构补贴，一批生活不能自理特困人员入住龙人伍心金秋家园等民办养老机构。提高低保标准至每人每月775元。完善退役军人服务保障，发放优抚对象各类抚恤补助852.58万元，投入16.5万元修缮10座零散烈士墓。

4. 安全生产常抓不懈。深化风险隐患排查整治，利用“泉州市智慧安监”信息系统平台，对安全生产风险分级管控体系运行情况实施动态、精准监管，完成安全生产风险辨识评估并上报企业397家。全年排查整改一般安全隐患1337条，作出行政处罚228家、责令停产停业整顿20家、暂扣吊销证照1家、关闭取缔7家、约谈警示84家，培育安全生产标准化提升标杆典型示范企业30家。强化消防安全工作，统筹推进树脂生产、汽车4S店、卫生用品等三大重点行业消防安全整治工作，出台行业消防安全整治指导意见；试运行线上消防执法登记小程序。

5. 社会治理取得实效。深入推进扫黑除恶斗争常态化及信息网络、自然资源、交通运输、工程建设四大行业领域整治。开展“夜访夜谈”活动，累计走访群众超2.1万户，解决群众诉求或意见610条。完善信访“治重化积”工作机制，中央交办的第一批治重化积案件全部上报化解。优化提升“雪亮工程”建设，新建“城安系统”高清视频监控探头及“厝边守望”监控探头并联网应用。严厉打击电信网络诈骗，全年破获诈骗案件87起。创新基层社会治理模式，推进双阳街道阳山社区、马甲镇梧峰村“共建共享”社区治理试点，探索“三社联动”治理。高标准建成洛江区公共法律服务中心，新增一批律师入驻“洛江区掌上公共法律服务平台”。强化食品药品监管，食品、药品抽检合格率分别为98.5%、100%。同步推进国防动员、双拥共建、民族宗教、防震减灾、质量安全、禁毒、防艾等各项工作，社会保持和谐稳定。

在看到成绩的同时，我们也要清醒地认识到，疫情对经济社会发展影响远未结束，疫情反弹风险依然存在，外部环境不稳定不确定因素仍未减少，经济社会发展仍面临不少挑战。产业结构尚待进一步优化，战略性新兴产业、高技术产业体量偏小、增速偏慢，服务业发展层次仍然较低，优质产业项目储备不够，产业龙头企业引领不足。城市发展能级有待进一步提高，城乡基础设施有待进一步完善，优质公共服务供给与群众期待还有差距，社会民生领域仍有不少短板。面对这些困难和问题，我们要积极应对、主动作为、精准施策，全方位推动洛江实现高质量发展超越。

二、2022年国民经济和社会发展预期目标

2022年是全面实施“十四五”发展规划的关键一年，必须坚持以习近平新时代中国特色社会主义思想为指导，全面贯彻落实党的十九大和十九届历次全会精神，牢记“两个确立”，以实际行动增强“四个意识”、坚定“四个自信”、做到“两个维护”，深入贯彻习近平总书记来闽考察重要讲话精神，坚持稳中求进工作总基调，立足新发展阶段、贯彻新发展理念、服务和融入新发展格局，统筹好发展和安全，认真落实省市区党代会的决策部署，以全方位推进高质量发展超越为主题，全面建设更高水平的智造洛江、生态新城。

按照上述总体要求，综合考虑经济社会发展的全面性系统性协调性，提出2022年经济社会发展的主要预期目标：

——地区生产总值增长8%；

——农林牧渔业总产值增长3%；

——工业增加值增长8.5%；

——建筑业增加值增长4.5%；

——第三产业增加值增长8.5%；

——一般公共预算总收入、一般公共预算收入增长8.5%；

——全社会固定资产投资增长8%；

——社会消费品零售总额增长8%；

——实际利用外资（验资口径）完成2亿元；

——出口商品总值完成72.1亿元；

——居民人均可支配收入和经济增长基本同步；

——完成省、市下达节能减排任务。

三、2022年主要任务和措施

为确保实现上述经济社会发展目标，2022年要切实抓好以下工作：

（一）突出创新引领，构建高质量产业体系

1. 推动制造业高端延伸。培优做强传感智造，力促万洋高新技术产业园、华南动力配套及试验工业园部分建成投产；主动对接百度云城市大脑、中国电子系统信创中心、神旅AR等项目，抓好产业链补链强链延链工作。激发传统产业焕新活力，鼓励纺织鞋服、工艺制品、纸类卫生用品等传统优势行业在产品开发、附加价值、质量提升等环节进行技术改造，全年计划组织实施省市重点技改项目10个以上、总投资5亿元。推动新型材料前沿突破，支持信和新材料与中国工程院福建研究院开展战略合作，抓好三一筑工建筑科技产业园、筑可丽建筑产业园等项目建设。加快培育数字经济，推进工业园区标准化试点园区——洛江数字经济产业园建设和招商，打造我区数字经济发展重要载体。深入实施“5G＋工业互联网”512工程，力争新增数字经济项目3个，20家企业“上云上平台”，计划新建5G基站170个。

2. 加快第三产业提质增效。繁荣发展商贸服务，支持大润发、居然之家、红星美凯龙等现有商贸龙头企业做大做强，力促宾联雷克萨斯、宝马洛江4S店等项目竣工营业，增强万虹路汽车走廊辐射带动。进阶打造楼宇经济，加快提升在外企业家联谊大厦、现代华城、尚东国际等载体招商功能，整合盘活中心城区闲置商务办公楼，积极导入优质产业、高效企业和多元业态，提高商务楼宇经济贡献率。加快文化资源与旅游产业深度融合，启动“陈三五娘”主题文化园建设，做活洛阳桥遗产点及周边街区文化旅游，推动虹山乡全域旅游发展；丰富旅游产品供给，着力推进仙公山风景区等景区设施完善和商业模式升级，探索“旅游＋”多途径发展旅游经济，打造文旅产业新优势。持续完善产业配套，推进物流节点建设，发挥新宜泉州枢纽物流中心效益，促进仓储物流专业化提升；加强工业设计、检验检测认证、知识产权、科技金融等专业科技服务业态引育孵化，推进科技服务与制造产业联动发展。

3. 推进现代农业健康发展。稳定粮食生产，不折不扣落实粮食安全行政首长责任制，确保粮食播种面积稳定在2.9万亩；健全重要农产品供给保障体系，提高生猪、蔬菜、禽蛋、水产品等“菜篮子”安全保障能力。发挥省市农业龙头企业示范引领作用，加快檀香园农业综合开发项目、台湾优良食品观光产业园区等项目建设，推动农业由增产导向转向提质导向。强化科技引领，加快推进农业信息进村入户，大力发展“互联网＋”现代农业，鼓励支持各类基于互联网的新型农业产业模式，加快推进农村流通现代化。强化农产品质量安全监督，加强农产品质量安全追溯监管信息平台建设与应用，大力推进“三品一标”认证力度。

4. 促进高新技术企业集聚提升。加速引导创新资源要素集聚，强化产学研合作，加强与中国科技大学先研院、中国兵器装备集团增材制造研究应用中心、中国科学院宁波材料技术与工程研究所、清华大学天津高端装备研究院洛阳先进制造产业研发基地、航天光新等大院大所、重要央企民企的沟通对接，争取更多高新科技企业和项目落户我区。全力抓好高新技术企业“扩面增量”，力争实施各类科技项目60个以上，新增高新技术企业、科技“小巨人”企业、科技型中小企业50家以上，规模以上工业企业研发经费投入增长20%以上。完善人才引育机制，发挥泉州市人才创新共享联盟、云箭测控与感知技术创新研究院、信和新材料与中科院宁

波所共建新型环保防腐涂料工程中心等平台作用，推进“人才+团队+项目”精准引才，力争引进市级高层次人才团队1个，全区高层次人才达620人以上。

（二）激发市场活力，主动融入新发展格局

1. 强化市场主体培育。大力支持民营经济发展，全面落实各项降本减负政策措施，加快完善支持产业和市场主体高质量发展的政策体系和服务体系。深入推进“政企直通车”工作机制，及时受理、核实、转办企业反映事项，帮助企业破解资金、用地、技术、人才等方面问题。加速惠企政策线上直达兑现平台建设应用，丰富“i洛江”小程序功能，推动更多便民惠企事项实现“掌上办”。完善金融支持实体经济机制，鼓励在洛银行业机构改善制造业、中小微企业金融服务供给，解决融资难、融资贵问题。

2. 扎实推进深化改革。推进“放管服”改革，拓宽“多证合一、证照合办”适用范围，拓展“一网通办”“最多跑一趟”“一趟不用跑”事项；简化企业投资工程建设审批流程，完善区级工程建设项目审批平台功能，实现工程建设项目从立项到竣工的全流程审批信息汇聚。推进财政制度改革，全面实施零基预算和预算绩效管理。推进国企改革三年行动，加强与省、市属国企对接，积极挖掘合作项目。推进医疗卫生体制改革，强化区医院与市第一医院紧密型医联体建设，建立区妇幼保健所与市妇幼保健院、儿童医院紧密型医联体，探索建立“基层首诊、双向转诊、急慢分治、上下联动”的分级诊疗制度。深化国家生态文明试验区建设，持续推进自然资源统一确权登记、生态环境损害赔偿等改革任务。

3. 加速畅通内外循环。稳步扩大传统消费，结合本地产业特色和文旅资源，积极培育打造特色街区、夜间经济示范区；深化“全闽乐购”洛江促消费系列活动，开展“第二届洛江乐购生活节”“夜间生活节”、洛江万虹路汽车走廊车展等活动，推动商贸消费扩张。大力培育新型消费，鼓励直播经济、社区电商、到家服务等新模式新业态规范健康持续发展，力争形成更多消费增长点。全力稳定外资外贸，用好用活“9·8”厦洽会、广交会、进博会等重要经贸平台，大力发展市场采购贸易和跨境电子商务，促进产业培育与对外贸易联动发展、跨境电商与传统外贸融合发展。深入挖掘外资新增长点，加大外资项目策划力度，用好用实各级外资政策，“一站式”“月嫂式”服务好重大外资项目。

4. 积极扩大有效投资。精准发力“两新一重”，推动项目滚动接续，形成更多有效投资量。2022年计划实施区级重点项目142个，完成年度计划投资106亿元以上，年度项目数和计划投资分别增长16.5%、13%。加快补齐市政工程、农业农村、公共安全、生态环保、公共卫生、民生保障等领域短板，计划实施为民办实事项目66个，总投资7.35亿元。坚持“房住不炒”，有序引导房地产市场平稳健康发展。加大招商选资力度，继续围绕传感智能制造、文化旅游、城市综合体等主攻方向，深入开展“一把手”招商、以商招商、产业链招商，建立招商项目落地“清单化”机制，加强圣东尼鞋面机械、HRG半球谐振陀螺仪、万安商贸项目等一批优质在谈项目洽谈协商，力争全年签约项目80个、总投资300亿元以上。

（三）加快协调发展，推动城乡一体化建设

1. 提升城市发展能级。强化规划引领，健全国土空间管控，完善各专项规划和城市节点设计，推动城市要素集聚能力和辐射带动能力提升。统筹推进重点片区开发建设，对接全市“跨江发展、跨域融合”和“两江一湾”海丝新城布局，主动衔接中心市区一体化开发建设，加快阳江新城片区公共服务和基础设施建设，有序实施塘西、琯头、后埭、南山等片区改造，抓紧中部功能区基础设施建设前期工作，推进城市有机更新。常态化推进文明城市（区）、卫生城市创建，实施一批全国文明城市创建达标提升项目，持续开展“两违”建筑、占道经营、户外广告、渣土车“滴洒漏”、城市“牛皮癣”、建筑工地施工噪声扰民、停车管理等系列整治。加快打造智慧城市步伐，推动智慧洛江综合指挥中心建设。

2. 完善城乡基础设施。策划实施一批城乡建设品质提升项目，推进路网、水利、市政等基础设施升级。完善交通设施布局，推进泉梅高速洛江段（联十一线）、洛江至丰泽高速、国道324改线等项目前期工作，完成万虹路国道324—河市中学段、省道213线提升改造工程，加快万虹路河市中学—马甲新庵岭拓改工程建设，力争西环路双阳段市政道路竣工通车。补齐环境设施短板，推动6个农村安全饮水工程和城乡供水一体化项目建设，新建、改造污水管网10千米；持续推进城市建成区生活垃圾分类全覆盖，有序推动农村生活垃圾干湿分类工作，完善大件垃圾、园林垃圾、有害垃圾及餐厨垃圾收运系统。推动景观综合提升，开展经五路、纬四路等道路行道树补植及部分路侧绿地改造，建设双阳片区口袋公园。

3. 深入实施乡村振兴。打造特色试点示范，实施乡村建设“1+6+2”行动，推进4个省级乡村振兴试点村、8个市区级乡村振兴试点村、4条市级示范线路和马甲镇“五好”乡镇建设。营造良好乡村环境，开展“四好农村路”等项目建设，落实乡、村道养护专项工程及农村公路自然灾毁综合风险公路承灾体普查；因地制宜开展村庄规划编制，实现应编村庄规划全覆盖；健全农房风貌管控，计划整治农房1000栋以上。持续推进一批巩固拓展脱贫攻坚成果项目建设，做好脱贫户监测及一键报贫农户入户核实工作。盘活农村闲置资产资源，探索采取承包、租赁、参股、税收分成等多元化形式，发展壮大村集体经济，力争集体经济收入超50万元的村占比达35%。加强金融服务乡村振兴，鼓励银行机构持续扩大“三农”信贷投放，下沉农村金融服务。

4. 突出绿色低碳发展。推进“碧水清源”行动，深入落实河（湖）长制，加强入河、入海排污口整治，做好海漂垃圾治理。推进大气污染联防联控，推动工业源、生活源、移动源协同治理，加强“高污染燃料禁燃区”监督管理。强化土壤环境风险防控，实施危险废物环境安全整治，强化危险废物规范化管理，实行危险废物（医疗废物）全过程监管，推进重点产废企业信息化、可视化、智能化建设。全面实施“林长制”，加强森林资源保护和利用，力争新增植树造林1000亩，森林覆盖率稳定在64%以上。深入推进节能降碳，抓好能耗“双控”工作，严控“两高”项目，落实碳达峰碳中和工作部署，启动实施碳达峰行动，确保完成全区能源消耗总量和强度“双控”年度目标任务。加强生态示范创建，加大约束性问题指标整改力度，力争通过第六批国家生态文明建设示范区创建并获得命名。

（四）增进民生福祉，持续创造高品质生活

1. 提升优质公共服务。加快教育资源扩容提质，推进阳江学园小学部、十一中塘西校区、区实验幼儿园、马甲中学扩建等重点教育工程项目建设。提升医疗服务水平，有序推进泉州宝璋肿瘤医院、区医院新院区、万安社区卫生服务中心改造等项目建设，支持区疾控中心认定省级实验室标准、区妇幼保健院实现二级妇幼保健院硬件条件；确保顺利通过中医药先进区国家复评。完善公共文化体育设施，推进区档案馆建设，推动区文化馆按照部颁二级馆要求运营，计划建设激情文化广场及10条健身路径，改造提升2个村级综合文化服务中心、3个篮球场，打造1个24小时智慧图书馆，力争全年举办各类体育赛事活动20场以上。继续深化新时代文明实践所站试点示范工作，分批次推进复兴少年宫等未成年人活动场所建设。

2. 提高社会保障水平。实施更加积极的就业政策，大力开展就业援助系列行动、“春风行动”、职业技能提升培训等活动，力争全年城镇新增就业4500人以上，城镇登记失业率控制在3%以内。稳妥有序推进全民参保计划，持续推进精准扩面工作。完善社会救助体系，加强农村最低生活保障制度和扶贫开发政策的有效衔接，落实残疾人生活困难补贴和重度残疾人护理补贴制度，全面落实对特困人员、困境儿童及农村留守儿童和妇女、老年人等特殊群体的关爱服务保障政策。增加优质养老资源供给，推进农村居家养老服务站（幸福院）、长者食堂、日间照料中心等养老项目建设，进一步提高我区养老服务设施覆盖面。

3. 深化平安洛江建设。深入开展“夜访夜谈”活动，全力推进信访“治重化积”专项行动，实施“八五”普法规划，积极探索实践“近邻评理+”“信访+心理服务”模式，努力把矛盾化解在源头，化解在基层。加快智慧政法建设，深化“雪亮工程”，推进“厝边守望”，启用“智慧矫正中心”，用好“E通政法”平台，打造立体化、信息化社会治安防控体系。继续深入推进信息网络、自然资源、交通运输、工程建设四大行业领域整治，推动常态化扫黑除恶斗争持续发力。防范化解重大风险，做实做细疫情防控常态化工作，坚决守护好来之不易的疫情防控成果；强化金融风险预防、预警和处置，守牢不发生系统性、区域性金融风险底线；扎实开展安全生产专项整治，全面摸清各领域隐患底数，对标对表落实整改；完善安全基础设施，提升区应急指挥中心信息化建设，推动实施阳江消防站改建工程、河市西片区消防站等项目，优化应急预案体系，增强应急救援能力。强化食品药品、工业产品质量和娱乐设施特种设备安全监管，同步做好国防动员、双拥共建、民族宗教、退役军人、防震减灾、禁毒、防艾等其他各项工作，确保社会和谐稳定、健康有序发展。

各位代表，做好2022年经济社会发展各项工作，任务艰巨，意义重大。我们要全面落实区委的决策部署，自觉接受区人大及其常委会的指导、监督和区政协的民主监督，凝心聚力、改革创新、真抓实干、攻坚克难，努力完成本次会议通过的各项目标任务，为加快建设更高水平的智造洛江、生态新城，谱写全面建设社会主义现代化国家洛江篇章努力奋斗！

统计资料

2021 年洛江区国民经济和社会发展统计公报

2021 年经济和社会发展主要指标一览表

表 17

指标名称	单位	实绩	比上年增长（%）
地区生产总值	亿元	333.13	13.9
固定资产投资	亿元	—	4.3
财政总收入	亿元	26.01	20.9
地方一般预算收入	亿元	15.40	20.2
地方财政支出	亿元	16.6	13.8
农业总产值	亿元	5.2	8.2
全部工业总产值	亿元	207.47	9.8
社会消费品零售额	亿元	85.45	25.2
出口商品总值（海关口径）	亿元	—	—
实际利用外资（验资口径）	亿元	1.55	-70.8
城镇居民人均可支配收入	元	48199	7.8
农村居民人均可支配收入	元	22329	12

政策文件

泉州市洛江区人民政府关于推进洛江区民办教育分类管理改革与发展的实施意见

为贯彻落实《中华人民共和国民办教育促进法》和全国教育大会精神，根据《泉州市人民政府关于推进泉州市民办教育分类管理改革与发展的实施意见》（泉政文〔2020〕23号）有关规定和要求，结合我区实际，现就推进我区民办学校分类管理改革、支持与规范民办教育发展提出如下实施意见：

一、实施民办教育分类管理

（一）落实分类管理

对民办学校（含其他民办教育机构）实行非营利性和营利性分类管理。民办学校的举办者可以自主选择设立非营利性或者营利性民办学校，但不得设立实施义务教育的营利性民办学校，实施义务教育阶段的民办学校也不得转设为营利性学校。非营利性民办学校、营利性民办学校均应坚持教育的公益属性，始终把社会效益放在首位。非营利性民办学校举办者不取得办学收益，办学结余全部用于办学；营利性民办学校举办者可以取得办学收益，办学结余依据国家有关规定进行分配。严格落实民办学校法人财产权制度，举办者应依法履行出资义务，将出资用于办学的土地、校舍和其他资产足额全部过户到学校名下，不得将个人的债务转化为学校的债务。民办学校对举办者投入民办学校的资产、国有资产、受赠的财产以及办学积累，享有法人财产权。民办学校存续期间，所有资产由民办学校依法管理和使用，任何组织和个人不得侵占。

（二）确保平稳过渡

选择登记为非营利性民办学校的，应依法修订学校章程，完善法人治理结构和内部管理制度，方可继续办学。选择登记为营利性民办学校的，应在政府相关部门监管指导下，由学校组织进行财务清算，依法明确资产权属，按照国家规定缴纳相关税费，重新办理办学许可和法人登记手续，方可继续办学。以划拨方式取得的用地，不改变土地用途的，应按现行标准补缴土地出让金后，按规定补办土地使用权出让手续。对用地大、补缴出让金确有困难的，按照“一校一策”的原则，可采取土地租赁方式约定租期，依市场变化调整租金。

1. 做好宣传摸底。做好政策宣传解读工作，分别对2017年9月1日前和2017年9月1日（含）后设立的民办学校进行摸底，分类建立台账。

2. 落实分类登记。2017年9月1日前设立的民办学校应当在2022年12月31日前办理分类登记手续，未按期办理的原则上不得转设为营利性民办学校；根据省政府《通知》精神，特殊情况需转设的，须经主管部门批准。民办学校在未完成分类登记前，原登记为企业法人的按照营利性民办学校管理；原登记为民办非企业法人或事业单位法人的按照非营利性民办学校管理。鼓励条件成熟的民办学校立即分类登记，教育、民政、市场监管等部门要加强工作衔接，及时依法办理证照。

3. 完善分类归档。在分类归档时，对存在问题要严格落实相关部门职责、细化清单，并于2022年12月31日前，完成分类登记的档案归整。

（三）稳妥做好民办学校的分立

1. 含有义务教育阶段多层次办学的现有民办学校，根据举办者的意愿，非义务教育阶段选择营利性办学的，非义务教育阶段与义务教育阶段要进行分立。

2. 学校应当先行对办学条件进行评估，确保分立后原有学校和新设立的学校均达到设置标准，方可启动分立。分立时，应优先保证原有非营利性学校的办学需要，依法保障教师和受教育者的合法权益。

3. 民办学校分立的，应在财务清算后进行资产剥离，明确资产权属，各自独立办学。不能明确资产权属、资产不能完全剥离的，不能分立。

4. 因分立而存续的民办学校，应当申请办理变更登记。因分立而终止的民办学校，报登记机关依法注销。分立后新设立的民办学校应重新办理证照。

（四）健全退出机制

民办学校终止时，要严格按照法律法规程序，提出清算和安置方案，保证有序退出，保障师生的合法权益，防范国有资产流失，维护社会稳定。终止办学的民办学校要妥善安置学生，实施义务教育民办学校终止时，要制定应急预案，审批机关应当协助学校安排学生继续就学。捐资举办的民办学校终止时，清偿后剩余财产统筹用于教育等社会事业。区分 2016 年 11 月 7 日前后设立的民办学校的不同情况，制定相应的财产处置方案。补偿或奖励原则上按《福建省人民政府关于民办教育分类管理改革的通知》（闽政〔2019〕7 号）执行，具体规定结合实际情况研究制定。

二、落实民办教育激励政策

（一）落实差别化用地政策。民办学校建设用地按教育用地管理。符合《划拨用地目录》的非营利性民办学校享受公办学校同等政策，按划拨等方式供应土地，政府如需要征用该地块，应给予适当补偿，如学校需继续办学，应依法依规重新供应土地。营利性民办学校按国家相应的政策供给土地。土地出让计划公布后，同一宗地只有一个意向用地者的，可按协议方式供地。同一宗地有两个或两个以上意向用地者的，应当采用招标拍卖挂牌方式出让。土地使用权人申请改变全部或者部分土地用途的，政府应当将申请改变用途的土地收回，重新依法依规供地。

（二）落实分类收费政策。民办学校要严格按照《福建省发展和改革委员会 福建省教育厅 福建省人力资源和社会保障厅关于印发〈福建省民办教育收费管理实施细则〉的通知》（闽发改服价〔2019〕394 号）规定，由发改部门牵头，会同教育、人社部门研究制定本辖区非营利性民办学校的收费标准，并加强民办学校收费行为的监管；市场监管部门要及时受理群众投诉举报，依法调查处理涉嫌价格违法行为。营利性民办学校的收费标准实行市场调节价，由民办学校根据办学成本、市场需求、社会承受能力等因素确定，向社会公示，并接受有关主管部门的监督。非营利性民办学校收费实行政府制定价格管理的范围按照福建省定价目录规定执行，福建省定价目录规定外的非营利性民办学校收费实行市场调节价，由非营利性民办学校确定。推进非营利性民办学校收费管理市场化改革，逐步实行市场调节价。民办学校不得收取与招生入学挂钩的其他任何费用。

（三）落实税费优惠政策。民办学校按照国家有关规定享受相关税收优惠政策。非营利性民办学校与公办学校享有同等待遇，按照税法有关规定进行免税资格认定后，免征非营利性收入的企业所得税。对符合条件的非营利性民办学校及教育机构，其承受的土地、房屋用于教学的，免征契税。符合条件的非营利性民办学校可以接受公民、法人及其他组织的捐赠，享受国家规定的税收优惠。民办学校用电、用水、用气等，执行与公办学校相同的价格政策。企业举办的各类学校、幼儿园以及企业支持教育事业的公益性捐资支出，按照省政府通知规定享受税收优惠政策。

（四）落实财政扶持方式。因地制宜设立民办教育发展专项资金，将其列入年度区级教育财政预算。建立健全政府补贴制度，明确补贴的项目、对象、标准、用途。完善购买服务的标准和程序，建立绩效评价制度，制定向民办学校购买就读学位、课程教材、科研成果、职业培训、政策咨询等教育服务的具体政策措施。鼓励民办学校开发适应市场和社会需要的各类教育公共服务项目，提高承接政府购买服务的能力。按照国家关于基金会管理的规定设立民办教育发展基金，充分发挥基金会在筹集社会资源和资金、非营利性民办学校资金支持、民办学校终止办学剩余资产处置等方面的作用。引导营利性民办学校合作设立投资基金，用于学校创新发展，防范办学风险。

继续采取购买服务、政府补贴、基金奖励等方式，加大对普惠性民办幼儿园的扶持。

（五）落实生均公用经费补助。根据省教育厅有关文件规定，按照审批和管理权限建立并完善对民办学校核拨生均公用经费等补助机制，根据国家、省级和市级政策调整情况，以及我区民办教育发展过程中出现的新情况、新问题，适时完善经费保障机制和相关政策措施。普惠性民办幼儿园参照公办园标准给予生均公用经费补助，非营利性民办学校义务教育阶段学生免除学杂费标准按照省定的生均公用经费基准定额执行，民办中等职业学校免学费补助资金按省定标准执行。

三、强化民办学校内部管理

（一）健全学校法人治理结构。民办学校要依法制定章程，按照章程管理学校。健全董（理）事会和 监事会制度，董（理）事会和监事会成员（监事）依据学校章程规定的权限和程序共同参与学校的办学和管理。应当优化董（理）事会人员构成，由举办者或者其代表、校长、党组织负责人、教职工代表等共同组成，监事会中应当有党组织领导班子成员。学校党组织要支持学校决策机构和校长依法行使职权，督促其依法治教、规范管理。

（二）健全民办学校财务管理。民办学校应当明确产权关系，建立健全资产管理制度。要进一步规范民办学校会计核算，建立健全第三方审计制度，每年由民办学校自主选择有资质、信誉好的社会审计机构开展审计，编制年度财务会计报告并公布第三方审计结果。非营利性和营利性民办学校按照登记的法人属性，根据国家有关规定执行相应的会计制度。

（三）保障师生权益。民办学校应依法为教职工足额缴纳社会保险费和住房公积金，鼓励民办学校为教职工办理养老保险和健康险等补充医疗保险，健全教师社会保障制度。民办学校教师在资格认定、职务评聘、培养培训、评优表彰等方面与公办学校教师享有同等权利，实行民办学校教师人事档案免费管理。非营利性民办学校教师享受当地人才引进政策。民办学校学生在评奖评优、升学就业、社会优待、医疗保险等方面与同级同类公办学校学生享有同等权利。民办义务教育学校招生纳入审批地统一管理，与公办学校同步招生；对报名人数超过招生计划的，实行电脑随机录取。

（四）保障学校安全。民办学校应遵守国家有关安全法律、法规和规章，重视校园安全工作，确保学校选址和校舍建筑符合国家抗震设防、消防技术等标准，校园安全技术防范系统建设符合国家和地方有关标准。学校应建立安全工作组织机构，配备内部安全保卫人员，明确安全工作职责，配足配齐安全设施设备和安全标志标识。建立健全安全管理制度和应急机制，制定和完善突发事件应急预案，定期开展安全检查、巡查，及时发现和消除安全隐患。加强学生和教职员工安全教育培训和安全演练，提高师生安全意识和逃生自救能力。

四、健全民办教育协调机制

（一）建立民办教育联席会议制度。加强对民办教育事业发展的组织领导和统筹协调，成立由教育部门牵头，编制、发改、公安、民政、财政、人社、自然资源、住建、市场监管、城管、金融、税务等部门及各乡镇（街道）参加的民办教育联席会议制度，建立健全管理体制，完善多部门协调机制，综合解决社会力量办学中的体制机制障碍，研究破解制约民办教育发展的重大问题。

（二）加强民办学校教育督导。区教育督导机构要加强对区政府有关职能部门履行民办教育工作职责的情况和民办学校的办学情况进行督导，督促有关职能部门履行职责，规范民办学校办学行为、提高办学水平。

泉州市洛江区人民政府

2021 年 2 月 5 日

关于促进建筑业发展壮大的六条措施

为鼓励全区建筑业深入扎根并全面发展壮大，更大程度地发挥建筑业在全区经济社会发展中的作用，根据《福建省人民政府办公厅关于促进建筑业持续健康发展的实施意见》(闽政办〔2017〕136号)、《泉州市人民政府关于修改〈泉州市人民政府关于进一步促进建筑业发展壮大的若干意见〉等两份文件的决定》（泉政文〔2020〕6号），特制定以下措施：

一、纳税贡献奖励

（一）本区建筑业企业在辖区外承接工程项目，年度回乡缴纳企业所得税的，按企业所得税形成区级既得财力88%给予奖励。

（二）辖区外建筑业企业在本区承接工程项目并在本区注册分公司或独立核算的分支机构，年度纳税500万元（含）以上的，按设立分公司（分支机构）对比不设分公司（分支机构）新增企业所得税形成区级既得财力50%奖励给建筑业企业，新增企业所得税形成区级既得财力20%奖励给项目业主。

（三）本区劳务分包、工程勘察设计、造价咨询、工程监理等企业，年度纳税100万元（含）以上、200万元（不含）以下的，按企业所得税形成区级既得财力20%给予奖励；年度纳税200万元（含）以上的，按企业所得税形成区级既得财力30%给予奖励。

（四）本区民营企业投资项目选择本区建筑业企业，施工企业承包该项目缴纳企业所得税100万元（含）以上的，按企业所得税形成区级既得财力20%奖励给民营企业。

二、龙头培育奖励

（一）本区施工总承包企业年度纳税达到3000万元的，奖励30万元，年度纳税超过3000万元的，超出的部分按1%递增奖励。

（二）本区专业承包企业年度纳税达到1000万元的，奖励30万元，年度纳税超过1000万元的，超出的部分按1%递增奖励。

（三）对我区建筑企业，从2021年起，产值与前一年度相比，超出的部分按每亿元产值递增奖励1万元。2021年产值基数以企业2018年和2019年产值平均值为准（若无这两年产值的以前一年度产值为基数）。

三、迁入落户奖励

（一）辖区外主项资质为特级、一级、二级的施工总承包企业将工商注册迁入我区的，分别给予一次性奖励1000万元、100万元、30万元。

（二）辖区外行业甲级设计单位、专业甲级设计单位将工商注册迁入我区的，分别给予一次性奖励200万元、100万元。

四、工程创优奖励

（一）本区建筑业企业在辖区内承接的工程项目获得国家级“鲁班奖”的，给予一次性奖励100万元；获得国家级优质工程奖和国家AAA安全文明诚信工地的，给予一次性奖励30万元；获得“闽江杯”省优质工程奖的，给予一次性奖励20万元。本区建筑业企业在辖区外承接的工程项目获得上述工程创优奖项，按上述50%一次性享受相应资金奖励。

（二）辖区外建筑业企业在辖区内承接的工程项目获得上述工程创优奖项且在我区年度纳税100万元（含）以上的，按上述50%一次性享受相应资金奖励。

（三）工程项目获得国家级“鲁班奖”的承接单位，奖励对象包括主要承建和主要参建的建筑企业；工程项目获得“国家AAA安全文明诚信工地”

或“闽江杯”省优质工程奖的承接单位，奖励对象为主要承建单位。

五、资质晋增奖励

（一）本区施工总承包企业主项晋升特级资质的一次性奖励1000万元，晋升总承包一级资质的一次性奖励100万元，晋升总承包二级资质的一次性奖励35万元，晋升专业承包一级资质的一次性奖励30万元。

（二）本区建筑业企业增项工程设计行业甲级、乙级资质的，分别给予一次性奖励100万元、50万元，增项工程设计专业甲级、乙级资质的，分别给予一次性奖励50万元、30万元。

（三）已获得施工总承包特级、工程设计行业甲级、工程设计专业甲级的本区建筑业企业，可参照上述第1点和第2点相应条款享受相应奖励。

六、重点保障优先

（一）保障企业总部建设用地，土地用途按商服用地－商务金融用地（经营管理总部）确定，土地使用权公开出让，出让底价按不低于商服用地基准地价确定。建筑业企业申请生产基地建设用地的，可参照工业企业供地的优惠政策给予统筹安排，土地用途为工矿仓储用地－工业用地（生产总部），用地面积按企业生产基地规模及实施投资额予以确定，以招标、拍卖或挂牌方式出让供地具体由区自然资源局牵头制定。

（二）对年度累计产值增量部分达到1亿元以上或获得区纳税大户等称号的本区建筑业企业，由区政府视情况给予通报表扬。对本区企业在区外承建的项目获得“鲁班奖”或省优工程奖项的，由区政府通报表扬。

七、其他

（一）申报程序及管理

1. 申报资金奖励的，申报单位按属地原则进行申报，由属地乡镇政府（街道办事处）受理及初审，提出初审意见并加盖公章后材料送区住建局；区住建局及时将申报材料分送至区财政局、税务局等相关部门征求意见，对符合条件的在洛江区公众信息网进行公示无异议，区住建局、财政局向区政府提交资金兑现请示报告；区领导审批后，区财政局会同住建局在15个工作日内将相应奖励资金拨至企业银行账户。区住建局、财政局负责对财税奖励资金进行全过程的跟踪管理，建立管理档案。

2. 涉及申请用地、国有投资项目的，分别由区自然资源局、住建局牵头落实。

3. 建筑业的财税奖励申请时间，原则上一年申请一次，按受理顺序兑现（单季度依法纳税500万元以上的，可以按季度申请纳税贡献奖），次年6月30日前为上一年度申请财税扶持受理期限，逾期不予受理。企业申请财税奖励应提供以下基本资料：企业申请报告、企业营业执照副本。

4. 申请企业所提供的资料必须真实、完整，弄虚作假、采取欺骗手段获得财税奖励资金的，一经查实，责令退回财税奖励资金，直至依法追究其相应的法律责任。

5. 获得财税奖励的企业，如发生股权变动、注册地址或名称更改等重大变更事项的，应及时书面报告区住建局备案。

（二）其他说明

1. 本措施由区住建局负责解释。

2. 本措施中，本区建筑业企业是指具有独立法人资格、工商注册登记、税收汇缴在洛江辖区内的施工总承包企业、专业承包企业、劳务分包企业。

3. 本措施中，年度纳税指一个会计年度企业自行申请缴纳的所有税收（含增值税、企业所得税、个人所得税等），按年度财税贡献作为兑现奖励的基数。

4. 同一申请事项（如资质、税收）在本措施获得多个同类别奖或是享受本区其他相关政策时，按照就高原则享受一次，不重复享受。涉及可享受省、市相关政策的，也按照就高原则享受一次，并待省、市奖励资金到位后再兑现区级奖励资金。原则上，企业（落户迁入的除外）当年获得的资金奖励总额

（指区级负担部分）不超过当年度企业缴纳税收区级留成部分。落户迁入奖励、资质晋增奖励可在资质落地一个月后单独申请，不受前款约束。

5. 资质晋增和落户迁入享受奖励的企业五年内工商注册外迁的，将收回全部奖励金及相应同期银行贷款基准利率的利息。

6. 本措施自发布之日起施行，有效期至 2022 年 12 月 31 日。

泉州市洛江区人民政府

2021 年 3 月 14 日

洛江区营商环境持续提升专项行动方案

为全面贯彻落实《福建省人民政府关于印发福建省优化营商环境行动方案的通知》（闽政〔2021〕9 号）、《泉州市人民政府办公室关于印发泉州市营商环境持续提升专项行动方案的通知》（泉政办〔2021〕37 号）和市区两级关于营商环境优化等重点专题部署要求，结合《泉州市洛江区人民政府办公室关于印发洛江区优化营商环境三年行动计划和 2021 年洛江区营商环境优化提升年攻坚行动方案的通知》（泉洛政办网传〔2021〕7 号）任务完成情况，梳理未完成任务，新增目标任务，提出具体工作举措，制定本行动方案。

一、总体目标

对标标杆城市，深入实施优化营商环境三年行动计划，持续巩固2021年攻坚行动成效，以“放管服”为抓手，以数字化变革为牵引，努力在智慧政务、扩大开放、法治诚信、企业服务、创业创新等方面取得更大突破，营造有利于创新创业创造的营商环境，更好激发辖区市场主体活力和社会创造力，推动洛江经济社会高质量发展。

二、重点任务

（一）全面提升企业全生命周期服务水平。围绕开办企业、办理建筑许可、获得电力、获得用水用气、登记财产、纳税、跨境贸易、办理破产等衡量企业全生命周期的 8 个一级指标，重点在“减环节、减材料、减时限、减费用、增便利”等方面攻坚，力争在“证照分离”改革全覆盖、深化工程建设项目审批制度改革、优化市政接入服务、推行“交房即交证”、优化纳税服务、提高破产案件处置效率等方面，实现更大突破。

（二）全面提升企业投资贸易便利度和吸引力。围绕获得信贷、保护中小投资者、执行合同、劳动力市场监管、政府采购、招标投标等反映投资便利度和吸引力的 6 个一级指标，重点在建立健全信息共享、绩效评价、纠纷化解、权益保护等工作机制方面攻坚，力争在强化要素支持保障、健全多元纠纷化解机制、优化就业服务、保障公平竞争等方面，实现更大突破。

（三）全面提升政府监管服务能力。围绕政务服务、知识产权创造保护运用、市场监管、包容普惠创新等反映政府监管与服务水平的4个一级指标，重点在提升服务能力、健全监管体系、激发创新创业活力等方面攻坚，力争在加快数字政府建设、推行“跨省通办”、加强知识产权保护、加快科技创新、优化基本公共服务等方面，实现更大突破。

三、工作要求

（一）加强组织领导，全面统筹推进。坚持高标定位，把优化营商环境作为“一把手”工程，主要领导亲自研究部署、强力推动改革，形成“领导小组全面统筹、专项小组协调推进、工作专班坚决落实、相关单位全力配合”的工作机制。各部门要以任务目标为靶向，进一步明确工作推进路线图、时间表，明确责任到人，确保按照时间节点保质保量完成任务。

（二）压实工作责任，强化落实提升。坚持靶向攻坚，直面市场主体、群众和社会各界对优化营商环境的建议诉求，瞄准企业全生命周期涉及的痛点难点堵点问题。各指标牵头部门要切实发挥牵头作用，以17个营商环境工作专班建立常态化协调调度制度，统筹推进本领域创新突破改革。各指标责任部门要主动作为、密切配合，按照时间节点和责任分工，开展切实有效的工作措施，抓好工作落实提升，并主动承接上级探索性的工作任务，积极打造出创新可推广的典型经验。

（三）抓好落实反馈，严格督导考评。各部门要加强工作落实反馈，于每月20日前将营商环境持续提升专项行动任务完成情况、存在问题及下一步工作计划报送至各指标牵头部门；各指标牵头部门于每月25日前汇总报送区发改局（区营商办），同时抄送区纪委监委。区营商办将建立工作台账，实行定期调度通报，加强对各单位实施举措推进落实情况的监督检查，联合区纪委监委、区效能办健全责任追究机制，对工作推进不力、政策落实不到位的严肃问责，营商环境建设工作纳入区委巡察、绩效管理和干部考核等重要内容。

（四）注重宣传引导，营造良好氛围。各部门要充分运用各类新闻媒体，加强对深化“放管服”改革优化营商环境的政策解读，从牵一发动全身的重大改革和解决群众关注问题的重点改革着手，推动各项改革相得益彰、集成催化，及时总结推广好的经验做法及成效，接受社会监督，回应社会关切，全力打造“洛地有声”营商品牌，营造良好的社会氛围。

课题调研成果选录

推动“1+3+N”近邻工作机制的实践与思考

——泉州市洛江区开展课题研究

中共泉州市洛江区委组织部

2021年3月7日，习近平总书记在参加十三届全国人大四次会议青海代表团审议时强调：“全面推进依法治国，推进国家治理体系和治理能力现代化，工作的基础在基层。”要夯实社会治理基层基础，推动社会治理重心下移，构建党组织领导的共建共治共享的城乡基层治理格局。社区是城市的基本细胞，是党建引领城市基层社会治理的基本单元和前沿阵地。加强和改进小区党建工作，以小区党建引领小区治理效能提升，对于夯实党的执政基础具有重要意义。泉州市洛江区着眼区域治理现代化，围绕加快建设智造先行区、幸福生态城，结合推进“强基促稳”工作，通过打造“1+3+N”（1即一条主线——小区党组织，3即三大载体——业委会、物业和党员楼栋长，N即多种资源——驻区单位、社会组织、非公企业、党员群众等多种资源力量）近邻党建工作模式，将“近邻”作为城市基层党建的内核，通过制度创新强化党组织在基层治理格局中的领导力量，进一步提升居民群众的安全感、幸福感、获得感，打通社会治理的“最后一米”，广泛动员各方力量推动共建共治共享，构建“资源共享、优势互补、协调发展”的工作格局，激发城市基层党建的生机活力。

一、实施背景

近邻党建源于习近平总书记在福建工作期间倡导的“远亲不如近邻”理念。1985年至1988年，习近平总书记在厦门工作期间居住于思明区深田社区图强小区，创新探索“近邻”的社会治理新模式，有效解决了当代社会基层组织碎片化、人际关系陌生化的治理难题，打造共建共享、向上向善的和谐家园。围绕回答好社区治理“如何让群众生活和办事更方便一些，如何让群众表达诉求的渠道更畅通一些，如何让群众感觉更平安、更幸福一些”的时代命题，推动城市基层党建部署要求落到最基层，解决好群众身边的“急难愁盼”，福建省把近邻理念融入城市基层党建引领城市基层治理的具体实践中，创新推行“近邻党建”工作，打造城市“有温度的党建，有质感的幸福”，着力实现精细化社区治理，破解当前小区中存在的突出问题，打通基层治理最末端。

近年来，随着城市人群结构、生活方式、沟通交流方式变化，城市居民群众思想多元、需求多样、要求更高的特点日益凸显，对城市基层党建工作提出了新的更高要求。推进近邻党建，推动城市治理重心进一步向基层下移，关键是要抓住主要矛盾，广泛动员各方力量，以组织与组织共建、组织与居民守护、居民与居民互助为出发点和落脚点，加强基层组织、基础工作、基本能力建设，建立党组织引领下的社会协同、群众参与的社会治理共同体，形成“无事常联系、有事共商量、邻里一家亲”的氛围，有效激发城市基层党建的生机活力。

泉州市洛江区位于福建省东南沿海闽南金三角地带，泉州中心市区东北部，自古以来就有着邻里之间互谅互让、互帮互助、宽以待人、团结友爱的浓郁文化土壤。且属于城乡接合部，作为一个特殊的发展区域有着多元化的特点，这就要求基层党组织在建设和发展的过程中要实现多方位的领导、多方位的辐射、多方位的服务。洛江区在城镇化进程中承担了大量经济发展、招商引资、信访维稳等工作任务，党建工作不仅有城市社区党建工作的特点，也涵盖了农村党建的民风民情。全区共有村（社区）86个，优化设置小区69个，单独或联合组建小区党组织69个，其中有物业的小区党组织46个。为主动适应城市发展的新形势、新任务，洛江区深入贯彻落实省、市、区委部署要求，以实施“红色动力”工程为载体，以提升组织力为重点，以党建引领基层治理为抓手，坚持项目化推进，主动对接新需求，积极创设新载体，推行党建引领近邻基层治理模式，立足城乡接合部的人员结构复杂、层次复杂的实际，对如何强化“1+3+N”的工作举措，打造“共驻共建共享”睦邻家园进行了积极探索。

二、主要做法及成效

（一）打造“1”，强化近邻治理“新引擎”。一是健全组织体系。立足强化小区党组织的战斗堡垒作用，推行“支部建在小区上”，分类施行“单独组建”“联合组建”“兼合式”小区党组织组建模式，推进组织共建、人才共育、阵地共享、活动共联、服务共促，形成小区管理服务与社区治理共驻共建、融合发展态势，全区已建小区党组织69个，党组织覆盖率100%。二是强化党建引领。弘扬“远亲不如近邻”理念，以三盛四季公园二期为试点，推行“一核多元”的“近邻”党建模式，建设小区党群活动中心，坚持“一馆多用”，配套人大代表联络站、红色邻里议事厅、便民服务站，开展“和谐邻里·五心家园”主题系列活动，营造“邻里一家亲，幸福你我他”的氛围，做实家门口党建，让业主居民切身感受到党组织在身边，小区服务暖人心，打造“楼下的服务圈”，打通基层治理“神经末梢”。三是织密红色网络。以“乡镇（街道）党（工）委—社区党支部—小区党建微网格”为组织体系，构建“三级网格长＋网格党员＋邻里志愿服务队”的党建工作网格化综合服务管理平台，构建“人在网格中，事在网格办”的新格局。如双阳街道由城市党建工作者、辅警、流动人口管理员、社区医生、执法队员、党员楼栋长等骨干人员的小区网格服务队伍15支，有效扩大服务覆盖面，提高小区网格服务精准化水平。

（二）提升“3”，筑牢近邻治理“铁三角”。一是打造“红色管家”。开展红色管家创建活动，将“成立物业服务企业党支部”纳入市级物业示范达标项目考评指标，开展“党建＋物业”模式，引导物业企业党员亮身份、树形象、作表率，以组织文体活动、家政服务、安全培训等位载体，举办“辉煌70年 奋进物业人”物业服务企业歌咏比赛、“首届物业行业团队技能竞赛”等，展示物业人的风采，提升物业行业凝聚力、归属感和居民对物业行业的认同感。二是建强“红色业委会”。坚持小区党支部与业委会“双向培养、交叉任职”，推行小区党支部书记与业委会主任“一肩挑”，推动小区党支部书记通过组织推荐民主选举为业委会主任，将优秀的现任业委会主任发展为党员，在业委会组建和换届过程中，做到党组织提前介入，全程参与，引导小区党员特别是党员楼栋长参与业委会选举等。三是培育党员楼栋长。落实党员兜底管理，划分红色责任田，建设同心楼栋、先锋楼栋，不断强化党员服务意识。推广“党员楼栋长制”，通过开通小区党群微信群、楼栋长微信工作群，及时了解小区党员、居民的需求并反馈处理，主动当宣传“小喇叭”和邻里“贴心人”，打通基层治理进小区、进楼栋、进家庭的“最后一米”。如，阳光花园小区党员楼栋长熊敬智利用夜晚下班时间向居民讲解老旧小区改造方案，向居民答疑解惑，着力推进老旧小区改造。

（三）壮大“N”，画好近邻治理“同心圆”。一是推动多元共建。按照“一区域一中心”的要求，驻区单位会同社区党组织统筹社区发展，最大限度实现小区资源共有共享。引导51个小区党组织与67家机关、学校、医院、企业等党组织结对共建，融入“同心圆”区域化党建工作，不定期开展医保办理、宽带受理、法律咨询、健康义诊、政策宣传等进小区服务，有效织密织好党群服务网，今年来已开展共建活动50余次。二是推行联席议事。建立小区党群联席会议制度，不断完善党支部、业委会、物业、调委会等多方参与的联动分析、联动处置工作机制，并建立共建项目和联席议定事项工作台帐，指定专人跟踪了解，实行定期沟通、销号管理。召开联席会议87场次、共商活动258场次，解决老旧小区改造、市容环境、消防安全等多项民生热点问题。同时成立1个区级物业纠纷调委会和6个小区物业纠纷调委会，开展物业纠纷专项排查，成功化解小区物业管理服务问题356个。三是推进志愿服务。深入推进在职党员进社区（小区）“双报到”，通过组织党员志愿服务队，结合主题党日、“夜访夜谈”、周一下社区日、安全生产大检查、创城创卫等活动，发动2190多名在职党员到社区（小区）开展志愿服务，帮扶群众521人次，营造睦邻友好、洁净爱家的良好氛围。发动小区党员围绕疫情防控、房屋安全、创城创卫等中心工作作承诺，主动投身小区治理中，涌现一批如大江盛世C区“红色守门人”、文学士“红色网络接线员”等战“疫”先锋。

三、在推动“1+3+N”近邻工作机制过程中遇到的困境

虽然洛江区在积极推行“1+3+N”党建引领近邻基层治理模式上取得了一定实效，初步形成了党建引领、社会调节、居民自治新格局，但受思想认识、制度跟踪配套等因素的影响，仍存在以下一些问题。

*（一）思想认识层面不高，影响社区党建作用发挥。*基层党组织是否坚强有力，基层治理成效如何，关键要教育管理监督好党员、组织宣传凝聚服务好群众。我区的基层治理体系中，除了社区为管理主体，还有大量的村集体，群众的整体素质偏低。在针对居民对小区党组织发挥作用观感的调查中，22.5%的群众认为小区党组织没有发挥作用，改善居民实际生活；57.6%的群众认为小区党组织在治理过程中发挥的作用一般；仅19.9%的群众认为小区党组织有发挥一定的作用。除此之外，在针对居民是否愿意主动协助社区、小区治理的调查中，44.5%的群众表示自己工作、家庭事务繁忙，不愿意协助社区、小区治理；40.2%的群众表示自己不会主动协助社区、小区治理，但社区、小区有需要也愿意尽自己的一份力；仅有15.3%的群众表示自己愿意主动协助社区、小区治理，壮大社区、小区力量。调查表明，部分社区、党员和群众对小区党组织认识有偏差，导致党建工作在小区下沉不力，党组织在小区治理体系中的角色弱化、虚化和边缘化。部分群众对党组织发挥作用的效果还处于观望状态、还存有疑虑，个别党员对小区党组织的认识也还远远不够，导致党组织融入社区、小区治理的路径并不顺畅。

*（二）小区管理“零和博弈”，影响内部资源有效挖掘。*加强小区治理，关键是靠小区党组织、业委会、物业服务企业“三驾马车”的协同推动。然而，在城市小区治理过程中，业主和物业公司，由于各自追求的利益不同，双方都互相将对方视为“零和博弈”的对象。业主希望在不增加物业费的情况下，获得更多的服务和保障，物业倾向于最大限度减少支出，争取利益最大化。个别小区原有的业委会和物业管理公司，在心理上排斥小区党组织，不愿接受党组织的领导和监督，工作上不配合，影响党组织引领各项工作的开展。小区物业纠纷时有发生，小区党组织也仅能从中调和斡旋，长远上将影响小区内部资源的有效挖掘和整合，为小区的有序管理带来更多的风险和挑战。

*（三）成效彰显时间较长，影响治理力量持续下沉。*当前党建引领小区治理还在初步探索阶段，还未取得太多立竿见影的效果，如小区环境提档升级、管理规范有序，因而无法激发业主成立红色业委会参与自治的热情。前期实践中，我区每月都有在职党员到居住地社区、小区党组织参加活动，但在无缝对接、精准承接上还需进一步加强。有的党员干部身份角色转换不够到位，对社区、小区的归属感不强。个别单位党员干部把到社区、小区报到发挥作用视为组织安排的工作，存在被动的心理，

在参与社区、小区治理中流于形式、走走过场，甚至不愿主动亮明身份，直接影响了党组织作用的发挥。有的社区党组织书记表示一些到社区、小区报道的党员干部，人来了，但心没有完全深入进来。”

（四）联动机制尚不健全，影响多方治理有效铺开。外部条件下，现有党内规章和法律没有对小区党组织领导小区治理作出明确，小区党组织开展工作缺乏理论支撑。导致小区党组织“单打独斗”，推动“1+3+N”近邻治理工作推动不快。内部因素中，小区党组织、业委会和物业管理机构并未实现全覆盖。截至2021年9月，全区69个小区中，成立业委会42个，占比60.9%，其中2021年度新成立3个、到期换届3个，到期换届2个，业主权利维护渠道尚待拓宽；成立物业管理机构46个，占比66.7%，物业管理服务相对滞后。小区党组织规范化运行的体制机制建设目前难以实现小区治理的科学化。特别是一些新建小区、村改居、散居户等情况复杂，社区党组织统筹其他力量参与小区协同共治的作用发挥不够，难以形成小区治理合力。随着“1+3+N”近邻工作模式的启动，区直各部门投入了人力、物力、财力，积极参与和支持试点工作，如解决试点小区路灯故障、绿化等具体问题，同时为小区居民提供义诊、政策宣传和赠送物资等，取得了一定成效。然而，各部门共同参与小区共治的体制机制还不健全，多方共同参与的沟通联动、矛盾调处、议事决策和监督管理等机制还不够成熟，“1+3+N”近邻治理工作在全区范围内全面铺开还存在一定难度。

四、进一步推动“1+3+N”近邻工作机制的对策和思考

小区是城市治理的基本单元，是城市化的重要环节。完善以城镇社区党组织为核心的新型社区治理和服务体系，提升社会治理法治化、科学化、精细化水平，必须坚持党建引领，将党的组织和宣传阵地延伸到小区、楼栋（街巷），充分发挥小区党组织政治功能和服务功能，构建以小区党组织为核心，多方主体共同参与的小区治理模式，这也是新时期完善基层社会治理格局的迫切要求，必须坚持不懈抓实抓好。

（一）强化政治功能，提升小区治理水平。加强小区治理，必须在坚持党组织领导的绝对前提下，旗帜鲜明、理直气壮地加强小区党组织对小区治理工作的领导，充分发挥小区党组织在小区治理中总揽全局、协调各方的核心作用，从而推动小区党组织由“应急型”向“引领型”转变。多渠道选派小区党组织书记，鼓励有公心、有热心、有能力、有威望的退休党员，特别“五老”人员（老干部、老战士、老专家、老教师、老劳模）充实到小区党组织班子，担任支部书记，可通过干部下派的方式，动员党员领导干部带头担任所住小区党支部书记。只有党组织充分发挥政治服务功能，得到党员、业主、其他组织的认可支持，小区党建工作才能永葆生机活力。按照“六有”标准（有场所、有设施、有标志、有党旗、有书报、有制度），加大阵地建设力度，实现从面上覆盖实现有效覆盖，做到全面挂牌、规范运行。

（二）突出三方融合，健全完善制度机制。要大力推动小区党组织和业委会、物业服务企业深度融合，要把党的组织有效嵌入业委会、物业服务企业，不断扩大党的组织和工作覆盖面，明晰细化小区党组织、业主委员会、物业服务企业的具体职能和权责清单，形成小区党组织领导、业委会主导、物业服务企业配合、党员楼栋长为补充和其他组织多元参与的“1+3+N”近邻治理体制。推动小区党组织班子成员、业主委员会、物业管理机构负责人通过合法程序交叉任职、三向进入，实现优势互补、互融共赢。围绕有事好商量，推动由小区党组织牵头，业主委员会、物业服务企业、居民代表共同参与，制定居民公约、文明公约等，探索建立小区邻里议事会，进一步规范居民行为、维护公共秩序、保障居民权益，共同做好小区服务管理。

（三）提升工作成效，推动党员下沉小区。将机关党员到社区“双报到”向小区延伸，鼓励引导党组织关系不在小区的党员主动亮明身份、接受监

督、发挥作用，探索将党员干部“双报到”情况和8小时外在小区的现实表现作为提拔任用、评先选优的有益补充。制定机关党员下沉“三个一”工作制度，即每个季度至少到所联系的社区、小区走访1次；每年结合单位职能或个人特长至少办1件实事；每年至少参加1次社区、小区的议事协商。严格落实服务纪实制度，督促机关党员通过工作日记、活动照片等，如实记录每次下沉社区、小区工作情况，作为年度党员民主评议、职级晋升等重要依据。同时，街道、社区要主动对接，建立辖区单位在职党员名单，聚焦居民需求和小区治理难题，及时发布服务需求，列出需求清单，通过安排志愿服务岗位、签订共建协议等方式，引导在职党员主动认领服务事项、参与社区治理。

（四）推动资源下沉，构建共建共治共享格局。社区要注重把社区内有代表性和影响力的驻区单位、共建单位、小区党支部、业主委员会、物业服务企业等吸纳为社区党建联席会议成员，建立常态化运行机制，每季度至少召开1次党建联席会议，重点研究加强党的建设、社会治理、社区小区建设等方面重大事项，解决存在问题，推动共建单位围着社区小区转、社区小区围着群众转，促进力量向基层聚集。整合社会组织资源优势、社会工作者专业优势和社会志愿者公益优势，通过组织开展志愿者服务、文明家庭创建、“清洁家园”等活动，带动党员群众共塑和谐邻里关系，引导居民走出家门、相互交流、增进感情，增强居民自治意识和家园归属感，促进小区居民从“陌邻”到“近邻”。要动员有一技之长的小区能人发挥作用，对接邻里需求，提供专业服务，形成互帮互助、亲如一家的良好局面。

课题指导：王志宏
课题负责：郭宏戎
课题成员：王煜、王灿峰、林泽胤
执　　笔：王煜

洛江区聚焦聚力打造“智造先行区”路径思考

洛江区人民政府副区长 张荣伟

2021 年 6 月 7 日

在党的十九大报告中，“坚持新发展理念”被列入新时代坚持和发展中国特色社会主义的十四条基本方略之中，成为党和国家事业发展必须长期坚持和全面贯彻的基本方略。党的十九届五中全会提出“不断提高贯彻新发展理念、构建新发展格局能力和水平，为实现高质量发展提供根本保证。”本人在“再学习、再调研、再落实”活动中，认真学习领会习近平新时代中国特色社会主义思想、党的十九届五中全会和中央经济工作会议的精神实质，组织调研洛江区工业现状，学习运用新发展理念，结合日常分管业务工作提出“十四五”时期全区工业经济打造“智造先行区”的路径建议，供区委、区政府决策参考。

一、“十三五”期间洛江区工业经济发展现状及特点

风劲正是扬帆时，奋进砥砺书华章，回眸“十三五”，全区工业经济坚持以供给侧结构性改革为主线，推动主导产业做强做优，培育经济发展新动能，工业经济提质增量成效凸显。工业增加值实现年均增长 8.9%，增速连续多年位居全市前列，为全区 GDP 增长贡献率近 70%。2020 年全区规模以上工业企业数达 179 家，超额完成“十三五”规划目标 150 家任务，规模以上工业产值实现 638 亿元，是 2015 年的 1.9 倍。全区产业实现“3+3”发展格局，即机械装备、纺织鞋服、工艺制品三大主导产业集聚发展，智能装备、纸类卫生用品、建筑科技三大新兴产业培育发展。工业经济整体呈现“稳中向好、稳中向新”的发展态势，迈向高质量发展起步良好。

（一）主导产业集聚效应显现

“十三五”期间，依托区域优势和产业基础，全区形成了以机械装备、纺织鞋服、工艺制品为主的三大主导产业。机械装备行业。2020 年规模以上工业产值达到 167.33 亿元，是 2015 年的 2.1 倍，“十三五”期间，全区重点培育以工程机械、纺织机械、数控机床等为主要产品的一批机械装备企业，扶持铁拓机械、新源重工、嘉泰数控、世创机械、培新机械等骨干企业进一步做强做大并发挥引擎带动作用，壮大产业集群；纺织鞋服行业。2020 年规模以上工业产值达到 175.93 亿元，是 2015 年的 1.5 倍，行业企业“十三五”期间在企业管理、生产设备、产品质量、品牌效应等方面都有较大提升，涌现出一批以和诚鞋业、永高体育用品、加来盟体育、永欣体育用品、禾伦织造为代表的本土知名企业；工艺制品行业。2020 年规模以上工业产值达到 85.69 亿元，是 2015 年的 2 倍。“十三五”期间，以建文艺品、钰乘礼品、艺龙工艺等为代表的全区工艺制品行业企业加快工业设计实现转型提升，行业整体订单稳定并维持一定增长。

（二）新兴产业加快培育发展

“十三五”期间，智能装备、纸类卫生用品、建筑科技三个新进产业逐步形成工业经济新增长点。智能装备产业。“十三五”期间逐步完善智能装备产业链布局，引进培育一批以西人马联合测控、云箭测控、云知声科技、嘉泰智能装备、美标康盛等为代表的智能装备企业，建成国家特种机器人产品质检中心等多个国内一流科研平台。洛江区智能装备产业园现已发展为全省重要的智能装备产业基

地并获批省级智能制造试点示范基地。“十三五”期间，产业实现规模以上工业产值年均增速超过20%，年产值突破100亿元，成为区域经济新增长点。纸类卫生用品行业。“十三五”期间随着国产设备的不断推陈出新和生产技术的日趋成熟，纸尿裤、拉拉裤及卫生巾等产品年产量逐年快速增长，全区纸类卫生用品行业企业发展迅速，已成为全市三大纸类卫生用品生产基地之一。全区现有天娇、嘉华、蓝蜻蜓、恒毅、汉和、宝利来等纸类卫生用品生产企业近50家，2020年行业规模以上工业产值达到39.1亿元，是2015年的4.9倍。建筑科技产业。“十三五”期间，全区加快发展新型建筑材料，积极培育以装配式建筑为核心的现代建筑产业体系，引进投建三一筑工建筑科技产业园、泉州绿色建筑产业园、筑可丽建筑科技产业园等一批优质建筑科技项目，力争建成集科研、制造、示范和人才培养于一体的建筑科技综合示范基地，打造在全省处于领先地位的现代建筑科技产业集群。

二、目前存在的问题

（一）龙头企业支撑带动作用不强。“十三五”以来，虽然全区工业经济取得了明显发展，但工业龙头企业规模偏小问题仍较为突出。全区省级龙头企业数量仍未实现零的突破，2020年年营业收入超5亿元的企业分别仅有3家（天娇妇幼用品、和诚鞋业、新源重工），实缴税额超2000万元的企业仅有5家（和诚鞋业、铁拓机械、信和新材料、钰乘礼品、天娇妇幼），龙头企业规模普遍不大且数量较少，对产业发展支撑带动作用不明显，难以发挥“头雁”效应。

（二）产业协作配套不足。全区中小企业主要集中在低附加值、低技术含量的加工行业，与主导产业关联度不高，协作效益不突出，龙头企业本地产品的配套率不足三成，产业在生产组织结构上缺乏产业链内部互动，例如机械装备产业企业产品品类较为分散，且核心零部件、机加工配套供应企业少，还未形成互为补充、关系紧密的产业链协作生产机制。

（三）企业转型升级亟待加快。企业转型升级是一项复杂而长远的系统工程，在生产设备更新、产品研发、人才引进、销售渠道变革等方面需要长期持续的综合投入，以中小企业群体为主的洛江传统产业企业，自身资金和实力普遍较为有限，企业家对技术改造、转型升级等往往存在观望情绪或小幅度投入情况，2017—2020年全区技改投资分别实现增长-9%、34%、19%、-12%，呈波动并略有下降趋势，传统产业转型升级力度较为不足。

（四）企业自主创新能力不强。受企业原始技术积累、人才储备等情况制约，全区部分企业长期存在科研水平不高、产品创新能力薄弱等问题。全区规模以上工业企业研发费用占规模以上工业增加值的比重为1.84%，距离全市平均水平（2.67%）仍有一定差距。

三、打造“智造先行区”路径建议

“十四五”时期是我国新发展阶段的开启阶段，面临新形势、新任务和新要求带来的机遇和挑战，疾风知劲草，发展之路无坦途，推动高质量发展的前提和基础就是转变发展方式。我们要立足新发展阶段，贯彻新发展理念，以推进高质量发展为主题，聚焦重点领域和关键环节以求“落一子而活满盘”，全区工业经济要从做强龙头企业、推进产业协作、提升智造工艺、加强自主创新、打造人才高地、优化营商环境等方面聚焦聚力打造“智造先行区”，确保“十四五”开好局，实现洛江工业经济乘风破浪，谱写新的篇章。

（一）做强做优龙头企业，提升企业带动作用。一是支持龙头企业快速发展。重点扶持铁拓机械、新源重工、信和新材料、三一筑工、宏康动力、嘉泰数控等一批拥有核心技术和知识产权的科技型龙头企业，在项目用地、并购扩张、市场拓展、产品研发、商业模式创新等多方面重点向龙头企业倾斜扶持政策，帮助企业充分释放发展潜能，持续做大做优做强，使之成为在全国范围内具备较强市场竞争力和较高品牌美誉度的知名企业。二是发挥好龙头企业的引领带动作用。以龙头企业“头雁效应”

引领带动相关上、下游配套企业发展，打造机械装备、传感智能、建筑科技等百亿级产业集群高地，为实现工业提质扩量提供强有力支撑。

（二）强化建链补链强链，推进产业协作配套。一是完善产业链布局。有针对性地收集梳理机械装备、传感智能、建筑科技、纸类卫生用品等产业链信息，围绕产业链缺失或薄弱环节（例如围绕传感智能产业，对接一批伺服电机、减速机、控制器和核心算法等关键零部件供应商企业），强化招商项目策划、宣传推介、过程协调、跟踪服务等各环节工作，最大限度地凝聚招商合力，抓好产业链招商工作。二是推进产业协作。构建大中小企业深度协同、融通发展的产业协作模式，鼓励纺织鞋服、纸类卫生用品、工艺制品等企业将包装设计、辅料加工、物流仓储、电商销售等配套业务留在本区（例如嘉华卫生用品与新宜物流实现物流仓储、订单代发货的对接，租赁新宜物流仓库2万平方米），增强产业链互动。鼓励机械装备产业中小企业按照龙头企业零部件的生产工艺、产品标准对接业务、组织生产，积极为龙头企业协作配套。

（三）推动加快技术改造，提高产业智造水平。一是实施一批先进技改项目。以铁拓机械、琪祥电子、和诚鞋业、伍氏食品等智能化先行企业以标杆，鼓励企业广泛应用新一代信息技术实施技术改造，运用5G、上云上平台等技术向市场、设计、生产、销售等环节渗透，推动企业生产方式向柔性化、智能化、精细化转变。二是加快发展智能制造。引导基础条件好的龙头企业实施离散型智能制造、流程型智能制造、大规模个性化定制、远程运维服务等智能制造新模式，推进制造全生命周期活动智能化，实现工艺优化、效能提升、产品附加值提高。

（四）提升自主创新能力，突破核心关键技术。一是强化企业创新主体地位。运用企业研发投入分段补助、研发费用加计扣除、高新技术企业认定等政策，引导企业加大研发投入、规范科研管理和加快成果转化。培育壮大高新技术企业群体，引进第三方机构开展高企申报精准培训、辅导，组建高企培育库。二是加快建设科创平台。大力引进知名院校、科研机构等到我区设立区域研发中心、创新研究院或创新中心，鼓励企业参与共建国家、省级重点（工程）实验室、企业技术中心、工程（技术）研究中心、产业技术研究院等科技创新平台，构建产学研协作新模式，带动产业链实现关键技术攻关。

（五）聚力产业招才引智，打造人才集聚高地。一是完善人才政策体系。学习借鉴省内外先进地区的人才工作经验，进一步梳理完善现有全区人才优惠政策，争取在项目支持、住房保障、人才流动、子女教育等政策上有新的突破，以吸引更多的产业人才，尤其是技术型人才来洛就业。二是优化人才培养机制。鼓励企业创新人才培养模式，引导企业与厦门大学、福州大学、华侨大学、福建工程学院等省内高校或科研院所联合培养贴合企业发展需求的专业型人才。探索实施“人才飞地”柔性引才新模式，依托“人才港湾”计划，引导企业与长安大学、华中科技大学、华南理工大学等省外高校合作，实现“孵化在飞地、产业化在本地，研发在飞地、生产在本地”的招才新模式，破解区域引才困局。

（六）打造一流营商环境，构建亲清政商关系。一是提高政务审批效率。推进政务信息系统整合，实现数据共享，按照“整合是原则、孤网是例外”的要求，整合、统一管理服务部门，积极对接上级信息平台，构建多级联动、规范透明、标准统一的线上线下政务服务体系，解决信息孤岛、二次录入等问题。同时学习各地有关工程建设项目、不动产登记等重点领域环节优化营商环境的好经验、好做法，复制落地，加快优化我区营商环境工作。二是落实“问计于企、问需于企”。党委、政府部门要敞开大门、主动上门，以诚心和热心广泛倾听企业对产业政策、公共服务、基础建设等方面的真实声音，充分吸纳企业的合理意见和诉求。对企业遇到的实际困难，尤其是因历史客观原因造成的问题，要敢于用新观念、新思路拔钉清障、破解难题，早一点清除阻挡企业发展的障碍，才能在高质量发展中占得一份先机。

关于党建引领乡村振兴战略实施的思考

彭朝顺

实施乡村振兴战略是以习近平同志为核心的党中央着眼党和国家事业全局、顺应亿万农民对美好生活的向往，对“三农”工作作出的重大决策。近年来，我区聚焦“农业强、农村美、农民富”，推动“五个振兴”有序进行，呈现出农村发展快、变化大，乡村振兴战略实施取得阶段性成果。但还存在基层党组织书记党建主业意识弱、党员干部思想消极怠慢、基层党组织战斗力不强、村集体经济造血能力不足和人力智力支撑不够等问题。做好新时代乡村振兴工作，要不断强化党组织在农村工作中的领导核心地位，不断强化党对乡村振兴的政治引领、思想引领、组织引领、经济引领、人才引领，统筹农村生产、生活、生态空间，推动基层党建和经济、生态、文化、社会等各项工作全面发展。

一、注重政治引领，加强政治保障能力

实施乡村振兴必须发挥政治引领作用，坚持和完善党对“三农”工作的领导，是实施乡村振兴战略的政治保证，要发挥党委核心领导能力，增强“把方向，谋大局，定政策，强落实”的能力。一是继续发挥区委牵头抓总能力。在纵向上，发挥好区委“一线指挥部”的作用，对乡村振兴重大问题进行定期研究、科学统筹推进。在横向上，理清区直涉农部门的职责分工，建立职能部门协调共进机制，打破部门壁垒，强化互通互联，精细精准把各项任务落实到位。在规划上，加强乡村振兴试点乡、试点村建设，以点带面推动全局发展。二是进一步健全体制机制。改革是乡村振兴的法宝，如果不破除体制机制弊端，突破利益固化藩篱，就会导致广大农民积极性和创造性不能全面激发，全社会支农助农兴农力量难以汇聚。要着眼于长效解决乡村振兴“人、地、钱”等问题，坚持把体制机制建设贯穿其中，通过深化农村土地和农村集体产权制度改革、完善干部激励和人才保障机制、项目建设和资金管理机制等方式促进乡村振兴工作走向常态化、规范化、制度化轨道。三是不断压实党建责任。推动全面从严治党向基层延伸，不断落实乡镇党委主体责任，不断压实区乡两级纪委监督责任，将抓党建促脱贫攻坚、促乡村振兴情况作为领导班子综合评价和选拔任用领导干部的重要依据。实施党支部规范化建专项行动，继续开展村级党组织“达标创星”活动，持续整顿软弱涣散村党组织，只有不断压实党建主体责任，才能避免“三农”工作出现“说起来重要、干起来次要、忙起来不要”的现象。

二、注重思想引领，持续打牢思想根基

实施乡村振兴必须发挥思想引领作用，思想是行动的先导，在大力实施乡村振兴战略时，最基础的也是最重要的就是要切实转变思想，实行思想振兴，把全体党员干部和群众的思想都统一到乡村振兴中，少一分“等靠要”思想，多一分“精气神”劲头，凝心聚力发展乡村振兴。一方面，要找准共鸣点，凝聚发展共识。要加大宣传力度，利用洛江新闻网、“大美洛江”微信公众号等媒体平台开展全方位、多渠道的宣传好党的乡村振兴方针政策，宣传好党中央、上级党组织的各项决策部署，特别是要把学习习近平新时代乡村振兴的重要思想作为首要任务，使党的乡村振兴的意志、声音、要求及时到达基层，让乡村振兴的思想、政策及时进入千家万户，让改革精神和时代精神厚植于广大农民的思想土壤，让建设美丽乡村、美好家园成为我们共同的追求。另一方面，要找准落脚点，强化教育培

训。广大党员干部要切实增强学习意识，结合“两学一做”“不忘初心、牢记使命”学习制度，深入学习领会总书记关于乡村振兴的重要思想，吃透中央文件要求和政策精神，真正学懂弄通乡村振兴的重要思想和任务要求，切实把思想和行动统一到以习近平同志为核心的党中央的要求上来，全力推进乡村振兴战略实现。要用好清华大学乡村振兴福建洛江远程教学站，根据乡村振兴的目标任务和总体部署，以及不同社会群体在乡村振兴中扮演的角色，分级分类组织实施教育培训，重点在政策精神领会、实践操作认知、团队协作精神、制度机制框架等方面，增强群众参与基层治理和乡村振兴建设的意识。

三、注重组织引领，夯实基层组织堡垒

实施乡村振兴战略必须充分发挥组织引领的作用，把乡村党组织建设好，把领导班子建设强，不断提升基层组织力，推动农村基层党组织全面进步、全面过硬。一是建强基层党组织。加大抓乡促村力度，选优配强乡镇领导班子特别是党委书记，结合机构体制改革，配强党建办专职人员。要以提升组织力为重点，通过“跨村联带”异地挂职锻炼、选好育好“头雁”导师队，培养一批村级党组织带头人。实施“雏雁”培养工程，培育一批优秀青年人才作为村级后备力量。二是创新党组织设置。大力推进村党组织书记通过法定程序担任村委会主任和集体经济组织、农民合作组织负责人，推行村“两委”班子成员交叉任职，符合条件的村党支部按要求及时升格为党总支部，提前谋划、推进村（社区）党组织书记“一肩挑”工作。加强农村新型经济组织和社会组织的党建工作，实现应建尽建，推进党的组织和工作全覆盖，在全区推广红色乡贤参事会、“百企帮百村”和“同心圆”区域化党建工作。三是建立健全保障机制。落实村干部“一定三有”（定全责立规范、收入有保障、干好有希望、退后有所养），通过建立村干部管理考核和激励关爱机制，解决村干部队伍人心不稳、动力不足和后继乏人的问题，激发了村干部工作的积极性。落实村级组织运转经费、活动场所、报酬待遇等，不断提升履职和服务群众能力。

四、注重经济引领，发展壮大村集体经济

实施乡村振兴必须发展壮大村集体经济，发展壮大村集体经济是加强村基层党组织建设、巩固村执政地位和执政基础的重要保障，对于增强村级党组织凝聚力、号召力和战斗力具有重要意义，因此，要加快农村集体产权制度改革，理顺村集体经济分配关系，强化村级集体经济运行管理体制和监管机制。一是全面消除低收入村。按照每年不少于15万元要求落实落细帮扶政策，通过加强对村集体存量资产、资源管理，盘活闲置资产资源等方式提升效益，引导和鼓励各类社会帮扶资金投入到创办合作社、加快土地流转等村集体抱团发展创收项目上，确保年底村集体收入在10万元以上的数量达到100%，20万元以上的村数量达60%以上。二是建立村级集体经济收入稳定增长机制。坚持市场运作、区乡统筹，大力实施带动性强、可持续的村集体经济致富项目，支持农村基层党组织带头将农村集体资金、资产、资源入股参与或者参股农业产业龙头企业、村与村合作、村企联手共建等多种方式发展村集体经济。三是加强监督管理。开展集体“三资”监管整治专项行动，重点摸排查清不规范村级经济合同及非法占用集体资产、资源现象，追回集体资产。充分利用现代信息技术，推进农村集体三资网络建设，探索建立村（社区）集体“三资”三色预警机制。推行村级小微权力清单制度，加大基层小微权利腐败惩处力度，开展民生领域突出问题专项治理，严厉整治惠农补贴、集体资产管理、土地征收等领域侵害农民利益的不正之风和腐败问题。

五、注重人才引领，建强农村人才队伍

实施乡村振兴必须发挥人才引领作用，必须充分发挥党组织引才聚才育才的优势，为乡村振兴提供不竭动力。一是优环境。积极为高层次人才提供住房、医疗、培训等方面服务，开通绿色通道，为人才家属、子女就业入学提供快捷通道。建立“高层次人才信息库”，为高层次人才提供优质服务。

推动职称评定、工资待遇向乡村教师、医生、农技人员等倾斜，落实落细改进人才服务八项措施，健全党政领导干部直接联系人才机制，营造尊重人才、关心人才干事创业的良好氛围。二是聚人才。开展“五千专家下乡进村”服务，鼓励支持医生、教师、规划师、建筑师、农艺师通过下乡技术指导、投资兴业、行医送教、规划设计等方式，服务乡村振兴事业。加强重点人才引进，按照“一事一议”“一才一策”原则研究专项支付政策，允许农村集体经济组织探索人才加入机制。三是强科技。深化科技特派员制度，继续实施科技特派员创新创业三年行动计划，每年选任一批省、市、区科级特派员。加快建立科技特派员服务站，创建科技特派员对接、交流、培训的服务平台，鼓励科技特派员和乡土人才结对，创办各类利益共同体，实行利益共享、风险共担。为实施乡村振兴战略，助推扶贫攻坚，推动农业供给侧结构性改革和农业农村全面发展提供高科技支撑。四是重培育。大力开展新型职业农民培育工作，建立政府主导、部门配合、统筹安排、产业带动的培训机制，鼓励新型职业农民参加高等农业职业教育。开展乡土人才示范培训，实施农村实用人才学历提升计划，推荐符合条件的人员申报“土专家”“田秀才”、产业带头人和农村电商人、乡村工匠、非遗传人等。

说 明

一、本索引采用主题词分析法，按主题词首字汉语拼音字母顺序排列。

二、栏目、分目标题用黑体字。“大事要闻”“专记”“大事记”“人物 荣誉”“附录”内容不作索引。

三、索引主题词后的数字表示页码。

四、空一字起排的款目为上一主题的“附见”。

E

F

G

H

J

K

L

R

S